XUANHUAQU YEARBOOK 2016

宣化区年鉴

（2016）

宣化区地方志编纂委员会 编

方志出版社
Publishing House of Local Records

图书在版编目（CIP）数据

宣化区年鉴. 2016 / 宣化区地方志编纂委员会编. -- 北京：方志出版社，2018.11

ISBN 978-7-5144-3037-0

Ⅰ. ①宣… Ⅱ. ①宣… Ⅲ. ①宣化区—2016—年鉴 Ⅳ. ① Z522.24

中国版本图书馆 CIP 数据核字（2018）第 059160 号

宣化区年鉴（2016）

编　　者：宣化区地方志编纂委员会
责任编辑：李　静

出 版 人：冀祥德
出 版 者：方志出版社
　　　　地址　北京市朝阳区潘家园东里 9 号（国家方志馆 4 层）
　　　　邮编　100021
　　　　网址　http://www.fzph.org
发　　行：方志出版社图书经销中心
　　　　电话　（010）67110500
经　　销：各地新华书店
排　　版：北京中文天地文化艺术有限公司
印　　刷：北京中科印刷有限公司

开　　本：889 × 1194　　1/16
印　　张：20.75
字　　数：603 千字
版　　次：2018 年 11 月第 1 版　2018 年 11 月第 1 次印刷

ISBN 978-7-5144-3037-0　　　　定价：280.00 元

序

贫困问题一直是困扰人类社会发展的重大问题。中国作为世界上最大的发展中国家，为解决贫困问题进行了长期不懈的努力。改革开放以来，特别是党的十八大以来，以习近平同志为核心的党中央把脱贫攻坚作为全面建成小康社会的底线任务和标志性指标，纳入“五位一体”总体布局和“四个全面”战略布局，以前所未有的力度推进精准扶贫、精准脱贫，扶贫开发成就举世瞩目，显著改善了贫困地区和贫困群众生产生活条件，具有重大的现实意义和深远的历史意义。身处中华民族几千年发展历史上将首次整体消除绝对贫困现象的伟大时代，如何更好地发挥地方志的存史、育人、资政的作用，是新时代全国地方志系统必须深入研究和着力解决的重大课题。

党的十八大以来，在党中央国务院的正确领导下，全国地方志系统深入学习贯彻习近平新时代中国特色社会主义思想和党的十九大精神，紧紧围绕党和国家事业发展需要，深入推进地方志改革创新发展，凝心聚力，稳扎稳打，勇于担当，主动作为，全国地方志形势和地方志工作者的精神面貌发生了深刻变化，取得了优异成绩。其中，为贯彻落实《全国地方志事业发展规划纲要（2015—2020 年）》，经中国地方志指导小组领导批准，中国地方志指导小组办公室于 2015 年、2017 年先后启动民族地区与贫困地区志书、年鉴出版资助工程（以下简称“志鉴出版资助工程”），对国家级贫困县（区、旗、县级市），中西部地区、少数民族边疆地区面临出版经费困难的志书和综合年鉴给予出版资助。实施志鉴出版资助工程是紧扣时代脉搏、坚持创新发展、传承弘扬中华优秀传统文化的一项创举，不仅有力推动了“两全目标”的实现，而且数十部资助出版的志书、年鉴及时记述了民族地区与贫困地区在全面建成小康社会伟大征程中取得的新成绩和新经验、出现的新情况和新问题、涌现的优秀人物和典型事迹，留住地方文化的“根”和“魂”，为这些地区的经济社会发展、地域文化传播、爱国主义教育、精神文明建设等提供了历史借鉴和智力支持，对全面提升民族地区与贫困地区文化建设水平、确保民族地区与贫困地区和全国其他地区同步全面建成小康社会具有重要意义。

尤为可喜的是，志鉴出版资助工程促成了一批扶贫志书的编纂出版，在文化脱贫攻坚中发挥了独特的作用。例如，《贵州省减贫志》全面系统客观记述了从 1978

年至2015年贵州省扶贫、减贫工作的历程及取得的经验，为贵州省实施大扶贫战略提供了有力的资政辅治参考，集中体现了地方志工作因时而动、顺势而为的新作为。前不久，由福建省地方志编委会和人民网共同编纂的《闽宁扶贫协作图志》，是全国首部扶贫协作图志，图文并茂、直观立体、全方位地展现闽宁扶贫协作波澜壮阔的历程，弘扬“闽宁一家亲”“携手奔小康”的深厚情谊和滴水穿石、久久为功的精神，是贯彻落实习近平总书记扶贫工作重要论述精神，服务国家精准扶贫、精准脱贫战略的有力举措。希望各地以此为鉴，编纂出版更多、更好的扶贫志书、年鉴，助力国家精准扶贫、精准脱贫战略的实施，充分展现地方志的独特价值和作用。

当前，我国脱贫攻坚已进入全面决战决胜的关键时期，尚未脱贫的贫困地区集中分布在中西部深山区、极端干旱山区、高寒阴湿地区等，文化建设还比较薄弱，文化产品还不够丰富，文化精品更是少之甚少。同时，这些地区往往是民族文化、历史文化、红色文化、生态文化富集区，具有发展文化旅游、推进文化扶贫的巨大潜在优势，也是繁荣发展地方志事业的巨大文化宝库。要发挥好文化扶贫凝聚人心的优势，善于利用方志文化优势为贫困地区“赋能”，在脱贫攻坚中做出方志人应有的贡献。要发挥好中国名镇志文化工程、中国名村志文化工程的引领作用，大力加强乡镇村志编纂，让百姓记得起乡情、记得住乡愁，凝聚贫困乡镇村庄的强大民心，补齐贫困乡镇村庄的文化短板，以“扶智”的方式“扶志”，践行习近平总书记强调的“扶贫先扶智，扶贫必扶志”的重要理念。

求木之长者，必固其根本；欲流之远者，必浚其泉源。扶贫扶起的是志气骨气，传承的是家国情怀，守护的是绿水青山。扶贫既要富口袋，也要富脑袋。必须坚持文化脱贫和物质脱贫两手抓，筑牢贫困地区文化之基，补足信仰精神之钙，引领脱贫发展之舵。全国地方志系统要围绕中心、服务大局，坚决投入脱贫攻坚这场必须打赢的硬仗，积极参与脱贫攻坚战，发挥优势和特长，深入挖掘文化资源，着力补齐文化短板，努力帮助民族地区与贫困地区的文化建设实现较大的发展提升，在全面建成小康社会、实现中华民族伟大复兴中国梦的征程中贡献方志人的力量。

是为序。

中国社会科学院院长
中国地方志指导小组组长 谢伏瞻

民族地区与贫困地区年鉴出版资助工程领导小组

组　　　长：高　翔　中国社会科学院副院长

常务副组长：冀祥德　中国地方志指导小组秘书长

中国地方志指导小组办公室主任

副　组　长：高京斋　中国地方志指导小组办公室党组书记

邱新立　中国地方志指导小组办公室副主任

民族地区与贫困地区年鉴出版资助工程领导小组办公室

主　　　任：冀祥德　中国地方志指导小组秘书长

中国地方志指导小组办公室主任

副　主　任：邱新立　中国地方志指导小组办公室副主任

成　　　员：于伟平　方志出版社总编辑

刘永强　中国地方志指导小组办公室年鉴处处长

冷晓玲　中国地方志指导小组办公室年鉴处副调研员

李　静　方志出版社地情与专业年鉴编辑部副主任

宣化区地方志编纂委员会

主　　任：费再宏

副 主 任：刘　杰　冯祥利　刘家利　郭振川　李建成　任　军

委　　员：李　斌　刁玉坤　车宝明　杜　江　魏剑钊　朱　明
冀振军　邱云文　荀　辉　翟　羽　李宏君　戚　芳
张子荷

《宣化区年鉴》编辑部

主　　编：王金芸　李　俊

副 主 编：郭剑峰　韩　杰　李延诗

编　　辑：王金芸　郭剑峰　韩　杰　李延诗

文字录入：王金芸　黄春红　乔晓丽　田丽荣

编辑说明

一、《宣化区年鉴（2016）》是由张家口市宣化区人民政府主办，宣化区地方志编纂委员会办公室具体负责编辑出版的综合资料性文献。年鉴编纂以马克思列宁主义、毛泽东思想、邓小平理论、“三个代表”重要思想、科学发展观、习近平新时代中国特色社会主义思想为指导，坚持辩证唯物主义的立场、观点和方法。全面、系统、翔实地记载2015年，宣化区人民在区委、区政府的领导下，以经济建设为中心，全面推进社会主义现代化建设的成就，内容涵盖政治、经济、文化各个领域，全面反映宣化区各部门、各行业、各条战线工作的新进展、新经验以及出现的新问题，旨在为各级领导科学决策提供参考资料，为国内外读者了解宣化提供最新信息，为编修宣化区志积累资料。

二、《宣化区年鉴（2016）》依据“小条目、多资料、深层次、高覆盖”的编辑方针，采取分类编纂法，分类目、分目、子分目、条目四个层次，条目标题加【 】。全书记述内容为2015年1月1日至12月31日，个别地方为求记载完整性，上溯下限有所放宽。

三、《宣化区年鉴（2016）》采用“分散组稿，集中总纂”的编写方法，除“大事记”部分资料由方志办编选外，其余都由各单位编写初稿，各单位撰稿人括注在条目后。

四、《宣化区年鉴（2016）》引用的统计数据，凡国家有统一规定范围、口径和计算方法的，均按国家统一规定统计，由统计部门提供；部门统计资料，由各有关部门提供。由于统计来源、口径、方式不同，数据可能存在不尽一致。

五、图片由区发改局、区国家档案馆、区政府网站等单位以及支持地方志工作的友人提供。

六、《宣化区年鉴（2016）》在编纂过程中，得到各部门、各单位、各乡（镇）和各界人士的大力支持，在此一并致以衷心的感谢。由于年鉴内容涉及面广、时间短、方志办人员少，囿于水平，编辑出版中疏漏和错误之处在所难免，并在下年度年鉴中更正，敬请广大读者批评指正。

张家口市宣化区地图

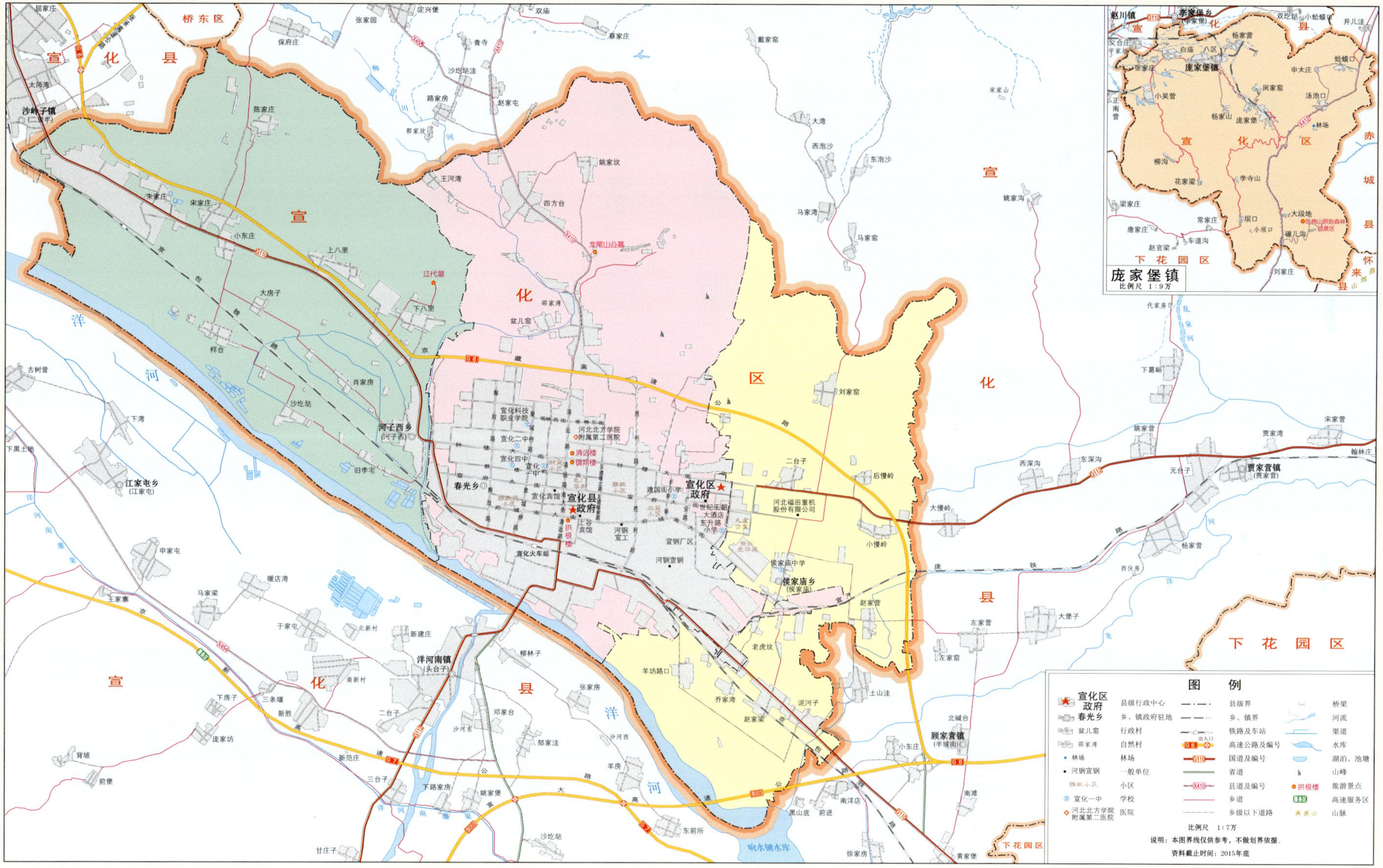

审图号：冀S（2018）44号

9 月 17 日，联合国粮食及农业组织南南合作到宣化学习考察

9 月 14 日，省人大常委会副主任宋恩华（前排右二）到宣化调研企业环保

3 月 20 日，市长侯亮（前排中间）到宣钢调研

4 月 2 日，市长侯亮（前排中间）调研工业企业运行和项目建设

2 月 28 日，副市长郑丽荣（二排中间）到宣化考察旅游项目建设

5 月 19 日，市纪委书记张维亮（前排左一）到宣化调研

4 月 15 日，市委宣传部长赵占华（前排左二）参观天龙杯书法展

10 月 13 日，副市长白龙（前排右五）与北京工业设计研究院专家座谈

6 月 9 日，北京市东城区政协民族宗教工作调研座谈会

6 月 12 日，邯郸市丛台区政府主管领导到宣化考察大学生创业园

3 月 30 日，第十二届政协四次会议开幕

3 月 31 日，第十五届人大四次会议开幕

4 月 29 日，省级文明单位授牌仪式

5 月 28 日，河北省三类城市宣化区语言文字工作评估汇报会

6月7日，区委书记燕旺林（前排左一）视察高考

6月26日，区委书记燕旺林（前排右一）调研城建系统

6月29日，区主要领导调度三项重点项目工作进展情况

7 月 17 日，代区长费再宏（前排左一）到南大寺调研

7 月 28 日，代区长费再宏、区人大常委会主任席玉东八一节到 808 慰问

10 月 27 日，京津冀协同发展专题宣讲

2015 年 7 月 24 日，北京市朝阳区投资促进局与宣化区政府签订以招商引资为内容的战略合作框架协议

7 月 28 日，宣化北区集中供热工程开工仪式

6 月 9 日，骞海 · 安德鲁核能科技项目签约仪式

11 月 23 日，中景恒基集团战略合作签约仪式及研讨会召开

9 月 9 日，宣化区纪念抗战胜利 70 周年演唱会走进校园

6 月 5 日，宣化区书法展开幕

目　录

中共宣化区委员会

重要会议

纪检监察工作

组织工作

宣传工作

统战工作

服务决策工作

信访工作

机关党工委工作

军 事

民主党派

社会团体

统 计

审 计

人事管理

编制工作

人力资源管理

国土资源管理

人口和计划生育

国有资产监督管理

物价管理

工 业

综 述

冶金工业

建材工业

石油和化工企业

机械工业

轻工业

电力·供热企业

贸易·对外开放

商贸流通

财政·税务

银行·保险·证券

城市建设

公用经济建设

集中供热

城乡建设规划

勘 探

环境保护

房管·建筑业·房地产开发

房 管

模范人物

高级知识分子

优秀人才

统计资料

大事记

1月

8日　区领导武爱军、林占勇在南门楼、百货大楼等重要路口视察指导非法营运三轮摩托车治理情况，听取相关负责人介绍非法营三轮摩托车的治理情况。

13日　市委常委、纪委书记张维亮一行到宣化区就党风廉政建设和反腐败工作进行座谈调研。区长王小军，区领导武爱军、邢积功、徐忠贵一同调研。座谈会上，区委常委、纪委书记徐忠贵就区纪委组织机构、人员编制及2014年主要工作进行了汇报。张维亮对2014年宣化区党风廉政建设和反腐败工作取得的成效给予充分肯定，就2015年工作提出要求。此次调研，还一并听取了村“两委”换届相关情况的汇报。

15日　区委副书记、区长王小军，在区领导刘家利、林占勇的陪同下，分别对老干部（刘万镒、孙怀庆）、老党员郝生悦、困难群众（赵翠莲、刘兰）、城市“三无”人员以及辛勤工作的一线职工开展新春慰问活动。

2月

11日　宣化区召开村“两委”换届工作调度会，进一步明确全区村“两委”换届工作任务目标。区委副书记、区长王小军，区领导武爱军、田锡滨、孙辉亮和区换届工作领导小组成员及各乡党委书记参加会议。区委副书记武爱军对做好换届下一步工作提出具体要求。区委副书记、区长王小军就做好村两委换届工作强调，党管换届一定要贯穿始终。换届环境一定要风清气正，要作出公开承诺，要全程监督检查，要严打违法行为，要广泛宣传换届的新政策、新要求，提高群众对换届工作的知晓率。

13日　由宣化区民乐团、区合唱团以及众多演唱者联合演奏的“中国梦·民族情·古城韵”宣化区2015年新春音乐会正式拉开帷幕。

15日　区委副书记武爱军在区领导张晓燕、郭振川的陪同下，看望慰问了部分老干部、老党员、困难群众以及区电视台坚守岗位的一线干部职工，给他们送去新春佳节的真挚祝福，武爱军走进老干部冷一元家里与老人亲切交谈，武爱军表示宣化区的老干部在职时勤勤恳恳、兢兢业业，为宣化区的发展殚精竭虑、劳苦功高，退休后仍然关心和支持宣化区经济和社会发展，发挥余热，做出了应有的贡献。同时希望老干部多提宝贵意见，并一如既往地关注、支持宣化的发展。

17日　备受瞩目的宣化冰世界体育乐园正式面向广大市民开放，启动第一届冰雪嘉年华活动。市冬奥申委体育部部长，市体育局党组书记、局长马维山，区委副书记武爱军、区人大常委会主任陈一诚、区政协主席王玉济，区领导张晓燕、张国庆，以及张家口晚报、区体育局、北京冰世界公司负责人出席启动仪式。活动中，还有上百位市民见证活动启幕，体验冰雪乐趣。

3月

2日　市委常委、副市长郑丽荣到宣化区就农业旅游项目发展进行调研。市政府副秘书长刘爱军，市旅游局副局长张蕾青，区委副书记、区长王小军，副区长治秀芳，一同参加调研活动。

同日　宣化区召开安全生产工作会议，贯彻国家、省、市相关会议精神，总结2014年全区安全生产工作，对全国“两会”期间以及2015年工作进行安排部署。区委副书记、区长王小军，区领导邢积功、治秀芳出席会议。区安委会成员单位和安全责任单位主要领导及主管领导，重点企业主管领导，共计130余人参加会议。会上，区委常委、组织部长邢积功宣读了《关于2014年度安全生产目标管理考核结果的通报》，春光乡政府、交通局、福田雷萨泵送机械厂分别作了发言。治秀芳对2014年全区安全生产工作进行简要总结，安排部署2015年安全生产工作。区长王小军代表区人民政府与河子西乡人民政府、工业街街道办事处、城乡建设局现场签订《2015年安全生产目标管理责任书》。并就做好2015年全区安全生产工作提出明确要求。

23日　为弘扬“两个务必”精神和“三严三实”要求，进一步筑牢全心全意为人民服务宗旨意识，3月23日，区委理论学习中心组开展“3·23”赶考日集中学习活动。区委副书记、区长王小军及班子领导和其他处级领导干部参加会议。区委常委、组织部长邢积功主持会议。

30—31日　中国人民政治协商会议张家口市宣化区第十二届委员会第四次会议召开。应邀出席会议的有中共宣化区委、区人大常委会、区政府、开发区管委会、武装部、区公检法系统的处级领导，原区五套班子部分老领导。驻宣化区的省、市政协委员和区直相关部门负责人应邀列席大会。大会审议通过了区政协副主席段玉华所作的关于政协张家口市宣化区第十二届委员会第四次会议提案审查情况的报告。大会审议通过了政协张家口市宣化区第十二届委员会常务委员会工作报告的决议。审议通过了政协张家口市宣化区第十二届委员会常务委员会关于十二届三次会议以来提案工作情况报告的决议。审议通过了政协张家口市宣化区第十二届委员会第四次会议政治决议。

31日—4月2日　张家口市宣化区第十五届人民代表大会第四次会议在机关办公中心召开。列席会议的有：不是区人大代表的区级领导，驻宣化区的省、市人大代表，区委各部门主要负责人；各人民团体主要负责人，区政府各部门、各系统主要负责人，出席区政协十二届四次会议的委员。应邀参加会议的还有担任过宣化区正职的老领导和担任过区人大常委会副主任的老同志。经过选举，席玉东当选为张家口市宣化区第十五届人民代表常务委员会主任，杜启才当选为张家口宣化区第十五届人民代表大会常务副委员会副主任。会议以举手表决的方式，通过了关于宣化区人民政府工作报告的决议，通过了关于宣化区2014年国民经济和社会发展计划执行情况的报告与2015年国民经济和社会发展计划的决议；通过了关于宣化区2014年财政预算执行情况的报告和2015年财政预算的决议，通过了关于宣化区人民代表大会常务委员会工作报告的决议；通过了关于宣化区人民法院工作报告的决议，通过了关于宣化区人民检察院工作报告的决议。

3月　区委宣传部、区文明办组织全区8家省级以上文明单位，在河北建投宣化热电有限责任公司召开了省级文明单位授牌仪式。区委副书记武爱军，区委常委、宣传部长张晓燕出席活动。据悉，宣化区春光乡万字会村被中央文明办授予全国文明村称号，宣化区煤气总公司等7家单位被河北省委、省政府授予文明单位称号。

4月

1—3日　区长王小军一行先后到河子西乡防火检查站、春光乡和侯家庙乡防火检查站及森林防火检查点，看望防火人员和专业扑火队员。

13日　为进一步传达贯彻市委常委（扩大）会和全市贯彻落实省委巡视组反馈意见整改工作动员部署会精神，宣化区召开贯彻落实省委巡视组反馈意见整改工作动员会，传达省委巡视组反馈意见，并就宣化区整改落实工作进行安排部署。区委副书记武爱军，区委常委、纪委书记徐忠贵出席会议。

14日　按照市委、市政府的统一安排，宣化区召开2015年春季“清洁宣化”突击月工作部署会，组织、动员全区开展城乡环境卫生整治活动，并就“清洁宣化”突击月各项工作进行安排部署。区委副书记武爱军，区委常委、副区长李军，副区长孙辉亮以及区直各部门、各单位、乡街道办事处相关负责人参加会议。会上，孙辉亮宣读了《2015年春季“清洁宣化”突击月活动实施方案》，安排部署全区城乡环境卫生突击月活动相关工作。

15日　市委常委、宣传部长赵占华到“宣化区第三届书法篆刻展”展览现场和大学生创业园等地实地调研宣化区文化产业发展情况。

4月　宣化区春季义务植树活动在河子西乡陈家庄村鹰望山工程区全面展开。市政协副主席王忠富与区四套班子领导，以及区直党工委系统、建设局综合执法大队、教师学生、驻宣部队官兵350余人参加此次活动。此次在1500亩义务植树基地，共种下油松等植被2000余棵。

4月　区委副书记、区长王小军到宣化区部分学校、幼儿园（胜利路小学、宣化八中、胜利路幼儿园和宣化七中），实地视察指导学校标准化建设工作。副区长张国庆，区教育局、财政局等相关部门负责人一同视察。

5月

13日　全区领导干部大会召开，宣布省、市委对宣化区委主要领导同志的任职决定，任命燕旺林同志为宣化区委书记。市委常委、组织部长魏福刚，市委组织部副部长刘海林、新上任的区委书记燕旺林，区委副书记、区长王小军出席会议。区委委员、候补委员、区人大、政府、政协领导班子成员，法院院长、检察院检察长，其他在职的县处级领导干部，乡镇街道党政正职、区纪委和区直部门、人民团体主要领导成员，区直属正科级事业单位和区委管理领导人员、企业主要领导成员，驻区省市直属单位主要负责人，市直管镇党政主要负责人参加会议。市委组织部部务委员刘海林主持，并宣布了省委、市委关于燕旺林担任宣化区委书记的任职决定。市委常委、组织部长魏福刚代表市委讲话。燕旺林讲话。区委副书记、区长王小军代表区四套班子做发言。

15日　区委书记燕旺林到河子西乡、春光乡和侯家庙乡，实地调研指导农业农村工作。区委常委、组织部长邢积功，区委常委、区委办主任刘家利一同调研。

18日　区委书记燕旺林专题调研宣化区部分重点项目青啤工业园、迪蒙卡特数控机床生产基地、水晶坊珠宝文化产业园、三弦养老文化长寿村等目建设情况。区委常委、区委办主任刘家利、副区长治秀芳及园区、工信、发改、土地等部门负责人一同调研。

同日　区委书记燕旺林先后到十中、二中、四中、一中等学校，就高考备考工作进行调研，听取学校负责人汇报学校生源、参考人数等情况，并了解了学生学习、教师工作状态等考前备考工作。区委常委、宣传部长张晓燕，区委常委、区委办主任刘家利，副区长张国庆一同调研。

19日　区委书记燕旺林深入市公安局宣化分局、宣化区人民法院，开展实地调研活动，燕旺林强调：政法机关要始终把维护稳定作为第一责任，服务大局、努力成为党和人民的忠诚卫士、经济社会发展的坚强后盾。区委副书记武爱军、区委常委、区委办主任刘家利，区委常委、政法委书记林占勇一同参加调研。

同日　市委常委、市纪委书记张维亮到宣化区调研党风廉政建设和反腐败工作。

同日　区委书记燕旺林到宣化福田雷萨泵送机械厂、宣化冶金环保厂、骞海风机制造公司、北方钻具、金科钻机、华泰钻机、苏普曼钻具、宣化大学生创业园、新迪高压电瓷电气有限公司调研。区委副书记武爱军、区政协主席王玉济、区委常委、区委办主任刘家利，区政协副主席李祥及区发改、工信、科技、统计负责同志一同调研。

20日　区委书记燕旺林专题调研街道社区工作。区委常委、组织部长邢积功、区委常委，区委办主任刘家利、区人大常委会副主任田锡滨，区政协副主席薛宝林及组织部、民政局负责人一同调研。

21日　宣化区召开区委八届九十七次常委扩大会议，宣布市委常委会决定，任命费再宏为宣化区委委员、常委、副书记。市委常委、组织部长魏福刚，市委组织部副部长刘海林出席会议。区委书记燕旺林主持会议。区委、区人大、区政府、区政协四套班子领导，区法检两长，其他区级领导参加会议。刘海林宣布：经市委常委会研究决定，费再宏任宣化区委委员、常委、副书记，免去王小军区委副书记、常委、委员，另有任用。市委常委、组织部长魏福刚在会上讲话。

同日　市委常委、宣传部长赵占华到宣化一中就高中教育振兴大纲落实和高考备考情况进行专题调研，区委书记燕旺林、区领导张晓燕、刘家利、张国庆及市区教育局相关负责人一同调研。

22日　区委书记燕旺林会见俄罗斯鞑靼斯坦共和国布古利马市副市长阿德利以及政府执行委员会主席穆拉特、俄罗斯石油公司经理谢尔盖一行，双方就进一步加强交流、增进友谊、促进合作、共同发展进行会谈。区领导刘家利、张国庆、李祥及相关部门和企业负责人参加会见。

同日　区委书记燕旺林调研宣化区宣传文化工作。区领导张晓燕、刘家利、张国庆及相关部门负责人一同调研。

25日　宣化区召开人武部党委第一书记任职命令大会，任命区委书记燕旺林为区人武部党委第一书记。张家口市委常委、军分区党委书记、政委曹志民，军分区政治部主任郭玺平出席会议。曹志民宣读区人武部党委第一书记的任职通知，决定增补燕旺林为区人武部党委委员、党委第一书记。区委常委、人武部政委刘杰主持会议。全区国防动员委员会八个办公室主要领导和相关部门负责人参加会议。

同日　区委书记燕旺林、区委副书记费再宏、区领导席玉东、王玉济、刘家利、园区办主任王学东赴宣化县开展友好县区对接活动。双方领导在交流中表示，希望区县继续加强沟通交流，进一步加强产业对接，实现优势互补、互惠双赢、共同发展，宣化县领导张聪、冯文利、戴贵明，李贵宝出席活动。

同日　区委副书记费再宏先后到区人大、区政协进行走访，分别与人大、政协领导班子进行座谈。区委常委、区政府副区长李军一同走访。区人大党组书记陈一诚、主任席玉东，区政协党组书记李进龙、主席王玉济分别介绍了班子的基本情况，并就人大和政协的工作开展进行了简要汇报。

27日　区委召开八届九十七次常委扩大会议，宣布市委常委会决定，任命费再宏为宣化区委委员、常委、副书记。

同日 区委副书记费再宏看望慰问孙怀庆、方体等宣化区部分退休老干部，为他们送去党和政府的一片关爱之情，感谢他们为全区各项事业发展做出的贡献，希望老干部们一如既往支持全区工作，共同把宣化区建设得更加美好。

28日 市委常委、纪委书记张维亮到宣化区就帮扶村农村面貌改造提升和包联项目建设情况进行调研指导。区委书记燕旺林，区委常委、纪委书记徐忠贵，区委常委、区委办主任刘家利及市区相关部门负责人一同调研。

29日 区委书记燕旺林深入宣化区市政基础设施、保障房、钟鼓楼文化街、景观绿化等城市建设项目现场，调研指导工作。区领导席玉东、李军、刘家利、李海清、董文柱和城建、房管、规划等部门负责人一同调研。

同日 张家口市宣化区第十五届人大常委会第二十二次会议决定接受王小军因工作变动提出辞去宣化区人民政府区长职务的请求。决定任命费再宏为张家口市宣化区人民政府副区长、代理区长。

同日 区委书记燕旺林深入公安分局、法院，开展实地调研活动。区领导武爱军、刘家利、林占勇一同参加调研。

30日 区委书记燕旺林主持召开区委八届九十九次常委扩大会议，研究讨论区委重点调研课题。燕旺林强调：要紧密结合宣化区实际，研究分析经济发展形势，科学合理谋划重点工作和重大项目，不断优化完善思路举措，全面推动宣化区经济社会转型发展。区委副书记、代区长费再宏与四套班子领导出席会议，其他区级领导区委办常务副主任、区政府办公室主任、团区委书记、各乡党委书记、街道党工委书记相关部门主要负责同志列席会议。会议听取并研究通过了区委常委、区委办主任刘家利做的关于《区委常委会议事决策规则》《全区经济社会发展重要调研课题》的汇报。会议研究并通过了区政府办公室主任左克平关于“外环路建设、园区项目、供热供气”三项重点工作的项目建设情况的汇报。

6月

1日 区委书记燕旺林、代区长费再宏、区人大常委会主任席玉东、区政协主席王玉济分组深入宣化区各幼儿园，与孩子们共庆六一儿童节，祝他们节日快乐，茁壮成长，同时向奋战在幼教工作第一线的全体教职员工致以崇高的敬意和亲切的问候。区领导张晓燕、田锡滨、张国庆、段玉华陪同慰问。

同日 区委书记燕旺林，区委副书记、代区长费再宏到沙电、宣钢走访对接，加强与企业沟通协作，共谋未来发展。

2日 区委书记燕旺林到宣化区行政审批中心和公共资源交易中心、国土资源分局调研政务环境建设和国土管理工作。区领导徐忠贵、刘家利一同调研。

3日 区委书记燕旺林专题调研机械装备制造业发展情况。区领导武爱军、王玉济、刘家利、李祥以及区发改、工信、科技、统计负责同志陪同。

同日 区委书记燕旺林专题调研社区工作。区领导邢积功、刘家利、田锡滨、薛宝林陪同调研。燕旺林先后到工业街街道采掘社区、建国街街道建国东街社区、大北街街道钟楼东社区、皇城街道庙底街社区、天泰寺街道九天庙社区、南关街道新兴街社区和南大街街道玉皇庙社区，与社区工作人员深入细致交流，详细了解社区建设和运行情况以及社区建设有哪些困难和问题。

4日 区委书记燕旺林就文化旅游与新闻宣传工作进行调研，燕旺林强调，用历史和文化提升城市形象，打造一张城市名片，加深所有人的城市印象，提升区域认同感，将宣化人凝聚在一起。区领导张晓燕、刘家利、张国庆等陪同调研。

同日 区委副书记、代区长费再宏到宣化区供水公司东水厂、胜利北游园、北城墙修复等城市建设项目现场调研指导工作。区领导李军及城建部门负责人一同调研。

5日 区委书记燕旺林与三乡党委书记和各街道党工委书记座谈交流，围绕对宣化区发展“怎么看、怎么办”的主题，倾听大家的意见和建议。区领导刘家利参加座谈。

8日 区委书记燕旺林到区人大常委会机关调研。区人大常委会主任席玉东，区委常委、区委办主任刘家利陪同调研，副主任郭振川、李海清、田锡滨、杜启才参加座谈。

同日 区委书记燕旺林到区政协机关调研。区政协主席王玉济，区委常委、区委办主任刘家利陪同调研。区政协副主席薛宝林、李祥、段玉华、董文柱参加座谈。

同日 区委副书记、代区长费再宏先后到朝阳街小学、宣化七中、河子西中学、财神庙小学、宣化六中、圃园街小学、胜利路幼儿园和胜利路小学的校安工程项目施工现场，实地查看工程进展情况。副区长张国庆及教育、财政、建设等部门负责人一同视察。

9日 区委书记燕旺林召开座谈会，与部分经济工作部门主要负责人进行座谈交流。区委常委、区委办主任刘家利主持会议。

同日 河北骞海鼓风机有限公司与法国安德鲁·劳伦特公司就合资核电科技项目正式签约。市政府副市长白龙，区委副书记、代区长费再宏，副区长治秀芳，以及中法双方企业代表出席活动。

10日 副市长李敏带领参加全市城建重点项目观摩拉练活动的各县区主要领导及市直有关部门主要负责人，对宣化区城建重点项目工作进行了实地观摩。区领导燕旺林、费再宏、李军一同观摩。

同日 区委书记燕旺林调研宣化正昊机械制造有限公司、宣化泰达机械设备制造有限公司等中小企业发展情况，鼓励企业进一步解放思想，开拓创新，做大做强。区领导刘家利、李祥一同调研。

11日 区委书记燕旺林到区委党校走访调研，区领导邢积功、刘家利一同调研。燕旺林实地察看了党校教学及办公环境，听取了区委党校的工作情况汇报，并与骨干教师座谈。

12日 宣化区与大唐国际张家口发电厂、河北钢铁集团宣化钢铁有限公司两家属地企业进行对接，双方就进一步深化政企合作、携手共同发展进行会谈。区委书记燕旺林、代区长费再宏，区领导席玉东、王玉济、李军、刘家利、治秀芳参加对接。

15日 区委书记燕旺林深入河钢集团宣工公司、宣化国玉陶瓷有限公司、宣化一瓷陶瓷有限责任公司、新北方装潢印刷有限公司等工业企业调研，强调面对当前经济发展下行压力较大的形势，企业要坚定发展信心，找路子，渡难关。区领导刘家利、治秀芳一同调研。

17日 区委书记燕旺林为全区副科级以上党员干部讲“三严三实”专题党课。区委副书记、代区长费再宏主持讲课。以区委书记讲党课为标志，宣化区“三严三实”专题教育正式启动。全区县处级领导干部，副科级以上领导干部，区属企事业单位党政负责人460多人在会场听党课。

17—18日 市委常委、纪委书记张维亮到宣化区河子西乡样台村进行“三严三实”专题教育蹲点调研，并为全区党员领导干部讲专题党课。区委书记燕旺林，区委常委、区委办主任刘家利参加调研活动。

23—24日 区委书记燕旺林主持召开全区经济发展和城建运行工作专题汇报会。区委副书记、代区长费再宏，人大、政协主要领导、区四套班子其他领导和处级领导参加会议。

24日　区委书记燕旺林到开发区管委会调研指导工作，区领导王玉济、刘家利、李祥一同调研。

25日　宣化区召开2015年大气污染防治工作会议，贯彻落实省、市大气污染防治工作会议精神，安排部署全区2015年大气污染防治各项工作。区委副书记、代区长费再宏、区领导邢积功、张国庆出席会议。邢积功主持会议。

26日　区委书记燕旺林到供水、公交、燃气等公用事业单位进行调研时强调：公用事业是民生工程，是百姓最关心关注的行业，服务的优质和安全是百姓的双重需求，要在确保安全的前提下，提高公用事业的服务质量，提升服务品质。区领导刘家利、李海清、董文柱一同调研。

同日　宣化区召开2015年度征兵工作会议，总结2014年工作，安排部署2015年工作。区委副书记、代区长费再宏，区委常委、武装部政委刘杰出席会议。

29日　区委书记燕旺林、代区长费再宏实地调度宣化区外环路、园区项目以及天然气利用和第二热源工程三项重点工作进展。区领导席玉东、王玉济、李军、刘家利、林占勇一同调度。

同日　区领导分组走访慰问宣化区部分新中国成立前老党员，给他们送去慰问金和慰问品，送上党的温暖与关怀。

30日　区委书记燕旺林视察宣化区商贸流通企业及食品安全和市场监管工作。区领导刘家利、杜启才、治秀芳一同视察。

7月

1日　中国共产党94周年诞辰纪念日，区领导分组走访慰问了部分新中国成立前老党员，给他们送去慰问金和慰问品，送上党的温暖与关怀。区委书记燕旺林走访慰问孙翠琢；区委副书记、代区长费再宏走访慰问王仲魁。

同日　区委书记燕旺林深入“三严三实”专题教育联系点春光乡按院村和工业街街道办事处红选路第二社区调研指导，燕旺林强调，扎实开展“三严三实”专题教育，切实把专题教育成效体现在实际工作中，真正让广大人民群众共享改革发展成果。区领导邢积功、刘家利一同调研。

2日　区委书记燕旺林到宣化紫云化工有限公司进行实地调研，燕旺林强调：要把安全工作放在首位，切实做好人防、技防和物防，形成联防联控机制，以安全促发展。区领导刘家利、治秀芳一同调研。

同日　区委书记燕旺林调研宣化区医疗卫生系统（区医院、中医院和眼科医院），燕旺林强调：要创新思路，整合资源，加快发展宣化区医疗卫生事业，不断提升宣化区医疗卫生水平，满足人民群众日益增长的医疗服务需求。区领导刘家利、治秀芳一同调研。

6日　副市长吴晓辉带领市金融办一行到宣化区调研金融工作。区委书记燕旺林，区委副书记、代区长费再宏，副区长治秀芳及相关单位负责人陪同调研。

同日　宣化区与青岛啤酒股份有限公司就青啤合作项目进行对接。区委书记燕旺林，区委副书记、代区长费再宏，区领导王玉济、治秀芳以及开发区管委会、工信局等相关单位负责人参加对接。双方就项目落地中涉及的配套基础设施建设、手续跑办、优惠政策落实等内容进行对接。

7日　副市长白龙到宣化区调研河北钢铁集团宣工公司和宣化福田雷萨泵送机械厂企业运行情况。区委副书记、代区长费再宏一同调研。7月21日，省委统战部副部长、省工商联党组书记宋晓瑛到宣化区昌通环保设备有限公司和大创园调研。区委书记燕旺林、区领导林占勇、刘家利、李祥一同调研。

11日　宣化区与青岛啤酒股份有限公司就青啤合作项目进行对接。区委书记燕旺林，区委副书记、代区长费再宏，区领导王玉济、治秀芳以及开发区管委会、工信局等相关单位负责人参加对接。

12日 区委书记燕旺林，区委副书记、代区长费再宏实地调度外环路、园区项目以及天然气利用和第二热源工程三项重点工作进展。燕旺林强调，要成立现场指挥部，真正形成抓住重点、攻克难点、打通节点的打硬仗态势，确保这三项重点工作的推进。区领导席玉东、王玉济、李军、刘家利、林占勇一同调度。

15日 宣化区与青岛啤酒股份有限公司就青啤合作项目进行对接。区委书记燕旺林，区委副书记、代区长费再宏，区领导王玉济、治秀芳以及开发区管委会、工信局等相关单位负责人参加对接。双方就项目落地中涉及的配套基础设施建设、手续跑办、优惠政策落实等内容进行对接。

17日 区委书记燕旺林主持召开区委八届一百零二次常委扩大会议，传达省委八届十一次全体（扩大）会议精神，以及市委十届一百三十二次常委扩大会议精神，同时还进行了“三严三实”专题研讨。区委常委参加会议，其他县处级领导干部列席会议。

24日 宣化区与福田汽车集团在北京签署了产业转型升级战略合作协议，并就宣化厂区产业调整升级项目事宜进行座谈。福田汽车集团党委书记、总经理王金玉及公司有关领导，市委书记、市长侯亮，市委副书记、市政府党组书记马宇骏，副市长白龙，市政府秘书长张锐，区委书记燕旺林、区委副书记、代区长费再宏、区领导刘家利、治秀芳出席签约仪式。市政府副市长白龙代表张家口市人民政府，宣化区委副书记、代区长费再宏代表宣化区人民政府与福田汽车集团签订《福田汽车集团北京厂区工业制造业务迁入宣化区战略合作协议书》。

30日 民生银行地产金融部总裁叶天放一行到宣化区城市传统葡萄园、大新门、博物馆等地考察。区委书记燕旺林、区委副书记、代区长费再宏、区领导曾文涛、孙辉亮一同座谈、实地考察。

31日 由省双拥办副主任、省军区政治部副主任赵福艳带领的河北省双拥工作检查团到宣化区，对全省拟申报推荐的新一届省级模范双拥城进行检查。副市长李敏、区领导费再宏、刘杰和驻宣部队首长参加汇报会。

8月

3日 张家口市人民政府、宣化区人民政府、福田汽车集团产业转型升级战略合作泵车项目启动仪式在宣化福田雷萨泵送机械厂举行。市政府副秘书长席恒忠、区委书记燕旺林、代区长费再宏、区领导席玉东、王玉济、治秀芳和市区相关部门负责人出席启动仪式。

6日 张家口军分区司令员陈永明、区委书记燕旺林、区委常委、武装部政委刘杰，武装部部长严广林到征兵体检站，视察指导2015年宣化区征兵体检工作。

同日 区委书记燕旺林主持召开调研宣传思想工作座谈会，听取有关部门的意见建议，深入研究宣化区宣传思想工作的新思路、新举措。区领导邢积功、张晓燕、徐忠贵、刘家利，以及纪委、组织部、宣传部领导班子成员参加座谈会。

10日 区委书记燕旺林主持召开组织人才工作座谈会，听取有关部门的意见建议，并就做好新常态下的组织人才工作提出了明确要求和期盼。区领导邢积功、张晓燕、徐忠贵以及纪委、组织部、宣传部领导班子成员参加座谈。

18日 市委副书记、市政府党组书记马宇骏深入宣化区部分工业企业，就企业生产运行情况和安全生产工作进行调研。市政府秘书长张锐、区领导燕旺林、费再宏、席玉东、王玉济、区党政其他在家领导、人大及市区相关部门负责人、企业代表一同调研或出席座谈会。

25日　市委副书记王景武到河钢集团宣钢公司调研安全生产管理和大气污染整治工作。区委书记燕旺林、区领导刘家利一同调研。

27日　省政协副主席、省委宣传部部长艾文礼一行到河北钢铁集团宣钢公司就安全生产情况进行督导调研。市委副书记王景武、区领导燕旺林、费再宏、王玉济、刘家利及市区相关部门负责人一同调研。

28日　省委党史研究室主任张福建到宣化区档案史志局、国家档案馆和博物馆调研指导党史工作。区委书记燕旺林一同调研。

同日　区委书记燕旺林到宣化公安分局看望慰问安保一线公安干警。区委常委、政法委书记林占勇一同慰问。

28日和30日　区委书记燕旺林采取不打招呼、不定路线、随机抽查的方式，深入春光乡、河子西乡、侯家庙乡和工业街、南大街、南关街道办事处对基层基础安保工作进行明察暗访。

9月

2日　市长马宇骏带领市相关部门负责人，到宣化新钟楼啤酒有限公司、鑫宇小区建设现场和宣化区集中供热改造工程建设现场，实地察看工地停工等情况，随后到宣化区汽车站和主要交通路段察看车辆限行情况。暗访督导空气质量保障工作开展情况。副市长白龙，市政府秘书长张锐等一同督导。区领导燕旺林、费再宏、李军、张国庆陪同。

同日　区委书记燕旺林到宣化公安分局办案中心和看守所调研指导工作。区委常委、政法委书记林占勇一同调研。

7日　区委书记燕旺林到宣化区部分学校和教师代表家中走访慰问，向全区广大教师致以节日的祝福，向为教育事业发展做出贡献的广大教育工作者和家属表示衷心感谢。区委常委、宣传部长张晓燕一同慰问。

8日　区委书记燕旺林深入工程建设沿线，调研施工进度，协调解决施工当中遇到的困难。区领导席玉东、田锡滨、董文柱、董成江一同调研。

同日　区委书记燕旺林到北山工业园区就青啤工业园项目进展以及园区规划布局情况开展调研。区政协主席王玉济一同参加调研活动。

9日　市委副书记何江海带领有关部门负责人到张家口发电厂、和平街换热站和宣钢第二炼钢厂就大气污染防治工作进行专题调研督导，实地察看部分项目建设现场，并就具体工作进行督导。区领导燕旺林、李军、张国庆及环保、工信、集中供热相关部门负责人一同调研。

10日　凯世德特种纸有限公司与中景恒基集团战略合作正式签约。市政协副主席王世光出席签约仪式，签约仪式前区委书记燕旺林与中景恒基投资集团股份有限公司董事长兼首席执行官肖厚忠、河北凯世德特种纸有限公司董事长王利辉进行座谈。区领导王玉济、林占勇、郭振川、治秀芳、杨学雅出席座谈并参加签约仪式。

14日　省人大常委会常务副主任宋恩华带领省人大执法检查组到宣化区，就《中华人民共和国环境保护法》贯彻落实情况进行执法检查。市委书记侯亮、市人大常委会主任李建举，副主任张常喜，副市长白龙，区委书记燕旺林，区委副书记、代区长费再宏，区人大常委会主任席玉东一同检查。

15日　区委书记燕旺林主持召开区委八届一百一十次常委扩大会，学习传达省委中心组学习会精神和省委常委、常务副省长杨崇勇批示精神，听取区委“三严三实”专题教育联席会议关于专题教育开展情况的汇报，研究宣化区贯彻落实意见。区委副书记、代区长费再宏及其他常委出席会议。会上，代区长费再宏通报三项重点工作的进展情况，并对加大城市管理力度和招商引资项目的推进上明确要求。其他县处级领导干部、区政府办主任、区委办常务副主任、团区委书记列席会议。

同日 区委副书记、代区长费再宏到宣左公路宣化连接线大北街工程现场、北外环路东段及沿线施工建设现场，就工程施工进度进行实地调研，并现场协调解决施工中遇到的困难。区领导席玉东、董文柱、董成江一同调研。

17日 区委、区政府将外环路建设工程、园区项目，供热供气改造工程列为三项重点工作。为进一步推进项目建设，区委书记燕旺林，区委副书记、代区长费再宏深入三项重点工作施工现场，调度工程进展情况，协调解决遇到的困难和问题。

同日 第二届联合国粮农组织“南南合作”框架下全球重要农业文化遗产高级别培训班在古城宣化举行，联合国粮农组织、联合国大学可持续高等研究所、国家农业部、河北省农业厅专家教授以及阿尔及利亚、巴西、智利、埃及、韩国、日本、孟加拉国、斐济、印度等29个国家的31位农业专家、官员齐聚古城宣化，共商农业文化遗产保护和传承大计。

23日 参加全市重点项目拉练活动的市区领导还同时出席了福田汽车集团绿色智能制造示范工程张家口基地启动暨福田雷萨重机L9新品上市仪式。区委书记燕旺林主持仪式。

10月

国庆节期间，区委书记燕旺林先后到宣化区大北街相关工程现场和城区部分集中供热工程现场，调研工程进度，看望节日期间坚守在工程一线的干部工人。

10日 区委召开八届112次常委扩大会议，传达市委中心组学习会和市委十届七次全会精神，听取外环路建设工程和集中供热工程进展情况汇报。区委书记燕旺林主持会议。代区长费再宏传达市委中心组学习会精神。区委书记燕旺林传达市委十届七次全会精神。区委常委出席会议，其他处级领导干部，以及相关单位部门主要负责人列席会议。

同日 市发改委主任申全明到宣化区视察重点在建项目。区委书记燕旺林，区领导刘家利、冶秀芳一同视察。

10—13日 “全球重要农业文化遗产‘青田稻鱼共生系统’十年发展回顾暨第二届全国农业文化遗产学术研讨会”在浙江省青田县举办。会上颁发了农业文化遗产保护与发展贡献奖，副区长孙辉亮、区文广新局张华、春光乡观后村李香分别荣获“遗产保护管理探索奖”“遗产保护经验分享”“遗产保护社会实践奖”。

13日 张家口市副市长白龙到宣化区调研宣化福田雷萨泵送机械厂产业转型升级合作泵车项目和河北钢铁集团宣工公司企业运行情况。区领导燕旺林、费再宏、李军、刘家利一同调研。

16日 区委书记燕旺林到集中供热工程燃煤锅炉拆除现场视察。区领导李军、张国庆一同视察。

20日 市委书记侯亮率市四套班子在家领导、各县区党政主要负责人到宣化区，就重点项目建设情况进行拉练观摩。区委书记燕旺林、区委副书记、代区长费再宏，区领导李军、刘家利陪同。

23日 由省环保厅副厅长殷广平带队的省第五督导组到宣化区督导大唐国际张家口发电厂环保和供热改造工作。区委副书记、代区长费再宏、副区长孔庆范及市区相关部门一同督导。

27日 张家口市副市长白龙到宣化区调研宣化福田雷萨泵送机械厂产业转型升级合作泵车项目和河北钢铁集团宣工公司企业运行情况。区领导燕旺林、费再宏、李军、刘家利一同调研。

11月

5日 宣化区召开区委八届一百一十四次常委扩大会议暨区委理论中心组学习会，会议学习传达了中共十八届五中全会精神,《中国共产党廉洁自律准则》《中国共产党纪律处分条例》以及省委书记赵克志的讲话精神，区委书记燕旺林、区委副书记、代区长费再宏以及区级领导干部参加会议。

5日21时至6日上午 宣化区突降暴雪，总降水量24.3毫米，积雪量18毫米，是宣化区20年来少遇的暴雪。

6日 区委书记燕旺林主持召开宣化区常委扩大会议，紧急调度部署宣化区暴雪应对工作，要求全区上下紧急行动起来，采取扎实有效的措施，全力打好这场应急战役，保障人民群众正常的生活秩序和良好的公共秩序。区委副书记、代区长费再宏以及县处级领导干部及各乡镇、街道办事处以及相关部门企业负责人参加会议。会上，交通、城建、供水、燃气、交警、供电、供热、乡镇、街道办等单位以及供热企业简要汇报了暴雪天气后的应对措施及工作进展情况。区委副书记、代区长费再宏就供热、雪情、民情、舆情四方面工作分别进行了安排部署。

7日 区委书记燕旺林主持召开区委常委扩大会议，听取关于“11·6”雪灾造成的宣化区部分用户停电停暖的抢修情况和恢复情况。区委副书记、代区长费再宏以及县处级领导干部及各乡镇、街道办事处以及相关部门企业负责人参加会议。

同日 区委书记燕旺林深入居民家中倾听百姓心声，同时对宣化区的集中供热改造工程进行现场督办，他强调：要时刻把群众冷暖放在心上，带着感情做工作，加快供热改造步伐，抢时间，赶进度，争取让全区百姓早一天享受到集中供热带来的温暖。区领导刘家利、林点勇、李海清、董文柱一同走访。

13—14日 2015年第五届河北省青少年健康活力大赛在宣化一中体育馆举行。此次大赛由河北省大学体育协会、河北省中学生体育协会、全国全民健身操舞推广委员会河北分会主办，由张家口市宣化区教育局、体育局承办，由中国健美操联盟网、张家口市宣化第一中学、宣化广播电视台协办。在两天的角逐中，宣化区的25支代表队参加了60个项目的比赛，获得54个冠军。

14日 区委副书记、代区长费再宏紧急调度中电寰慧、宣钢物产公司、街道办三个部门，解决顺城街南热力站周边采暖小区供热问题。

23日 区委书记燕旺林、区委副书记、代区长费再宏组织召开座谈会听取河北旭隆集团董事长甄志就宣化区“圣恩寺佛教文化景区”规划设计情况汇报。

同日 张家口市市长马宇骏到宣化区就集中供热情况进行调研。马宇骏强调，集中供热是重大的民生工程，要切实采取有效措施，解决工作中的困难和问题，把事关百姓切身利益的事情做实做好，做到既要暖房子、又要暖民心，让广大市民温暖过冬。副市长李敏，市政府秘书长张锐及市直有关部门负责同志一同调研。区领导燕旺林、费再宏、刘家利陪同调研。

24日 宣化区召开宣化区城市发展战略研讨会，中景恒基集团、中住信资产管理有限责任公司的相关负责人和国内多名专家、学者在研讨会上发言，共同为宣化区未来发展出谋划策。区委副书记、代区长费再宏和四套班子领导参加研讨会。

29日 区委书记燕旺林，区委副书记、代区长费再宏带领区领导席玉东、刘家利、孔庆范、李祥，就重点工业企业转型升级情况进行观摩拉练。燕旺林要求，企业要转变思想观念，加快转型升级步伐，以高端、智能化为方向，走出一条转型升级、绿色崛起之路。

30日　区委书记燕旺林一行深入宣化国玉陶瓷有限公司、新迪高压电瓷电器有限公司、宣化昌通环保设备有限公司，就进一步强化企业创新意识，促进产业转型升级进行实地调研。区领导张晓燕、刘家利、孔庆范、李祥一同调研。

11月　在全国第十二届实验教学创新研讨会上，宣化一中薛桂凤老师开发的《自制气溶胶丁达尔现象实验演示器》获全国实验教学创新一等奖。

11月　CCTV-4远方的家栏目座谈交流暨张家口旅游创新营销研讨会在宣化区召开，北京兴旅国际传媒有限公司、《远方的家》栏目主创团队、市县区旅游文化部门等相关负责人和部分历史文化专家学者围绕《远方的家》栏目在张家口市拍摄播出的三集节目，探讨全市旅游事业未来的发展。副区长张国庆出席研讨会。据了解，央视《远方的家——长城内外》张家口篇分《九边重镇话宣府》《塞外山城故事多》《长城古韵草原天路》三集，11月24日至26日，在央视国际频道连续播出，节目组在张家口市桥西区、宣化区、宣化县、蔚县、怀来县、崇礼县、张北县拍摄20多天，系统介绍了张家口市的长城及旅游资源，充分展示了张家口市的城市形象。

12月

1日　市委副书记何江海深入宣化二中和宣化科技职业学院，就青少年冰雪运动和职业教育开展情况进行调研。区委书记燕旺林、副区长张国庆陪以及市区相关部门负责人一同调研。

3日　河北省委教育工委副书记挂职北京市委教工委副书记韩俊兰、北京市教育委员会委员王定东带领北京市教委考察团一行到宣化区，就小学体育艺术社团活动开展情况进行调研。市政府副市长李宏、市教育局局长何亚星，区委副书记、代区长费再宏，区领导张晓燕、张国庆一同调研。

9日　区委召开八届一百二十三次常委扩大会议，专题听取并讨论城市管理有关工作情况的汇报。区委书记燕旺林、代区长费再宏和区委常委出席会议，区人大常委会主任、政协主席、区政府副区长、区公安分局局长、开发区管委会副主任列席会议。

10日　北京市东城区卫计委与张家口市卫计委医疗卫生合作签约仪式在宣化宾馆举行。北京市东城区卫生计划委员会主任林彬、副主任吴礼九，张家口市副市长李宏，张家口市政府党组成员刘海峰，张家口市副秘书长张治学，张家口市卫生计划委员会主任杨千河，区政协主席王玉济，区委常委、副区长李军出席座谈并参加签约仪式。座谈会上，李军汇报了宣化区区情及医疗卫生情况。签约仪式上，林彬、杨千河分别代表北京市东城区卫生计划委员会、张家口市卫计委签订合作协议。

15日　宣化区召开研讨交流会，深入学习贯彻中央、省市委全会精神，围绕“三严三实”、解放思想大讨论活动、处级干部外出考察、调研成果进行交流研讨，围绕2016年工作思路和“十三五”规划纲要进行研究谋划。区委书记燕旺林主持会议并讲话。区委副书记、代区长费再宏就未来发展的思路和举措进行了部署。会上，区委、区人大、区政府、区政协领导、各乡镇、街道办事处，区直各部门主要负责同志，结合工作实际，坚持问题导向，围绕宣化区未来“怎么办，怎么干”，阐释了自己观点和论述。

16日　机械工业信息研究院专家组到宣化区就“十三五”期间装备制造业发展规划进行对接调研。区委副书记、代区长费再宏，副区长孔庆范一同座谈。

18日　为助力2022年冬奥会，提高宣化区环境卫生管理水平，改善城市交通状况，给全区人民营造一个干净、整洁、畅通、有序的城市环境，区委副书记、代区长费再宏主持召开全区环境卫生和交通秩序整治工作部署会，对宣化区范围内开展的环境卫生和交通秩序整治专项行动进行安排部署。区领导李军、刘家利、李海清、孙辉亮、董文柱以及区委组织部、宣传部、区城乡建设局、住房保障和房产管理局、交通运输局、公安分局等部门相关部门负责人参加会议。会上，李军宣读宣化区《关于开展环境卫生和交通秩序整治实施方案》。

宣化区概况

地　理

【区域位置】 宣化区为河北省张家口市辖区。区辖三乡一镇及城区七个街道办事处，其中城区七个街道办事处、春光乡、河子西乡、侯家庙乡为中心区，地理坐标为：北纬 40°33′—40°40′03″，东经 114°55′35″—115°08′45″；庞家堡镇距中心区城东 35 公里，地理坐标为：北纬 40°33′50″—40°41′，东经 115°21′40″—115°30′30″，面积 128 平方公里，占全区总面积 276.4 平方公里的 46.3%。中心区除西北角与桥东区为邻，其余周边与宣化县接壤；庞家堡镇东、东南、南依次与赤城县、怀来县、下花园区为邻，其余周边与宣化县接壤。全区位于阴山山系东端大马群山延脉，庞家堡镇则为盆地的边沿。中心区为连接京、津、晋、蒙的重要通道，东临首都北京 150 公里，南望河北省会石家庄 288 公里，西去煤都山西大同 200 公里，北距张家口 28 公里，属京、津都市圈和晋、冀、蒙经济圈。

以宣化为中心的交通网四通八达。京包铁路，京（北京）藏（西藏）、丹（东）拉（萨）、宣大（同）高速公路，宣蔚、宣赤、宣庞公路等主要交通干线，纵横交错，是晋、冀、蒙的交通枢纽，也是联通蒙古、俄罗斯西伯利亚及至欧洲的国际通道。

【地势地貌】 宣化区处于宣化盆地东北，是一个新生代山间河谷断裂坳陷盆地。四周群山环抱，盆地中心有洋河自西北向东南穿过，洋河断裂为区域性大断裂。洋河两岸由于新构造运动及洋河的侵蚀作用，发育有明显的一级阶地和二级台坎。第四系含水层沿洋河河谷带状平原最厚，向两侧山区逐渐变薄。以洋河为中心，两侧地形形态依次展示为河谷带状平原、山前斜地、中低山地三个地貌单元。

河谷带状平原。河床及河漫滩，沿西北—东南方向展布。河床宽浅，顺直微弯。河床宽 500 米—600 米，河床比降 2.5‰—3.0‰，沉积物为中粗砂，含砾卵石。河床两侧漫滩地形平坦，局部低洼积水，一般高出河床 0.5 米—1.0 米左右，宽 70 米—1500 米。岩性为灰黄色含土粉细砂、浅黄色亚砂、土及含砾中粗砂。一级阶地：主要沿洋河两侧发育有连续的一级阶地，一般凹岸缺失，北岸较南岸发育，阶地前缘清晰，高出河床 2 米—4 米。阶地宽一般 600 米左右。阶地平坦，微向洋河倾斜，倾斜度 4‰—6‰。为上迭式堆积阶地。

山前斜地。冲洪积扇：沿洋河南北两侧山前向盆地中心展布，有清水河、柳川河、泡沙河、塔儿村沙河、背坡沙河、水泉沙河、口泉沙河冲洪积扇。岩性为黄土状黏质砂土含沙砾石碎石。黄土斜地：沿山前积扇间广泛分布。以 20‰—25‰的坡降向盆地中心倾斜。主要岩性为黄土状黏质砂土。地壳多见棱角状碎石块。

风积沙丘。分布于东南部黄羊滩一带，呈垄岗状，新月形展布，为半固定性沙丘。迎风坡角15°左右，背风坡角30°左右。岩性为磨圆度好的粗中砂及中细砂。

中低山地。分布于盆地周围，山峰海拔标高一般为800米—1500米。植被稀疏，基岩裸露。一般山脊起伏不大。盆缘的东北、西南较高的山地为沉积岩，火山岩、石英岩、安山岩等。山势较陡，山脊呈锯齿状，长垣状，山坡陡可达60°—70°。最高山峰为海拔1106.1米，多为800米左右。

庞家堡属中低山地形，地形起伏较大，地貌简单，地势东南高，西北低，海拔高度在780米至1979米之间，分梁东、梁西、南坝口三大片。

山脉。区内山脉自东南至西北延绵，分十多个山段，主要山峰有：

卧佛山：位于庞家堡镇东南部，海拔1979米。

高泰山：位于庞家镇中部，海拔1680米。

烟筒山：位于宣化城北部，海拔1106.1米。

狼尾巴山：在烟筒山矿北0.9公里处，海拔886米。

奶奶怀山：在宣化东北方向，海拔996.3米。

小草帽山：在宣化城东北1.8公里处，海拔816.6米。

泰山顶：在盆窑村北0.3公里处，海拔752米。

大青山：在下八里村东北1.6公里处，海拔804米。

老汉山：位于下八里村北2.2公里处，海拔853.6米。

孤山：在老汉山南，海拔780.2米。

牛岭子山：在上八里村北东1.9公里处，海拔843米。

北草帽山：位于陈家庄村西北约2公里处，海拔838.3米。

鹰望山：在上八里村北约1.5公里处，海拔837米。

红珠山：在王河湾村东南0.7公里处，海拔772米。

红土坡：在王河湾村东南1.2公里处，海拔765.6米。

南天山：在悬空寺西0.6公里处，海拔763.8米。

四角山：在宣化通信兵学院北0.45公里处，海拔770米。

火石窑山：在陈家庄村东北1.3公里处，海拔852米。

磨盘山：在烟筒山矿区北约1公里处，海拔823米。

尖顶山：在上八里村北约3.1公里处，海拔832米。

【气候气象】 日照。宣化日照充足，2015年日照时数为2547.9小时，其中月平均气温低于0℃期间日照总时数为598.0小时，大于10℃期间日照总时数为1470.1小时。4—9月，农作物生长季节，每月日照时数平均在245.02小时以上。年最多日照时数的5月为290.7小时，最少日照时数的11月为90.3小时。

2015年各月日照时数表

表1　　单位：小时

月份项目	1	2	3	4	5	6	7	8	9	10	11	12
日照时数	163.2	176.1	256.4	256.6	290.7	206.9	231.8	286.6	197.5	223.4	90.3	168.4

气温。2015年年均气温为8.9℃，接近常年温度。一年最高气温为37.1℃；一年最低气温为−19.4℃。最热的7月平均气温为22.5℃，最冷的1月平均气温为−6.9℃。全境因地形不同，气温大致划分为两个区：暖温带区主要分布于洋河两岸和桑干河谷，1月平均最低气温在−13℃左右，7月

平均最高气温在29℃左右，年平均气温在9℃左右。温带区主要分布在浅山丘陵区庞家堡镇，1月平均最低气温在-15℃—-17℃之间，7月平均最高气温在24℃—27℃之间，年平均气温在7℃左右。

2015年各月平均气温表

表2　单位：℃

月份	1	2	3	4	5	6	7	8	9	10	11	12	年平均
气温	-6.9	-4.1	4.2	11.7	17.8	20.7	22.5	21.1	15.9	9.6	-0.5	-5.7	8.9

湿度。宣化属半干旱区，一年中只有7、8月分别为半湿润期和湿润期，年平均相对湿度在56%左右。其他月属半干旱区或干旱区。冬春两季干旱程度尤为严重。

宣化区稳定通过各界限温度初终日、日数、积温一览表

表3

气温	≥0℃	≥5℃	≥10℃	≥15℃
初日（日/月）	11/3	5/4	14/4	12/5
终日（日/月）	20/11	26/10	11/10	9/9
持续日数（天）	255	205	181	121
积温（℃）	3868.0	3604.6	3398.0	2546.0

地温。2015年宣化年平均地表温度12.0℃。年极端最高地表温度为67.4℃，出现在1968年7月3日；极端最低地表温度-31.8℃，出现在1966年2月22日。

冻土。宣化土壤冻结期始于10月止于次年4月。土壤封冻期（指10厘米土壤稳定冻结）始于11月下旬止于次年3月上旬。耕作层冻结期（指30厘米土壤稳定冻结）始于12月上旬止于次年3月中旬。年极端最深冻土163厘米，出现在1977年3月，持续5天。2015年最大深冻土为109厘米。

2015年各月地面平均温度表

表4　单位：℃

月份	1	2	3	4	5	6	7	8	9	10	11	12	年平均
地面平均温度	-7.2	-2.7	7.4	16.3	23.2	25.2	28.0	26.2	18.5	11.0	2.0	-4.5	12.0

降水。宣化冬春季受西北气流控制，多风少雨雪；夏季和初秋受偏南海洋暖湿气流控制，雨水较多。2015年降水量468.1毫米。第1场透雨在5月10日降水量为14.1毫米。全年最长连续无降水共计78天。

宣化降水主要有三个特点。一是雨量小，降水量各年份分布很不均匀。一般年份在340毫米—400毫米之间，不足华北平原的2/3。自有气象记录以来，降雨量最多的一年是1973年，共563.9毫米；最少的一年是1999年，仅226.3毫米。二是各季降水量差异悬殊，主要集中在夏季。春季（3—5月）平均46毫米—75毫米；夏季（6—8月）平均259毫米—321毫米；秋季（9—11月）平均53毫米—78毫米；冬季（12—2月）平均仅5毫米—14毫米。三是地形不同，降水量差别也较大。由于气候寒冷干燥，宣化的

降雪量很少，降雪量也极不稳定。降雪在2014年11月30日到2015年度的4月2日，开始和末尾，常为雨夹雪，积雪初终间日数46天。最大降雪日为11月6日，雪深1厘米，降水量17.4毫米。2015年出现积雪日数46天，最大雪深18厘米，降水量为6.7毫米。初雪为上年度11月30日，终日为4月2日，初终间日数124天。结冰日最早上年度10月13日，终日4月12日。

2015年各月平均降水量表

表5　　单位：毫米

月份	1	2	3	4	5	6	7	8	9	10	11	12	合计
降水量	1.9	2.9		9.0	22.9	57.7	107.8	53.1	136.6	20.2	54.1	1.9	468.1

蒸发量。蒸发量大是宣化气候的特征之一。据县气象局资料，历年平均蒸发量1906.8毫米，是年降水量361.7毫米的5.27倍。其中，1963年蒸发量最大，为2294.9毫米；2003年蒸发量最小，为1610.1毫米。蒸发量的地理分布与降水量相反，河川区高于丘陵区和山区。其时间分布极不均匀，夏半年（4—9月）蒸发量约占全年总量的75%，尤以5、6月蒸发量最大，冬半年最少。（2015年取消蒸发观测）

风。风多亦是宣化气候的显著特征，受季风的影响，除降雨雪前刮东南风外，其余绝大部分刮西北风。2015年年平均风速在2.9米/秒左右。全年大风日为14天，分别为2月1天，3月1天，4月2天，5月2天，6月1天，7月3天，8月2天，10月1天，12月1天。

霜。2015年宣化无霜期为245天。霜冻为2014年的10月6日，终日为2015年5月6日，初终日数为213天。

【水　系】 宣化区境内有洋河、柳川河、大泡沙河、小泡沙河四条河流。其中洋河和柳川河为常年性河流，大泡沙河和小泡沙河为季节性河流。

洋河。属于海河流域永定河水系上游的支流。历史上曾数次更名。秦以前名修水，至唐称延水，辽代称羊河，元代改称阳河，后演变为洋河。其源流有三，两条是内蒙古自治区察哈尔右翼前旗与兴和县的东、西洋河，一条是山西省阳高县的南洋河。三条源流在万全县与怀安县交界处汇合。东流经宣化区的河子西、春光、侯家庙三乡。至宣化东部的老龙背山脚下流出宣化盆地，又经下花园区，在怀来县夹河村附近与桑干河汇合，注入官厅水库。洋河在流经宣化区途中，汇入较大的支流有清水河、柳川河、龙洋河及季节性河流塔儿村河、水泉河、口泉河等。洋河常年有水但水量不大，且水量逐年显著减少，汛期没有河水暴涨暴落现象发生。年径流在年际间和年内变化悬殊，丰、枯水年交替发生。河床坡降2.5‰—3.0‰，河床多为粉细砂覆盖。枯水期，河床裸露，河砂随风飘洒；洪水期，粉砂随波逐流，水质浑浊，年平均输沙量784万立方米，汛期占全年总量的80%。尤其近年由于水位下降、上游截水建库，宣化区境域时常无水，2013年度未见流水。近年来，位于宣化洋河桥上游建水坝，引水入河，部分水源得到恢复。

柳川河。发源于崇礼县南部，为洋河支流。上游盘常河，与清水河在四方台附近汇合后，始称柳川河。该河为一条山地型河流，由宣化县入境，流至宣化城北后折向西流，绕城再转向南流，然后汇入洋河。全长58公里，境内长约11.5公里，宽40米；流域面积412平方公里。常年有流水，但时常间断，流量很小。区政府为回复柳川河的灵秀，投入资金在城西段建水坝，引水入河，建景筑桥，柳川河得到部分复生。

大泡沙河、小泡沙河。均为季节性河流。大泡沙河位于侯家庙以东，流域面积 133.88 平方公里，境内长 9.1 公里，宽 20 米。有洪水时由北向南流经龙洋河后注入洋河。小泡沙河位于宣化城东门外，发源于宣化城北的草帽山和奶奶怀山。两条支流自北向南贯穿城东北山区和丘陵地带，原来穿过京张高速公路，于东升桥北汇合，然后向南穿过工业区，在宣化造纸厂东注入洋河。境内长 5 公里，宽 10 米，东升桥以北汇水面积 23.088 平方公里。此河道在汛期易于成灾。随着天气干燥，雨量的减少，加之城区建设的飞速发展，该河基本已成干河床，且通过城区部分，已埋设了地下管道直达洋河。由于建城区的扩大、区政府投入资金，把流经现城区的部分大、小泡沙河改道建设，从而也减少因突发洪水造成水灾的可能性。

【地下水】 区域水文地质特征。洋河盆地是新生代以来形成的断裂坳陷盆地，是由柴沟堡盆地、张家口盆地、宣化盆地和榆林盆地四个相互连通的小盆地组成。宣化盆地位于其东端，占整个盆地面积的 16.6%，盆地堆积有较厚的第四系松散沉积物。洋河冲积层和主要支流冲洪积层，厚度达数十米乃至百余米。并在地貌上构成洋河带状冲积平原和山前冲洪积扇群，成为盆地中最主要的含水岩层和富水带。在区域地质构造和盆地基底形成的控制下，第四系主要含水层分布于盆地中部—洋河冲积带状平原及洋河两侧各大支流在山前形成的规模不等的冲积扇地带，按含水层的岩性、结构、成因类型可分为山前冲洪积扇孔隙水与洋河带状平原孔隙水；以其形成的相对时代及含水层的富集程度，可将宣化区不同成因类型的孔隙水划分为两段，即下、中更新统（Q1+Q2）含水段，上更新、全新统（Q3+Q4）含水段。地下水接受大气降水的垂直入渗补给、农田灌溉回渗补给和河流的入渗补给，另外还接受两侧山区向中部洋河的侧向径流补给。地下水径流方向主要从盆地南北两侧向盆地中部洋河流动，而后与洋河流动方向基本一致流出区外。地下水排泄主要为人工开采、潜水蒸发和地下径流排出盆地区外。位于洋河响水铺水文站的测流断面是洋河盆地地表水和地下水的唯一排泄出口，控制流域面积 14507 平方公里。多年平均径流量为 14.69 立方米 / 秒，其中基流量 7.35 立方米 / 秒。

供水水文地质条件。洋河北岸河漫滩一级阶地是宣化区工业及生活用水的主要供水区。按含水层的分布埋藏条件及岩性、厚度、富水程度、导水性能、地下水化学特征和污染程度等，全区可划分为三个供水水文地质区。一是河漫滩强富水区。西起样台，东至洋河水库，南至洋河岸边，又可分为两个次一级小区。其一是生活供水优良区。位于宣化城西自来水公司水源地至样台附近，主要含水层为粗砂卵砾石，分选性及磨圆度较好，含水层厚度一般 60 米—80 米，层位稳定，粗砂卵砾石占综合含水层厚度的 80%—90%。水位埋深 1 米—3 米，岸边小于 1 米。导水系数漫滩区大于 15000 平方米 / 日，阶地区 5000 平方米 / 日—15000 平方米 / 日，单井涌水量 150 立方米 / 小时。该区地下水补给条件良好。地下水为重碳酸 – 钙、镁型水，矿化度 0.6 克 / 升—0.8 克 / 升，显示有较轻度污染，符合生活饮用水卫生标准。其二是工业供水优良区。西起宣化城西自来水水源地以东至洋河水库一带。主要含水层岩性为中粗砂卵砾石，分选性及磨圆度较好，含水层厚度由西向东逐渐变薄，一般为 50 米—70 米，中粗砂卵砾石占综合含水层厚度的 60%—80%。水位埋深 1 米—3 米，岸边小于 1 米。导水系数 5000 平方米 / 日—15000 平方米 / 日，单井涌水量 150 立方米 / 时，地下水补给充沛，为重碳酸—钙、镁型水，矿化度 0.6 克 / 升—0.8 克 / 升。受工业废水和生活污水排放的影响，地下水受到了不同程度的污染。二是洋河阶地和柳川河冲洪积扇富水区。西起朱家庄，向东经宣化城区至羊坊路口一带，处于洋河一级阶地及柳川河冲洪积扇中下游和泡沙河冲洪积扇的前缘部位。根据水文地质条件可分为两个次一级小区。其一是生活供水良好区。从城西河子西村至朱家庄一带。主要含水层岩性为砂砾石，厚度40米—50米，砂砾石占综合含水层厚度的70%—80%。水位埋深2.5米—5米。导水系数1000平方米/日—5000平方米/日，单井涌水量50立方米/时—150立方米/时，地下水主要为重碳酸－钙、镁型水和重碳酸·氯化物－钙、钠型水，矿化度0.6克/升—0.8克/升，污染较轻，符合生活饮用水卫生标准。其二是工业供水良好区。从宣化城西河子西村至羊坊路口一带。主要含水层岩性为冲积、冲洪积砂砾石和砂碎石，厚度30米—40米，不稳定。砂砾石和砂碎石占综合含水层厚度的30%—70%。富水性变化较大，单井涌水量50立方米/时—150立方米/时，水位埋深5米—10米，导水系数1000平方米/日—5000平方米/日。地下水以重碳酸－钠、镁型水为主，矿化度0.6克/升—0.9克/升，局部大于1克/升。由于工业废水及生活污水排放的影响，属中度污染区。一般不宜作为生活饮用水。三是山前冲洪积扇群及冲洪积扇间贫水区。分布于山前冲洪积扇群上部及扇间地带，又可分为两个次一级小区。其一是生活供水不良区。位于柳川河以西山前地带，主要含水层岩性为砂碎石，厚度5米—30米，层位极不稳定。砂碎石占综合含水层厚度的10%—40%，富水性变化较大，水位埋深10米—20米，导水系数小于300平方米/日，单井涌水量一般小于25立方米/小时。地下水主要受基岩裂隙水和溶隙水的侧向补给。宋家庄至下八里一线地下水为重碳酸·氯化物－钙、钠（镁、钠或钙、镁、钠）型水，矿化度0.7克/升—0.9克/升，下八里氟化物含量达1.82千克/升。其二是工业供水不良区。位于宣化城东部焦化厂至泥河子一线及北山山前地带。主要含水层岩性为砂砾石和碎石，厚度一般5米—30米，层位极不稳定。砂砾石和碎石占综合含水层厚度的10%—30%。水位埋深10米—60米，局部5米—10米。富水性变化大。导水系数一般小于300平方米/日，局部地段导水系数300平方米/日—1000平方米/日；单井涌水量一般小于25立方米/小时，局部地段25立方米/小时—50立方米/小时。地下水主要受侧向径流补给，补给量较小。地下水主要为重碳酸－钙、镁、钠型水，局部地段为重碳酸·氯化物－钠、镁型水，矿化度0.5克/升—0.8克/升，氟化物均在1千克/升以上，个别点硝酸根离子含量较高，有不同程度污染。

地下水补给与排泄。宣化盆地内地下水补给来源由三部分组成，一是包括边缘山区在内的整个盆地2407平方公里汇水面积的大气降水的垂直入渗补给，二是由农田灌溉面状回渗和河流的入渗补给，三是由上游地下水的侧向径流补给。盆地内地下水的排泄途径，一是侧向径流排入洋河，形成洋河基流，二是人工开采，三是洋河河漫滩地带的潜流蒸发排泄。三者中以前两种排泄为主。

资　源

【矿产资源】 宣化附近铁、煤、金、石灰石、膨润土、耐火土、铜、锰、石棉等矿产资源较为丰富。辖区境内储量最多的有赤铁矿和煤矿。

铁矿。分布于宣化烟筒山和庞家堡的山区。烟筒山矿床面积为7平方公里。1985年末累计探明储量为2743万吨，矿山品位在40%—50%之间；庞家堡铁矿储量为1.93亿吨，矿石品位60%。

煤矿。位于宣化城东南泥河子村附近。普遍煤层为一层，厚度4米—5米，品种有烟煤、褐煤。矿床分布面积为6平方公里，储量1亿吨。煤质较优，其灰分平均值为20.49%—24.36%，挥发分区间值为21.98%—51.55%，平均值为

35.01%—40.7%，可燃基发热量较高一般在7937大卡以上，全硫含量小于1%，磷低于0.05%。属于中灰，特低硫，低磷，高发热量煤，能满足火力发电用煤要求，也可用作气化用煤和民用燃料。是具有较高经济价值的工业用煤。

富钾页岩。分布在宣化区北部山区赤铁矿顶板上，厚23米—27米，有黑色和灰色两种，储量约6000吨。代替黏土作水泥配料，可回收钾肥。

黏土矿。位于侯家庙卧虎山一带，厚2米—4米，最厚处8米。储量为20万吨。

膨润土。产于陈家庄北山西段，为钙质型膨润土。储量不明。

重晶石。分布于下八里村北，厚300米—700米，20余条，一般长20米左右，个别长40米—50米左右，宽0.1米—0.3米，最宽达2米，品位最高达99.8%。

白云岩。在刘家窑白云岩矿，规模小，只有0.3米厚。

石灰石。(无纯石灰石)，分布于宣化城外北山。

辉绿辉长岩。(松柏绿花岗岩)。分布于姚家坟西北木瓜山，储量20万立方米以上。可做建筑材料，加工工艺品。宣化区已成立松柏绿花岗岩石材开发公司进行开发利用。

黄金。在陈家庄北山，凝灰岩和太古界地层中。

锰矿。在刘家窑村锰矿点。低温热汇裂隙充填矿床，规模小，无开采价值。

【生物资源】 林业。全区现有林业用地面积20.8万亩，其中：有林地10.5万亩，疏林地0.1万亩，灌木林地2万亩，苗圃地0.1万亩，未成林造林地2万亩，无林地6.1万亩。森林覆盖率26.5%。全区防护林类型以其主要防护对象不同主要以防风固沙林、水土保持林、护岸护路林为主，株树350万株，折合林地9.2万亩，活立木蓄积量55000立方米，树龄以中幼林为主，树种主要以松、柏、杨、柳、榆、槐为主，涉及9科，14属，34种。用材林面积：0.8万亩，活立木蓄积量11465.1立方米，树龄以中幼林为主，树种为：松、杨、柳、榆、槐为主，涉及4科，5属，14种。经济林面积：涉及3科，5属，13种。株树49.2万株，面积5100亩，产量3911吨，苹果园面积1560亩，产量76吨；梨园面积270亩，产量6吨；葡萄园面积2475亩，产量3571吨；其他果园面积480亩，产量152吨。

野生植物。宣化区野生植物树种资源的多数品种主要集中于庞家堡镇，涉及10科，12属，19种。主要有野葡萄、山丁子、海棠、山刺玫、黄刺玫、山桃、山杏、李、榆叶梅、玫瑰、珍珠梅、锦鸡儿、紫丁香、五角枫、沙棘等。

野生动物。宣化区野生兽类有黄鼬、狍、蝙蝠、草兔、猪獾、狗獾、刺猬、松鼠、田鼠等；鸟类有喜鹊、乌鸦、野鸽、斑鸠、布谷鸟、啄木鸟、岩鸽、山斑鸠、山雀、灰斑鸠、麻雀、大杜鹃、环颈雉、家燕、百灵、毛腿沙鸡、黄雀、猫头鹰、红脚隼（鹞鹰）、石鸡、鹌鹑、戴胜等；其他两栖类有青蛙，爬虫类有红点锦蛇、棕黑锦蛇等。

主要农业土特产有：

干鲜果：苹果、梨、桃、葡萄、海棠、杏、枣、李子等。

中草药：麻黄、枸杞、当归等。

野生植物：野葡萄、山丁子、海棠、山刺玫、黄刺玫、山桃、山杏、李、榆叶梅、玫瑰、珍珠梅、锦鸡儿、紫丁香、五角枫、沙棘等。

家禽家畜。宣化区有家畜家禽20多个品种，主要有：

牛：主要有荷斯坦奶牛和草原红肉牛、西门塔尔肉牛等。

鸡：主要有艾维茵肉鸡、AA肉鸡和海兰蛋鸡等。

羊：主要有小尾寒羊、大尾寒羊、杜泊、美利奴、无角多塞特等。

兔：主要是塞北兔和獭兔等。

猪：主要有长白、大白、杜洛克和皮特兰等品种。

其他大型家畜主要有蒙古马和地方土种驴等，此外还有特种动物养殖，主要有梅花鹿、鸽子、孔雀等。

宣化区现有可供养殖的池塘面积约 38 公顷，饲养的鱼类种类主要有：鲤鱼、鲢鱼、草鱼、鲫鱼等。

【水资源】 宣化区人民政府于 1986 年委托原河北地矿局第一水文地质大队对区内进行了水文地质勘查。历时三年，业已查明整个宣化盆地水文地质条件，选择确定了供水水源地的最佳地段，确定了水资源边界，运用不同方法进行了水资源计算、预报和评价。以后这些年，从未进行过专门的水资源勘查评价工作。以前区内进行的水文地质勘查程度高，水资源量计算准确。本书中仍引用宣化区水文地质勘查工作中水资源量计算资料。

地表水。宣化区地表水资源量 2.404 立方米 / 秒，已被利用和消耗于蒸发的水资源量 0.439 立方米 /

宣化区水资源数值计算结果表

表 6　　单位：立方米 / 秒

项目					水资源量		
					宣化盆地	榆林盆地	张家口盆地（不包括市内）
水资源总量	地下水资源	天然补给资源	上游断面流入		2.630	0	2.043
			区内自产	降水入渗	0.856	0.167	0.406
				边界补给	0.993	0.246	1.220
				河流渗漏	0.229	0	0
			小　计		4.708	0.413	3.669
		灌溉回归补给资源	渠系田间灌溉渗漏		0.516	0.071	0.318
			井灌回归		0.182	0.042	0.226
			小　计		0.698	0.113	0.544
		合　计			5.406	0.526	4.213
	地表水资源	入境地表水			1.458		2.253
		区间汇流地表水			0.946		1.392
		合　计			2.404		3.645
	总　计				7.810		7.858
已被利用和消耗于蒸发的水资源量	地下水	城市及工业开采			1.793	0.013	2.200
		农业开采			0.725	0.185	0.906
		潜水蒸发			0.816	0.036	0.064
		合　计			3.334	0.234	3.17
	地表水				0.439		0.291
	总　计				3.773	0.234	3.461
尚未利用的水资源量	地下水补给资源				2.072	0.292	1.043
	地表水后备补给资源				1.965		3.354
	总　计				4.037	0.292	4.397

说明：1. 宣化盆地与张家口盆地地下水资源重复量 2.63 立方米 / 秒，地表水资表现为重碳酸 – 钙或重碳酸 – 钙 · 镁型水，但上八里一带水化源重复量 1.458 立方米 / 秒

2. 上游张家口市计划新建水源增采量 1.896 立方米 / 秒，地下水已列入表中的城市及工业开采消耗项

秒，未利用的水资源量 1.965 立方米 / 秒（其中包括目前难以截取的龙洋河河道靠近计算区域边界的地表水量 0.39 立方米 / 秒）。扣除 2015 年难以截取利用的地表水量 0.39 立方米 / 秒，宣化盆地内实际上地表水可利用 2.014 立方米 / 秒，未利用的地表水水资源量 1.575 立方米 / 秒。目前盆地内地表水水质状况是城区东南部地表水污染较为严重，其余地段地表水质均可用于水产养殖和农田灌溉。

地下水。宣化区开展地下水水质动态监测，根据 2015 年检测结果，地下水以重碳酸型水为主，但根据水中钠离子的含量多少，化学类型具有明显的分带性，自西向东地下水中钠离子含量逐渐增加。沙岭子电厂至宣化城南北大街一带，由于受到洋河水的补给，水质相对较好，钠离子含量少，达不到水化学类型命名的标准，水化学类型总体学类型为重碳酸 · 氯化物 – 钙、钠型水或镁、钠型水，水质较差，矿化度一般大于 1 克 / 升，氟化物含量也相对较高；向东钠离子含量逐渐增多，达到了水化学类型命名标准，但不占主要成分，为重碳酸 – 钙 · 镁 · 钠型或重碳酸 – 钙 · 钠 · 镁型水，近年来个别水点地下水化学类型在年际中略有微小的变化外，绝大部分水点地下水水化学类型保持相对稳定。多年来矿化度也没有明显变化，绝大部分水点小于 1 克 / 升，个别年份有 1 个—2 个水点矿化度大于 1 克 / 升。氟化物含量也有明显的分带规律，约以宣化城东城墙为界，以西洋河冲积平原和柳川河冲洪积扇地貌单元，地下水径流畅通，氟化物含量一般小于 1 毫克 / 升，在东部山前坡洪积锥和黄土台地，地下水径流较为滞缓，氟化物含量均大于 1 毫克 / 升，与以往仍保持一致。

根据宣化区 43 个左右水点水质化验结果，采用国家颁布的“地下水质量标准 GB/T14848—93”进行综合评价，1996 年—2008 年基本上地下水质量等级以良好级点，较差级点为主，极差点极少，一般情况下良好级点 10 个—13 个，较差级点 29 个—31 个，极差级点 1 个—2 个，所占比例分别为 27.5%、68.6%、3.8% 左右。

地下水质量良好级点主要分布于洋河岸边及区内北部一带；较差级点主要分布于宣化区城区东南部的工业区和东北部一带；上八里点地下水质量均为极差级点类型；羊坊路口多年来在较差级点和极差级点之间徘徊，2006 年后连续为较差级点，质量等级有所变好。

根据国家颁布的“生活饮用水卫生标准 GB5749—85”。宣化区地下水水质点中主要超标项目有：矿化度、总硬度、铁、锰、砷、氟化物、硝酸盐氮。宣化区西部个别地下水水质虽然受到了污染，但污染程度较轻，地下水水质尚好。东北部和东南部地下水水质较差，特别是东南部工业区一带的地下水污染较为严重，超标组分主要为氟化物、氰化物、砷氯离子、硝酸盐氮等。从连续资料分析对比，原来地下水较差的宣化城东南部，近年来有了不同程度的好转。但是上八里、侯家庙等处水质仍然较差。

（田　君）

【国土资源】 宣化区土地资源总量少，人均占有土地数量更少，全区土地总面积 27638.55 公顷，其中农用地面积为 13480.56 公顷，占全区土地面积 48.77%；建设用地 7098.43 公顷，占全区土地面积 25.68%；未利用地面积 7059.56 公顷，占全区土地面积 25.54%；全区耕地面积 5421.39 公顷；人均耕地面积低于全市水平，随着近年城市发展，城市人口数量增多，建设用地更显紧缺，已经成为制约经济发展瓶颈。人地矛盾比较突出，土地资源尤显紧缺。因此加强土地管理，合理利用土地和切实保护耕地，保障资源永续利用，支持全区经济持续发展，是国土资源部门义不容辞的责任。

2015 年完成省三项重点工作：不动产登记职

责机构整合工作、土地违法查处整改工作、闲置土地处置工作。

行政区划

【概　况】 宣化区位于河北省西北部，在张家口市东南28公里处，为张家口市辖区。西北角与桥东区相连，东北面的庞家堡镇与赤城、怀来和下花园相邻，余均与宣化县接壤。总面积276.4平方公里。东南距首都北京150公里，南偏西距省会石家庄288公里，西距大同市200公里。辖7个街道办事处和3乡1镇（市直属镇），47个社区，54个行政村，托管3个行政村，总计57个行政村。

【宣化区行政区划】

2015年宣化区行政区划表

表7

办事处及驻地、总面积	社区居委会	户数（户）	人数（人）	乡镇及驻地、总面积	村委会	户数（户）	人数（人）
大北街（驻清远路102号，辖区面积12.35平方公里）	北门外	2295	4875	春光乡（驻解放路13号，辖区面积37平方公里）	大东	548	1068
	大北	4957	11523		大北	520	1209
	钟楼北	1468	3930		按院	228	466
	钟楼东	4298	11201		观后	501	1341
	宣赤路北	3919	7047		庙底	425	801
	小　计	16937	38576		南关	440	1017
皇城（驻钟楼大街48号，辖区面积3.47平方公里）	炮院	2283	5658		教场	458	689
	大西街	9109	22772		温室	234	497
	皇城桥北	4012	9513		西城	600	1458
	沙电	762	1786		吕祖庙	89	99
	庙底	6857	15217		盆窑	1000	3000
	小　计	23023	54946		姚家坟	347	1200
南大街（驻万字会街13号，辖区面积2.48平方公里）	万字会	1957	5050		王河湾	223	623
	东马道	2799	8457		四方台	448	1249
	玉皇庙	3133	7076		万字会村	139	268
	西草市	2502	6142		曹家庄	240	509
	吕祖庙	7500	16000		小计	6440	15221
	西马道	3037	10500	河子西乡（驻川河西街1号，辖区面积45平方公里）	大房子	245	707
	小　计	20928	53225		上八里	700	1820
					下八里	950	2390
建国街（驻永安街7号，辖区面积6.92平方公里）	建国街北	3609	8306		旧李宅	415	1093
	长春路	10644	11726		沙圪垯	710	1720
	建国东	4343	11726		样台	520	1370
	新建街	5558	13216		小东庄	278	810
	环保	4545	11362		陈家庄	508	1335
	中山大街	9756	24521		宋家庄	430	1200
	小　计	38455	80807		朱家庄	644	1662
					河子西	484	1178
					肖家房	540	1390

续表 7

办事处及驻地、总面积	社区居委会	户数（户）	人数（人）	乡镇及驻地、总面积	村委会	户数（户）	人数（人）
天泰寺（驻鞋厂巷 1 号，辖区面积 3.15 平方公里）	大东街	3104	6713	河子西乡（驻川河西街 1 号，辖区面积 45 平方公里）	小计	6424	16675
	牌楼西	3197	7992	侯家庙乡（驻侯家庙村中 154 号，辖区面积 36.8 平方公里）	侯家庙	730	1700
	按院	3095	8953		二台子	422	1130
	和平街	3019	7802		刘家窑	364	1242
	九天庙	2533	5214		小慢岭	372	1047
	西城	3215	7283		后慢岭	224	764
	桥西	3150	6890		羊坊路口	552	1465
	小　计	18294	50847		赵家营	358	890
南关（驻南关桥西街 4 号，辖区面积 6.65 平方公里）	顺城街	3058	8305		泥河子	634	1595
	东土关	2448	5206		赵家梁	248	665
	桥北街	4512	13548		老虎坟	202	424
	新兴街	5434	12378		乔家湾	249	698
	车站街	2077	5036		大慢岭	465	1223
	演武厅	3263	8302		姚家沟	203	453
	造纸厂	2472	5462		小计	5023	13296
	小　计	23264	58237	庞家堡镇（驻新风路 46 号，辖区面积 126.7 平方公里）	白庙	1020	2990
					小吴营	679	1615
工业街（驻朝阳街北五道巷 9 号，辖区面积 7.76 平方公里）	红选路第一	1552	3606		张庄	404	1198
	幸福街第二	559	1357		杨家营	580	1600
	红选路第二	3100	5200		庞家堡	160	374
	工业街东	4676	11613		闵家窑	197	461
	朝阳街第二	1862	4621		汤池口	425	1195
	圃园	620	1550		蛤蟆口	336	1116
	朝阳街第一	2100	4610		申太庄	100	227
	幸福街第一	2702	4175		大段地	68	183
	采掘	7666	17630		碾儿沟	58	170
	小　计	24837	54362		杨家山	234	555
庞家堡镇（驻新风路 46 号，辖区面积 0.5 平方公里）	庞家堡第一	1274	5090		李寺山	78	145
	庞家堡第二	1895	6169		坝口	116	220
	小　计	3169	11259		花家梁	110	258
					柳沟	204	470
					小计	4769	12777

说明：1. 乡镇、街道办事处的辖区面积没有修正，区总和与区总面积有差异

2. 全区共 7 个街道办事处、3 个乡、1 个镇（市直属镇），47 个社区居委会（包括庞家堡镇的 2 个社区居委会）、57 个村民委员会（包括庞家堡镇的 16 个村民委员会）

（滕化璋　张宏艳　刘海东）

人 口

【人口总数】 2015年年底，宣化区总户数为127045户，总人口为320757人，与2014年相比，总户数增加12849户，总人口增加31人。2015年城市人口密度为每平方公里1409人，比2014年每平方公里增加1人。

【人口变动】 2015年，全区人口出生率为6.3‰，自然增长率为2.91‰，死亡率为3.39‰。出生人口2021人，死亡人口1086人，自然增长人口935人。2015年迁入人口2091人，迁出人口1861人。

【人口结构】 2015年，乡村人口51197人，占人口总数的15.96%；非农业人口269560人，占人口总数的84.04%。2015年，男性162811人，女性157946人，男女性别比为103.1（女为100）。

民族·宗教

【民族概况】 张家口市宣化区是一个多民族聚居的地方，少数民族人口约9526人，占全区人口的3%，有回族、满族、蒙古族、朝鲜族、壮族、土家族、锡伯族、达斡尔族、布依族、白族、侗族、藏族等少数民族，宣化区回族人口最多，有6249人，其中以大北街、庙底街、后府街和回汉联合村即春光乡的庙底村为回民聚居地，其次为满族，有2578人，分布亦较广泛，多为农业人口，主要聚居在河子西乡旧李宅村、肖家房村、沙疙瘩村、河子西村；蒙古族有511人，分布较广泛。其他少数民族人口较少，散居于全区各条街道。

【宗教概况】 宣化区正式开放的宗教场所有4处，各种教职人员11人，佛教活动场所只有居士林；伊斯兰教活动场所在清真寺，回民俗称“礼拜寺”，主要分布在宣化大北街、后府街、春光乡庙底村；天主教活动场所是教堂，主要分布在春光乡南关村和教场村；基督教活动场所是宣化基督教福音堂，是河子西清凉静苑、鼓楼街的时恩寺。

侨务·对台工作

【侨务工作】 对于推进全区的对外开放、经济发展和社会稳定，都具有重要的意义。不断强化侨务法制观念，切实保护归侨、侨眷的合法权益，完成并上报了全区困难归侨侨眷情况登记表。

【对台工作】 2015年，区台办对宣化区台胞台属进行摸底统计，据统计，宣化区现有台胞18人，台属63户、74人。区台办坚持利用春节、中秋、重阳等传统节日，组织召开各界人士座谈会、茶话会，通报宣化区经济、社会各项事业发展情况。

（王树元　张　义）

精神文明建设

【概　述】 2015年，文明办以深入培育和践行社会主义核心价值观为主线，围绕区委中心工作，扎实开展各类思想道德建设和精神文明创建活动，推动社会道德水平进一步提高，为全面加快“强区名城、美丽宣化”建设步伐，提供强大精神动力和坚实道德支撑。

【主题道德实践活动】 张秉文获评河北省道德模范称号，张志梅当选张家口市第五届道德模范。区宣传部为勇救路人郭旺洁、乔海水颁发宣化好人荣誉证书。编辑印制《张垣好故事丛书——宣化区篇》，收录各类道德典型事迹80例。

【志愿服务工作】 建起宣化区志愿服务微信群等服务平台，与宣化爱心促进会、蓝天救援队联合开展关爱老年人“黄手环”活动，向市民免费发放黄手环千余只。对宣化区志愿服务队伍基本情况进行摸底，据统计宣化区现有志愿服务队伍38支，成员2074人，为下一步整合志愿服务队伍奠定基础。2015年，宣化区有2名个人4个组织受到河北省第五届志愿服务先进表彰。组织优秀志愿队伍代表参加“燕赵志愿云”志愿者网上注册培训。

【未成年人思想道德建设】 西藏地震后，协调宣府户外专业人员配合东升路小学举行校园突发事件疏散与救援演练。打造乡村特色少年宫，为泥河子希望小学、侯家庙小学成功申报2015年度中央专项彩票公益金支持乡村学校少年宫项目90万元；为庞家堡东风路小学投入25万元开展2014年度乡村学校少年宫活动；为9所中小学申报智慧校园数字图书馆项目，极大地丰富了乡村学校的课余生活。

【核心价值观宣传工作】 3月，邀请著名军事专家戴旭在文明办进行爱国主义宣讲。印发《组织开展“社会主义核心价值观”公益广告宣传实施方案》，对公益广告宣传工作进行进一步规范。做好培育和践行社会主义核心价值观公益广告宣传工作，开展“经济强省·美丽河北”公益广告宣传活动，累计投资130万余元，制作《宣化区市民文明公约》动漫宣传片，利用墙体喷绘、立柱广告、铁路桥灯饰、绿化带亮化牌等广告形式，通过工地围挡、LED屏幕滚动、农村文化墙、出租车条形屏、车站视频、电视台、网络自媒体等平台，发布公益广告15万余条次。

【农村环境美化工作】 巩固39个达标村美化成果，投入71.35万元扎实推进2015年2个重点村农村环境美化和村民中心建设工作，顺利通过省市级验收。

【“中国书法之乡”申报工作】 6月20日，举办“天龙杯”第三届宣化书法篆刻展和“翰墨古城，梦圆冬奥”书法展，与武装部、区直机关党工委、文联联合举办“庆祝中国共产党成立94周年”暨“纪念抗日战争胜利70周年”书法绘画摄影展。完成《宣化区书法作品集》编印。

（韩博伟）

中共宣化区委员会

重要会议

【区委常委（扩大）会议】 1月7日，区委副书记、区长王小军主持召开了区委八届九十二次常委（扩大）会议。一是区政府办副主任金秋立汇报了“两节”期间慰问工作安排，会议原则通过。二是区委办副主任薛芳汇报了区委八届五次全会暨全区经济工作会议筹备情况，并对会议相关事宜进行安排部署。三是研究《区委八届五次全会报告（征求意见稿）》及《王小军同志在区委八届五次全会暨全区经济工作会议上的讲话（征求意见稿）》，会议原则通过。四是区纪委副书记、监察局长孙庆忠就《宣化区2014年度落实党风廉政建设党组织主体责任和纪检组织监督责任考核方案》进行了汇报，会议对相关工作进行了安排。五是对迎接市委考核、信访稳定、安全生产及贯彻落实“八项规定”等重点工作进行安排部署。

2月12日，区委副书记、区长王小军主持召开了区委八届九十三次常委（扩大）会议。一是学习传达市“两会”会议精神。二是集中学习《浙江台州经济改革调查系列报道》。三是研究《关于贯彻落实〈张家口市振兴高中教育大纲（2014—2019年）〉的实施意见》，区教育局副局长唐岩峰汇报了文件起草情况，各位参会常委进行了研究审议，会议原则通过。四是安排部署2015年春节期间安全生产、社会稳定、民生保障、廉洁自律和应急值守等当前重点工作。

2月26日，区委副书记、区长王小军主持召开了区委八届九十四次常委会议。会议学习传达了全市重点项目推进会会议精神，对区招商引资项目工作进行安排部署。

3月3日，区委副书记、区长王小军主持召开了区委八届九十五次常委（扩大）会议。一是由区委副书记武爱军安排全国“两会”期间我区信访稳定工作。二是区委常委、区政府常务副区长席玉东通报全区1至2月份经济运行情况，并对全区下一步经济工作进行安排部署。三是区委常委、纪委书记徐忠贵结合中央、省市纪委会议及文件要求，对全区党风廉政和作风建设工作进行了安排。四是区委副书记、区长王小军就迅速进入工作状态、维护社会安全稳定、狠抓当前各项工作等三个方面提出工作要求。

3月24日，区委副书记、区长王小军主持召开了区委八届九十六次常委（扩大）会议。一是听取区人大办公室、区政协办公室关于区“两会”筹备情况的汇报，区人大办公室主任余段兵、区政协秘书长翟建民分别汇报了会议筹备情况，会议原则同意“两会”议程安排。二是研究《区政府工作报告（征求意见稿）》，区政府办主任左克平汇报了文件的起草情况，各位参会领导对《政府工作报告（征求意见稿）》进行了研究讨论。

5月30日，区委书记燕旺林主持召开了区委八届九十九次常委（扩大）会议。一是研究《区委常委会议事决策规则》，区委常委、区委办公室主任刘家利就相关起草情况作了详细说明，区委常委会一致通过。二是研究全区经济社会发展重点调研课题，会上研究通过了区委办公室拟定的《五创新两带头落实机制与举措》《市辖区发展定位与发展模式》《县区同城共建协调发展》《我区融入奥运经济发展定位举措》《中小微企业新三板上市推进机制及任务目标》等涉及经济、政治、文化、社会、生态5大领域38个调研课题，分派给全区各位处级领导牵头完成。三是研究外环路、园区项目、供热供气等重点工作，区政府办公室主任左克平汇报了相关情况，会议决定成立外环路、园区项目、供热供气三项重点工程指挥部，并对时间节点及任务进行明确。四是研究推进青啤项目建设有关事宜。

6月12日，区委书记燕旺林主持召开了区委八届一百零一次常委（扩大）会议。一是传达全市领导干部大会会议精神。二是区人大常委会主任席玉东，区政协主席王玉济，区委常委、区政府副区长李军分别就外环路、园区项目、供热供气三项重点工程进展情况进行汇报。三是研究党建工作，区委常委、组织部长邢积功汇报了《中共张家口市宣化区委关于开展党内组织生活规范年活动的通知》《宣化区开展党内组织生活规范年活动整改落实报告》等7个文件的起草情况，会议原则通过。四是研究《关于进一步加强少年儿童和少先队工作的实施意见》，会议原则通过。

7月17日，区委书记燕旺林主持召开了区委八届一百零二次常委（扩大）会议。一是区委书记燕旺林传达了省委八届十一次全体（扩大）会议精神。二是区委常委、纪委书记徐忠贵传达了市委十届一百三十二次常委（扩大）会议落实党风廉政建设“两个责任”有关会议精神，区委书记燕旺林对全区党风廉政建设“两个责任”相关工作进行安排部署。三是开展“三严三实”专题研讨，区委书记燕旺林，区政协主席王玉济，区委常委、区政府副区长李军，区人大常委会副主任郭振川分别谈了个人体会。

7月22日，区委书记燕旺林主持召开了区委八届一百零三次常委（扩大）会议。区委副书记、区政府代区长费再宏对北汽福田新项目有关事宜进行通报，区委常委会一致同意引进北汽福田新项目，区委书记燕旺林就北汽福田项目争跑项目工作进行安排部署。

7月26日，区委书记燕旺林主持召开了区委八届一百零四次常委（扩大）会议。一是由区委常委、宣传部长张晓燕汇报舆情防控工作安排部署及责任分解落实情况。二是由区委常委、区政府副区长李军汇报公共安全和民生工作安排部署及责任分解落实情况。三是由区委常委、政法委书记林占勇汇报反恐防暴和信访稳定工作安排部署及责任分解落实情况。四是由区政府副区长冶秀芳汇报公共安全（食品药品安全）工作安排部署及责任分解落实情况。五是由区政府副区长孙辉亮汇报安全生产和防汛工作安排部署及责任分解落实情况。六是由开发区管委会副主任董成江汇报公共安全（交通安全）工作安排部署及责任分解落实情况。区委书记燕旺林对全区安全生产及社会稳定工作进行安排部署。

8月1日，区委书记燕旺林主持召开了区委八届一百零五次常委会议。一是听取区政府有关政府机构改革情况的汇报，区委常委、区政府副区长李军汇报了《宣化区人民政府职能转变和机构改革方案（征求意见稿）》的起草情况，区委常委会原则通过。二是区委书记燕旺林安排部署信访稳定工作。

8月10日，区委书记燕旺林主持召开了区委八届一百零七次常委（扩大）会议。一是区委书记燕旺林传达省委书记赵克志在省委常委（扩大）会议上的讲话精神。二是区委书记燕旺林传达省委第五巡视组巡视张家口工作动员会及申办2022年冬奥会成功情况通报会精神。三是研究领导干部分包企业及重点项目工作方案，区政府副区长治秀芳汇报了《县处级领导干部分包工业企业工作方案》起草情况，区发改局局长吕爱武汇报了《县处级领导干部分包重点项目工作方案》起草情况，会议原则通过。四是会议听取了区政府副区长治秀芳关于北汽福田项目推进情况的工作汇报。五是研究领导干部包联乡村、社区工作方案，区委常委、组织部长邢积功汇报了《县处级领导干部包联乡村、社区工作方案》起草情况，会议原则通过。六是听取区委常委、纪委书记徐忠贵关于落实党风廉政建设党委主体责任、领导责任、纪委监督责任“三个清单”的工作汇报，并对落实党风廉政建设、“两个责任”工作提出新要求。七是听取区委常委、政法委书记林占勇关于信访稳定形势分析评估的汇报。

8月19日，区委书记燕旺林主持召开了区委八届一百零八次常委（扩大）会议。一是区委书记燕旺林传达了习近平总书记、省委赵克志书记关于安全生产工作的重要批示和讲话精神。二是区委副书记、区政府代区长费再宏传达市政府党组书记马宇骏来宣调研和市委常委、市纪委书记张维亮督导检查安全生产工作的讲话精神。三是专题调度安全生产工作，会议听取了区安委会、紫云化工、紫光气体、金鸿燃气、区工信局、区安监局及安全生产工作分管区领导关于安全生产主体责任、监管责任落实情况及督促检查情况的汇报，并就安全生产工作进行了安排部署。

8月21日，区委书记燕旺林主持召开了区委八届一百零九次常委会议。一是区委副书记、区政府代区长费再宏传达了省市安保工作会议精神。二是研究区联席办、维稳办、综治办联合制定的《全区抗战胜利70周年庆祝活动期间安保工作方案》《信访工作方案》和《铁路护路方案》，会议原则通过。

9月15日，区委书记燕旺林主持召开了八届一百一十次常委（扩大）会议。一是学习传达省委中心组学习会精神，研究我区贯彻落实意见。区委常委、宣传部长张晓燕传达了省委中心组学习会上省委书记赵克志、省长张庆伟的讲话精神，区委书记燕旺林就如何贯彻落实省委会议精神进行安排部署。二是区委常委、区委办公室主任刘家利传达了省委常委、常务副省长杨崇勇关于我区上报的长篇信息《承接北京产业转移的一次生动实践——张市宣化区成功签约北汽福田工业制造业务搬迁项目的思考》重要批示精神。三是听取区委“三严三实”专题教育联系会议关于“三严三实”专题教育开展情况的汇报。四是区委副书记、区政府代区长费再宏通报供热供气、外环路、园区项目建设进展情况。

9月30日，区委书记燕旺林主持召开了区委八届一百一十一次常委（扩大）会议。一是听取区人大常委会主任席玉东，开发区管委会副主任王学东，区委常委、副区长李军关于外环路、园区项目、供热供气三项重点工程进展情况汇报。二是区委常委、组织部长邢积功传达省委党员干部政治纪律和政治规矩“十不准”精神。三是区委副书记、区政府代区长费再宏传达全省新型城镇化与城乡统筹发展示范区建设专题研讨班赵克志书记讲话精神。

10月10日，区委书记燕旺林主持召开了区委八届一百一十二次常委（扩大）会议。一是区委书记燕旺林传达市委中心组学习会精神，区委副书记、区政府代区长费再宏传达了市委十届七次全会会议精神。二是听取外环路建设工程和集中供热供气工程汇报。三是区委书记燕旺林安排部署重点工作。

11月5日，区委书记燕旺林主持召开了八届一百一十四次常委（扩大）会议。一是学习传达十八届五中全会报告，区委常委、宣传部长张晓燕对《中国共产党第十八届中央委员会第五次全体会议公报》重点内容进行解读。二是区纪委副书记陈旭对《中国共产党廉洁自律准则》和《中共共产党纪律处分条例》解读。三是区委常委、区委办公室主任刘家利传达省委书记赵克志在全省领导干部会议上的讲话和河北省深入开展“三严三实”专题教育党课暨领导干部警示教育大会精神。

11月6日，区委书记燕旺林主持召开了八届一百一十五次常委（扩大）会议。会上听取了交通、城建、供水、供电、供热、交警、教育、卫计、民政、乡镇、街道等单位关于应对“11·5”暴雪极端天气相关工作开展情况的汇报，区委书记燕旺林对应急工作进行安排部署。

11月15日，区委书记燕旺林主持召开了八届一百一十六次常委会议。会上听取了区委组织部《关于2014年党政领导班子和区委管理干部考核结果》《市委管理干部综合考评管理办法（试行）》落实情况、修改完善《宣化区科级领导班子和区委管理干部年度考核办法》的汇报，区委组织部副部长郭瑞汇报了相关情况，会议原则通过。

11月16日，区委书记燕旺林主持召开了区委八届一百一十七次常委（扩大）会议。一是区委书记燕旺林组织区委理论中心组集中学习，重点对省委八届十二次全会精神进行了学习。二是安排部署“十三五”规划建议起草、安全生产、经济运行、作风建设等重点工作。

11月19日，区委书记燕旺林主持召开了八届一百一十八次常委（扩大）会议。一是区政协主席王玉济传达河北省山区综合开发现场会议精神。二是听取集中供热工作汇报，区委常委、区政府副区长李军汇报了相关情况。三是听取信访稳定工作汇报，区委常委、政法委书记林占勇汇报了相关情况，区委书记燕旺林对信访稳定工作进行安排部署。

11月20日，区委书记燕旺林主持召开了八届一百一十九次常委（扩大）会议。一是听取外环路、园区项目指挥部工作进展情况的汇报，区人大常委会主任席玉东、区政协主席王玉济、开发区管委会副主任董成江、开发区管委会副主任王学东分别汇报了工程推进情况。二是听取“十三五”规划建议起草情况的汇报，区委常委、区政府副区长李军，区委常委、区委办主任刘家利分别汇报了相关起草情况，区委书记燕旺林对“十三五”规划建议编制工作提出具体要求。

11月23日，区委书记燕旺林主持召开了八届一百二十次常委（扩大）会议。区委书记燕旺林传达了全省农村基层党建工作会议和省纪委《关于2015年以来纪律审查违纪案件情况的通报》文件精神，并对“三严三实”专题教育、解放思想大讨论和党建工作进行安排部署。

11月28日，区委书记燕旺林主持召开了八届一百二十一次常委（扩大）会议。对全年经济工作目标完成情况、信访稳定、城市环境三项当前重点工作进行安排部署。

12月7日，区委书记燕旺林主持召开了八届一百二十二次常委会议。一是区委书记燕旺林向市委督导组汇报学习贯彻党的十八届五中全会、省委八届十二次全会精神和市委十届七次全会精神，组织推进大讨论的情况，市委督导组组长、市直机关工委副书记王世海对宣化区开展解放思想大讨论工作进行点评。二是区委书记燕旺林传达全省组织工作会议精神。

12月9日，区委书记燕旺林主持召开了八届一百二十三次常委（扩大）会议。会议专题听取城市管理有关工作情况，区城建局局长刘志军对《宣化区深入开展“三清三治”集中整治暨城乡管理攻坚年活动实施方案》进行了汇报，会议原则通过，并对“三清三治”工作进行安排部署。

12月15日，区委书记燕旺林主持召开了八届一百二十四次常委（扩大）会议。一是区委书记燕旺林传达了十八届五中全会、省委八届十二次全会、市委十届七次全会及全省组织工作会议和群团工作会议精神；二是区委书记燕旺林组织开展“三严三实”专题教育研讨，全体处级领导，乡镇、街道、区直部门主要负责人参加研讨并进行发言。

12月21日，区委书记燕旺林主持召开了八届一百二十五次常委会议。会议对召开2015年度区委领导班子“三严三实”专题民主生活会有关事宜进行了研究讨论。

12月21日，区委书记燕旺林主持召开了八届一百二十六次常委（扩大）会议。会议专门听取了“十三五”规划建议起草工作情况，区委常委、区委办主任刘家利对“十三五”规划建议起草情况进行了汇报，组织全体参会人员进行研究讨论，就“十三五”规划建议提出相关修改意见和建议。

12月24日，区委书记燕旺林主持召开了八届一百二十七次常委会议。一是研究“三严三实”专题民主生活会征求意见的有关事宜。二是研究“十三五”规划建议起草工作。

12月31日，区委书记燕旺林主持召开了八届一百二十八次常委（扩大）会议。一是区委副书记、区政府代区长费再宏传达全省经济工作会议和全省扶贫开发工作会议精神。二是听取区委常委会“三严三实”专题教育征集意见情况报告，区人大常委会主任席玉东，区委常委、组织部长邢积功，区委常委、宣传部长张晓燕，区委常委、纪委书记徐忠贵，区委常委、区政府副区长李军，区委常委、区委办主任刘家利，区委常委、区政府副区长曾文涛分别汇报了组织相关团体召开座谈会征集到的意见和建议。三是区委常委、区委办主任刘家利就区委常委会对照检查材料、党政领导班子述职述廉报告起草情况进行了汇报，参会领导进行了研究，会议原则通过。四是听取公开选聘专职社区工作者的情况报告，区委组织部常务副部长刁玉坤汇报了相关情况，会议原则通过。五是听取从优秀村（社区）党组织书记中选拔乡镇（街道）公务员的情况汇报，区委组织部副部长李政汇报了相关情况，会议原则通过。六是听取2016年“两节”文化活动安排，区委常委、宣传部长张晓燕汇报了相关工作安排，会议原则通过。七是听取“十三五”规划建议起草修改情况的汇报，区委常委、区委办主任刘家利对“十三五”规划建议起草情况进行了汇报，各位参会领导就“十三五”规划建议提出相关修改意见和建议。八是听取区委八届五次全会暨全区经济工作会议筹备情况的汇报，区委常委、区委办主任刘家利进行了汇报，会议原则通过区委八届五次全会暨全区经济工作会议方案。

纪检监察工作

【概　况】 2015年，宣化区纪检监察工作认真贯彻落实中央和省、市纪委全会精神，按照上级总体部署，坚持把纪律和规矩挺在前面，加大纪律审查力度，突出监督执纪问责，聚焦党风廉政建设和反腐败工作中心任务，增强监督执纪主业意识，推进党风廉政建设和反腐败工作深入开展，反腐倡廉各项工作取得明显成效。制定印发《党风廉政建设责任清单》，将区委班子、主要负责人、班子成员责任细化为48项工作责任，纪委监督责任细化为8项工作责任、40项具体工作。加强落实“两个责任”年度考核工作，对区民政局等六个单位因班子主要负责人违反党纪政纪而取消年终评优资格，对考核成绩后三名单位主要负责人进行约谈。追究党委（党支部）主要领导责任5起，党政纪处分5人。重点查处发生在领导机关和重要岗领导干部违纪案件。查办乡科级干部违纪案件14件，占总立案数54%。开展整治“小官巨腐”办案专项行动，集中查处农村和重点领域案件5件，涉案总金额110.4万元。组织明察暗访30批次，发现问题27个，约谈单位主要负责人36人，诫勉谈话12人，给予纪律处分4人，在全区进行通报批评3次。对区属88个单位办公用房进行核查，对发现问题及时提出处理意见，并明确具体责任人限期整改。开展财政供养人员涉及经商办企业清理工作，清理出涉及30个单位54名领导干部，对2名未按规定退出的领导干部给予党内警告处分。受理信访件163件次，立案26件，结案21件（其中上级转办4件），党政纪处分21人，其中乡科级干部14人。组织全区400余名处级、科级领导干部参加党纪政纪知识竞赛和“唤醒党章意识，严明党的纪律”主题征文。强化反腐倡廉宣传报道工作,《中国纪检监察》登载1篇，省纪委快报登载5篇，其中省纪委常委批示1篇，市级快报登载15篇。

【强化两个责任】 全面落实监督责任，区委与纪委同向发力、同时发力，确保“两个责任”落实到位。深入调查研判。积极探索落实“两个责任”有效形式，组成专题调研组，深入15个部门和单位进行调研，征求意见建议78条，形成《严格落实监督责任深入推进党风廉政建设的思考》专题调研报告。形成《宣化区党风廉政建设和反腐败形势分析》等3篇调研报告。细化责任清单。制定印发《党风廉政建设责任清单》，将区委班子、主要负责人、班子成员责任细化为48项工作责任，纪委监督责任细化为8项工作责任、40项具体工作，形成全区上下统一规范、层层衔接工作责任体系。严格责任追究。采取汇报测评、个别谈话、查阅资料形式，加强落实“两个责任”年度考核工作，对区民政局等六个单位因班子主要负责人违反党纪政纪而取消年终评优资格，对考核成绩后三名单位主要负责人进行约谈，有效推动主体责任落实。追究党委（党支部）主要领导责任5起，党政纪处分5人。

【纪律审查】 受理信访件163件次，立案26件，结案21件（其中上级转办4件），党政纪处分21人，其中乡科级干部14人。调配人员加强力量。重新调整纪委监察局班子成员工作分工，增加一名副书记和二名常委副局长分管纪律审查工作，在7名班子成员中有5人分管纪律审查工作。增加纪律审查人员数量，由原来3人增加到7人。确保审查规范有序。严格执行初核、立案请示报批制度，建立完善移送案件集体会审、协调事项归口办理、证据把关、办案责任等制度。特别是上级巡视组交办和市纪委要结果案件，实行领导班子成员包案制和办案人员签字背书、安全保密责任倒查制等机制。突出纪律审查重点。查办乡科级干部违纪案件14件，占总立案数54%。开展整治“小官巨腐”办案专项行动，严肃查处发生在群众身边违纪违法案件，集中查处农村和重点领域案件5件，涉案总金额110.4万元。

【“四风”整治】 紧盯“四风”新形式新动向，抓一个个时间节点，持续纠一个个具体问题，深入推进作风建设常态化、长效化。在春节、五一、中秋国庆等节假日期间及时下发《严格落实廉洁自律有关规定和工作纪律的通知》，把公车私用、公款吃喝、公款送礼等廉洁自律方面易发多发问题和“庸懒散”、值班缺岗等工作纪律方面易出现12项问题作为明察暗访重点，做到逢节必查、有问必查。围绕省委巡视组反馈意见整改落实，及时制定《整改方案》和《五查五纠一清理工作方案》。以领导干部为重点，2次组织对区属88个单位办公用房进行核查，对发现问题及时提出处理意见，并明确具体责任人限期整改。开展财政供养人员涉及经商办企业清理工作，清理出涉及30个单位54名领导干部，对2名未按规定退出的领导干部给予党内警告处分。明察暗访30批次，发现问题27个，约谈单位主要负责人36人，诫勉谈话12人，给予纪律处分4人，在全区通报批评3次，形成有力震慑。

【筑牢防腐拒变思想防线】 坚持每周整理中央省市案件通报向区委主要领导提供参阅，使区级领导对当前党风廉政建设和反腐败形势任务有更加清晰了解。在重要时间节点，向全区党员领导干部印发《八项规定》《六项禁令》《河北省党员干部政治纪律和政治规矩"十不准"》等廉政卡片，促使党员干部做到"一日三省"。组织党员领导干部参观全市廉政剪纸展览、党风廉政建设及预防职务犯罪教育展览；举办"树正气、扬清风"廉政故事演讲比赛，引导全区党员干部抓好廉洁自律。将党风廉政教育纳入干部培训重要内容，以《落实党风廉政建设责任制领导干部应知、必懂、会抓的若干问题》为主题，对全区科级干部、农村干部及青年干部分别进行专题培训。组织全区400余名处级、科级领导干部参加党纪政纪知识竞赛和"唤醒党章意识，严明党的纪律"主题征文，党员干部廉洁从政意识得到进一步增强。积极推进抓早抓小具体化、制度化，制定《区纪委常委同乡镇、街道办事处、区直部门党政领导干部谈话实施方案》。对27名新调整岗位党员领导干部开展任前谈话；因纪律散漫、工作拖沓等问题，约谈15名科级领导干部；对17名单位"一把手"进行警示性谈话；5名科级领导干部因轻微违纪，受到诫勉谈话，要求限期纠正并上交书面报告，做到有问题早提醒、早纠正。

【队伍自身建设】 打铁还需自身硬，宣化区纪委监察局把忠诚、干净、担当作为总要求，大力开展"三严三实"教育活动，打造一支团结奋进、遵规守纪、作风过硬干部队伍。抓学习，始终坚持周五集体学习制度。组织集体学习26次，其中纪律审查专题培训2次，学习文章42篇，将《建设忠诚干净担当的纪检干部系列述评》和《〈准则〉、〈条例〉及其系列解读》等新条例及其解读迅速编印成册，全体干部人手一册。抓培训，开展室主任大讲堂活动，9名室主任结合工作实际，精心制作课件进行讲解，课程涉及信访、案件证据、两个责任落实等多个方面内容。推荐3名班子成员到中央纪委监察部杭州培训中心进行学习，选派3名干部到市纪委跟案学习。抓效果，积极与省纪委沟通，并邀请市纪委秘书科对信息工作进行专题授课点评。2015年《中国纪检监察》登载1篇，省纪委快报登载5篇，其中省纪委常委批示1篇，市级登载15篇。强化对基层纪委监督，对两名拟任街道纪工委副书记人选进行考察，对基层纪委书记不分管其他业务落实情况进行突击检查，提升基层纪检干部主业意识和监督执纪能力。组织全区纪检监察干部认真学习《纪检监察干部纪律手册》，带头遵守政治纪律和政治规矩、组织纪律、办案纪律和保密纪律，严格遵守"六项严守三十个不准"，全年未发生一起纪检监察干部违纪行为。

组织工作

【概　况】 2015年，中共宣化区委组织工作，认真贯彻落实习近平总书记系列重要讲话和中央、省、市组织工作会议精神，突出全面从严治党这条主线，始终秉承"高标准、严要求、求突破"总体要求和"抓基础、促落实、重实效"方法理念，围绕全区中心工作和年初工作要点，统筹推进党建设和组织工作各项任务，为打造强区名城、建设美丽宣化提供坚强组织保障和人才支撑。

【干部选拔任用】 抓好《党政领导干部选拔任用工作条例》学习宣传，按照习总书记提出好干部标准，严格落实区委用人标准，让好干部标准在全区干部中落地生根。对全区科级干部考察工作方案进行重新修订，建立完善综合分析研判干部选用办法。加强对考察对象家庭主要成员移居国境外情况、计划生育政策执行情况、遵守法律法规和廉洁自律情况、近三年以来干部年度考核情况考察考核，研究制定《关于进一步完善区委管理干部任职试用期制的通知》，对试用期间领导干部德、能、勤、绩、廉情况进行专项检查。

【后备干部队伍建设】 按照数量充足、素质优良、结构合理、门类齐全后备干部队伍建设要求，探索建立健全培养锻炼、适时使用、定期调整、有进有出工作机制。结合全区领导班子和科级干部年度考核工作，对全区58个单位后备干部进行调整，筛选、审定入库后备干部206名，其中正科级后备干部74名，副科级后备干部132名，35岁以下优秀年轻后备干部541名，大学以上学历后备干部135名。

【股级干部管理】 按照《关于进一步加强股级干部管理的意见》，做好区委组织部管理股级干部干部选拔、调整工作。全年将7个单位37名干部提交部务会研究，其中新提拔股级干部14名（正股级11名，副股级3名）。

【干部监督】 强化任前监督，在考察期间和讨论决定前，分别征求所在单位和区级纪检、监察部门意见。严格干部档案审核，对拟提拔人选“三龄两历一身份”进行仔细核查。严格执行干部调整事前报告和事后备案制度，对符合《关于科级干部调整事前报告和事后备案的实施细则》规定九种事前报告情况，均在调整前书面向市委组织部进行请示，在干部调整后5日内上报市委组织部备案。

【出国（境）管理】 按照省委组织部、省公安厅《关于开展违规办理和持有因私出国（境）证件专项治理工作通知》要求，在全区范围内开展专项治理工作，全面梳理符合登记备案人员，收缴各类出国境证照212本。对登记备案人员因私出国进行查询，注销出国（境）证照6本。

【干部考核工作】 参照2014年年底河北省张家口市委新出台考核办法，结合全区实际，对原有考核办法进行重新修订和完善，进一步精简考核程序，大幅度调整和削减量化考核指标，制定出台区委《关于进一步完善干部考核评价机制的意见》，组成20个考核组，对全区84个科级领导班子及区委管理干部进行考核测评。认真做好前期准备工作，落实各项考核内容，严格把握各个环节，高质量完成市委对区考核工作。认真做好“三项重点工作”日常数据以及区主要领导动态上报工作。

【干部教育培训工作】 先后组织6名处级领导和16名科级领导外出参加各类专题培训班，成功举办宣化区2015年科级干部主体班及股级干部培训班，分别组织全区425名科级领导干部在区委党校参加脱产培训。

【人才工作】 圆满完成2015年度市委人才考核任务。组织实施“人才工作宣传月”活动，悬挂人才工作宣传条幅50余条，制作各类人才宣传画、彩页、展板等600余份。举办“党（工）委书记谈人才”理论文章征集活动，收集理论文章21篇，分别在《宣化时政》和《宣化区组工信息》专栏进行刊登，装订成册，发放全区处级领导参阅和各单位交流学习。协助市委组织部完成人才“微视频”收集、整理和上报工作。高质量完成人才“微视频”工作，全区海选出微视频作品11部，集中对入选作品进行评定，及时将获得一、二、三等奖4部作品上报市委组织部。召开人才工作座谈会，会上为一名省管优秀专家和两名省科技型民营企业家颁发奖金和证书。深入挖掘提炼人才工作案例《宣化区创新四种模式，柔性引进京津高层次人才》，荣获全国基层人才工作创新案例征集评选活动最佳案例奖，区委常委、组织部长邢积功应邀出席福建泉州举办颁奖大会和经验交流会并作典型发言。

【“三严三实”专题教育】 建立专题教育联系会议制度，区委主要领导认真落实主体责任，带头深入基层讲专题党课28场次，带头开展重点课题调研，撰写调研报告38篇。区委理论中心组开展专题研讨6次，组织集中学习18次。在区级主流媒体和微信平台开设了“三严三实”专题教育专栏、专题，开展“听党课、谈感悟”活动，择优刊登心得体会81篇。深入开展违反“八项规定”和侵害群众利益专项整治行动，先后组织明察暗访30余批次，发现问题9个，整治侵害群众利益问题3起，约谈单位主要领导9人，纪律处分3人。年底区委常委会召开“三严三实”专题教育民主生活会。

【深化基层党建工作责任制】 组织开展乡镇、街道和区直机关党组织书记抓基层党建专项述职评议工作。研究制定《宣化区基层党建工作考核细则》，设置考核项目3大类24小项，对全区基层党建工作提出具体要求和衡量标准，对全区60多家单位进行基层党建专项考核，22个基层党组织获得年度考核优秀等次。

【村党组织和第十届村民委员会换届选举】 2月10日，圆满完成全区41个村党组织和第十届村民委员会换届选举工作，选出新一届村“两委”班子成员230人，其中支部书记、村委主任“一人兼”的村9个，占19.51%；村“两委”委员交叉任职41人，占25.79%。开展村干部“为官不为”、支部软弱涣散等问题集中整顿，解决问题32例，10个后进村全部实现转化。按时完成“两委”班子工作交接、任期目标承诺、任职培训和村代会、村监会、妇、团组织建立等工作。

【农村干部队伍建设】 组织参加省市示范培训班、农村党员致富带头人培训班，签订致富带头人培养责任书。举办全区2015年度农村干部专题培训班，对全区村干部全部轮训一遍，农村干部队伍业务能力、整体素质得到明显提升。进一步提高农村干部基础职务补贴，村支部书记和村委会主任每人每年13751元，村“两委”成员每人每年6875.5元。

【村级活动场所规范化建设】 制订3大类10项建设标准，对全区41个村级组织活动场所进行摸底排查和整改规范，逐村考核验收、强化问责问效。加快推进“三级平台”“三个代办”工作，进一步规范完善乡级便民服务站和村级便民服务室建设，全区三乡一镇57个村实现全覆盖，建立以大学生村官为主体乡村便民服务代办员队伍。

【大学生村官培养管理】 制定全市首个区级大学生村官管理指导性文件——《张家口市宣化区大学生村官管理办法（试行）》，对大学生村官岗位职责、教育培养、日常管理、考核评价等内容进行规范，明确大学生村官作为“村级档案书记员、组织活动记录员、发展党员考察员、村民事务代办员、贷款信息核查员”新五员职责。

【社区党组织设置和管理运行机制】 将党员人数100名以上32个社区党组织升格为党委，建立以“街道党工委—社区党委—楼院党支部—党小组—党员中心户”为主线五级党组织管理体系。将全区45个社区划分为400多个网格，推行“社区—院落—楼栋—居民”四级网络管理模式，提升社区服务管理效能。深化建设“三级平台”、推行“三个代办”，进一步加强“两集中、两到位”工作力度，把与群众生产生活密切相关审批部门与项目全部纳入到一站式服务中心办理。

【社区“三位一体”对口帮扶机制】 建立县处级领导干部、区直部门、社区辖区企业“三位一体”对口帮扶机制，选派45名机关干部担任社区建设指导员。开展“两代表一委员”联系社区、在职党员进社区服务、机关干部蹲点服务等活动，促进党员干部深入基层、转变作风、接受教育、服务群众。活动开展以来，110多名机关干部、350余名“两代表一委员”和5470余名在职党员到社区开展服务。

【社区服务型用房建设】 建立以政府投入为主、社区单位支持和社会各界资助为补充社区建设多元化投入机制，先后争取市级社区建设资金130万元，专门用于老旧社区改造和新建社区装修。全区45个社区办公用房中，300平方米以上办公用房社区24个。

【非公党建提档升级】 持续开展非公党建“双扩工程”，全区非公企业党组织110个、党员1329人，实现规模以上企业党组织和党的工作两个全覆盖。加强非公党组织规范化建设，制定区非公企业党工委工作制度，在乡、街道成立非公企业党委。启动非公党组织集中组建、优化设置、壮大队伍、规范提升“四大行动”，按照“党组织 + 工会 + 团委 + 妇联”的“1+3”模式，推进非公企业党组织能够尽快成型、开展工作。按照“六有”标准，打造非公党建示范点 4 个。

【基层组织规范化建设】 开展党内生活规范年活动，在全区各级基层党组织中深入开展星级党组织创建活动。研究制订 5 大类 20 项创建标准，围绕领导班子建设、阵地建设、党组织规范化建设、服务群众能力建设和档案资料管理等内容，安排基层党组织查摆问题、整改落实。区委组织部对全区 315 个基础党组织进行分类考核，逐个逐项打分、集中通报晾晒，有力提升机关党建规范化水平，引导各级党组织评星争星、晋位升级。

【党员教育管理】 建立党组织关系转接代办制度，对乡镇、街道党组织转出和转入进行集中办理。成立中共张家口市驻北京大栅栏商业街联合党委，加大对流动党员管理力度。制定《中共张家口市宣化区委组织部关于进一步做好机关（企事业单位）党费收缴管理工作的通知》，对机关和农村、社区党费收缴管理工作分别进行分类清查、规范指导。建立生活困难党员“数据库”，进一步扩大困难党员帮扶范围。在全区各级党务工作者中开展“三学三提”专题教育活动，选派 59 名基层党务工作者参加全市“三学三提”专题培训班，2 名农村党支部书记参加省级示范培训班。制定《宣化区发展党员工作手册》《宣化区关于实施〈中国共产党发展党员细则〉若干问题的解释》，严格党员发展程序，2015 年发展党员 299 人。将开展志愿服务引入发展党员考评范畴，强化党员队伍服务意识和服务能力。

【党内统计工作】 宣化区基层党组织 865 个。其中：党（工）委 68 个，党总支 47 个，党支部 750 个。农村党支部 41 个；社区党组织 47 个，其中党委 32 个，党总支 11 个，党支部 4 个；机关单位建立党组织 194 个；事业单位建立党组织 168 个；公有制企业单位建立党组织 137 个；非公有制企业党组织 107 个；社会组织建立党组织 5 个。全区乡镇党委 4 个，街道党工委 7 个，区直机关党工委 1 个，开发区党工委 1 个，非公有制企业党工委 1 个，政府工作部门党委 15 个。

宣传工作

【概　况】 2015 年，全区宣传思想文化工作紧扣全区中心工作，唱响主旋律，打好主动仗，常规工作争一流，重点工作求突破，圆满完成各项目标任务，为建成更具魅力、活力、竞争力经济强城，更具人文精神、历史底蕴文化名城，建设服务绿色冬奥、引领中国制造绿色智能制造基地提供思想保证、精神动力、舆论支持和文化条件。一是围绕学习型党组织建设，理论武装工作扎实开展。以两级党委理论中心组学习为龙头，抓好领导干部理论武装；以宣讲活动为抓手，做好党员教育工作；联系实际，紧贴区情，抓好理论研讨工作。二是紧扣区委中心工作，加大舆论引导与对外宣传力度。明确主题，打好重大新闻宣传战役；强化落实，做好重大活动策划和宣传；注重实效，努力提升新闻外宣工作水平；抓住机遇，不断增强对外宣传成果。三是强化舆论导向，不断完善网络宣传工作。网络宣传管理工作机制逐步健全，网络舆情监测引导力度不断加强。四是立足“文化大区”建设，推进文化事业及文化产业发展。群众性文化活动蓬勃开展，文艺人才队伍不断增强，文艺精品创作硕果累累，文化项目建设有效推进，文化市场健康运行。五是拓展创建形式，精神文明建设取得佳绩。“善行河北 · 爱在宣府”主题道德实践活动深入开展，文明城市创建力度不断加大，未成年人思想道德建设进一步加强，农村环境美化成效显著。六是强化干部队伍建设，努力提升宣传干部整体水平。抓好宣传系统干部队伍建设，抓实宣传部机关干部培养与管理。

【理论武装工作】 一是制定下发《关于进一步加强党委（党组）中心组学习的实施意见》，组织区委理论中心组集中学习19次，举办“两级党委中心组学习讲坛”6次；每月确定学习专题，开展“基层书记讲党课”，对23个基层党委中心组进行“督学”，党委中心组学习进一步规范。二是围绕申办冬奥会、十八届五中全会精神开展主题宣讲4次160余场，受众5万余人；在全市率先建成区—街道—社区（村）三级宣讲站点，开展网络宣讲4次，宣讲教育覆盖面进一步扩大。理论宣讲连续七年荣获省级先进。三是在全区党员干部中开展理论知识测试、“听党课、谈感悟”等活动，在《宣化时政》择优刊载体会文章31篇，评选优秀征文32篇；精心办好理论读物，及时搭建学习平台，《理论研讨》指导性更强，《基层理论学习》更接地气，理论学习博客内容更丰富，理论成果得到展示与交流。四是承担省委讲师团课题3个、市社科联课题12项；燕旺林《以思想大解放撬动城市突围产业突破环境突变》一文被省、市委中心组学习通讯全文刊登，《关于加强基层理论武装工作分众化的探索与实践》一文被推荐到省委宣传部。五是完成2014年度政工专业职务评定工作，宣化区有7人获得政工师职称，7人获得助理政工师职称，12人被认定为政工员。

【新闻外宣工作】 一是对外宣传提档增效。在国家级媒体发稿101篇，河北日报等发稿395篇；张家口日报发稿351篇，其中头版稿件108篇，头条16篇，均创历年最高。在《人民日报》发稿8篇，并实现2007年以来头版发稿零突破，新华社刊发国内通稿31篇，央视、央广刊播稿件9条（篇）；舆情信息连续七年名列全市各县区首位，区委宣传部荣获“宣传张家口先进集体”；二是对内宣传凝心聚力。围绕“三严三实”、“三项重点工作”、“9·3”安保、“11·5”抗暴雪、城市管理等16项重点工作精心策划，在区内媒体开辟专栏适时跟进、深入宣传报道，策划、编审《宣化时政》47期；同时加大社会宣传力度，编发宣传标语200余条，协调区内LED大屏、出租车、公交车、社区宣传栏开展广泛宣传，营造浓厚氛围，助推各项工作。三是网络宣传有声有色。以“双微”新媒体为平台，宣传推介宣化区。“京西第一府宣化”微博发布信息10280条，位居全省“微博政务排行榜”前列、全市各县区首位，被省网信办评为2015年度河北省特色品牌新媒体；“美丽宣化”微信平台发布705期4385条，关注度、传播力等综合排名保持全省政务微信前20位。

【网络宣传工作】 一是及时处置负面报道。落实《宣化区新闻媒体采访接待办法》，健全接待人和基层信息员队伍，重大节点适时培训，对敏感、热点问题提前研判、拿出通稿，对负面采访行为适时介入、沟通引导，能不报道不报道，必须报道使之客观、中性乃至引向正面。全年处置负面报道13起。二是强化网络舆情监测。针对重点网站新闻、论坛社区进行监测，通过舆情早报网和长城网软件，扩大搜索覆盖面；把百度贴吧宣化吧、心系宣化吧作为监测重点，通过不间断人工搜索，确保舆情监测无盲区。三是完善网络舆情反馈。对发现涉及宣化区和相关单位负面舆情进行整理、汇总，影响较小舆情信息以《互联网舆情预警通知单》和电话提醒方式，让涉事单位提前预警；对影响较大、传播范围较广负面信息，第一时间编写《舆情动态》报送区主要领导，为领导决策提供参考。此外，每月编印《互联网信息工作专报》《网情舆情月报》，供区领导审阅。四是加强网络舆情引导。围绕群众关注热点、难点、焦点问题，主动设置专栏，答疑释惑；对监测到负面舆情，及时与相关单位进行核实，并组织网评员、引导涉事单位通过论坛、贴吧等进行正面回应，疏导网民情绪。应对网上负面舆情45件。

【群众文化工作】一是开展文化惠民城乡行，成功举办新春音乐会、乡艺比赛等8项“两节”活动；组织纪念抗战胜利70周年歌咏大会、红歌会全区巡演等系列主题活动；启动第二届百姓故事汇宣讲活动，有5人获省市级奖项。二是开展“首届网络春晚”“微电影创作大赛”“网络葡萄文化节”等系列网络活动，满足群众精神文化需求，传播社会正能量。宣化区荣获河北省第二届网络文化节优秀组织单位奖，成为全省唯一获此荣誉县区级单位。三是为宣化国玉陶瓷争取省级文化产业引导资金100万元，将其包装成为功能完备陶瓷文化工业园；为横店电影城、天龙大丰影视制作有限公司争取市级文化产业引导资金16万元；鼓励、扶持缔绎动漫等创意文化产业做大做强，动画片《葡萄小精灵》剧本创作不断完善，教育游戏、动漫歌、产品玩具等衍生产品完成177项。四是承办河北省首届群众书法大展获奖作品等四个展览，完成《宣化区书法作品集》编印，积极推进“全国书法之乡”创建工作。五是花建明、温彦博再次入选书法、摄影国展，宣化区成杨、付兰分别当选为市曲艺家协会、市舞蹈家协会主席。

【主要荣誉与成绩】2015年，区委宣传部屡获殊荣，先后荣获省级理论宣讲工作站先进集体、河北省第二届网络文化节优秀组织单位、河北省特色品牌新媒体、宣传张家口先进集体、全市舆情信息工作先进单位、全市调研部刊工作先进单位、全市青少年读书活动组织特等奖等市级以上荣誉11个。

（车宝明　陈　磊）

统战工作

【民主党派工作】2015年，各民主党派开展社会服务活动，其中，民建会员全年各项捐款总额达70余万元，为下岗、失业人员提供再就业岗位300多个。农工党宣化区委被农工党中央评为全国先进基层组织。5月份，全市民主党派工作现场观摩会在宣化区召开，宣化区民主党派工作受到市委统战部和有关兄弟县区统战部高度评价。

【民族宗教工作】2015年，组织宣化区16名宗教干部、宗教教职人员、教管会成员两次参加全市教职人员培训班，增强他们的政治觉悟和工作能力。组织宗教界人士参加“我为京张申奥助力添彩”主题征文活动，其中一人荣获第二名，2人荣获第三名。

【非公有制经济工作】2015年，宣化区建立400多名非公有制经济人士行风评议库，有民意企业家行风评议员40余人；推荐20多名青年企业家加入区青年联合会。积极引导非公企业转型升级。利民房地产建设总面积为1.84万平方米高效绿色果蔬示范观光园、绿色果蔬采摘园、特种水产养殖示范园、果蔬育种基地；在烟台投资2亿元建设四星级海滨度假酒店。春光房地产和北京中信公司合作，签约养老合作项目。

【党外干部工作】2015年，宣化区后备干部中党外人士有25名。有一名正科级党外干部提拔到副处岗位上，推荐一名副科级党外干部到市园林局挂职锻炼。

（张　义）

服务决策工作

【概　况】2015年，区委办公室按照“前哨后院”定位，大力弘扬夙兴夜寐、激情工作之风，紧紧围绕全区发展大局和中心工作，充分发挥“三服务”职能作用，以坚决的态度、有力的举措和过硬的作风，当参谋、搞协调、保运转、抓落实，获得了较好的工作成果。

【注重“超前谋划、主动服务”】坚持把文稿服务作为当好参谋助手的重要方式，注重把上级精神、领导意图、基层实际有机结合起来，不断加大文稿的锤炼与创新力度，积极为发展谋思路、为改革献良策、为落实出高招，当好领导决策的外脑和智库。一是综合文稿优质高效。以提高领导满意度、基层认同感和对实际工作指导性、操作性为目标，增强“精品”意识，各类材料起草基本做到立意高、文风实、质量好。全年高标准完成了区委主要领导在省委全会、市委中心组学习等省市会议期间的发言，以及区委常委扩大会议、区委工作会议等全区性会议领导讲话、工作汇报、署名文章等材料136篇，成稿近70万字，提出的“城市发展突围、产业转型突破、环境治理突变”等观点被领导认可，一些综合文稿得到了区委领导的肯定和社会各界的好评。二是信息服务精准快捷。围绕提升信息工作为决策服务的水平，进一步健全信息网络，强化工作职责，确保区委领导第一时间准确了解全区工作动态和重要社情民意，全年共编发《宣化快报》60期，较好地发挥了信息“千里眼”“顺风耳”的作用；向省市委报送信息126篇，被省委《每日汇报》、市委《张家口快报》等刊物采用63篇，其中撰写的《承接北京产业转移的一次生动实践》等信息被省委常委、常务副省长杨崇勇、副省长张杰辉、市委书记侯亮等省市领导批示，信息工作荣获全省先进、全市优胜，强化宣化区在省市委声音。三是调查研究深入扎实。围绕区委提出的“怎么看、怎么办、怎么干”宣化三问，筛选列出《融入奥运经济发展定位举措》等38个重点调研课题，并围绕调研课题深入乡村、街道、企业广泛座谈，掌握实情，把最真实的声音、最准确的情况、最突出的问题反馈给区委，提出态度鲜明、符合实际、具有可操作性的对策建议。全年共编发调研期刊17期，撰写的《以思想大解放撬动城市突围产业突破环境突变》《网格化管理零距离服务——关于庙底社区坚持走精品化、精细化发展路子全力扮靓服务居民第一窗口的调查与思考》等5篇文稿在省市委《河北发展》《综合与调研》《决策参考》等党政内刊和主要媒体登载发表。

【注重“一分部署、九分落实”】 始终把“一项基本任务”作为衡量区委办公室工作的标尺，准确把握中央、省市区委各项决策部署要求，统筹协调、真督实查，决策执行力度进一步加大。一是紧紧围绕创新机制建设抓督查。充分发挥办公室统筹协调作用，中央、省市和区委重要决策部署出台后，第一时间组织相关科室研究，拿出切合实际的贯彻落实意见，并创新运用项目化管理机制，对确定的任务进行分解立项，制定出详细的推进方案、工作目标、日程安排、项目进度等方面内容，并建立落实目标管理责任台账、工作标准，做到任务到岗、责任到人，全年共分解3项重点工作、安全生产、抗战安保等督查任务6项，建立起从始到终、环环相扣、无缝衔接的工作流程。二是紧紧围绕区委决策部署抓督查。紧贴区委中心工作，扣准领导思路，吃透上情、把持下情，重点围绕中心工作、阶段性工作、领导和大众关注的热点难点问题，采取全程督办，跟踪督办、专项督办等办法，强化督查力度。全年开展专项督查工作12次，向区委、区政府主要领导呈报督查报告14期，项目建设、城市建设、民生工程等重点、难点、热点工作一线督办率达100%，有力地推动了各项工作落实，维护区委决定的权威性。三是紧紧围绕交办批办事项抓督查。坚持以上级交办及区委领导批办的事项为抓手，区分轻重缓急，加大督办力度，严格规范批办件的办理登记、查办催办、反馈上报等流程，全年办理上级交办事项21件，转办处理市、区委领导批办事项94件，人大代表建议、政协委员提案10件，办理满意率100%，有效保障了各项决策批示的严格落实。

【注重“履职尽责、管理有序”】 一是公文处理严谨规范。严格按照上级公文处理有关规定加强公文规范化管理，切实提高公文质量和办理效率，全年累计审核公文76份，同比减少22%，公文审核中创建的“程序规范化、审核标准化、备案数字化”经验做法，在全省法规工作中做典型发言。健全文电办理制度，规范办理程序，进一步提高公文运行速度和办理质量。全年接收办理中央、省市委文件772份，收发区以下文件、信息、简报比上年同期减少6%。二是会务安排周详细密。坚持全程介入、细处入手、严格把关，从下发通知到起草文稿、从会场布置到宣传报道、从会议秩序到后勤服务等，健全完善了相关制度，规范了会前、会中、会后各个环节工作流程，做到工作不漏项、协调不脱节。三是值班工作从严从紧。以规范基层值班工作为抓手，深化全区“大值班”工作网络建设，及时受理和反馈值班信息，妥善处置紧急情况重大案件，强化各类预警信息的收集汇总和分析呈报工作，为区委领导准确把握决策先机提供了有效服务。全年编写《情况报告》103期，解答政务问询35人次、处置各类事件49件、接待群众来访38批次。四是保密机要严谨缜密。牢固树立“机要保密无小事”的思想，始终做到“百密而无一疏”。宣化区密码工作连续五年被评为全省党政系统县级先进单位。坚持从关系党政机关办公安全的高度，狠抓保密工作。制定完善保密工作制度15项，下发规范性文件9个，对79个党政机关涉密人员进行了更加准确的界定，界定重要涉密人员117名、一般涉密人员147名。对全区党政机关、涉密单位保密工作进行了督促检查，实地抽查文件资料300余份、计算机400余台，下达整改通知书18份，推进了保密工作常态化运行。宣化区保密工作荣获全市先进单位。

【注重“以身作则、率先垂范”】 一是围绕中国特色社会主义理论体系、党章、习近平总书记系列重要讲话精神、中共十八大、十八届三中四中五中全会、省市区委主要会议精神等，组织开展“业务工作大讲堂”“综合知识大讲堂”“适用技能大讲堂”“部门工作大讲堂”“基层党建大讲堂”等学习活动19次，不断增强全员政治敏锐性、政治坚定性和自身能力素质。拓展延伸《学习与交流》刊物的宽度、广度、深度，定期刊登党员干部的心得体会、独到见解、理论成果，打造全办人员沟通交流的重要平台、凝心聚力的有力阵地。二是党风廉政建设长效推进。严格落实《廉政准则》等制度要求，进一步完善了干部述职述廉、重大事项报告等一系列制度，规范了党员干部行为。通过定期召开民主生活会、支委会和支部党员会，认真研究和检查党风廉政建设相关文件、制度、规定的贯彻执行情况，认真检查执行党的政治纪律、工作纪律、经济纪律和群众纪律情况，有效防范了违法违纪行为的发生。三是机关文明建设提质增效。坚持“以人为本、注重实效、全员参与”的原则，组织开展清晨健身、拓展训练、旁听合议庭体验等活动，培养党员干部健康生活情趣，增强身体、心理素质；全面落实《党员联系服务群众制度》，开展学雷锋、扶贫帮困、送温暖活动，先后深入区敬老院、福利院进行慰问，通过开展系列活动进一步增强了全办党员干部服务意识，实现机关与基层、干部与群众结对联亲全参与。

信访工作

【概　况】 2015年，信访局牢固树立以人为本、执政为民的思想，坚持用群众工作统揽信访工作，认真践行“三严三实”工作要求，以打造“阳光信访、责任信访、法治信访”为工作目标，开拓思路、创新制度、强化措施，切实做到信访苗头和群体性事件隐患排查到位、信访问题梳理解决处置到位、领导干部接访包案执行到位、情报信息报送响应到位、信访稳定责任落实到位，有力维护了全区社会稳定的良好局面。

【树立“法治信访”思维】 以河北省出台《信访

条例》为契机，建立干部职工定期学法长效机制，认真学习中共八届四中全会精神和信访工作相关法律法规，以及信访工作机制改革的决策部署，组织观看《改革信访制度，推动依法信访》专题节目，规定信访接待规范用语，不断增强信访干部法制意识和法制思维，提高运用法制方式解决问题、化解矛盾的能力。信访局信访干部带头尊法、守法、提升依法行政理念，严格履行法定职责，严守法律政策界限，依法履行部门职能，做到开展信访工作于法有据，解决问题依法依规。把《信访条例》等相关法律法规纳入干部培训课程，提高全区信访干部法治信访意识，树立“法治信访”思维。

【党政领导干部接访】 按照上级要求，重大会议活动期间，区联席会议在原有区级党政领导每个工作日公开接访的基础上加密接访频次，实行党政一把手每天轮流接访制，同时每天安排1名副处级领导接访，并将领导干部接访安排提前向进行了社会公布。区委、区政府主要领导亲力亲为，带头开展接访、约访、下访活动，亲自协调责任单位制定解决方案，切实维护了群众的合法权益，确保将绝大多数问题化解在了基层和当地。区主要领导接待来访166批805人，处级领导接待来访2245批18264人。

【来访群众接待工作】 群众有反映、有要求、有呼声，说明是对党和政府信任，信访局接访科按照“对合理合法的诉求，要解决到位；对合理但不合法的诉求，要解释到位；对不合理又不合法的诉求，要教育到位”的要求，热情接待来访群众，与来访群众用心沟通、耐心交流、及时交办群众反映的信访问题，确保群众信访件件有着落，事事回音。在接访工作中，采用摆事实、讲道理、拉家常等方法，不断拉近与来访群众距离，让来访群众感受到尊重、平等和受到重视，得到心理平衡和满足。接待群众来访2351批18693人次，其中个体访1574批2548人，集体访777批16145人，交办信访案件268件，其中信访局交办126件，领导批办142件，撰写领导接访信息41篇，信访专报19篇，两会信息13篇。

【三级要结果案件及非访工作】 全年受理中央、省、市三级要结果案件17件，其中，国家信访局交办3件，省联席办、省信访局交办8件，市信访局交办6件，按期结案率100%，无一件错办和退回重办案件，受理上级转送案件274件，全部明确办理责任主体，督促责任单位按期规范办结，确保“件件有着落，事事有结果”。宣化区发生进京非正常上访62批次，74人次，逐人向市信访局报送甄别情况，其中，市联席办交办30件，按期上报相关案件办理材料。

【“化解信访积案”专项行动工作】 全省开展“化解信访积案专项行动”，受理省、市交办案件15件，所有信访案件全部建立台账，明确区级包案领导，就其所包案案件以联席会议发函的形式向其进行转报，挂账督办。对未实现案结事了、息诉罢访信访事项，按照问题属地和主管部门的原则进行集中交办。经过集中攻坚，全部案件办结，其中，息诉罢访11件，息诉率73%，结案率100%。

机关党工委工作

【概　况】 2015年，机关党工委在区委正确领导下，牢牢把握“服务中心，建设队伍”两大核心任务，突出“主动融入、转变理念、推进创新、真抓实干”主题，加强党思想、组织、作风、反腐倡廉和制度建设，努力提高机关党建科学化水平。

【学习型党组织建设】 制定下发《2015年区直机关党员干部政治理论学习安排意见》。各级党组织采取中心组学习、理论宣讲、辅导讲座等多种形式组织党员干部认真学习中共十八届四、五中全会及习近平系列讲话精神，深刻把握“四个全面”精神实质。深化领导干部讲理论、一般干部讲业务谈体会“双讲”活动，开设“机关大讲堂”开展宣讲活动。制作电教片参加全区展播评比活动。倡导学习工作一体化理念，创新学习方法，丰富活动载体，建立健全考核评价机制，继续深化“荐书读书”活动。总结区直机关学习型党组织建设成功经验，利用《党建之音》刊发，各单位互相促进、共同提高。内刊《党建之音》每月1期，总计228期。贯彻落实《党员教育培训工作规划》，健全完善“两训一选”培训模式。9月29日，组织系统内全体党务干部，对机关党组织工作规范、处置不合格党员、党费收缴、星级党组织创建等工作进行培训。严格按照程序，发展新党员20名。

【党组织规划化建设】 贯彻落实《中国共产党国家机关基层组织工作条例》，组织开展党内组织生活规范年活动。制定下发《关于加强和规范区直机关党的建设的规定》及《区直机关党支部规范化建设实施办法》。督促指导年内到届35个党组织做好按期换届选举工作。在系统内建立日常工作积分制度，制定《区直机关党建目标考核办法》，充实完善《区直机关党建年度目标考核表》，按照区委组织部统一安排，4月下旬，抽调有党建工作经验党务工作者组成考核组深入到各基层党组织，通过听汇报、查资料、召开座谈会、实地走访等形式进行联查考核，在评价各单位工作基础上排出名次，将考核结果上报区委组织部。

组织系统内各基层党组织围绕“结对联亲”和“走在前、做表率”活动开展，总结提炼本部门、本单位特色亮点工作，用品牌理念和标准进行归纳概括，达到“一党委（总支）一品牌，一支部一特色”目标。创建机关党建品牌39个。

健全机关党员直接服务群众联系机制。机关在职党员全部到社区认领服务岗位，开展志愿服务，深化机关党员联系服务群众工作。健全上级党组织服务基层党组织保障机制。制定下发《机关工委领导干部联系系统内各基层党组织的实施意见》。实行领导分片联系制度，分层面召开机关党建工作研讨会，加强调查研究和分类指导，增强党建工作针对性和指导性。健全机关党组织服务党员关爱机制。建立关怀、激励、帮扶机制，及时了解机关党员干部思想动态，搞好心理疏导，及时化解矛盾，维护机关和谐稳定。

【机关党建工作】 为将习总书记提出“三严三实”要求落到实处，按照区委统一安排，从8月份开始，在科级及以下领导干部中开展“三严三实”专题教育活动。活动中着力抓好专题党课、专题学习研讨、专题民主生活会和组织生活会、整改落实和立规执纪四个“关键动作”，使“三严三实”真正融入领导干部和普通党员经常性学习教育之中。

为深入推进服务型党组织建设，规范党组织运行，按照区委组织部安排，在系统内组织开展“星级党组织创建活动”。

“七一”前夕，举办“宣化区庆祝中国共产党成立94周年暨纪念抗日战争胜利70周年”书法绘画摄影展，展出书画摄影作品400余幅，在开发区天龙大厦面向社会群众展出15天，在区机关办公中心面向机关干部展出10天。

在系统内开展“强学习提素质守纪律作表率”主题征文比赛。比赛收到参赛作品70篇，经评委会认真评选，有15篇文章分获一、二、三等奖，10个单位获得优秀组织奖。将优秀作品编印成册下发至各支部，供系统内党员相互观摩学习。

认真组织开展以“解放思想、抢抓机遇、奋发有为、协同发展”为主题大讨论活动。通过开展大讨论活动，找准问题、明确目标、落实举措，破除制约机关党建工作发展思想观念束缚和体制机制束缚，更好发挥“服务中心、建设队伍”作用。

【机关活动】 春节后，组织机关办公中心全体干部职工1000余人，进行集体升国旗仪式。组织系统内各单位干部职工400余人进行义务献血。组织机关干部150余人，陪同区四套班子领导前往河子西乡陈家庄村鹰望山，进行义务植树活动。1月上旬，组织系统内31个单位150余人开展“庆申奥、迎新春”乒乓球比赛；“三八”前夕，组织系统内妇女干部参加区妇联举办的庆三八“巾帼梦、家庭梦、中国梦”演讲比赛，财政局张蕊获二等奖。3月下旬，组织机关干部近100人开展“迎申奥”棋类比赛；4月下旬，组织系统内39个单位480余人开展“庆五一、迎申奥”长跑比赛。七一前夕，对西马道社区和盆窑村特困女党员进行慰问。8月，组织系统内7个单位以及街道办事处联队100余人开展第十六届篮球赛。10月，组织系统内25个单位252人开展第六届拔河比赛。春节前夕，机关妇委会对系统内特困女职工进行慰问，为两名得癌症女干部申请慰问金；机关团工委组织系统内团干部30余人到市申奥办进行观摩学习。

（王卫东）

老干部工作

【概　况】 2015年，为进一步营造尊老爱老良好社会氛围，宣化区不断加强对老干部工作领导，坚持一把手负总责领导责任制，列入单位领导责任目标考核，坚持在职领导联系老干部制度，对有关部门老干部工作进行检查指导，落实老干部政治和生活待遇。充分发挥老干部在“三个文明”建设中作用，开展老年教育和各种文体活动。

【老干部活动阵地建设】 全民健身活动中心附馆装修一新，购置活动设备、器材，于2015年4月20日正式挂牌搬迁。区老干部活动中心新址四层约1600平方米，集办公、老年大学、娱乐健身中心为一体。内设阅览室、棋牌室、书画室、乒乓球、台球活动区和电脑教室、舞蹈教室、多媒体教室等，活动中心落成，为宣化区老干部提供一个环境优雅、设施完备、项目齐全、服务周到活动场所，对进一步提高宣化区老干部精神文化生活需要，更好实现老有所教、老有所学、老有所乐、老有所为，具有重要现实意义。标志着宣化区老干部活动阵地建设跃上一个新台阶。

【落实老干部政治待遇】 按照区委安排部署，集中开展“党的群众路线教育实践活动”，为老干部订阅有关报纸杂志，发放学习资料，采取多种方式进行学习。重要会议和重大活动邀请老同志参加。区委、区政府每半年向老同志通报一次工作，征求意见。及时组织老干部参加全区各类座谈会和大型会议。现有老干部党支部33个（其中乡镇4个），坚持有关制度，按规定过组织生活，开展学习和党务活动。春节前组织走访慰问老干部，对任过副区以上实职和行政14级以上离退休干部由区四套班子领导于2月上旬进行慰问，区直各单位领导均对本系统本单位离退休干部进行普遍慰问。2016年1月20日区委、区政府召开全区任过副区以上实职和行政14级以上全区老干部通报会，参加会议老干部11人。会议由区委书记燕旺林主持讲话，区委副书记、代区长费再宏通报2015年全区经济社会发展情况和2016年重点工作向老干部通征求意见。区领导席玉东、王玉济、刘家利参加通报会。

全年抓好中组部〔2010〕24号文件即《关于利用社区资源做好离退休干部服务工作的意见》落实，发挥社区优势，为离退休干部就近学习、就近活动，就近得到关心照顾，就近发挥作用提供更好的服务，逐步构建以社区党组织为依托，以社区服务为载体，形成以家庭、单位、社区、党委和政府有关工作部门相结合离退休干部管理服务体系。在日常工作中，注重做好老干部信访工作，做到件件有着落，事事有回音。

【落实老干部的生活待遇】 财政开支离休干部其离休费按时足额发放；纳入养老保险统筹离休

干部，由劳动和社会保障部门从养老统筹基金中按时足额发放；对特困企事业单位离休干部离休费资金缺口，由区财政帮助解决。离休干部医药费，全部实行统筹，实报实销。对破产出售、改制企业单位离退休干部在清算资产时每人按10年费用留足15万元一次划拨到区财政，经评审认定后特困企业单位由区财政予以补贴，确保老干部公用经费、特需经费、护理费、遗孀补助等各项经费落实。完善老干部病历档案，采取多种形式进行保健知识宣传，提高老干部保健意识。按照《张家口市城镇居民基本医疗保险实施办法（试行）》规定，做好离休干部无工作遗属参加医疗保险工作，参保遗属65人。

【老干部在"三个文明"建设中的作用】 坚持面向社会，面向基层原则，为老同志发挥作用搭桥铺路，创造条件。区关工委做到年有工作计划、月有工作安排，建立每周二例会制度，讨论研究全区关心下一代工作事宜。学习上级有关文件和领导讲话及外地先进经验，贯彻落实中共中央、国务院《关于进一步加强和改进未成年人思想道德建设的若干意见》。全区拥有各级关心下一代工作组织165个、"五老"工作队伍63支，在全区形成网络。这些组织均能发挥作用，特别是区关工委青少年教育报告团，充分利用重大节日开展各种教育活动，受到省、市关工委领导赞扬。

【老年大学开展各种老年文体活动】 注重办好老年大学，开设12个教学班，即音乐一班、音乐二班，电子琴一班、电子琴二班，书法班、绘画班、英语班、写作班、舞蹈一班、舞蹈二班、电脑一班、电脑二班，招收学员297名（包括兼报），实有学员186名，现有教师9名。于12月30日在区老干部局举办迎元旦文艺演出，演出24个精彩文艺节目。办学18年来，累计结业学员3583名。2015年新成立老年合唱团，吸收老年大学学员30多人成为团员。

宣化区老干部书画研究会由47人组成。会长：安英廷，副会长：张一河、张瑞增（兼秘书长），艺术顾问：王仲禹、侯炳祯。2015年2月，宣化区老干部书画研究会被中共河北省委组织部、中共河北省委老干部局、河北省人力资源和社会保障厅授予全省离退休干部先进集体。该组织坚持每周二下午开展活动。注重在重大节日举办书画展。2015年举办庆"七一"、老年书画展、同宣化区第十一中学联合举办迎"十一"书画展，和宣化区书协等联合举办庆祝"抗战胜利七十周年暨反法西斯战争胜利七十周年"书画展，展出书画100多幅。展出期间，区有关部门领导和众多书画爱好者参观书画展作品。11月，区老干部局和张北县老干部局老年书画研究会联合召开书画研讨会。

（王雅洁）

理论教育和研究工作

【概　况】 2015年度，宣化区委党校紧紧围绕区委、区政府中心工作，完成各类主体班次和宣讲班次培训任务，充分发挥"两校一院"主阵地和主渠道作用；在掌握区情基础上，撰写理论文章和调研报告，实现教研一体化；在干部学历教育中，办好成人高考学历班。

【党组织建设】 区委党校在党建工作中，坚持把党风廉政建设放在首位。按照区委、区纪委及上级组织要求安排工作。开展"五查五纠一清理""关于开展纠正超标准占用办公用房专项行动"等活动，把"三严三实"要求落实在具体行动上。重新制定考勤考核办法，把工作纪律作了具体细致量化考核。分门别类进行办公用房清理。两位正科级领导调小办公室，分别为17.4平方米；三名副科级干部，分别增加人员，变一人一间为两人一间；其他科级以下干部分别进行合并办公。制作党校办公用房登记册，对所有房间逐一登记，真实标明房间号、面积、使用人姓名职务级别，以及房间功能等，上墙公开，接受监督。

学习落实区委书记燕旺林在党校调研讲话精神，采取有力措施全力打造全市一流县区级党校。2015年6月11日，区委书记燕旺林到党校调研，对党校工作提出要求，在全校教职员工中引起强烈反响。大家认识到，党校工作是党建设重要组成内容，表示要进一步解放思想，求真务实，从发展目标、培训办班、师资队伍建设，在加强调研、发挥资政议政智库作用方面，采取切实有力措施，把区委党校打造成全市一流的县区级党校。

【党员干部培训】 高质量完成主体班次和宣讲班次培训任务。2015年，协同区委组织部、区委宣传部，统战部、团区委、区财政局、区妇联等单位举办各种培训班12期，受训学员3150余人次。

主体班次。与区委组织部举办3期“2015年宣化区科级领导干部培训班”，参加培训人员455人。与区委宣传部共同举办北京—张家口申奥基层宣讲会，参会人员110余人。由区行政学校与区财政局，举办两期全区行政及事业单位会计人员能力提升培训班，参加培训人员300人。与区委宣传部、区人大在党校对通讯员进行业务培训，参会人员100余人。区社会主义学院与宣化区统战部共同举办“宣化区学习贯彻中央统战工作会议精神专题培训班”，参会有全区各民主党派、工商联、民族宗教人士、各乡及各办事处有关人员100余人。与区委组织部共同举办“宣化区农村干部培训班”，参加培训人员有宣化区各乡有关领导、47村“两委”成员、大学生村官150余人。协同团委举办“宣化区2015年第三期青年读书班”，120多人参加。与区妇联举办“宣化区基层妇女干部培训班”，150余人参加，区律师武玉荣讲授有关法律知识。

各类报告会。与区委组织部举办全区（含宣钢）预备党员学习党章党史主题报告会，400余人与会。区委宣传部举办省社科院院长郭全平在区委党校基层理论宣讲站宣讲报告会，区委书记燕旺林、区长费再宏等10余名处级领导干部、各单位理论学习中心组成员，160余人听讲。

校外宣讲。在纪念党生日时，派老师给有关单位讲党课。为纪念抗日战争胜利70周年，派老师在校外积极宣讲“弘扬红色察哈尔精神，建设美丽宣化”；在区委宣传部组织面向全区基层群众开展“社会主义核心价值观集中宣讲月”活动中，派老师在校外积极宣讲社会主义核心价值观。

【理论研究】 开展科研活动，充分发挥党校资政议政智库作用。党校对科研一直非常重视，通过这项工作为宣化区发展建言献策。2015年立项、结项各级课题9项，完成理论文章17篇。完成结项课题3项。其中，《政府要鼓励小微企业发展》科研课题由省委党校结项；《打造地方特色文化，提升宣化软实力》《税收政策的公平性对经济增长的影响研究》两项课题由张家口社科联结项。

立项课题6项。其中，2项是《区县级党校改革的现状及对策》《学习十八大四中全会精神建设法治中国问题研究》在张家口社市科联立项。4项是《打造地方特色文化，提升宣化软实力》《税收政策的公平性对经济增长的影响研究》《组织好学习教育，增强党员意识》《新形势下干部作风建设的研究》在区委立项。

撰写文章17篇。其中《政府要大力扶持中小微企业发展——张家口市中小微企业发展现状调查报告》发表在《经营者》2015第四期；《抗战胜利后，中国共产党领导建立的第一个省政府的历史作用及现实价值》发表在《2015全省党史学界纪念中国人民抗日战争暨世界反法西斯战争胜利70周年征文集》；《美德日三国扶持中小企业技术创新的政策及启示》发表在《张垣论坛》2015第二期。上报征文7篇，其中，1篇上报省党史研究室，1篇上报区委组织部，5篇上报区委宣传部。党校举办“纪念抗战胜利70周年”征文活动，全员参与，撰写文章14篇。

大兴调研之风。党校成立以五名班子成员为组长的五个调研组，全体员工分别参加调研组，五个调研组分别确立1个—2个中心课题，深入开展调研。其中，“传承挖掘区域历史文化和红色文化”课题，由王军强带队；“加强干部作风建设”课题，由顾世忠带队；“探索区域内民营经济发展”课题，由王天府带队；“加大培训工作力度提高培训质量”课题，由李鹏带队；“人才队伍建设”课题，由王金莲带队。撰写14篇理论体会文章，形成《宣化区委党校研讨交流材料汇编》材料。

【师资队伍建设】 加强完善以往压（压任务）、爱（关爱女教师）、活（灵活管理）、序（规范有序）、公（公平、公正）、舍（投入资金舍得）“六字工作法”，强化师资队伍建设。根据党校实际，培养自己的名师。一是学校确定5名具有高级职称教师为骨干教师，从多方面创造条件，进行重点培养。二是选取合适班次，送出去学习培训。三是组织授课教师集中备课和集中试讲活动，在全校开展优秀教案、优秀课件评比活动，提高业务素质。

【学历教育】 2015年，新招函授学员72人，年底函授在校生432人。

（刘运河）

宣化区人民代表大会

重要会议

【宣化区第十五届人民代表大会第四次会议】 2015年3月31日—4月2日，宣化区十五届人民代表大会第三次会议在区机关四楼大会议厅举行，会期两天半。会议听取和审议区政府区长王小军关于宣化区人民政府工作报告，通过相应决议；审议区发展改革局局长吕爱武关于宣化区2014年国民经济和社会发展计划执行情况与2015年国民经济和社会发展计划草案的报告（书面）；审查和批准宣化区2014年国民经济和社会发展计划执行情况的报告及2015年国民经济和社会发展计划，通过相应决议；审议区财政局局长魏剑钊关于宣化区2014年财政预算执行情况和2015年财政预算草案的报告（书面）；审查和批准宣化区2014年区财政预算执行情况报告及2015年区财政预算，通过相应决议；听取和审议区人大常委会主任陈一诚关于宣化区人民代表大会常务委员会工作报告，通过相应决议；听取和审议区法院院长刘存海关于宣化区人民法院工作报告，通过相应决议；听取和审议区检察院检察长葛阿刚关于宣化区人民检察院工作报告，通过相应决议；补选宣化区第十五届人民代表大会常务委员会主任、副主任。

【常委会会议和重要工作会议】 区人大常委会召开常委会会议8次，审议通过2015年上半年国民经济和社会发展计划执行情况报告；审议通过区政府关于2014年财政决算报告和2015年上半年计划预算执行情况及审计工作报告；审议通过区政府关于2014年区本级财政预算调整方案的报告。会议审议通过关于张家口市宣化区第十五届人民代表大会第四次会议有关事宜，会议审议通过《张家口市宣化区人民代表大会常务委员会工作报告》。通报区人大常委会关于调整主任、副主任工作分工安排意见，会议审议并通过《区人大常委会2015年工作安排》。审议通过区政府《关于推进"药安食美"工作情况的报告》；审议通过区政府《关于贯彻实施新环保法、治理大气污染工作情况的报告》；审议通过区法院《关于刑事审判工作情况的报告》；审议通过区检察院《关于强化检察干部队伍建设的实践成效和努力方向的工作报告》。

区人大常委会主要工作

【视察调研与执法检查】 常委会围绕区委"改革创新、科学转型"两大核心举措和实现"绿色崛起"发展目标，组织市、区人大代表深入到区交通运输局、工业园区和外环路建设施工现场，对外环路和工业园区建设进展情况进行视察调研；组织常委会组成人员深入到区环保局对大气污染防治、重点企业污染治理和环境综合治理工作情况进行调研；组织市、区人大代表对奥运迎宾廊道绿化工程、城市绿化美化工程和村庄绿化工程进行视察；常委会组织人大代表深入到部分中小学，对贯彻义务教育法和“校安”（校园安全）工程建设情况进行视察。深入到卫生计生局、乡镇卫生院和社区医疗卫生服务机构进行视察调研，听取审议政府关于健全基层医疗卫生服务体系工作情况报告。常委会就群众关注城乡低保和社会救助工作，到民政和民族宗教事务局、社区、福利院和收容站等单位进行视察调研。常委会听取审议了政府关于社会救助工作情况报告。常委会听取和审议政府关于安全生产工作情况报告，建议政府加强统筹监管职能，全面提升监管能力，推动安全生产扎实有效进行。

2015年省、市、区三级联动开展行政许可法律法规执法检查，深入到行政管理部门，重点检查取消下放行政许可项目、简化审批流程、推行“阳光审批”等情况，对发现问题，认真分析研究，形成执法检查报告。配合省、市人大常委会开展了大气污染防治法、水污染防治法、残疾人保障法等执法检查，促进相关法律法规的贯彻实施。

【围绕中心服务大局】 区人大常委会紧紧围绕区委中心工作，立足全区改革发展稳定大局，坚持依法监督与直接参与相结合，同党政领导班子思想同心、目标同向、行动同步、事业同干。在工作方法上求深入，在工作实效上求突破，有力地推动区委重大决策贯彻落实。着力推进重点工程和项目建设，城区集中供热等重点项目进行视察调研，听取相关部门关于工程进展情况汇报。组织代表深入到规划局、城乡建设局，就《城乡规划法》贯彻实施情况开展执法检查。实地了解城乡规划的落实情况和城市基础设施建设情况。组织代表重点视察供水供电管网改造、洋河南安平东街建设等城建工程，就加快城镇化建设规划修编，优化城镇布局，合理确定城市功能，同时就进一步加强城市管理，解决城市交通拥堵、设施损坏、露天烧烤等问题向政府提出有针对性建议和要求。组织代表深入到河子西乡样台、沙圪垯等村专题视察美丽乡村建设情况，向有关部门提出进一步加大对农村和农业投入，千方百计提高农业效率，扩大农民就业，增加农民收入，促进城乡统筹发展意见和建议。常委会把信访工作作为了解社情民意、倾听群众呼声、推进社会治理重要渠道，认真办理群众来信，热情接待群众来访，定期分析信访情况，坚持把信访督办同人大监督工作相结合，全程督办重点信访案件。一年来，受理来信来访30件次，接待群众50人次，为维护群众合法权益和社会和谐稳定发挥积极作用。

【任免与述职工作】 常委会坚持党管干部原则与依法行使任免权相统一，对党负责与对人民负责相统一，积极宣传区委选人用人的正确导向，多渠道了解拟任命干部情况，严肃认真地做好人事任免工作，使党组织推荐人选经过法定程序成为国家机关工作人员。2015年，依法任免国家机关工作人员138人次，为全区经济社会发展提供组织保障。

【代表及代表建议、批评和意见办理工作】 坚持邀请代表列席常委会、常委会组成人员联系代表、代表联系群众等制度。坚持省、市人大代表列席区人代会制度，坚持重大事项通报制度，坚持省、市、区三级代表联动联查机制，同步开展参政议政活动。通过完善各项制度，扩大代表对常委会工作参与面，为代表知情、知政拓宽渠道，创造条件。

常委会组织代表对中发18号文件关于《进一步加强县乡人大工作和建设的若干意见》进行集中学习，使代表明确今后区乡人大工作方向和工作重点。常委会有针对性组织闭会期间代表活动，组织执法调研、工作调研和视察活动46次，参与代表达260多人次，提出建议意见70多条。19个代表团根据各自情况，组织开展丰富多彩、形式多样代表活动。通过这些活动开展，使人大常委会工作更加贴近群众、贴近实际。

四次会议期间，代表提出建议、批评和意见85件。会后常委会经过分类整理，举行代表建议交办会，将81件建议、批评和意见交付政府及有关部门研究办理。为保证建议批评意见办理质量和效果，常委会组织部分代表深入到重点承办单位，对办理情况进行检查。经过有关部门共同努力，在规定时间内81件代表建议批评意见全部办结，办理结果得到代表充分肯定。

【自身建设】 常委会把自身建设摆在突出位置，精心谋划，强力推进，履职能力和工作水平进一步提高。坚持把思想政治建设放在首位。组织常委会组成人员系统学习习近平总书记系列重要讲话精神，深入开展“三严三实”专题教育，认真组织“解放思想、抢抓机遇、奋发作为、协同发展”大讨论，推动人大工作与时俱进、创新发展。加强作风建设。严格落实中央、省、市、区委有关要求，努力营造人大机关风清气正、勇于担当、干事创业浓厚氛围。把深入调研作为联系群众、转变作风重要途径，常委会领导经常深入所包联重点项目、乡村企业、社区，调研指导工作，帮助群众解决困难和问题。常委会领导积极干事、勇于担当圆满完成区委安排外环路建设、供暖供气改造等专项工作任务，为全区中心工作做出应有贡献。深化理论研究和宣传，形成一批高质量调研报告，为常委会履职和党委决策提供重要参考，为创新人大工作提供智力支持。强化人大外宣工作，全年在各类刊物发表文章、信息60余篇。

（张志云）

宣化区人民政府

综　述

【概　况】2015 年，全年召开各种会议 50 余次，其中区政府常务会议 2 次，区长办公会议 16 次，其他会议 30 余次。会议涉及区政府 2015 年政府工作报告和 2015 年工作要点、安全生产、大气污染防治、森林防火、安保稳定等有关问题 70 多个，实行决策 50 多个。

【区政府常务会议】2015 年，区政府召开政府常务会议 2 次。

7 月 14 日，区政府召开第十五届人民政府第十二次常务会议。议题：一是会议听取了区商务局关于宣化区煤炭市场管理处实施企业化改制的情况汇报，议定有关事宜。二是会议听取了区民政和民族宗教事务局关于公布宣化区城市低收入家庭认定标准的情况汇报，议定有关事宜。三是会议听取了区审计局关于起草制定《张家口市宣化区党政领导干部和国有企业及国有控股企业领导人员任期经济责任审计实施办法（讨论稿）》《张家口市宣化区国家建设项目审计的实施办法（讨论稿）》有关情况的汇报，议定有关事宜。

8 月 1 日，区政府召开第十五届人民政府第十三次常务会议。议题：一是会议听取了区政府办关于《张家口市宣化区人民政府工作规则（草案）》修订工作有关情况的汇报，议定有关事宜。二是会议研究了关于曾文涛同志的工作分工，议定有关事宜。三是会议听取了区监察局关于给予韩炜周开除公职处分有关情况的汇报，议定有关事宜。

【区长办公会议】2015 年，区政府召开区长办公会议 16 次，每次会议的主要内容如下：

3 月 13 日，区长王小军主持召开第 1 次区长办公会议，听取了中科资本林旻龙董事长到宣化投资意向，议定有关事项。

4 月 17 日，区长王小军主持召开第 2 次区长办公会议，听取了区交通运输局关于北外环路东段施工建设存在问题的有关情况汇报，宣化国土资源分局关于北外环路东段工程征地拆迁实施方案的工作汇报，议定有关事项。

6 月 8 日，代区长费再宏主持召开第 3 次区长办公会议，听取了区教育局关于中小学校舍改造工程有关情况的汇报，议定有关事项。

6 月 10 日，代区长费再宏主持召开第 4 次区长办公会议。一是会议听取了李军副区长关于 2015 年全区县处级领导分包重点项目有关情况的汇报，议定有关事项。二是会议听取了李军副区长关于迎接全市重点项目拉练观摩准备情况的汇报，议定有关事项。三是会议听取了李军副区长关于第二热源最新进展情况的汇报，议定有关事项。四是会议听取了区财政局关于返还青啤公司收购补偿款及相关税费情况的汇报，议定有关事项。

7 月 8 日，代区长费再宏主持召开第 5 次区长办公会议，听取了区安监局关于宣化宝隆商厦“7·31”梁存林触电死亡事故的工作情况汇报和海龙律师事务所律师刘文君关于惠长江不服区安监局行政处罚提起行政诉讼情况的介绍，议定有关事项。

7月22日，代区长费再宏主持召开第6次区长办公会议。一是会议听取了区城镇化办公室关于庙底供电住宅小区等项目规费问题的汇报，议定有关事项。二是会议听取了区教育局关于宣化区高中学校教师招聘工作有关情况的汇报，议定有关事项。

8月17日，代区长费再宏主持召开第7次区长办公会议。一是会议听取了区政府办关于起草制定《宣化区三项重点课题攻关行动实施方案（草案）》有关情况的汇报，议定有关事项。二是研究支持河北凯世德特种纸有限公司重组的相关事宜。三是研究关于曾文涛同志工作分工调整的相关事宜。四是会议听取了区安监局关于全区安全生产工作情况的汇报，议定有关事项。五是会议听取了区城乡建设局关于洋河大桥维修加固及北侧桥墩改造情况的汇报，议定有关事项。六是会议听取了区民政局关于2012年冬季城镇退役士兵安置情况的汇报，议定有关事项。七是会议听取了区城镇化办公室关于起草制定《张家口市宣化区关于加强城乡容貌整治、规范土地管理的办法（草案）》有关情况的汇报，议定有关事项。八是议听取了区文广新局关于起草制定《宣化传统葡萄园保护管理办法（草案）》有关情况的汇报，议定有关事项。九是会议听取了区葡萄研究所关于起草制定《宣化城市传统葡萄园标准示范漏斗架标准示范园评定奖励办法（草案）》有关情况的汇报，议定有关事项。十是会议听取了区农委关于建设宣化区农村饮水安全工程水质检测中心的情况汇报，议定有关事项。十一是会议听取了区农委关于宣化区农产品质量安全检验检测站项目建设的情况汇报，议定有关事项。

8月20日，代区长费再宏主持召开第8次区长办公会议，听取了孙辉亮副区长关于联合国粮农组织近期到宣化区召开现场会议的汇报，听取了区交通运输局关于大北街通校南门至京藏高速880米路段道路拓宽工程中存在问题以及区城建局关于大北街葡萄销售市场管理的有关情况汇报，议定有关事项。

8月22日，代区长费再宏主持召开第9次区长办公会议，听取了宣化国土资源分局关于返还张家口通泰控股集团有限公司、张家口市宣化正大半导体材料技术有限公司、张家口市宣化信达房地产开发有限公司征地补偿款的情况汇报，议定有关事项。

9月17日，代区长费再宏主持召开第10次区长办公会议，听取了区城乡建设局关于柳川河西路南、中、北段建设工程进展情况的汇报，议定有关事项。

10月12日，代区长费再宏主持召开第11次区长办公会议。一是会议听取了区卫生和计划生育局关于区医院综合楼改扩建项目有关情况的汇报，议定有关事项。二是会议听取了区财政局关于部分工程项目资金拨付安排情况的汇报，议定有关事项。

10月29日，代区长费再宏主持召开第12次区长办公会议，研究了城市供水管网建设贷款项目相关事宜。

11月16日，代区长费再宏主持召开第13次区长办公会议，研究了土地罚没权限下放相关事宜。

11月23日，代区长费再宏主持召开第14次区长办公会议，听取了开发区管委会和宣化供水有限责任公司关于扩区基础设施建设一期工程、长平北路及长平北路北延线工程和宣化给水管网改造工程融资工作的情况汇报，议定有关事项。

11月28日，代区长费再宏主持召开第15次区长办公会议，听取了宣化国土资源分局关于闲置土地处置的相关情况汇报，议定有关事项。

12月21日，代区长费再宏主持召开第16次区长办公会议。一是会议听取了区教育局关于对春光中学、四方台中心校执行乡镇工作补贴政策有关情况的汇报，议定有关事项。二是会议听取了区人力资源和社会保障局关于解决区委党校部分管理人员工资待遇有关情况的汇报，议定有关事项。

（王树元）

宣化区城镇化工作

【概　况】 2015年，围绕区委、区政府确定中心工作，同心同德，攻坚克难，求真务实，埋头苦干，圆满完成城镇化建设各项既定任务，全年完成城市建设投资23.4亿元，实施重大城建项目75项。

【城镇化发展】 参与各项规划编制前调查研究，主动做好信息收集和整理工作，先后参与多个重要规划编制研讨会议，有效防止规划与实际脱节、规划与实施脱节等问题，保证全区规划科学性和可操作性。从发展目标、空间布局、开发性质及工程规模等方面入手，科学统计、客观分析，深入调研区域改造，确定一批重要区域改造开发项目，着力打造“分工合理、特色明显、优势互补”区域发展空间。全区2015年重大城建项目，结合工作实际，对因资金和施工计划等问题未能实施项目予以调整，项目实施中做好建设进度、房屋征收、投资额度等方面信息快报和统计报表工作，做到及时反馈、翔实准确，为领导决策提供科学依据。

【城镇化亮点工作】 对重点项目建设实行全程跟踪，及时了解掌握建设情况，确保胜利南路与南外环连接线、城隍庙路等重点工程按时完工，加大工作力度，创新工作举措，主动协助一批热点项目建成运营。在日常工作过程中，先后深入各重点项目现场调研督导工作100余次，对推动项目建设工作奠定坚实基础；在城市管理过程中，从整治“城市顽疾”入手，深入开展整治容貌环境、提升街道景观、强化作业水平、规范精细管理等专项工作，大力实施“三清三治”城市容貌集中整治工作，不断优化城市环境，逐步提升城市管理质量。

【城镇化重点工作】 在城市建设方面，实施外环路建设项目，完成工程量70%；推进柳川河西路建设工程，完成年度建设计划；实施长平北路等4条主次干道及衣饭巷、万丰路西巷等5条小街巷新建、改造工程。铺设集中供热、天然气、供水、煤气、排水等各类管网88.3公里，建设热力站59座，新增集中供热面积700万平方米，完成1.6万户天然气置换工作。开工建设公租房130套，新增低收入家庭住房租赁补贴225户；实施福泽苑、丽沁园、如园等23项房地产开发项目。实施烈士陵园绿化、胜利北路游园等32项城市游园及节点绿化工程；推进古城墙修复工程，北城墙外侧全线完工，西城墙全线完工。在城市管理方面，清除卫生死角1145处、积存垃圾4400吨、规范广告牌匾917处、清理沿街乱贴乱画5.9万处、规范整治户外摊点2834个、取缔占道经营和流动摊贩2.6万人次，主要干道流动摊贩全部进入周边市场规范经营。

（潘　伟）

决策咨询工作

【文稿起草和调研工作】 政府办公室按照“文稿起草不错一字，交办事项不拖一秒，办理程序不落一步”的“三个一”要求，加强办公室人员的写作能力培训，充分发挥以文辅政作用，努力形成高质量的领导讲话材料和有价值的调研报告。全年共起草大型综合会议讲话、总结汇报、理论文章等各类材料150余篇、100余万字，集体讨论修改材料20余次。同时，认真起草撰写调研文章，为各级领导决策部署提供翔实、准确的依据。全年共收集、编写、上报各类信息500余条，其中《北汽福田北京厂区产业战略转移项目7月24日签约宣化区》和《宣化区打造“三宜城市”，擦亮京西第一府魅力之城金名牌》等80余条信息被省、市信息刊物采用。

【信息反馈】 政务信息工作围绕大局集中反映领导关注的重点、群众关心的热点和改革进程中的难点，向各级领导报送了大量有价值的信息，为领导掌握情况、指导工作、科学决策提供了较好的信息服务。全年刊发《政务信息》50期。

【秘书工作】 2015年，区政府办秘书工作突出主动性，着眼全局，有序运转。充分发挥综合协调作用，及时研究协调重大工作安排，认真做好全区重要会议、重要活动安排的组织和服务工作。全年共制发各类文件170余件，批办上级来文、传真电报、部门请示、报告等各类文件1200余件，办理上级和其他各类机要文件1000余件，全部按照程序及时进行了办理，做到及时送达，准确无误。

【人大建议、政协提案的督办落实】 严格履行政府督查职能，把严格督查作为推动政府各项工作落实的重要保障，融入政府办工作的各个环节。加大市、区领导批示及重要事项的督办力度，及时反馈，并有计划地对全区城市重点工程建设、安全生产、食品安全等工作进行了督查，强力推进重点工作的落实。始终把人大代表建议和政协提案办理工作作为政府发扬民主、体察民情、联系群众、服务群众的大事、实事来抓，突出工作重点，狠抓交办、督办两个关键环节，确保工作落实。为了提高办理质量，办公室做到接受任务、组织领导、责任分工、组织办理、负责实施、答复代表、质量监督七个“一抓到底”，取得了良好的成效，全面完成了人大代表建议和政协提案的办理工作。全年承办市、区人大代表建议和政协提案209件，做到了件件有着落，事事有回音，办结率、走访率、征询意见回收率等均为100%。

【对外联络】 对外联络工作突出连续性，着眼大局，营造环境。按照省、市、区有关规定，不断完善接待制度，合理使用接待费，积极做好对内、对外的接洽和招待工作，圆满完成了省、市各级领导到宣化视察督导的接待任务，受到了省、市、区有关领导的好评。

（王树元）

民族宗教工作

【民族工作】 创新开展民族团结进步宣传月活动，在开展社区专栏展示、宣传单发放的“常规动作”基础上，借力微信公媒“美丽宣化”，宣传民族政策法规、民族知识、宣化区民族渊源，进一步营造了活动氛围，扩大了社会知晓度。

加强对宣化区清真食品市场检查，组织专门力量对清真食品经营网点的原料采购、仓储运输、制作烹饪、人员配备等环节进行全面检查，取缔了一家存在问题饭店，确保清真食品食用安全。

开具少数民族考生证明192份。

【宗教工作】 每逢宗教节日，深入宗教活动场所，检查场所安全设施，与负责人、教职人员谈话，确保第三期平衡度过。

宣传发动宗教团体开展慈善救济活动，伊斯兰教筹得善款3000多元；基督教会捐助白血病患者1万元，帮助恒安教会5000元；时恩寺资助3名贫困生每人每年8000元，为尼泊尔地震灾区人民举行祈福法会，并捐款3万余元。

（滕化璋　张宏艳　程建伟）

基层民主建设

【村民自治】 宣化区第十届村委会换届选举工作于2014年12月开始，按照法定程序稳步推进，于2015年2月底结束。全区41个村委会全部完成了换届选举工作，通过民主选举产生村委会主任41人，委员82人。

【社区建设】 6月份争取资金10万元维修社区办公用房，配备办公设备，改善社区基础设施。现今全区47个社区的办公用房、活动场所面积全部实现“双过百”，26个社区办公用房面积达到300平方米以上，办公用房面积超过600平方米社区4个。截至2015年年底与开发商签订协议用房67份，协议面积28823平方米，收取社区用房配套建设保证金670万元。

与相邻区县共同成立联检工作领导小组，制订两区县联检实施方案，圆满完成151.955公里的行政区域界线联合检查工作。

2015年7月，为全区147名社区干部办理缴纳养老、医疗和失业保险，发放财政补贴资金81.18万元。

（滕化璋　张宏艳　刘海东）

政协宣化区委员会

重要会议

【区政协十二届四次会议】 3月29日至31日，举行政协张家口市宣化区第十二届委员会第四次会议。会议听取并审议通过政协张家口市宣化区第十二届委员会常务委员会工作报告和十二届三次会议以来提案工作情况的报告；列席张家口市宣化区第十五届人民代表大会第四次会议，听取并讨论区政府工作报告和其他有关报告；审议通过提案审查情况报告和大会有关决议。

【区政协十二届常委会议】 3月25日，召开区政协十二届常委会第九次会议。区政协主席王玉济主持会议。会议议题有六项：一是听取和审议区政府关于政协张家口市宣化区第十二届委员会第三次会议提案办理情况报告，二是区政府副区长张国庆讲话，三是协商通过增补区十二届政协委员和辞去委员人员名单，四是审议通过关于召开区政协十二届四次会议有关事项，五是审议通过政协张家口市宣化区第十二届委员会常务委员会工作报告和十二届三次会议以来提案工作情况报告，六是审议通过关于表彰区政协2013年度先进专委会、优秀政协委员、优秀提案和提案承办先进单位决定。

3月31日，召开区政协十二届常委会第十次会议。区政协副主席薛宝林主持会议。会议议题有五项：一是听取大会秘书处关于各小组讨论情况的汇报，二是审议区政协十二届三次会议提案审查情况的报告，三是审议通过区政协十二届三次会议有关决议（草案）。

8月10日，召开区政协十二届常委会第十一次会议。区政协副主席薛宝林主持会议。会议主要内容是围绕京津冀协同发展进行专题协商议政。会议有四项议程：一是分别听取区农委副主任曹志、区工信局局长高志宝关于宣化区加快转型升级工作汇报，二是区政协常委刘建平，区农工委、区政协学习文史专委会和区政协金融财贸专委会进行议政发言，三是区委常委、区政府常务副区长席玉东讲话；四是区政协主席王玉济讲话。

政协主要工作

【协商议政】 围绕加快全区产业转型升级协商议政。从年初开始安排部署，在历时几个月深入调研、座谈研讨、反复论证基础上召开政协常委会议，对全区产业转型升级进行专题协商议政。区各民主党派主委、工商联负责人、政协常委、政协专委会主任在会上进行议政发言，积极建言献策。3个民主党派、区工商联、9个区政协专委会撰写书面发言材料。围绕加强城市建设管理建言献策。8月，区政协组织部分驻宣市政协委员、区政协常委就城市精细化管理工作进行专项视察和座谈。10月，区政协又召开主席会议，围绕提升宣化区城市管理工作进行专题议政。年内，区政协召开城市管理工作座谈会，进一步收集整理各民主党派和广大政协委员对城市管理工作意见建议，区政府主要领导应邀出席座谈会，面对面听取政协委员意见建议。综合委员提出意见建议，形成《关于宣化区城市管理工作的调研报告》，提出高端规划，疏解城区压力等12项建议。围绕提高区域文化软实力献计出力。6月，区政协学习文史专委会、文体新闻专委会联合就“提升城市文化软实力”，开展调研、视察、提案督办。11月，区政协召开主席会议，围绕提升宣化文化，提高区域文化软实力进行重点协商。年内，区政协组织部分政协委员实地视察宣化国玉陶瓷博物馆，观看圣恩寺佛学文化园规划片，围绕“十三五”期间如何发展宣化文化产业和文化事业进行座谈研讨。提出关于加强宣化区文化工作7项建议，供区委、区政府决策参考。

【开展视察监督】 围绕全区改革发展提出提案并认真督办。区政协常委会把提案作为履行职能重要工作，组织委员深入基层走访，认真了解群众关心热点、难点问题，作为提案重要内容。区政协十二届四次会议以来，经审查立案的政协提案126件，提案质量有新提高，提案内容涵盖经济、社会、民生等各个方面。政协常委会加强对提案工作领导，通过政协主席领衔督办，政协班子成员分工督办，与区委、区政府督查室、承办单位之间沟通联系，采取上门督办、现场督办、提案委员全程参与等形式，促进提案办理工作。各承办单位把提案办理工作作为改进工作作风有利契机、为群众多办实事重要渠道和提高工作效率有效方式，及时认真办理，使提案中有价值建议得到具体落实。围绕政府重视群众关心重点问题开展视察。针对宣化区工业转型、大气污染防治、交通拥堵、小区供暖、城区周边生态建设等问题，区政协组织委员深入企业、农村、供热改造干支管网铺设施工现场视察，与企业负责人、群众代表、主管部门和承建单位加强交流，了解情况，提出建议。区工信局、区农委、区城乡建设局、区交警大队及时向区政协通报工作情况，认真听取政协意见和建议，工作得到积极改进。畅通渠道反映社情民意。一年来，区政协充分利用委员联系面广优势，努力拓宽社情民意反映渠道，通过调研视察、走访座谈、发放征求意见表等形式，征集事关经济社会发展及民生问题信息60余条，及时报送区委、区政府，充分发挥社情民意在民主监督和科学决策中重要作用。

【重点工作】 助推重点工程项目。按照区委安排部署，五位主席分别在外环路、园区项目建设、供热供气管网改造三项重点工程中担任总指挥长或副指挥长。在工作推进过程中，积极主动，尽职尽责，付出大量辛勤和努力。做好专题调研。按照区委工作安排，五位主席分别领衔全区经济社会发展重点调研课题，组织相关部门在历时几个月深入调研、座谈研讨、反复论证基础上，对宣化区如何更好融入京津冀协同发展大局；立足全市生态涵养区定位，打造美丽宣化；加强社区工作；加快全区装备制造业转型升级；创新交通管理模式，畅通群众出行形成调研报告供区委、区政府决策参考。完成重点工作任务。在抗战胜利70周年安保工作；11月5日特大暴雪城市公共安全应对；化解矛盾，做好供暖服务工作，确保群众温暖过冬工作以及解决基层信访案件等工作中，各位主席和政协机关干部，全力投入工作，妥善应对，为基层群众解决急难问题，为全区发展稳定贡献力量。积极开展帮扶包联工作。各位主席深入包联农村、社区、企业搞调研，摸实情，帮解困，为基层办实事。积极协调筹措资金帮助社区改善办公条件，协调有关部门解决河子西乡小东庄村民安全饮水等重点问题。

【重点提案】（第27号提案）农工党区委：“加强城区周边生态建设，加快实现宣化区绿色崛起的建议”。

（第30号提案）民盟宣化区委："关于优化新农村法治环境的建议。"

（第66号提案）民进宣化区委："化解供需矛盾加快宣化区集中供热设施建设。"

（第72号提案）民建宣化区委："关于进一步优化'三个环境'不断提升城市竞争力。"

（第73号提案）区工商联："进一步优化民营企业发展环境。"

（第76号提案）科技农业专委会："全面提升企业创新能力和水平，推动科技型中小企业做大做强。"

（第78号提案）金融财贸专委会："关于重拳治理宣化步行街脏乱差的建议。"

（第113号提案）民革宣化区委："关于化解医疗纠纷，促进医患和谐的建议。"

（第9号提案）李永红："关于依托传统文化打造特色古城的建议。"

（第117号提案）蔡浩瑾："关于'优化宣化区法治文化环境，建设法治名城'的建议。"

（崔秀霞）

军　事

宣化区人民武装部

【概　况】 2015年，宣化区人武部扎实打基础、深入抓落实，圆满完成民兵组织整顿、军事训练和兵员征集等工作任务。

【思想政治建设】 严格落实党委中心组理论学习“五步法”要求，突出对习主席关于国防和军队建设一系列重要论述、中共十八大和十八届三中、四中全会和全军政治工作会议精神学习，不断用党的最新理论成果武装头脑、指导实践、推动工作，确保党委“一班人”思想上统一、政治上坚定。坚持把“三严三实”专题教育整改活动与“学习践行强军目标，做新一代革命军人”主题教育活动结合起来，与“新一代革命军人样子”大讨论活动结合起来，做到同部署，同展开，组织收听收看各级首长、专家教授的辅导授课，参加集中理论学习和讨论交流，观看整改教育录像，使学习不留死角，做经常性思想教育工作。加强形势政策教育，利用交班会和每周五下午学习时间，集中传达上级文件精神，用上级指示精神统一思想，全体干部、职工绝对忠诚、绝对纯洁、绝对可靠思想根基更加牢固。

【战备训练】 按照民兵应急力量“市建营、区县建连、乡镇建排”总要求，组编应急、支援、储备3支队伍。探索“统一计划、专业分训、机关督导”的组训办法，通过“领导讲理论、骨干讲操作、专家讲技术”，有效解决教练员队伍短缺问题，通过清点人员、录制影像等方法强化训练落实。按照“任务牵引、应急优先、专业配套”思路，逐年补充完善反恐维稳、森林扑火、抗洪抢险、抗震救灾四类专业器材，基本满足遂行任务和战备训练要求。坚持落实每周2小时专业训练，每天1小时体能训练，部长政委以上率下，始终领跑第一个、打响第一枪、标好第一图，带动首长机关训练水平不断提高。4月20日，军事科参谋孙海鹏为军分区系统现役干部进行利用一体化平台标图训练辅导授课。5月27日参加军分区基础训练摸底考核，区人武部被通报表彰为集体成绩较好单位。11月4日，参加军分区军事训练摸底考核，部长严广林、副部长苟国平被表彰为军事训练成绩突出个人。

【兵员征集宣传工作】 协调区政府逐年提高优抚待遇，实施“城乡一体、同役同酬”，即：农村兵与城镇兵每年优抚金均为2万元。利用电视、网络、户外LED、宣传海报、宣传册、标语横幅等现代传媒和传统手段，进行全时空、覆盖式宣传发动。印制5万份征兵宣传单，发放到所有适龄青年及其家庭，区内主要路段户外LED电子显示屏和全区999辆出租车LED显示屏幕均植入征兵宣传口号；区首创征兵歌曲和宣传片在宣化主要网络媒体和腾讯视频上广为传播；全区52家网吧和KTV门前、室内均张贴征兵宣传海报，网吧电脑开机界面均为区征兵宣传画面。采取有力措施严格规范征兵程序，严把预征关、体检关、政治考核关、定兵关、启运关和严格组织回访等工作，圆满完成夏秋季兵员征集任务，连续两年实现“零退兵”，区《征兵体检工作主要做法》和《征兵宣传发动二十一条做法》被市征兵办作为经验材料转发各县（区）。

【安全管理】 研究出台《宣化区应对突发事件军地协调联动机制》，将民兵应急力量纳入全区军警民联防联控联演体系，形成军地联防联治良好态势。广泛开展“学法规、用法规、守法规”活动，干部职工依法办事意识不断增强。加强人、车、密、财、电、网等重点部位和重要时节安全管控，确保安全稳定。区人武部被军分区表彰为安全管理工作先进单位。

【后勤保障】 修订《宣化区人武部行政消耗性费用管理暂行办法》，加强对行政消耗性费用管控，规范财务管理秩序，把行政消耗性费用控制在10%以内，相比去年公务性事业费减少近60%，总经费减少49.7%。从规范管理制度入手，制定《宣化区人武部职工管理规定》和《宣化区人武部职工请休假管理规定》，加强职工队伍管理。在值班室加装指纹考勤系统，坚持每周统计讲评、每月汇总公示、年终绩效考评，对职工上下班进行量化管理。关爱职工身心健康，每年组织职工进行体检。购买跑步机、腹肌板和组合健身器械，丰富职工业余文化生活。通过严爱结合，增强职工归属感、认同感、责任感。

（严广林　刘　杰　孙海鹏）

武警宣化区中队

【概　况】 武警宣化区中队隶属于武警张家口市支队建制，位于张家口市宣化区宣赤路117号。主要负担宣化区看守所外围警戒、武装逮捕、武装押解和武装追捕任务。中队始终以建设一支“听党指挥、能打胜仗、作风优良”的人民军队为指导，履行新世纪新阶段军历史使命，高标准实现“两个确保”，牢记职责使命。在中心任务不变情况下，求真务实、纪律严明、狠抓训练，全面提高作战能力，曾多次得到地方政府高度评价。

【支部建设】 在实际工作中重点做到：加强支部内部团结，发挥整体效能。在工作中支部一班人首先注重强化团结意识，支部之间树立起讲学习、讲团结、讲正气氛围，加强了解，听取不同意见，不搞个人说了算，增进团结，形成支部抓工作合力。发挥群众监督作用，努力树立良好风气。及时对党员干部讲评和称职等级评定，结合个人述职报告进行群众监督。实行“四务公开”即党务、政务、队务、财务公开，把事关官兵利益敏感问题，如考学、入党、学技术等，严格程序，不搞暗箱操作，以公开促公正。

【军事训练】 在总部、总队以及支队同一部署下，大抓军事斗争准备，特别是加大应急班训练；在训练中，把管理重点放在个别吃苦精神不强，情绪波动较大，身体素质差、作风散漫同志身上，通过谈心、“结对子”的形式，使思想认识有问题同志，变成“要我练”为“我要练”，变成“不自觉训练”为“自觉训练”，中队战士们训练热情始终较高。

【勤务工作】 严格落实各项执勤制度，深入开展执勤形势任务和警惕性教育，通过集中授课、犯情研究、案例分析等形式，不断增强官兵危机意识和责任意识；切实把经常性执勤教育贯穿到值勤全过程，通过上哨前小要求、执勤中小提示、下哨后小讲评等措施，督促官兵树牢执勤战斗意识，始终把中心任务放在中心位置，百倍警惕地投入执勤；关注官兵情绪波动，扎实做好一人一事思想工作，解决官兵现实困难，及时化解内部矛盾和思想问题，确保官兵以饱满精神状态投入执勤。

【管理工作】 围绕解决“五个重点问题”做好部队经常性管理工作，在“坚持以人为本，依法从严治警，密切内部关系”上求深化，见成效。严格落实条令条例，抓好共同条令和新的《基层正规化管理规定》和《正规化建设实施细则》的学习教育。对照关盘和上级指示精神，做好日常养成和落实工作，及时成立各项领导小组，明确分工，使各项任务落实能很好进行，抓好倾向性问题治理，着力解决“有法不依，执法不严，有令不行，有禁不止”的问题。

【政治教育】 根据上级党委统一安排和中队实际认真抓好了新《纲要》和《政工条例》的学习教育，使中队官兵牢固树立按纲抓建意识。紧紧围绕“改革强军”主题教育活动。重点打牢官兵政治思想基础，开展各项健康有益文化活动，充分丰富官兵业余文化生活，为官兵营造良好工作和生活环境。开展尊干爱兵教育，进而端正干部骨干对新版根本态度，从而拉近感情距离。

【四防一体化建设】 严格依据“四防一体化”建设标准，多方论证，积极作为。在支队党委的协助下，中队从驻地政府争取资金近百万余元，用于中队“四防一体化”建设，为确保中队中心工作圆满完成提供坚实基础。

【后勤建设】 筹集资金，绿化营区，维修各项设施，维修取暖设备，完善淋浴设备，使中队在原来基础设施建设上更进一步。为加强后勤规范化管理，促进中队后勤工作发展，在加强后勤规范管理上下功夫，从后勤人员队务，到后勤秩序正规，从各项制度落实，到炊事技能提高，从财务支队落实，到装备管理和使用，都制定详细规定，抓好落实，从根本上促进中队正规化建设水平提高。

（王传续）

人民防空

【概　况】 2015年，宣化区人民防空办公室落实国家、军区、省人防部门部署要求，瞄准一流，突出重点，狠抓落实，努力提升全区人防建设水平。

【人防工程建设】 按照省政府22号令要求，新开项目坚持以建为主、应建尽建，严格标准确保质量。对确因地质条件不宜建人防工程项目，提供地质部门证明材料，然后按照省物价局、财政厅《关于防空地下室易地建设收费标准有关问题的通知》文件严格收取结建费。对审批工程加强跟踪检查，加强日常执法检查，全面落实人防工程监理制度，发现问题依法处理。年度办理“结建”手续10项，收取易地建设费约1100多万元。推进宣化区清远楼人防工程的开工建设。继续抓好308地下指挥所建设和现有设备设施维护工作。加强原有工程维护。结合人防预案修订，对现有工程进行排查、分类，加强日常巡查维护，重点解决畅通和渗水问题，抓好工程防汛、防火及塌陷抢险工作。

【指挥通信】 按照全市“一网四系统”（人防信息基础网络、人防预警报知系统、人防指挥控制系统、人防防护救援系统、人防综合保障系统）建设方案。对现有警报器逐步进行更换，随着城市发展及时增加，确保全覆盖；对现有电台及车载电台进行维修维护，确保指挥通信畅通。抓好警报试鸣。在皇城办事处组织开展疏散演练。整合资源，加强协作，抓好新形势下专业队伍建设。开展重要防护目标摸底工作。按照区域战略价值、防护条件和毁伤影响对原有重要经济目标进行综合评估，搜集数据，合理确定数量、等级，为修订防空袭预案奠定基础。

【人防宣传教育】 抓好人防宣传教育进社区、进学校活动，7月7日，结合第十四次人防警报试鸣日，在宣化区二中，皇城街道办事处开展应急演练，把二中、米市街小学、皇城街道办事处、钟楼东社区和演武厅社区作为人防宣传先行试点，争取资金建设宣化区人防教育基地。

【固定资产管理】 加强人防资源清查，掌握现有家底，盘活存量资产，对出租资产收入全部上缴财政，严格执行收支两条线，支出按照规定比例用于维护和宣传。

（范　智）

国防教育

【概　况】 2015年，张家口市宣化区国防教育办公室在区委、区政府正确领导下，在市国教办指导下重点开展一系列国防教育宣传工作。组织宣化区第十五个全民国防教育日活动。

【国防教育活动】 9月19日是第十五个全民国防教育日。9月18日，国教办在皇城办事处庙底社区举办以“弘扬伟大抗战精神，同心共筑强大国防”为主题国防教育宣讲会。参会人员包括各办事处人武部长及干部群众代表100余人。组织三乡一镇七个办事处在辖区人流密集场所悬挂国防教育宣传条幅20余幅。参加全市爱国主义书法绘画作品展览活动。

下半年，国教办组织区书法、绘画爱好者创作以军事题材为内容书法、绘画作品，从中筛选出10幅作品参加市军分区、市委宣传部、市国教办于12月1日组织的全市爱国主义书法、绘画作品展览。围绕完成宣化区征兵任务开展国防教育宣传。协同人武部在解放路、胜利北路、钟楼大街等3000多米主干道上固定以征兵为主要内容宣传展板185块。夏季利用各办事处开展彩色周末活动穿插加入国防教育宣传节目20场次。于9月9日协同人武部举办2015年新兵欢送大会。重点加强对青少年学生国防教育宣传。清明节前夕，协同教育局、团委、关工委等部门组织1000多名中小学生在烈士陵园开展祭扫烈士墓活动。师生们向纪念碑敬献花圈，集体进行宣誓。8月—9月协同教育局联系驻宣部队院校教官对宣化区中学生进行暑期军事训练。全区参训学生总数6800余人。做好领导干部国防教育宣传工作。

7月，利用专武部长集训时机，协同人武部组织民兵应急分队和党政机关、乡镇、街道办事处等领导干部700余人进行实弹射击活动。

（曹　印）

民主党派

中国国民党革命委员会宣化区委员会

【概　况】 2015年民革宣化区委员会按照民革市委会总体工作部署，加强自身建设，提高履职能力，注重党员发展，开展社会调研，着力打造党员参政议政和社会服务亮点。

【思想建设】 以坚持和发展中国特色社会主义协商民主为主题，组织党员集中学习中共十八届五中全会和习近平总书记系列重要讲话精神、民革十二届四中全会和中央统战工作会议精神、中共省委八届十二次全会精神和省委统战工作会议精神、市区“全会”“两会”会议精神、《中国共产党统一战线工作条例（试行）》和《中共中央关于加强社会主义协商民主建设的意见》，组织参加“我为京津冀协同发展献一计”活动、“纪念五一口号发布六十七周年”和“纪念中国人民抗日战争暨世界反法西斯战争胜利七十周年”征文、市社会主义学院举办民主党派骨干成员培训班、《中国共产党统一战线工作条例（试行）》知识问卷等活动。党员王利民荣获民革市委2015年度征文二等奖，被民革市委评为年度理论宣传工作先进个人。

【组织建设】 按照民革章程和《民革张家口市委组织发展工作实施意见》要求，严格发展程序，严把“入口、考察、培养、使用”各环节，注重把具有较强参政议政能力、具有较突出工作实绩、具有较大社会活动能力和影响力的代表性优秀人士吸收到组织中来。2015年发展党员2人，均为大学本科学历“80后”国家公务员。考察培养2名入党积极分子，具有民革特色身份。2015年全区党员人数31人，平均年龄52岁，具有民革特色党员26人，科级以上领导干部党员7人，中高级职称党员23人。党员苗兆亮、马月星被民革市委会评为2015年度优秀党员。2015年民革宣化区委继续为党员免费订阅《团结报》19份，参与民革市委会会刊《张家口民革》编辑宣传和稿件征集工作。

【社会活动】 全年组织开展集体理论学习5次，考察调研3次，座谈慰问1次，社会公益活动1次。帮助远征军老兵袁正绥找到抗战档案，多方呼吁落实抗战老兵待遇问题。针对区域经济发展重心和社会热点，有计划组织党员考察调研区域经济转型升级、城市科学规划与有效管理、地区生态涵养、基层法律援助、网络舆情研判和管控等主题，形成一批有分量有见地调研报告和提案建议。党员王利民撰写《加快产业结构调整，促进工业转型升级》和蔡晧瑾撰写《关于将宣化区打造成历史文化名城的建议》两篇调研报告分别在宣化区政协十二届十一次常委会和十六次主席专题议政会上作了议政发言。党员蔡晧瑾被民革市委评为社会服务工作先进个人。

【参政议政】 按照民革市委会年度参政议政任务要求，建立健全参政议政工作机制，在党员中开展“一人一策”献计献策活动，加大党员培训力度，提高参政议政能力。八月份组织骨干党员、近年来发展新党员和党员发展联系对象参加民革市委会举办培训班，组织党员围绕“三农”“社会法制”“祖国统一”等民革工作特色等领域，撰写参政议政提案和建议。在市区“两会”上，党员中人大代表和政协委员提出建议和提案20件。党员蔡晧瑾被民革河北省委评为参政议政先进个人，党员苗兆亮被民革市委评为参政议政先进个人，宣化区第一支部被民革市委评为参政议政先进集体。

（王利民）

中国民主同盟宣化区委员会

【概　况】 2015年民盟宣化区委围绕区域经济、社会发展和盟市委系列工作任务，履行参政党职能，深入调研，建言献策，参政议政工作取得新成果：全年组织调研三次，形成调研报告3篇；提交提案、议案，反映社情民意18件（条），其中获区政协重点提案一件；向盟市委提交调研报告8篇。民盟自身建设得到进一步加强，组织健康发展，2015年先后有两批16人被民盟市委批准正式加入民盟组织；社会服务工作开展活跃，组织捐赠、慰问活动4次；宣传工作有新突破，创刊《宣化盟讯》（季刊），全年出刊4期并在民盟市委网站和《张家口盟讯》刊发各类稿件40余篇（条）。2015年民盟区委获民盟河北省先进地方组织和民盟张家口市先进盟组织荣誉。

【参政议政】 民盟区委参加区政协十二届四次会议　区政协十二届第四次会议2015年3月29日至31日在区政府办公中心召开，杨阳撰写党派集体提案《关于北山工业园区建设过程中的几点建议》获区政协十二届三次会议1号提案；靳永胜撰写委员个人提案《建设高科技农业园区，拉动宣化区经济发展》获优秀提案；盟区委秘书长、区政协常委姚雪莲代表民盟区委做《关于优化新农村法制环境的建议》大会发言。在这次政协会议上民盟区委中政协委员、人大代表提交15件提案、议案，其中民盟区委集体提案3件，反映社情民意三条。姚雪莲、宋春华、白秀华、张玉庭、张静民等5人获区政协2014年度优秀政协委员。

盟区委参加区政协常委专题议政会议　2015年8月10日，区政协举行第十二届十一次常委会议，就关于宣化区经济发展转型升级进行专题议政。区政协常委杨阳、姚雪莲出席会议。盟区委秘书长姚雪莲代表民盟区委做题为《关于宣化区产业转型升级的几点建议》党派发言。文章在张家口晚报“宣化时政”周刊刊登并收入区政协常委会议发言材料汇编一书。

盟区委参加区政协主席专题议政会议　2015年10月13日，区政协举行第十五次主席会议，就城市建设与管理进行专题议政。区政协常委、盟区委主委杨阳；区政协常委、盟区委秘书长姚雪莲出席会议。会上姚雪莲代表民盟区委做题为《提升城市管理水平，建立科学管理体制》议政发言。

区政协到司法局督办民盟区委重点提案办理。2015年11月26日，区政协主席王玉济、副主席薛宝林、段玉华等一行9人到司法局督办民盟区委《关于优化新农村法制环境的建议》重点提案。民盟区委一起参加提案办理。

盟区委参加区政协城市管理工作座谈会。2015年12月3日，区政协召开城市管理工作座谈会，就城市管理工作进行专题议政。区政协常委、盟区委主委杨阳；区政协常委、盟区委秘书长、姚雪莲参加座谈会并就当前宣化区城市管理工作存在问题提出建议。

【组织建设与活动】 2015年先后有两批16人被民盟市委批准正式加入民盟组织，他们是：区直机关申芙蓉、吕砚文、宣化科技职业学院龚海霞、乔勇、李艳慧、李晓燕、宣化六中贠闳、陈静和阁西街小学杨欣彦、宣化十中谢娜、宣化五中陈梦颐、二附医院张尚华、区电视台记者梁海燕、建设局蒋海英、县社保局冯天和书法家赵淑。

白秀华、温彦博任张家口民盟书画院副院长 为弘扬中华民族优秀文化，繁荣和发展具有时代精神的美术事业，团结盟内艺术人才，促进文化大繁荣，2015年4月14日，民盟张家口书画院成立，宣化区书法家协会主席白秀华、宣化区摄影家协会副主席温彦博任书画院副院长。

盟区委在“助力申奥，喜迎建党94周年”健身活动成绩突出 为贯彻落实全民健身计划，营造张家口人支持申奥、助力申奥活动氛围，民盟市委于2015年3月22日至6月30日在张家口市波力羽毛球会馆举行“助力申奥，喜迎建党94周年”羽毛球健身活动，于7月4日举行乒乓球、羽毛球对抗赛。宣化区民盟在全部五个项目比赛中，荣获羽毛球团体赛总分第一名，申桂兰蝉联羽毛球女单冠军、申芙蓉获羽毛球女单亚军。申桂兰—贺化锋、申芙蓉—李建国分获羽毛球混双冠、亚军，王涛获乒乓球男单亚军。

盟员书法家、摄影家参加盟市委“纪念抗日战争胜利70周年”书画展。2015年9月19日，民盟市委“纪念抗日战争胜利70周年大型书画展暨民盟张家口书画院成立”在张家口市宣化区第二中学隆重开幕。民盟省委、市委统战部、民盟市委领导以及市各兄弟党派、民盟各区委盟员代表百余人出席开幕盛典。在这次民盟张家口书画院首届书画展上，宣化区民盟白秀华、温彦博、花建明、程健、白雪、李天才、赵淑、李周生、黄远翥等九名书法家、摄影家36幅书法、摄影作品参展。这次展出书法、摄影作品大都是专为“纪念抗日战争胜利70周年”而创作的，这些精品力作深刻反映抗日战争胜利这一重大历史题材，具有较强艺术表现力和感染力，其中有多幅在“国展”上获奖，充分展示宣化区民盟在书法、摄影艺术领域人才济济和雄厚实力。

【宣传报道】 2015年，民盟宣化区委主办《宣化盟讯》(季刊)正式创刊。这是民盟区委新一年里在宣传工作中开启新窗口，开辟新阵地，也是与市民盟各兄弟区委交流盟务工作新平台。2015年,《宣化盟讯》出刊四期，刊发盟区委、各支部参政议政、组织建设和活动、社会服务工作等各类信息38条。

2015年在民盟市委网站和《张家口盟讯》刊发各类稿件40余条。

【社会服务】 2015年9月5日，在纪念中国人民抗日战争胜利70周年之际，民盟区委到国家级贫困县宣化县王家湾乡革命老区慰问看望抗战时期入党参加革命老党员，91岁高龄谢信财老人和60年代初期入党82岁老党员贾素珍老人，分别向二位老人送上500元慰问金和米、面、油等生活用品，祝福老人生活幸福，健康长寿。王家湾乡乡党委、乡政府负责人陪同参加慰问。

孙志刚向宣化第三中学捐赠武术运动服装为弘扬中华武术，进一步促进‘武术进校园’活动开展，由清华阳光太阳能张家口地区总代理向宣化第三中学捐赠武术运动服装仪式2015年9月18日在宣其中三中校园隆重举行，区教育局、区武术家协会和三中学校的领导出席捐赠仪式。这次捐赠太极服530套，是2015年清华阳光太阳能开展最大一笔捐资助教活动，体现民营企业家社会责任感。

2015年12月11日，由中共区委宣传部、民盟宣化区委和宣化爱心公益促进会共同主办“让爱回家‘黄手环’助老公益活动”在钟楼广场举行，盟员捐款2000元。活动现场为二百多名70岁以上老人发放“黄手环”。民盟医卫支部医务工作者在现场为老年人进行义诊。

(孙志刚)

民主建国会宣化区委员会

【组织建设】 组织建设是民主党派加强自身建设一项重要内容，是履行参政党职能，永葆统战性、进步性和生机活力组织保证。民建宣化区委会在抓发展会员数量同时，注重发展会员质量，新发展会员必须是坚决拥护中国共产党领导，在经济领域表现突出且品行兼优经济界人士和具有一定职称和学历以及其他方面有代表性中高级知识分子，对要求加入民建会员严格把关，吸收新会员8人，去世2人，2015年12月31日有会员144人，其中男会员88人，占会员总人数61%，女会员56人，占会员总人数39%；大专以上学历119人，占会员总人数83%；经济界88人，占会员总人数61%，其中非公经济34人，占经济界人数39%；中高级职称79人，占会员总数55%。会员结构得到优化，会员整体素质大幅度提高。

【理论学习】 民建宣化区委按照上级要求，开展以坚持中国特色社会主义政治发展道路为主题政治交接学习教育活动，学习贯彻中共十八届三中、四中全会精神，深入学习实践科学发展观，努力提高成员整体素质。组织会员学习党方针、政策和统战理论，深刻领会民建中央、省、市委会有关文件精神及各项重大方针政策。通过学习，使广大成员进一步认识到：坚持中国共产党领导，始终同中国共产党亲密合作，是民主党派立党之本；坚持和完善中国共产党领导多党合作和政治协商制度，走中国特色政治发展道路，是发展社会主义民主、建设社会主义政治文明政治保障；毫不动摇地坚持中国共产党领导和执政，是参政党为促进和谐政党关系作贡献关键。有效增强广大会员政治意识、责任意识和大局意识，不断提高理论水平、政治素质和参政能力。

【组织活动】 开展组织活动是增进会员之间相互了解，增强组织凝聚力有效途径。年初召开全体会员大会，总结上一年工作，表彰先进支部和优秀会员，做到学有先进，赶有目标。举办民建知识竞赛，达到民建会章会史和参政议政相关知识普及。区委会没有忘记为宣化民建作出贡献老会员，每逢传统节日驻会人员带领年轻会员到老会员家中走访慰问，送去粮油等生活用品。平时跟老会员保持电话联系，关心他们饮食起居及身体健康。民建宣化区委会时刻关注新会员思想、工作、企业发展情况，驻会工作人员采取走访新会员单位，聊天座谈等方式了解会员思想、工作现状，鼓励新会员积极进取，开拓争先，为会争光。组织骨干会员到会员企业调研，听取企业发展现状介绍，对企业遇到困难，大家集体支招，为企业发展出谋献计。“三八”节之际，组织女会员到洋河南上谷战国红玛瑙市场和假日绿岛开展为期一天调研，会员们就“战国红”玛瑙文化及绿色农业发展前景发表各自见解。组织会员到保定十渡和内蒙古蓝旗、多伦开展调研活动，考察旅游业为带动当地经济发展发挥巨大作用。纪念反法西斯战争胜利70周年，区委会组织年轻会员自费到保定白洋淀和狼牙山红色旅游，接受爱我中华、缅怀先烈爱国主义教育。组织开展“纪念反法西斯战争胜利70周年”征文活动，收到诗歌、散文、书法、摄影作品等10余篇，综合三支部也开展歌咏比赛主题活动。庆祝中国民主建国会成立70周年，区委会组织会员开展学习《中国共产党统一战线工作条例》和民建会章会史答题活动，上交民建市委答卷30份。2015年，区委会通过组织丰富多彩活动提高民建会凝聚力、向心力。

【参政议政中心工作】 参政议政、民主监督是民主党派主要工作形式和基本职责。民建宣化区委会为促进宣化区经济社会发展，针对经济社会发展中存在热点、难点问题，围绕中共宣化区委区政府总布局反映社情民意、建言献策。一是参与政风行风评议和党风廉政建设工作。通过受聘为区委、区政府勤政廉政监督员和有关部门政风行风评议员，参与到各项政风行风评议和党风廉政建设活动中，提出意见和建议，促进宣化区政风行风提高。二是认真履行参政党职责。民建宣化区委会把参政议政工作摆在首位，尤其是会员中各级人大代表、政协委员履行职责，开展大量调研工作，深入了解政情、社情、民情，在市、区人大和政协会议上从宣化区经济、教育、交通、环境卫生等方面提出27篇高质量建议和提案。提案“关于规范宣化区集中供暖改造问题若干意见及建议”被区政协评为优秀提案。主委霍树桃在政协常委会和主席专委会上提交《以创新引领宣化区产业转型升级》《提炼城市主题文化，突出区域地方特色》两份调研报告，在会上做发言。

【组织服务社会】 社会服务工作是民建宣化区委会参政议政延伸和重要社会实践活动，更是学习、实践科学发展观具体体现。民建宣化区委会发挥自身经济界优势，广泛开展社会服务工作。会员杜艳兵参加爱心团体组织为贫困地区居民捐款捐物活动3000元，会员刘凤鸣常年为宣化县智障儿童提供生活用品并定期看望。会员白如冰参加宣化中医协会组织帮贫扶困活动，为河子西乡患病困难群众免费提供药品，资助两名贫困在校大学生，救助洋河南白血病儿童，2015年出资1万元。会员董晓军提供10余台电脑用于改善社区办公条件。会员张振玲八一慰问宣化消防官兵，送去价值万元电器。会员赵兵为福利院老人和儿童每年提供1000元生活用纸。张旭军、张飞、蔡晓兵等14名会员自发组成爱心团队，他们用捐款1100元全部购买粮油和日常生活用品，到沙岭子镇看望10名残疾儿童。赵兵、乔心德、张飞、杨林旺、蔡晓兵、杜艳兵、张旭军等七位企业会员到阳光托养中心开展献爱心活动，捐款3500元用于救助患癫痫病女孩石蕊。会员刘宏升每逢传统节日都到福利院看望孤寡老人。非公经济会员为下岗职工和待业大学生提高就业岗位300多个。

【创造辉煌业绩】 在民建张家口市委和中共宣化区委会正确领导下，在中共宣化区委统战部大力支持和协助下，民建宣化区委会各项工作健康有序地开展着，会员团结协作，共同努力，取得可喜成绩。民建宣化区委员会荣获“河北省先进集体”称号；霍树桃、齐琦荣获“河北省优秀会员”称号；宣钢支部、综合三支部、综合四支部荣获“张家口市先进支部”称号；孙海滨等28名会员荣获“张家口市优秀会员”称号；左晓峰等6名会员荣获“优秀撰稿人”称号；王静等4名会员荣获“张家口市优秀会务工作者”称号。吴泳等6名获“优秀政协委员”荣誉称号。

（谢会敏）

中国民主促进会宣化区委员会

【概　况】 民进宣化区委员会现有会员78名。下设8个支部。宣化一中支部、宣化二中支部、宣化三中支部、宣化四中支部、宣化六中支部、宣化九中支部、机关支部、庞家堡支部。

【参政议政】 该会有市政协委员1人（范永忠），区政协委员4人（李金生、王志生、白宝、陈胜），区人大代表1人（刘玉辉）。为了解宣化区城市建设和管理情况，积极撰写提案，在区十二届政协第四次全会上，民进宣化区委提出《关于加强我区环境综合治理的提案》，其中4名政协委员分别撰写9件提案。仅白宝委员1人就提交5件提案。

【自身建设】 4月，组织会员参观宣化二中冰雪项目，号召会员为申办2022年冬奥会作贡献。9月利用教师节座谈会，布置下半年民进工作；同时，慰问70岁以上民进老会员。12月30日举行庆祝民进成立70周年暨迎新年茶话会大会。届时，总结工作，表彰先进。为便于交流、便于联系，充分利用网络资源，建立“宣化民进微信群”。

【社会服务】为贯彻落实中共十八届五中全会精神，结合当前全民反腐败斗争的形势，民进宣化区委举行“法制在身边”讲座，要求每一位会员，利用业余时间，要积极下社区了解社情民意，讲解国际国内当前形势，明确新时期民主党派应有的担当和责任。为配合区委、区政府宣传“京西第一府，千年葡萄城”，打造古葡萄品牌效应；9月，副主委白宝协助宣化葡萄研究所在观后村建成以宣传葡萄文化为主《葡文轩》展览馆，对挖掘葡萄历史、宣传葡萄文化，起到积极作用。

（冷育升）

九三学社宣化区委员会

【概　况】九三学社宣化区委员会有社员74人，分为两个支社，其中具有高级职称的43人，占总人数的60%，女社员30人，占总人数的41.7%，在职38人，退休26人，调离10人。有省政协委员1人，市人大代表1人，市政协委员3人（常委1人），区人大代表1人，区政协委员7人（常委2人）。各级政协委员和人大代表占成员总数的18%。

2015年，九三学社宣化一支社在九三张家口市委、九三宣化区委领导下，在宣化区委统战部帮助下，团结和带领广大成员，围绕区委、区政府中心工作，参政议政、不断加强自身建设、广泛开展社会服务，为促进宣化区经济发展、社会进步和构建和谐宣化作出贡献。

【开展活动】全年开展组织生活和各类活动10次，每次活动出勤率60%以上。组织社员学习中共十八届四中、五中全会精神及宣化区重要会议精神，社区委会主委班子在两节期间代表社区委会对所有老社员逐一进行走访，组织社员参观大境门、元中都博物馆及宣化区新农村建设。清明节组织社员代表到烈士陵园进行扫墓祭拜，利用“12·4”法制宣传日，为群众举办法律知识讲座2场，与社区合作开展“糖尿病的预防和治理”、“如何居家急救”两场知识讲座，有100多名群众参加听取讲座。

【思想建设】为使九三学社成员参政意识不断增强，政治思想不断成熟，社会责任感不断强化，社区委领导把加强政治理论学习作为提高社员整体素质重要手段，结合实际制定详细学习计划。根据九三区委成员单位多、比较分散特点，采取活动时间集中学习，平时个人自学相结合形式，深入学习九三学社历史、性质、基本任务等社史社章知识，从多党合作形成和发展历程、基本特征、基本方针、主要内容和形式等方面为社员辅导多党合作和统一战线知识，学习如何参政议政、如何撰写信息、如何撰写建议提案，使成员思想觉悟有较大提高，参政议政能力得到提升。为使枯燥理论生活化，尽量创新学习形式，如把时事政治与社会关注热点问题结合起来学习，把及时捕捉社会动态与反映社情民意结合起来，针对社会现象开展辩论会，把学习交流作为展示社员理论素养才艺平台，调动社员自觉学习政治理论的积极性，为建设一支适应新形势要求参政党队伍打下坚实理论基础。

【参政议政】九三宣化区委坚持把发展作为参政议政第一要务，加强参政能力建设，科学参政、依法参政。要求社员围绕宣化区跨越式发展中心，开展建言献策和调查研究工作，落实社内每位人大代表、政协委员每年提交一至两份议案或提案要求，在保证议案、提案数量同时，提高议案、提案质量。2015年在宣化区政协会上，政协委员宋岩峰撰写提交提案《关于提高食品安全的建议》，王彦华撰写提交提案《关于进一步加强宣化区食品安全监管的建议》，刘建平撰写提交提案《在依法治国环境下创新法律宣传教育工作的几点建议》。

（王彦华）

社会团体

宣化区总工会

【概　况】 张家口市宣化区总工会内设办公室、组织民管部、经济部（挂法律保障部牌子）和老干部股，人员编制8人。

2015年，宣化区总工会围绕区委中心工作和市总工会下达目标任务，以开展创先争优为契机，服务大局，创新实干，各项工作取得显著成绩。法律援助、工资集体协商、劳模评选、信息宣传、劳动保护等各项工作受到市总工会和省总工会肯定。

【基层组建工作】 2015年，围绕实现“创市内强会，争省内一流（县区工会）”目标，按照“党建带动工建、工建服务党建”总体要求，扎实推进“两个普遍”工作，构建和谐稳定劳动关系，坚持依法、科学、规范建会思路和“哪里有职工，哪里就要建立工会组织”原则，把基层工会组织建设作为工会工作基础，一手抓覆盖，一手抓规范，深入开展基层工会组织建设工作。年底全区有工会组织611家，会员11.73万人，按照上级工会组织要求完成所有企业和会员实名制信息录入工作。宣化区总工会在全省工会系统规范化建设考核中受到省总考核组高度好评，获得全省县（市、区）工会规范化建设先进单位。重点开展农民工入会集中行动，推进农民工入会工作，2015年年底，农民工会员14567人。全区工资集体协商涵盖企业420家，工资集体协商建制率100%，工资集体合同履约率100%，覆盖职工5.01万人，企业职工人均涨幅8.7%。2015年4月，全市行业工资集体协商现场观摩会在宣化区阿特拉斯—科普柯（张家口）建筑矿山设备有限公司召开。

【经济技术创新工作】 在全区企业和职工中开展“当好主力军，建功‘十二五’”为主题职工劳动竞赛活动，参赛企事业单位387家，参赛职工3.85万人；技能比赛晋升技能等级428人；实施合理化建议575条，其中创新建议135条。

宣化区总工会组织开展宣化区五一劳动奖状（奖章）和工人先锋号评选表彰活动，评选区级五一劳动奖章41名，五一劳动奖状6家，工人先锋号9家。为460名区级以上劳动模范、五一劳动奖章获得者和先进工作者进行体检。组织安全生产和劳动保护工作，在省总工会劳动保护工作座谈会上作典型经验发言。

【维权工作】 2015年，提供法律咨询585人次（含“12351”热线咨询），依法调解劳动纠纷5件，为困难职工提供法律援助案件9件，涉及金额60万元。

【职工群众工作室】 全区546家单位均已建立群众工作室，发挥职工群众工作室密切党群干群关系“连心桥”作用。全年累计收集社情民意150余条，化解各类不稳定因素122起。

【“送温暖”活动和帮扶工作】 2015年，筹措送温暖资金20余万元，对全区800余名（户）困难职工、特困劳模家庭、困难农民工和患病特困职工进行走访慰问，为他们送去慰问品和慰问金。开展“精准帮扶·金秋助学”救助活动仪式，现场为42名困难学生发放助学金11.5万元，为90名特困职工发放救助金4.5万元。开展劳模爱心公益行动，6名劳模捐款5000元。重大疾病互助活动，175个单位参加，涉及职工1.38万人，互助金总额近50万元，为185名患病职工发放大病互助金40万元，为5名患重病职工发放8000元救助金，为25名患白内障职工发放8400元帮扶款，起到“一方有难，八方支援”互助作用；948名女职工参加女职工安康保险；建立职工生活后勤保障标准示范点18个。举办就业培训班6次，培训人数近600人，职业介绍460人，实现就业236人。

【职工文化活动】 不断强化企业技术培训、行业管理培训，形成企业工会重点组织一线职工在岗培训、行业工会推动行业技术升级培训一体式培训模式。全区557家企业工会组织职工技术操作培训1526天（每天8小时计），参加培训职工7638人次；3个行业工会开展职工技术升级培训9次，238余名企业技术骨干参加培训。

组织为农民工送演出和钻机行业羽毛球比赛等活动；与区委宣传部联合举办元宵节灯展等文艺活动，与区体育局联合开展职工羽毛球、乒乓球比赛等体育活动。建成“职工书屋”98家，藏书22余万册，参与读书职工7600余人次；小型体育场、健身场地等89余处，参与活动职工2万余人次；各种文艺、趣味表演上百场。

【宣传工作】 加大信息宣传工作力度，完善《区总工会信息工作考核评比办法》，促进信息宣传工作争先进位。全年收集上报各类信息宣传稿件212余条（篇），被各级媒体采用171条（篇），其中国家级媒体采用28条（篇）、省级媒体采用条21（篇）、市级媒体采用69条（篇）、区级刊发35条（篇），在《张家口日报》《张家口晚报——宣化时政》各刊发一个专版，全市区县工会考核中取得第一名。

（周全福）

共青团宣化区委员会

【概　况】 2015年共青团张家口市宣化区委员会有基层团组织37个，团员8300名，本年度发展团员2014人，新建“两新”团组织8个。4月，召开十届四次全委（扩大）会议，总结2014年工作情况，安排部署2015年工作任务，授予侯家庙乡团委等11个基层团组织“2014年度共青团工作先进单位”荣誉称号，在全区共青团系统引领创新突破、比学赶超良好工作状态。

【青工青农和青联】 4月，共青团宣化区委、宣化区青联、宣化区农委联合开展以“携手植绿迎冬奥，共庆五四青年节”为主题青春助力申冬奥植绿护绿公益活动，来自全区22个青年集体200余名团员青年、青联委员、社会自组织青年志愿者会战在植树一线。8月，在中国人民解放军建军88周年之际，宣化区人民武装部、共青团宣化区委、宣化区青年联合会、宣化区教育局、宣化区南关街道办事处，联合举办“奔跑吧青春”宣化区庆八一军地青年交友联谊会，在广大军地青年中唱响牵手幸福梦、助力强军梦、共筑中国梦青春新乐章，10个县区96名干部、老师、医生等优秀女青年慕名前来，通过家乡美、绿旋风、同心缘等互动环节，11对嘉宾现场牵手成功。

【宣传工作】 11月，联合凯诺盛典影视工作室拍摄公益宣传片——《爱传递》，故事讲述人们身边最平凡故事，虽平凡但动人，通过这些故事传递着人与人之间关爱，彰显着文明。12月，举行“区医院”杯宣化区寻找身边榜样暨十佳榜样力量颁奖典礼，本次主题活动推出79位榜样力量候选人，评选产生十大身边榜样人物（团体）以及十位提名人物。编发手机报10期，微信公众信息33期，在团省委网站172个县区信息发布排名第三，加强网络外宣，通过各种网络载体，开展“清朗网络.青年力量”“我为核心价值观代言”“为雷锋同志点赞”等活动，引领网络新风，树立“互联网+”思维，自主开发App“微青E站”，搭建线上服务平台。

【学校少先队】 6月，共青团宣化区委、宣化区教育局、宣化区少工委在东二道巷小学，联合开展“我的童年我做主——带着大朋友一起过六一”主题活动。10月，召开纪念少先队建队66周年表彰会暨区少工委一届三次全委会，对159名先进集体和先进个人进行表彰，在农村学校创建8支英雄中队，授予英雄中队旗帜。举办“血铸丰碑·梦筑商行”宣化区“商行杯”纪念抗战胜利70周年青少年书法大赛决赛暨颁奖仪式，150余人参加活动，大赛评选出儿童组和少年组一等奖各3名，二等奖各6名，三等奖各9名，优秀奖24名，为获奖选手颁发荣誉证书，以及各奖项每人500元、300元、100元、50元奖金，对宣化七中等10个优秀组织单位进行表彰。11月，按照团市委部署要求，广泛开展寻找“最美少年”“最美少先队辅导员”“最美少先队集体”活动，团区委向全市择优推报2个“最美少年”、2个“最美少先队辅导员”和2个“最美少先队集体”等4个候选人和2个候选集体。

【希望工程和维权】 1月，共青团宣化区委、宣化区青联结合助力扶贫帮困“春雨行动”，再次启动“宣化有爱、温暖过年”关注困难青少年全城公益行动，累计募集捐赠春雨慰问金7.8万元，筹集爱心助学基金3万余元，派送价值3万元的米、面、油、衣物等物资1000余件，结成帮扶对子74对，惠及困难家庭305户。8月，举行“希望工程·圆梦大学”筑梦十年路暨青年读书班活动，为2015年36名贫困学生筹集助学金41.9万元，团区委建立起“希望工程·圆梦大学”行动复核制度，对2012年至2014年圆梦学子进行跟踪回访，对符合标准133名学子给予继续资助，发放助学金49.2万元，团区委协调爱心企业富龙集团，为所有受助学生提供勤工俭学和见习就业岗位，为他们搭建实践历练舞台。9月，共青团宣化区委深入帮扶村和社区，对困难群众和困难学生家庭进行走访慰问，发放节日慰问金1000元。10月，开展“共青团与人大代表、政协委员面对面”活动，不仅为创业青年们搭建与人大代表、政协委员直接面对面机会，全面反映青少年利益诉求，更为广大青年创业发展指明方向、畅通渠道、搭建平台。12月，在宣化九中举行“中国光华科技基金会‘神华爱心书屋’”捐赠仪式，为全区31所中小学捐赠4万余册价值93.7万元全新图书。

【志愿者】 3月，为纪念雷锋同志题词52周年纪念日、第16个中国青年志愿者服务日，共青团宣化区委发起了“为雷锋精神点赞、为志愿行动喝彩”网络点赞活动，在线上构筑起传承雷锋精神、弘扬时代新风阳光阵地。11月，宣化区遭遇入冬以来首场大雪，由于雪量过大，城区内道路两旁许多树枝被大雪压断，给市民出行生活带来诸多不便，共青团宣化区委发挥职能，组织青年志愿者奔赴抗击雪灾一线，慰问奋斗在一线职工，为他们赠送500副防水手套，青年志愿者们一同冲上抗灾一线，与绿化处职工并肩奋战。12月，共青团宣化区委按照全区“三清三治”工作安排部署，开展为期10天交通秩序治理工作，青年志愿者们走上主要路口、商业大街等公共场所，不畏天气寒冷，向市民们发出倡议，宣传乘坐非法运营车辆危害、打击非法营运相关法规知识等，劝说引导市民乘坐正规公共交通工具，本次活动发放宣传册20000份。

【组织和荣誉】 共青团宣化区委全力推动全区街道区域化团建工作，坚持党建带团建，联合区委组织部和七个街道党工委，成立宣化区青年工作共建委员会，制定《宣化区青年工作共建委员会工作制度》。实施“百县千乡”工程，完成村团组织换届，巩固乡镇实体化“大团委”建设。5月，侯家庙乡团委被共青团河北省委农村青年工作部授予2014年度“河北省优秀乡镇团委”荣誉称号；春光乡南关水果批发市场团支部被共青团河北省委农村青年工作部授予2014年度“河北省优秀乡镇直属团组织”荣誉称号；梁东彬被共青团河北省委农村青年工作部授予2014年“河北省乡村好青年”荣誉称号。9月，李芳被共青团河北省委、河北省教育厅、河北省少工委授予“河北省优秀少先队辅导员”荣誉称号。10月，东二道巷小学少先大队、财神庙小学四三中队被团市委授予“最美少年集体”荣誉称号；张洁、高雅被团市委授予“最美辅导员”荣誉称号；曹嘉惠、刘俊杰被团市委授予“最美少先队员”荣誉称号。

共青团宣化区委先后被评委河北省2014年度河北二十佳团县（市、区）委、张家口市2014年度共青团工作优胜单位、宣化区信息工作先进单位、优秀党组织等荣誉称号。

（陈志婧）

宣化区妇女联合会

【概　况】 2015年，宣化区妇联工作切实以维护妇女权益，提高妇女素质，促进妇女儿童事业发展为目标，以“巾帼建新功，共筑中国梦”为主题，深化“三大行动”，夯实“四项民生工程”，履行好组织妇女、引导妇女、服务妇女和维护妇女儿童合法权益职责，不断提高组织妇女、引导妇女、服务妇女和维护妇女儿童合法权益能力，团结带领广大妇女创先进、争优秀，为推动建设更具区域竞争力影响力知名美好宣化作出了应有贡献。截至2015年年底，在《张家口晚报·宣化时政》采登各类信息9篇；《张家口晚报·今日宣化》采登各类信息1篇；区电视台播出活动信息1期；编发宣化妇运12期。举办各类培训班74场，培训妇女4129人次，发放宣传资料6200余份，发放书籍400多册，区妇联捐赠10000元善款和价值18600元学习用品及慰问金给贫困儿童。积极筹措资金约2200多元深入到11名贫困妇女家中进行走访慰问。端午节，为敬老院老人送去价值5000元节日礼品。“110家庭暴力接警中心”，接警案件25起、解决案件25起；法律援助中心免费接受妇女咨询38人次。区妇联接待来信来访18件，来信来访满意率100%。

【妇联组织和干部队伍建设】 举办全区基层妇联干部能力提升培训班。邀请志愿律师对宣化区120余名基层妇联干部进行法律知识培训，增强了基层妇联干部维权意识和工作能力。开展“三严三实”专题教育活动，区妇联结合工作实际，在学习上下功夫，坚持个人自学与集中学习相结合，重点围绕党章、党史、习近平总书记关于党建设重要论述及党规党纪等，健全党支部学习制度，落实“三严三实”专题教育各项要求，利用周学习日主席带头讲党课，全体干部轮流讲，谈思想认识、谈心得体会、谈差距不足。为使专题教育活动开展有声有色、深入人心。组织开展“巾帼梦、家庭梦、中国梦”演讲比赛，来自各行各业选手从自己、身边人说起，讲述在工作生活中如何在参与经济社会建设、维护妇女儿童合法权益、服务妇女儿童中实现自己“中国梦”，充分彰显新时期基层妇女工作者巾帼风采。

【宣传工作】 区妇联围绕区委、区政府中心工作，为全区绿色崛起打基础，积极助力全区农村面貌改造提升工作，组织动员广大妇女和家庭开展万名妇女争创“美丽庭院”行动，全区41个村，全部建立妇女讲习所，成立以妇联干部为主讲师团，充分发挥讲习所作用，达到月月有主题，周周有活动，大大增强了妇女争创美丽庭院意识，实现100%家庭庭院卫生状况根本改观，农村妇女素质明显提升。

【巾帼建功活动】 扩大巾帼志愿服务队伍，拓展巾帼志愿服务内容，在不同领域、不同行业、成立专业巾帼志愿服务队伍，重点开展了“爱心代理妈妈”“学雷锋、办实事”“关爱空巢老人”等巾帼志愿服务活动。以学雷锋日为契机，组织百余名巾帼志愿者上街入户发放涉及维护妇女儿童合法权益、男女基本国策等相关宣传资料千余份，设立妇女维权咨询台，聘请志愿律师王勇现场解答婚姻关系、财产分割等权益保障方面法律咨询30余人次。春节组织非公企业成立巾帼志愿服务队为侯家庙乡姚家沟村20多位留守老人送去价值6000元的羽绒服，让老人们度过一个欢乐祥和春节，真切地感受到党和社会大家庭温暖和关爱。端午节志愿者们又到夕阳红养老院与百位老人共度佳节，陪他们聊天拉家常，给老人推拿、洗脚、剪指甲，并为老人们送去价值5000元节日礼品。

【妇女维权信访代理】 积极探索建立集信访接待、法律援助、人民调解、心理疏导于一体妇联参与社会管理和创新工作模式，深化妇女信访代理协理工作，构建妇女信访工作网络化工作格局，以“123455”工作法推进全区妇女信访代理工作，全区11个乡镇（街道）、57个村和47个社区全部设立了基层妇女信访代理工作站，实现了妇女信访代理网络全覆盖，创建市级信访代理示范点2个，县级信访代理示范点3个。加大信访代理员培训力度，让每个来访信件或电话，件件有回音，事事有着落。全年接待妇女群众来电来访及相关法律咨询40多人次，群众满意率100%。

【创业就业活动】 深入调研妇女创业就业面临突出问题和现状，积极探索引导失地失业妇女、女大学生创业、就业。联合办事处开展以“保障民生、拓宽就业、按需服务、惠及百姓”为主题2015年就业服务招聘会及宣化区退伍军人随军家属专场招聘会，招聘会上，来自全区医疗、服务、金融保险、机械制造、文化传播等多种行业50多家单位通过发放宣传材料，树立展示架等形式，向前来应聘市民进行宣传，咨询应聘人员2000余人，现场登记600余人，其中200余人与招聘企业现场达成了就业意向。依托爱佳佳、国馨家政等企业为服务平台，组织开展家政技能免费培训10场，受惠妇女800多人。全面落实妇女小额担保财政贴息贷款政策，截至目前协助区人社局为141名妇女小额担保贴息贷款605万元，直接或间接带动再就业妇女1000余人。

【贫困妇女儿童救助活动】 多方协调社会力量，利用春节、三八妇女节、六一儿童节等节日开展系列关爱贫困妇女儿童帮扶行动，走访慰问贫困妇女11名，送去价值2200元慰问品。六一前夕区妇联联合良子沙龙等十一家爱心企业开展“关注成长，爱心传递”——关爱贫困学生和农民工子女捐赠助学公益活动，为两所学校送去价值13000元校服和学习用品。联合宣化吧爱心人士对全区16名贫困学生进行了救助，发放慰问金及学习用品5600余元，继续为10名优秀春蕾女童发放助学金10000元，连续4年对春蕾女童实施救助，累计发放助学金4万元。

【妇女儿童发展规划】 抓住中国正式提出男女平等基本国策20周年契机，积极主动地作为，增强源头参与意识，突出问题导向，深入调查研究，积极建言献策，开展了男女平等基本国策宣传教育进机关、进社区、进家庭活动，充分运用主流媒体以及网络、微博等新媒介，大力弘扬以男女平等为核心先进性别文化，在全社会营造良好氛围。充分发挥妇儿工委办公室协调联动作用，认真做好“两规”中期评估工作，协调有关部门加大对重难点指标监督指导力度，采取积极有效措施，确保指标进度与规划同步，加快工作进程，确保规划如期完成。

（张姗姗）

宣化区科学技术协会

【概　况】 2015年，区科协充分发挥基层科普组织作用，深入贯彻落实科学发展观，协调有关政府职能部门和人民团体，全区科普事业和科协工作取得一定成效。

【科普宣传经常多样化】 组织基层科协针对群众关心科普热点、难点问题，开展经常性“健康生活、安全出行”宣传活动。重点推动社区科普大学建设，市科协普及部部长参加建国街中山社区科普大学开班仪式，亲自授牌。皇城办事处皇城桥北社区科普大学得到市科协奖励资金一万元。各办事处科普大学全年举办室外科普宣传160次，各类科普讲座90次，入户宣传805户。大北街办事处钟楼东社区举办的“科普大讲堂”、皇城办事处桥北社区“科普知识进楼道”、天泰寺街办事处九天庙社区“科普课堂”活动，特别受辖区居民欢迎和关注。

【全国科普日活动精彩纷呈】 2015年“全国科普日”活动主题是“科技成就梦想，拥抱智慧生活”,“全国科普日”张家口市主场活动暨“中国科协流动科技馆”宣化区巡展启动仪式在宣化科技职业学院隆重举行。启动当日宣化航模爱好者进行航模表演和科普剧表演。启动仪式上，相国庙小学表演科普剧，航模爱好者进行航模表演。仪式结束后，与会人员及宣化科技职业技术学院师生饶有兴趣的参观中国科协流动科技馆。科普日期间，全区各级科协组织、各学会（协会）、各中小学等根据各自实际，组织万余名师生参观流动科技馆，周六日还有近万名市民到流动科技馆进行参观体验，中国科协流动科技馆是首次入驻宣化区，流动科技馆充分发挥科普宣传教育阵地作用，营造全民创新，用科学知识引领生活氛围，深受广大市民好评。

【科技下乡注重实效】 组织农业专业技术人员，围绕三乡一镇农业基础、产业结构、种植特色，编写《农业实用技术汇编》1本5000册；多渠道广泛搜集资料，制作科学种植、养殖展板2套50块，以简单、直观、易懂图文形式，向农民宣传党农村政策和农业知识。利用集中下乡活动，向4个村1500名农民发放《农业实用技术汇编》手册，4000余农民参观学习展板知识。下乡给农民带来新感觉和实实在在收获，得到区委宣传部肯定，特别是广大农民欢迎。

【加强领导干部和公务员科学素质教育】 在市科协大力支持下，充分发挥区委党校这一市级科普教育示范基地的阵地作用，与党校签订工作协议，将领导干部与公务员科普素质教育纳入党校教育规划和教学计划，区委党校两篇教案被市委党校纳入党校教育教材。举办科普报告会，特别邀请中科院老专家赵士洞先生于9月25日上午到宣化区为全区副科级以上领导干部做科普报告。

【爱心基地校落户宣化区】 在宣化区科协、关工委、教育局等相关领导的陪同下，未来科学家种子工程管理中心爱心志愿者在中心主任王盛带领下，到宣化区侯家庙中心小学。此次，未来科学家种子工程管理中心在宣化区相关部门的牵头下，了解核实情况后，结对侯家庙中心小学，建立爱心基地校，开展科教结合工作，切实帮助宣化区孩子们了解、学习、体悟、探索现代科技。

（于冬梅）

宣化区文学艺术界联合会

【概　况】 2015年，深入学习贯彻习近平总书记在文艺工作座谈会上讲话精神，及时认真学习中共中央政治局在2015年9月11日召开会议精神，精读细学会议通过《关于繁荣发展社会主义文艺的意见》。以打造知名美好文化大区为己任，不断创新思维开拓局面，使全区文艺工作在取得长足进步同时，为全区“三个文明”建设作出贡献。

2015年年初在全区8个协会具体安排“宣化区文学艺术家‘深入生活、扎根人民’主题实践活动”。活动以文艺为社会主义服务为人民服务为主题，凝聚正能量，唱响爱区、兴区主旋律。活动中，广大文艺家进乡村、社区、企业、机关、部队、院校等，为推进全区各行业发展鼓劲加油，起到很好宣传服务作用。为深入学习、宣传、贯彻中共十八届三中、四中全会精神，举办“宣化区2015年迎新春送春联送全家福进万家”活动。活动中，书协和摄协会员冒着严寒积极创作作品，亲手将作品送进乡村、居委会、企业、机关、部队院校等，营造深厚又主题鲜明节日喜庆氛围。参加“宣化区首届春晚”备演和演出工作，充分展现全区文艺家文艺水平，更加体会到区委区政府对广大文艺家信任和爱护。围绕“文化惠民，爱我宣化”这个主题，先后组织各协会分配成各活动小组，或以个人为单位，或以三五人为组，深入到宣钢、庙底社区、河子西村、宣化科技职业学院、驻宣二炮训练大队、东二道巷小学等进行艺术展示和辅导等活动，得到所到之处党员干部群众交口称赞。以上活动开展，不仅教育人、鼓舞人，而且让文学艺术真正服务经济、服务社会、服务人民，达到文学艺术引领社会风气之先作用。围绕迎庆党的生日和纪念抗战胜利这个主题，举办“宣化区庆祝中国共产党成立94周年暨纪念抗日战争胜利70周年书法绘画摄影联展”。组织书法家、美术家进行专题创作，于9月1日在网络成功举办宣化区纪念抗战胜利70周年主题书画艺术精品联展。9月2日，在晚报宣化办事处出版纪念抗战特刊《血色记忆·宣化抗战风云录》专辑上，专门设“宣化区纪念抗战胜利70周年书画艺术精品”专版，加强宣传力度，留下书画家珍迹墨宝和爱国之情。为宣传宣化，交流艺术，博联社宣化博友联谊会、作协和书协网站都充分利用现代传媒不断创作作品，更形象、更生动、更具体地宣传和讴歌家乡宣化，对提升宣化区在全国知名度起到推进作用。

区文联积极参与并圆满完成环境集中整治、爱心捐款、促销葡萄等阶段性中心任务。

【书法家协会】 创作书法作品近千幅，其中，书协副主席花建明作品入展中国书协主办“中国书法家协会第十一届国展”。组织全区书法家勤奋创作节日主题书法作品，成功举办为期一个月“宣化区迎新春网络书法展”。五一劳动节前，举办以“唱响主旋律、凝聚正能量、占稳主阵地”为主题“中国梦·古城韵·翰墨情”宣化区第三届书法篆刻作品展。为张家口市申办冬奥成功助兴，举办“宣化区‘墨舞古城·梦圆冬奥’书法展”。发行1期《上谷书苑》书法报，出版发行《宣化书法篆刻作品集》由著名书法家旭宇题名。

【美术家协会】 创作美术作品近千幅。美协主席戴继光于2015年4月8日被中国书画理事及股东会决定聘请为书院中国画家成员。8月，联系乐福居家俱城，在店内成功举办以“纪念抗战胜利70周年和爱企为民产品联展”为主题大型美术作品展。

【舞蹈家协会】 创编舞9个。舞协主席郭建平荣获中国舞蹈家协会第299届少儿舞蹈展演优秀指导教师奖。“薛刚舞蹈培训中心”舞蹈《万物生》和《水墨丹青》获中国舞蹈家协会舞蹈教学成果展演一等奖。副主席李建和薛刚同获“优秀指导教师奖”。

【曲艺戏曲家协会】 创作完成曲艺戏曲剧本3个。协会副主席兼秘书长张龙创作相声《想亲亲》荣获河北省燕赵群星奖。协会主席刘少君。

【音乐家协会】 创作歌曲12首，其中由黄继忠创作歌曲《冬奥喜讯在这里》在“放飞中国梦·相聚在北京”2015全国大型音乐盛典上获优秀奖。[此活动由中国大众音协主办，文化部备案；（2015）第01号]。

【摄影家协会】 创作摄影作品2000多幅，副主席温彦博摄影作品《秋收泥河湾》荣获2015年第25届全国摄影艺术展艺术类铜质收藏奖。主席梁国柱拍摄宣化区道德模范残疾人苗子富《帮助他人快乐自己》，获得“努比亚智能手机杯”第一届中国通信摄影协会摄影艺术展览相机社会纪实类金质收藏，《帮助他人快乐自己》和《劳动最光荣》分别获大美摄影网“劳动最光荣”摄影比赛一等奖、二等奖，副主席冯延军拍摄《百姓工匠》获大美摄影网“劳动最光荣”摄影比赛三等奖。在第一届中国通信摄影协会摄影艺术展中，主席梁国柱拍摄《驿站印象》获得览相机社会纪实类银质收藏奖。

【作家协会】 出版长篇小说《桑干河武工队》（作者桑原、中国文联出版社）、长篇叙事诗《董存瑞》（作者桑原、中国文联出版社）、长篇小说《绚丽的风彩》（作者殷福、中国文联出版社）、文集《雅趣丰韵》（作者王光荣、文化出版社）、学海拾贝《鉴语集》和《杂拌儿集》（编著者张连仲、晋内准字版）等6部文艺书籍。发行2期《清远风》文学报，其中1期为“迎冬奥专刊”。

（邢金梅）

宣化区残疾人联合会

【“济困助残”工程】 年内建立贫困重度残疾人动态管理数据库，为622名残疾人发放生活补贴37.32万元，为539名残疾人发放护理补贴14.41元。委托宣化区“阳光家园”爱心托养中心，为147人实施上门服务，服务费用10万元。委托相拥保洁服务部为27户贫困残疾人家庭按照“一户一方案一设计”原则，组织人员入户施工，为10户贫困重度残疾人安装价值3万元智能卫浴。对符合条件贫困肢体残疾人发放机动车燃油补贴2860元。对16户困难残疾家庭实施大病医疗救助，发放资金3.75万元。宣化区职教中心（宣化科技学院）成立残疾人职业技能培训示范基地，举办计算机、家电维修、家政服务等专业知识技能培训班6期，培训残疾人350人。选派30名残疾人参加国家、省、市残联组织的各类技能培训。

【社会救助】 “元旦”“春节”期间，筹措资金23.6万元，邀请区四套班子领导进行“送温暖”活动，慰问残疾人家庭559户。在全区开展教育阶段残疾学生和残疾人子女学生摸底调查统计工作，为26名贫困残疾大学生、残疾人家庭子女发放助学金95000元。加强辅助器具个性化改造和使用指导改造，帮助残疾人提高生活质量，免费为残疾人适配助听器6例，发放轮椅50个，其他残疾人辅助器具150件。联合宣化眼科医院筛选复查白内障复明手术150例。

【残疾人事业发展环境】 5月，区残联根据国家“残疾人康复体育关爱计划”有关精神确立《残疾人康复体育进家庭项目研究》重点课题，组织卫生、体育等部门专业人士进行课题研究，各项研究工作得到中国残联体育部的充分肯定，相关材料于12月2日上报中国残联体育部。9月7日，中国残联、国家体育总局授予宣化区残联“2011—2014年全国残疾人体育先进单位”奖励。10月24日，团省委、省残联授予南关街道办事处桥北社区、天泰寺街道牌楼西社区“河北省阳光助残志愿服务实践基地”。引进资金200万元，新建3000平方米三期“阳光家园”爱心托养中心，为残疾人提供托养服务，12月投入使用。区残疾人就业扶贫基地被评为市级扶贫基地。紫云化工被评为省级安置残疾人工作先进单位。

【基层残联组织建设】 3月18日印发《宣化区残疾人联合会各专门协会委员会工作规程》。从组织工作及职责、联系及会议制度、调研制度及工作要求等方面明确各专门协会职责、任务、程序等，调动各专门协会自主开展活动积极性。8月28日，区残联选派21名优秀残疾人专职委员参加中残联组织为期一年《残疾人专职委员2015年度业务学习和教育培训工作》远程教育培班。将皇城街道办事处庙底社区打造成为国家级残疾人自强健身示范点，推广特色残疾人文体活动。

本着“城镇严控、农村放开”的原则，规范办证程序，严把办证鉴定条件，年底，发放第二代“中华人民共和国残疾人证”4988人，其中，城镇残疾人3574人，农村残疾人1414人。

（耿　婷）

宣化区工商业联合会

【概　况】 2015年，在区委、区政府正确领导下，在市工商联和区委统战部指导帮助下，在全区广大会员支持下，坚持以邓小平理论和“三个代表”重要思想为指导，全面贯彻落实科学发展观，围绕宣化区中心工作，充分发挥工商联统战性、经济性、民间性优势，履行各项职能，为促进宣化区非公有制经济健康发展，推进光彩事业和社会公益事业进步，做出一定贡献。

【思想建设】 2015年以来培训非公企业人士600余人次，4月，组织会员企业家以及街道、商会协会20余人参加市工商联组织关于基层商会力量课程培训，聆听中国人民大学万力教授讲解基层商会建立、发展以及如何抢抓北京—张家口申办冬奥会机遇。5月15日，组织70余家企业参加“学法律、迎奥运、助推民营经济发展”活动，邀请中国当代优秀律师、著名商标法律师马佰刚讲解企业经营中法律风险及其防范，目的是为提高非公企业人士法律意识，在新形势下如何依法治企，如何以制度为保障规避经营风险，全面推进依法治企，构建和谐企业，提升非公经济人士工作能力和水平，助推非公企业参与奥运经济；教育其主动关心职工，自觉维护职工合法权益。9月22日至9月24日，组织科技局、工信局、人社局、大创园商会赴武汉参加第四届中国创新创业先进制造业总决赛观摩活动，对武汉市大众创新创业工作进行考察学习。分别组织企业到清华大学现代企业管理创新高级研修班学习和创二代到南开大学进行培训学习，引导企业在经济发展新常态下开阔视野、创新思维、转型升级。

【人才培养】 着力加强人才培养，特别是党务人才培养，如在华泰公司培养2名专职从事党务工作员工。支持泰达公司和北京机电研究所建立长期合作关系，工商联和张家口职业技术学院宣化分校建立长期合作关系，为企业转型升级提供政策信息、技术、项目、人才、智力等服务。与人力资源和社会保障局人才市场、职改办等部门联系，利用他们掌握技术人才信息优势，为企业提供技术人才信息，开展民营企业人才招聘活动，为企业发现和使用人才提供服务，同时为企业40余名职工在职称评定提供信息并办理相关手续。

【参政议政】 鼓励和支持非公有制经济人士参与政治和社会事务，做好非公经济人士参政议政推荐工作，不断加大非公经济人士在各类群众组织和社会监督工作中比重，目前宣化区有民营企业家行风评议员30余人，建立400余名非公经济人士行风评议库，协助纪检委组织行风评议社会问卷，全力推动会员发展工作，对多家优秀企业进行重点联系，并上门拜访动员他们入会，全年发展新会员10家。指导非公企业加强党组织建设，如钻机协会党委及支部建设得到市委组织部肯定，动员有条件非公企业建立党组组。加强调研工作力度，陪同省、市、区领导深入商会、企业调研5次；根据全年调研工作计划，围绕企业发展、商会（协会）建设情况、理想信念教育活动开展、公益事业等内容，在商会、企业有计划、有主题开展综合调研4次，完成调研报告4篇。

【开展活动】 金融服务方面：组织各商会会长、副会长、大中小微相关企业负责人召开座谈会。商讨区域内中小微企业融资难问题。大力开展银企对接工作，把为企业开辟新融资渠道，解决企业融资难问题作为重点工作，组织工商银行、中成村镇银行、中行、农商行、商业银行等开展6次银企对接会，为企业融资4000余万元。为非公有制企业和会员企业协作，协调区内经济、管理、执法、工商、税务、发改委等部门，为非公企业提供优良有效全方位服务，为企业申报项目3个。及时向区委、区政府反映非公有制经济人士意见、建议和诉求，发挥桥梁纽带作用，为企业解决实际困难。协调商会、企业涉及项目工程建设用地、手续审批等方面困难、问题5件。

信息服务方面：推荐多家企业参加全国、省、市经贸交流会、商品展销会、订货会，宣传推介宣化区企业及产品。组织20余家企业到北京进行考察，参观学习北京红星股份有限公司发展理念。组织企业家到廊坊参加新加坡企业专题论坛，为企业和新加坡企业搭建共同发展桥梁。盛康体检和新加坡建立长期合作关系。为企业搭建贸易合作、技术交流一体化平台，如钻机企业每年参加国际钻探、凿岩装备上下游企业技术交流和贸易合作。

人才服务方面：在大学生创业示范园区成立大学生创业商会，通过转变职能“换脑筋”，转变思路“搭平台”，转变方式“建载体”，引导大学生创业。为大学生创业商会聘请20名创业辅导师，组织企业与大创园对接，为大学生创业提供4个项目对接，推进企业与大学生创业发展，为宣化区培育新生民营企业家。

招商引资方面：通过以商招商方式，利用企业联系面广优势，完成区委、区政府5000万元招商引资任务，引进科诺工程塑料有限公司计划投资1.2亿元，完成投资3000万元，宣化中原机械制造有限公司引进瑞典技术，车间厂房建设完成，以投入生产。5月15日，组织70余家企业举办以守法诚信为重点深入开展非公有制经济人士理想信念教育实践活动。

【光彩事业】 引导、调动非公有制经济人士履行社会责任主动性和积极性。引导各商会（协会）、民营企业、个体工商户对弱势群体、困难群众等开展节日慰问、扶贫帮困、捐资助学、结对共建，2015年会员企业光彩事业捐助资金100余万元。地鑫房地产开发公司捐助46.7万元，为20名大学生出资助学32万元。

（张云山）

法 治

政法委及综治

【概　况】 宣化区政法工作以深入推进平安建设、法制建设、队伍建设为主线，协调政法各部门，充分发挥主力军作用，不断强化，为建设平安宣化创造更加安全稳定社会环境、公平正义法治环境和优质高效服务环境。

【社会治安秩序】 区政法各部门坚持“严打”方针，认真履行职责，紧密配合，共同促进社会治安持续好转。公安机关为平安宣化，先后开展“春雷”行动、百城禁毒会战、打击电信诈骗以及命案攻坚、治恶痞霸、打盗抢骗、斩毒 2 号利剑斩污和打击食品药品领域制假售假违法犯罪等系列整治专项行动，始终保持对违法犯罪活动严打高压态势，为宣化区经济社会发展创造更加安全环境。宣化公安分局破获各类刑事案件 423 起，抓获犯罪嫌疑人 208 名，查处治安案件 2142 起，行政处罚 296 人，查处犯罪团伙 12 个。全区刑事发案同比下降 16.7%。特别是恶性案件继续保持低发案。区公安分局加强社会治安防控体系建设，组建社区巡逻队 85 支；同时加强安全隐患排查整治，对全区劳动密集场所进行大排查、大整治，整改各类安全隐患 968 处；对交通违法行为进行全面整治，查处各类交通违法行为 71541 起，行政拘留 11 人，处罚饮酒驾驶 44 人，追究刑事责任 21 人。严格危爆物品、烟花爆竹安全监管，收缴各类枪支 12 支、子弹 1406 发，战争遗留爆炸物 4 枚，管制刀具 11 把，弩 2 把。钢城分局 2015 年全年查处治安案件 14 起，行政拘留 23 人，组织民警深入辖区企业走访 286 次，为企业提出防范整改建议 73 次，排忧解难 45 次。有效维护企业利益和辖区稳定。庞家堡公安分局全年立刑事案件 16 起，破获 5 起，抓获犯罪嫌疑人 5 人。针对辖区客观实际，重点加强百城禁毒会战和禁种铲毒工作。破获涉毒刑事案件 2 起，抓获犯罪嫌疑人 2 人；缴获冰毒 0.3 克；查处吸毒人员 7 人，其中新发现 6 人，强戒 1 人。在禁种铲毒方面，集中组织开展罂粟零种植“净土”行动，出动警力和政府工作人员 800 多人次，踏查历史地块 46.7 亩，发现新地块 8.5 亩，树立警示牌 873 块，收到良好效果，实现零种植、零产量目标。

【提高办案质量】 全年受理刑事案件 128 件，审结 122 件，结案率 95.3%，受理民商事案件 2355 件，同比增加 17.8%，审结 2079 件，结案率 88.3%。受理行政案件 16 件，同比增加 128.6%，审结 15 件，结案率 93.8%。受理执行案件 942 件，同比增加 17.8%，执结 702 件，执结率 74.5%。区检察院提高服务经济社会发展能力和水平，提高维护社会和谐稳定能力和水平，全年受理公安机关移送审查逮捕案件 73 件 86 人，公诉决捕案件 1 件 1 人，批捕 56 件 64 人，受理各类刑事案件 119 件 146 人，依法提起公诉 108 件 125 人。

涉法涉诉加强组织协调情理法并重，公、检、法、司等部门全程参与，受理涉法涉诉信访案件112件128批次，上级交转办案件8件，受理来信6件，自办案件27件。其中省、市中心转办要结果9案件全部办结。

【社会管理综合治理】 宣化区综合治理办公室不间断开展矛盾纠纷排查调处活动，特别是在“两会”和“纪念反法西斯战争胜利70周年大阅兵”期间，全区排查矛盾纠纷92件，化解92件，做到包案领导、责任部门、责任人、办结时限四落实。达到早排查、早防范、早处置目标。区司法局做好刑释解教人员和社区矫正人员管理工作，建立动态管理档案，加强安置帮教工作，做到不脱管、不漏管；区护路办在全国“两会”、北戴河暑期安保、冬奥会迎评安保和“纪念反法西斯战争胜利70周年大阅兵”期间，认真落实铁路护路工作责任制，建立固定值勤点，不间断对铁路沿线巡护，保障铁路线安全畅通。

（王文武）

法治政府建设

【概 况】 2015年，作为全市依法行政工作优秀单位，宣化区严格按照国家、省、市的有关要求，立足全区实际，始终把依法行政工作作为一项基础性、全局性工作常抓不懈，高站位谋划，高起点运作，高标准落实，依法行政的各项工作要求有效落实到政府工作的各个层面和每个环节，全区全面推进依法行政、建设法治政府工作得以扎实稳步开展。

【行政决策制度建设】 对区法制专家咨询委员会进行了调整，法制专家人数达到22人，同时聘用5名资深律师为区政府法律顾问。明确规定法咨委成员同时是政府法律顾问、行政复议专家组成员，建立健全了区政府法制专家咨询委员会工作规则、议事规则、咨询回避制度和请假制度等各项规章制度。2015年接受法制咨询20多次，提出建议80余条。其中否决出台规范性文件3次，审核把关合同文本8次，重大信访事项咨询服务8次。积极推行重大行政决策听证制度，建立健全了公众参与、专家论证和政府决定相结合的行政决策机制，对社会涉及面广、与人民群众利益密切相关的决策事项，及时向社会公布，或者通过举行座谈会、听证会、论证会等形式广泛听取意见。

【行政执法】 将行政审批制度改革作为改善发展环境的重要内容，对区政务服务中心进行了及时调整和充实，已有15个部门147项行政审批项目进厅，对全区34个拥有审批权限单位的行政许可及非行政许可审批项目资料进行修改、完善。认真贯彻落实行政许可法，对全区行政许可项目进行了全面清理，共取消审批项目63项，接收1项，调整为行政权力相关类别23项，调整为日常管理15项，改为后置审批的工商登记前置审批5项。保留行政许可项目242项。为最大限度地做到便民，设立了乡镇行政审批代理服务站，统一纳入服务中心系统管理，统一代理程序，统一承诺办结。对行政审批网络软件进行了升级，并初步实施了网上审批和电子政务。

【政府法制监督】 加强对规范性文件的审查监督。为全面落实《河北省规范性文件制定规定》和《张家口市规范性文件制定十项制度》要求，集中开展了规范性文件清理工作，对全区各部门、各单位2010年以来制定的规范性文件进行了全面清理，现行有效的规范性文件都按照“三统一”制度进行统一登记、统一编号、统一公布。2015年依法审检文件20多份，个性条款50多条，否决出台文件3次。

落实行政执法责任追究制。对全区行政执法部门的行政处罚案卷进行评查，共检查行政处罚案卷182卷，对不规范的案卷进行了指导、规范和责令整改。

强化执法证件的管理。按照省、市相关要求，及时开展了罚没许可证和行政执法证件的审核、年检工作。对全区39个行政执法单位的罚没许可证进行了审核，对存在法律适用过期、基本信息变更、职能变更等问题的单位及时进行了改正。

加强行政复议工作。认真贯彻执行《中华人民共和国行政复议法》及“实施条例”，充分发挥行政复议职能作用，积极参与构建人民调解、行政调解、司法调解“三位一体”的社会矛盾纠纷调解工作体系。共办理行政复议案件5件，其中维持了4件，当事人申请撤销1件。

（王树元）

公 安

张家口市公安局宣化分局

【概　况】 2015年，张家口市公安局宣化分局以深入开展“四项建设”为载体，紧紧围绕维护社会大局稳定、促进社会公平正义、保障人民安居乐业的总目标，不断强化打击、防范、建设、管理、服务各项措施，为宣化区经济发展创造了安全稳定的社会环境、公平正义的法制环境、优质高效的服务环境，确保了宣化区人民群众安居乐业，社会安定有序。

【维护稳定】 对各基层所队的情报信息员通过在岗培训和集中培训相结合的方式，进一步提升情报队伍的整体素质；采取公秘结合、专群结合和物建特情耳目等手段，拓宽采集渠道，延伸信息触角，及时获取全面、准确、真实、鲜活的情报信息13132条；指挥、刑侦、治安、网安、经侦、国保、法制等部门通过情报信息综合研判，实时关联比对，第一时间向各警种发布各类信息预警，引领打管防控工作，真正把情报信息转化为现实战斗力。

站在维护全区大局稳定的立场，在区委、区政府的统一调度下，与有关部门积极配合，先后平息了因太阳城小区集中供暖、银河湾小区未能按期交工、百货大楼拖欠职工工资、出租车司机因摩的抢活等问题引发的上访事件68起；全体民警通过密切联系群众走访评议、警务公开、向群众报告工作等各项制度措施，全方位、多层面了解群众的意见和诉求，共排查化解各类矛盾纠纷4900起，有力地维护了全区的社会大局稳定。全天候密切关注网络社群的社会舆情动态，及时发现150多个主题舆情贴，并进行网上正面引导。

紧密贴近实战，打破单一警种单打独斗的陈旧模式，建立起大警种合成作战机制，对各类突发性案事件，迅速启动应急预案，指挥中心一声令下，各警种、各部门就近响应，协同作战，充分发挥应急处突整体优势，在第一时间快速处置。

【治安环境】 围绕“防好小案件、减少小损失、积累大和谐”的工作思路，坚持打击的对称性和平衡性，以打开路、以打促稳、以打保平安，将打击的锋芒始终对准“盗、抢、骗”“黄、赌、毒”等事关老百姓切身利益的各类违法犯罪，建立常态化打击机制，努力打造群众安全、安居、安心的平安宣化。按照上级公安机关的统一部署，紧密结合宣化区治安状况，先后开展了“春雷”行动、百城禁毒会战、打击电信诈骗以及“命案攻坚、治恶痞霸、打盗抢骗”斩毒2号、利剑斩污和打击食品药品领域制假售假违法犯罪等系列打击整治专项行动，狠狠打击了犯罪分子的嚣张气焰。2015年，共破获各类刑事案件423起，抓获各类犯罪嫌疑人208名，打掉犯罪团伙12个、33人、涉案66起，抓获网上逃犯56名；共查处涉毒人员190人，缴获冰毒901.02克；查处治安案件2142起，行政处罚296人。刑事发案连年下降，2015年共发刑事案件1075起，较2014年的1292起下降16.7%，特别是恶性案件继续保持低发案，社会治安形势持续向好。

把现代监控科技手段与传统有效的人防有机结合起来，坚持整体研判，整体打击，整体防控，形成了以巡特警武装巡逻组为核心力量、以辖区派出所和刑警中队巡逻组为主要力量、以分局应急备勤力量为补充的巡逻防控常态工作机制，构筑起了全天候的巡逻守护防控网；在全区主要街道、繁华路段、重要部位、出入城口、小区农村等加大了高清监控摄像头和治安卡口的安装力度，使其成为日夜不下岗的“警力”，构建了社会治安全方位、全时空、全天候防控格局，最大限度地挤压了犯罪空间，增强了人民群众的安全感。同时，组织巡控警力与社会力量联巡，积极开展群防群治活动，组建红袖标、社区巡逻队85支，实现了共建、共管、共保，在社区、企业及中小学、幼儿园周边重点巡守，有效维护了治安秩序。

在2022年冬奥会迎接评选安保、北戴河暑期警卫、中国人民抗日战争和世界反法西斯战争胜利70周年纪念阅兵、世界田径锦标赛等一系列重大安保活动中，全体民警全部取消休假，圆满完成了各项安保任务，分局被区安保指挥部授予全区唯一的突出贡献集体奖，45人被各级给予嘉奖和三等功奖励，整体工作取得了丰硕战果。

【剔除安全隐患】 加强肇事肇祸精神病人排查管控，将风险等级较高、肇事肇祸侵向较大的精神病人18人次，报请区政府出资送往精神病院接受治疗，及时剔除了潜在隐患。

加强安全隐患排查整治工作，各有关所队联合对公共娱乐、宾馆、饭店、商场、医院、学校等人员聚集场所及劳动密集型企业的进行常态化、滚动式的治安、消防隐患大排查、大整治，对发现的安全隐患实行“零容忍”的整治措施，共整改各类安全隐患968处，实现了重特大火灾事故零发生。同时，对26家快递、物流业，积极协调相关职能部门开展联合检查，严格督促落实对“实名收寄”“开包验视”等安检制度，从源头上把关，严防利用寄递渠道开展违法犯罪活动。

强化交通安全管理。采取白天、夜间行动相结合、集中整治与常态化管理相结合的方式，全面开展重点交通违法行为整治和行人、非机动车交通违法行为及机动车涉牌涉证违法行为集中整治工作，共查处各类交通违法行为71541起，行政拘留11人，处罚饮酒驾驶44人，追究刑事责任21人。

严格危爆物品、烟花爆竹安全监管。以收缴整治枪爆物品集中行动为抓手，加大宣传力度，全力收缴查缉散失在社会上的枪支弹药、爆炸物品，及时剔除危害人民群众生命安全的各类隐患。共收缴各类枪支12支、子弹1406发，战争遗留爆炸物4枚，管制刀具11把，弩2把，实现了涉危涉爆案事件零发生。同时，对全区涉危、涉爆单位的安全防范措施进行了提档升级，所有单位全部在重要部位安装了视频监控设备；单位从业人员全部在辖区派出所进行了网上比对；对各单位出入库台账登记、使用登记全部进行了规范。

严格监所管理，确保监所安全。对在押人员坚持严格、依法、文明、规范管理，积极做好教育转化工作，完成了“四防一体化”建设，实现了监门哨位武警上勤。月平均羁押各类在押人员220人，没有发生任何安全事故，保障了刑事诉讼活动的顺利进行。

【执法公信力的提升】 把提升民警法律素质和规范执法能力作为公正执法的根本性工作，开展以学规范、学方法、学技能为主要内容的全警轮训活动，邀请法官、检察官、律师举行培训座谈会，结合具体案例和办案实践，交流体会，弥补短板，大大提高了民警的执法素质和能力。同时，借助“12・4”全国普法日，基层民警均下社区进行普法宣传活动，提升群众学法、守法、用法的积极性，受到好评。

狠抓执法公开工作，始终把公开透明当做严格、规范、公正、文明执法的“杀手锏”，进一步完善综合执法办案中心，健全各项管理制度；在分局一楼建成了集中办事服务中心，实现了

"一门式受理、一次性告知、一站式办结、一条龙服务"，让群众感受到了实实在在的便捷；依托燕赵警民通网站，完成了门户网站的升级、改造；开通了官方微信，畅通了网上公开服务渠道；建设了网上执法公开平台，整合了涉及各部门的行政许可和非许可类审批项目的申请和办理，实现相关行政业务的网上预约、网上申请、网上受理、网上办理。今年以来，先后发布、转载了1200余条执法公开信息，上传公安宣传警营文化资料340余条，网上办事服务400余人次，发布预警信息1300余条；6月15日至19日，集中开展了"警营开放周"活动，邀请人大代表、政协委员以及社会各阶层500余人次参加活动，使社会大众"零距离"了解公安公开执法的过程、内容和变化，展示了公开执法建设取得的成果，进一步促进了和谐警民关系建设。

成立了由"一把手"任主任的执法管理委员会，对全局重大执法工作进行研究决策；法制大队每天通过执法办案系统对全部案件进行审核考评，将发现的问题进行网上晾晒，全面实行以日常工作为主、日常考评与年终检查相结合的执法质量考评制度；同时定期召开所队领导、法制员和办案民警参加的执法质量调度会，通报在执法办案中存在的问题，提出解决的方法，有效提高了全体民警的执法办案水平，全局未发生一起涉法涉诉信访问题。共考评刑事、行政案件3651起，晾晒273期，纠正问题330余处，考评率为百分之百，有效地促进了案件办理质量的提高。

（刘玉涵）

【交通管理】 2015年，张家口市宣化公安交通警察大队以交通秩序整治、奥运廊道环境治理、保障铺热管道施工为己任，狠抓班子和队伍建设，实现压事故、保安全、保畅通、保稳定的工作目标。交通秩序整治名列市交警系统第一名；被河北省公安厅交通管理局评为全省"两会"和"春运"交通安保工作先进集体和全省公安交通安全宣传教育工作先进单位，被河北省实施文明交通行动计划推进委员会评为实施"文明交通行动计划"工作先进单位。

道路交通安全。2月初，大队在二客公司候车室举行了2015年春运安保工作启动仪式，客运公司领导与大队签订了"预防重特大交通事故安全管理责任状"；对出站客运车辆进行"六必查"，严防带"病"车辆上路；重点加强春运前酒后驾驶、客车超员、货车超载、农用车违法载人、无牌无证、不悬挂号牌、挪用号牌等严重违法行为的专项治理。

全国"两会"交通安保。2月底提前召开了全国"两会"期间全区交通安全管理工作会议，要求重点企业采取有效措施，加大内部管理，狠抓安全工作落实，形成齐抓共管的格局。确保"两会"安全。其间共检查进京车辆9600辆，查处吸毒人员1名、违禁物品26件，劝返人员48人，暂扣车辆7辆。

道路交通环境整治。以110国道沙电段为整治工作重点，对大中型客车、面包车、大型货车和危化品运输车辆逢车必查，对小型轿车进行抽查。严厉打击超速、超员、疲劳驾驶、酒驾、毒驾、非法营运、涉牌涉证、乱停乱放等严重交通违法行为。

创造良好的交通环境。在城区内重点路口路段增派警力，坚持高峰期机关民警加岗制度，指挥疏导交通，并从严查处机动车闯红灯、乱停乱放、无牌无证、"三超一疲劳"等严重交通违法行为和非机动车、行人不遵守交通信号、行人不走人行横道线、翻越隔离护栏、不服从民警指挥以及三轮"摩的"逆行、闯红灯等交通违法行为。特别是针对大型超市门前乱停乱放加大整治力度，规范了中心城区交通秩序，解决拥堵尤其是长时间拥堵问题。同时加大"酒驾"查处力度，大队组织民警从严查处酒后驾驶违法行为，全年共查处“酒驾”44起。

投资300万元对大队指挥中心进行了升级改造，在2014年安装3处高清数字电子警察的基础上，又增设4处，更好地服务于全区道路交通管理。

2015年全区道路交通施工较多，特别是10月开始，宣化城区集体供暖管道铺设工程进入入冬前的冲刺阶段，全区主干道和支路共开挖管道长达15000多米，给道路交通安全畅通带来前所未有的影响。大队坚持“民警跟着工程走”的做法，晚上延长执勤时间到22点整，部分路口还实行24小时勤务，严禁大货车进入主城区，保障了施工的顺利进行。

宣传教育工作。组织11次大型宣传活动。1月，大队会同宣化区公交总公司组织了宣化区公交总公司2015年“安全生产年”动员大会；5月初，组织中小学生开展“护卫天使在行动、平安健康伴我行”主题讲演活动；6月初开展了中心城区交通秩序整治宣传教育活动；7—9月连续多次开展奥运廊道治理和纪念抗战胜利70周年宣传活动；10月以来开展了自觉遵守铺热管道施工安全管理规定的宣传活动。每月底采取小规模、制度化地组织客运驾驶员进行安全驾驶培训。继续抓好对大中型客货车驾驶人的审验培训工作，共培训46期，培训人员2400人，有效提高了大中型客货车驾驶人的交通安全意识；及时撰写新闻稿件，上报工作信息，在省以上媒体刊播稿件46篇（条），被支队转发信息、论文60篇，较好地宣传了大队的全面工作；编印散发交通安全宣传材料4万余份，悬挂宣传标语50条，还布设宣传橱窗，营造宣传氛围，有力地配合了交通秩序大整治中心工作。

先后开展道路交通违法专项和集中整治行动110次，执行不同级别警卫任务50余次，其中一级交通警卫任务3次，办理车管业务18899件。查纠各类交通违法行为71541起，其中查处三轮摩托车交通违法93起，行人和非机动车违法286起，行政拘留11人，追究刑事责任21人，处罚酒驾44人。救助群众120余件次，收到表扬信、锦旗80余封（面）。

（韩　伟）

【消防工作】 2015年，宣化区消防大队按照年初与区政府签订的《消防安全责任状》要求，结合辖区实际，认真谋划落实全区的消防工作，在圆满完成责任状目标任务的基础上，保持了全区的消防安全形势稳定。

消防工作社会化。年初，将消防安全责任状目标任务进行分解细化，并将消防网格化管理工作纳入全区综治平台，将全年消防工作部署至各乡镇、街道办事处和各职能部门以及社会消防重点单位。11月12日，区政府组织召开了全区冬春火灾防控工作会议，对今冬明春的消防工作进行了安排部署。各乡镇、街道，办事处等单位也不等不靠，结合职能工作，融合消防管理。尤其是南大街办事处召集辖区商场市场负责人开展了专项消防知识培训，并积极联合各职能部门在朝阳超市、按院住宅小区等地开展消防灭火疏散演练；区政府组织消防队、安监局、卫生局、文教局、民政局、商务局等部门，对全区的各类场所和单位进行消防安全隐患联合检查，有效地落实了消防安全部门责任制，推进了全区的消防工作社会化。

消防安全形势稳定。开展“大宣传大排查大整治”“夏季消防检查”“纪念抗日战争胜利七十周年消防安全保卫”“非法违法建筑专项整治”“易燃易爆危险化学品生产存储单位专项检查”“冬春火灾防控”等活动。在全区的消防排查整治中，区政府领导亲自带队、区消防大队认真组织、各相关部门主动配合、社会单位自查自纠，人民群众积极参与，使消防安全检查真正落到了实处。全年检查单位964家，发现火灾隐患940处，整改火灾隐患919处，下发责令改正通知书606份，下发行政处罚决定书37份，下发临时查封决定书6份，责令三停9家。针对辖区四家使用易燃彩钢板建筑单位进行了拆除临时查封等相应的处罚。2015年宣化区共出警304起，发生火灾221起，死亡受伤0人，各类灾害事故抢险救援43起，社会救助40起。直接经济损失385.2万元，未发生重大以上火灾及造成影响的火灾事故。同比上年，火灾起数下降了55.06%，火灾形势保持了稳中有降。

提升全民消防安全意识。依据工作计划和《河北省消防安全教育培训规定》的要求，加强对社会单位和人民群众的消防宣传和教育培训。在全区组织开展了全方位、多角度、全覆盖的消防宣传活动，目前，区三乡一镇和7个街道办事处的户籍化管理人员、派出所、112家户籍化重点单位消防安全管理人都参加了消防安全知识培训，培训了51次，培训人数8400名。遵照上级要求开通本大队消防微信公众平台“宣化区消防热信”。还开通消防官方微博平台，与民众即时互动，答复消防问题，普及消防知识，并与“中国消防”“河北消防”“中国消防网”等众多国内权威消防微博保持沟通、学习。发送消防微博406条，粉丝409人。发动消防志愿者，实施“上门式”宣传。还借助宣传品载体，实施“实物式”宣传。利用户外大屏幕、楼宇电视、沿街商业网点门前LED电子屏等，大频次、高密度的滚动播放消防公益广告、消防安全提示字幕；利用传媒高清广告机在银行、医院、商场等人流量较大较为集中的场所播放消防宣传标语及宣传短片。对全区的电影院、网吧桌面内容及KTV场所的VOD视频插件播放消防安全公益广告和所在影厅逃生路线图。在张家口晚报中的《今日宣化》开设《消防视窗》一栏，主要发布全区和大队近期的消防资讯，在专栏中设消防动态、消防救援、军营生活、消防常识等内容。

继续贯彻落实举报投诉奖励基金制度，既提升了辖区居民的防火意识，号召全民团结一致共同查找举报火灾隐患，充分调动群众参与防火的积极性。经统计，大队共核查处理举报投诉事件26起，均已发放举报奖励基金。

对辖区消防重点单位火灾风险及危害进行全面评估，完善预案，建立建筑消防设施档案，进行系统测试。对全区消火栓开展了全面的调查摸排，分级分类建立了基础台账和管理制度、管理责任、检查督促“三落实”的工作机制，进一步明晰了消火栓使用、管理和检查责任，确保了水源作用有效发挥。中队还推行了辖区“六熟悉”网格化排查模式，累计出动官兵百余人次，更新“六熟悉”卡片七十多份。以高层、地下单位为目标，采取多种形式组织各种突击拉动演练19次。已对60家重点单位进行了实战演练，出水演练28次，夜间演练28次。

（张艳芳）

张家口市公安局庞家堡分局

【概　况】 2015年，张家口市公安局庞家堡分局以深化改革和法治建设为驱动，立足公安实际，立足年初市局确定的18项重点工作为目标，全面推进基础信息化、警务实战化、执法规范化、队伍正规化“四项建设”，着力提升维护国家安全和社会稳定的能力和水平。

【维护社会稳定】 进一步拓展情报工作，加强了人力情报资源建设，截至年底，完成了情报信息员46名的建设任务，对敌社情的掌握程度明显增强；对邪教组织骨干人员、敏感群体重点人员、治安重点人员、精神病人员计57人严格落实了稳控措施，建议并配合党委、政府对辖区内的11名可能肇事肇祸、引发极端暴力行为的精神病人送医治疗，有效降低了风险隐患；认真履行对非访人员的接返职责，成立了专门接返队伍，共计接返处置3人次；在重大安保和各个敏感时期，成立由情报、治安、刑侦等部门参与的情报工作专班，坚持每日对各方面情报信息进行汇总研判，分析研究维护稳定形势，制定应对措施，圆满完成了全国“两会”、申冬奥、“9·3”纪念活动、五中全会等重大安保任务。加大对重点街道、农村和案件多发的居民小区、公共场所、金融网点、集贸市场等重点部位的巡逻防控力度。夜间安排便衣警力到案件高发区域进行巡逻和便衣侦查，截至年底，共出动巡逻警力120余人次，出动巡逻车辆40余辆次。

【治安防控】 进一步加大对行业场所管控力度，重点对旅馆业、机修业、回收业进行深入检查，加强了阵地控制，确保了安全。积极查处治安案件，共受理治安案件19起，查处15起，行政处罚违法人员11人；组织派出所民警，针对两节、两会期间、申冬奥、“9·3”纪念活动、五中全会期间治安特点和重点问题深入开展矛盾纠纷隐患排查，及时掌握矛盾激化、心怀不满、有报复社会倾向，以及沉溺赌博、债务缠身、生活无着人员，纳入管控视线，加强法制教育和帮扶工作，共计调处民间纠纷7起，有效预防了“民转刑”案件和极端暴力案件；持续加大危爆物品清查收缴力度，按照上级公安机关危爆物品大清查行动要求，对重点涉爆单位、涉爆场所和重点涉爆人员进行了全面排查，积极查找监管工作中存在的问题隐患，全力维护公共安全和社会稳定，共反复检查涉及爆炸物品的单位4家，清查各类场所11处，全年没有发生危及公共安全的案件。强化烟花爆竹安全监管力度，组织治安部门对烟花爆竹市场秩序进行清理整顿，加大非法烟花爆竹的查处力度，严防发生重大安全事故。在各个重大安保期间，各个涉爆单位全部落实了领导24小时带班制度，值守人员不少于4人，确保了不流失、不被盗、不打响、不炸响工作目标的实现。

【打击刑事犯罪】 坚持刑侦工作改革创新，全面实行打击犯罪新机制。全年共立刑事案件16起，破获5起，抓获犯罪嫌疑人5人。针对辖区客观实际，重点加强了百城禁毒会战和禁种铲毒工作。共破获涉毒刑事案件2起，抓获犯罪嫌疑人2人；缴获冰毒0.3克；查处吸毒人员7人，其中新发现6人，强戒1人。在禁种铲毒方面，集中组织开展了罂粟零种植“净土”行动。在禁种铲毒工作中，出动警力和政府工作人员800多人次，踏查历史地块46.7亩，发现新地块8.5亩，树立警示牌873块，收到了良好效果，实现了零种植、零产量的目标。

【“四项建设”】 按照年初上级公安机关的统一部署，在公安机关内部广泛开展以基础信息化建设、警务实战化建设、执法规范化建设、队伍正规化建设为主要内容的“四项建设”。在建设工作中，分局成立了专项工作领导小组，组建了“一办四组”的具体办事机构，研究制订了各项建设的实施方案，并按照细化内容有序开展了工作。截至年底，在勤务平台建设、警综平台应用、扁平化指挥、应急处突力量建设、执法质量晾晒考评、办案中心建设、音视频监控、队伍的正规化建设等方面取得了一定效果。集中组织开展了分局领导班子和主要职能部门主要负责人进行了安全生产方面的学习培训和集中考试，组织开展了全局民警参加的实弹射击训练活动，组织成立了由10人组成的应急处突队伍，并开展了必要的实战演练，配备了必要的服装、装备及器械，强化了勤务平台的相关工作，包括接警、处警、勤务报备等，加强了执法方面的相关工作，坚持每日的案件晾晒考评和经常性的执法考评工作。

（张诗倩）

张家口市公安局钢城分局

【概　况】 2015年，张家口市公安局钢城分局紧密结合自身特点的基础上，紧紧围绕“三严三实”教育活动，全面推进基础信息化、警务实战化、执法规范化、队伍正规化“四项建设”，稳步开展各项工作，为保障和促进宣钢稳定、宣钢发展做出了新的贡献，取得了一定的成效。

【治安管理】2015年，钢城分局以“斩毒2号”行动为契机，适时开展了严打专项整治工作。以打击厂区盗抢等现行案件为重点，有计划、有针对性地开展严打整治行动，查处治安案件14起，行政拘留23人，通过案件的查处，达到打击犯罪、震慑犯罪，取信于企，安心于民的双重效果，有力地维护了宣钢公司的正常生产秩序，实现了宣钢公司内部“发案少、秩序好、企业稳定、职工满意”的工作目标。

【治安防范】全年组织民警深入辖区企业走访286次，为企业提出防范整改建议73次，排忧解难45次。进一步深化巩固了矿山综合治理成果，一是进一步整治了龙烟矿区、近北庄矿区及周边治安秩序，形成政府、企业、公安等职能部门齐抓共管的治安综合治理大格局。突出多方参与、密切协同、打防结合的整体战模式，形成综合治理、齐抓共管的长效机制，通过共同努力，发挥出最佳防控效果，促进矿区及周边地区的长期稳定。二是进一步加强了危爆物品管控，严厉打击涉危涉爆不法行为，做到“不流失、不漏管、不炸响”。治安部门充分发挥了人的因素，运用先进设备，定期深入矿区炸药库和涉危爆物品单位的作业现场进行认真巡查，对其规章制度的落实情况，保安员和保卫人员的值班值守情况，视频监控、报警系统的运转情况，防盗门窗、消防设施性能等情况逐项检查落实，发现问题及时要求整改。对宣钢公司的供气设施，10万立方米、8万立方米、5万立方米煤气柜组，焦炉煤气外供民用煤气管道等输电设施、供水设施、广播电视设施、通信设施等27处重点要害单位和部位，同所属重点部位的负责人建立联保责任，建立健全治安防控责任体制，划定治安防控责任区，分工负责，协调联动。

【刑事侦查】破获各类刑事案件6起，打击处理违法犯罪人员9人，有效地震慑违法犯罪活动。

【交通管理】全年纠正交通违章658次，受理车辆碰撞交通事故64起，调处交通事故53起，保障了宣钢公司原燃料进厂，钢铁产品出厂的道路畅通。

【队伍建设】建设学习型公安队伍。把学习教育作为战略之举，贯穿始终，一抓到底。要创新学习教育形式，实行一周一学一讲评例会制度、一月一教育一通报制度、定期举办全警大讲堂制度，并使之制度化、长效化，努力打造高素质的学习型公安机关。加强制度建设，全力推进“规范化、制度化、公开化”建设进程。认真抓好中长期整改工作，切实解决党员干部民警工作作风问题，想方设法调动各方面的积极性，形成合力，切实解决公安工作发展中的问题，努力打造一支业务过硬，思想过硬的公安队伍。

2015年钢城分局被评为“宣化区抗战胜利70周年纪念活动期间安保工作先进集体”，刑警大队被张家口市公安局评为先进集体，阴振东被评为张家口市公安局评为“全市优秀人民警察”。

（陆明贵）

张家口市森林公安局宣化分局

【概　况】2015年，张家口市森林公安局宣化分局围绕森林资源保护这一中心任务，严厉打击各类破坏森林资源案件，努力开展森林防火的预防和扑救工作，在维护林区的治安稳定上作了应尽的职责。

【队伍建设】深入开展“三严三实”和“解放思想、抢抓机遇、奋发作为、协同发展”大讨论活动，按照区委活动总体安排，认真组织全体干警、专业森林消防队开展了“大讨论”和“京津冀协同发展规划纲要”宣讲，全局干警、森林消防队员受到了深刻教育，队伍面貌焕然一新。

【依法办案】开展了“金钺2015.1号”“金网行动2015.1号”“金网行动2015.2号”和“金盾行动2015.1号”，针对我区擅自改变林地用途、破坏植被、乱砍滥伐林木、乱收滥运木材、乱捕滥猎野生动物等问题，在全区范围内仔细排查，调查走访，不定期巡查，2015 年共出动警力和执法人员 150 余人次，出动车辆 50 台次，出警 30 余次，清查木材加工点 10 余家，清查野生动物活动区域 20 余处，农贸市场 10 余处，涉及野生动物的饭店 20 余家，查处用粘网套兔野生动物保护案一起，救助受伤鹰隼 1 只。

【森林防火】 利用了各种宣传手段，出动宣传车辆 240 台次，在有林村以及进山入林的道路两侧刷写标语 1200 条，悬挂横幅 30 条，印刷张贴市政府森林防火 1 号令、宣化区封山管制通告各 1000 张，宣传彩页 1.8 万份，制作《森林防火宣传手册》5000 余册以及至《致全区小学生及家长一封信》4 万封，为中小学生上森林防火课 2 次，受教育人数 3000 余人。做到了森林防火家喻户晓。开设防火隔离带及防火道路 37 条，总长度达 78100 米，宽度 10 米—20 米。并实行了重点地段及坟头集中连片的地方严防火灾发生。

（武佩有）

检 察

【概 况】 2015 年，宣化区人民检察院紧紧围绕“以检察队伍建设培强内生动力，以文化育检工程注入发展活力，以狠抓执法办案激发发展潜力，以品牌带动战略推动整体发展”的工作思路，认真履职，扎实进取，凝聚实干，奋勇争先，进一步强化诉讼监督和打击职务犯罪等核心业务工作，突出抓好平安宣化、法治宣化和检察队伍建设，为促进全区经济社会健康发展，实现社会公平正义作出了应有的贡献。八人被评为张家口市检察系统先进工作者。公诉科副科长张秉文荣膺“全国先进工作者”称号，在人民大会堂接受了党和国家的最高礼赞，被评为第五届“河北省道德模范”，并光荣人选“中国好人榜”。

【刑事检察】 侦查监督工作受理公安机关移送审查逮捕案件 73 件 86 人，公诉决捕案件 1 件 1 人，批捕 56 件 64 人，因事实不清证据不足不捕 6 件 11 人，无逮捕必要不捕 4 件 4 人。监督撤案 11 件 11 人，监督立案 3 件 3 人，追捕漏犯 3 件 5 人。发出检察建议 2 份，纠正违法 7 份，羁押必要性审查建议 1 份，改变定性 1 份，《提供法庭审判所需证据意见书》4 份，补充侦查提纲 6 份，提前介入刑事案件并参加现场勘验及讯问 3 次，参与疑难复杂案件讨补论 10 余次，有力打击了犯罪，实现了法律效果和社会效果的高度统一。

公诉工作受理各类刑事案件 119 件 146 人，其中市检察院指定办理 4 件 4 人，已依法提起公诉 108 件 125 人，不起诉 8 件 8 人。刑事和解 1 件 2 人，发出检察建议 7 份，纠正违法 8 份。依法追诉漏罪 6 件、漏犯 10 人，出庭支持公诉 120 件次，收到法院生效判决 88 件 112 人，提出抗诉 2 件 2 人，法院发还重审 1 件 1 人。受理公安机关申请强制医疗案件 1 件 1 人，决定提出申请 1 件 1 人，法院决定强制医疗 1 件 1 人，有效维护了司法公正，彰显了法律权威。

未成年人刑事检察工作受理公安机关审查逮捕案件 9 件 13 人，经审查批准逮捕 8 件 12 人，无逮捕必要不批准逮捕 1 件 1 人；受理公安机关移送审查起诉刑事案件 14 件 18 人，其中被害人是未成年人的 5 件 5 人。2015 年是检察院未成年人刑事犯罪检察科独立运行的第二年，该科依法履行批捕、起诉职能，全面贯彻对涉罪未成年人的“教育、感化、挽救”方针，注重矛盾化解，坚持双向保护，建立未成年人权益保护和犯罪预防帮教社会体系，建立健全分案起诉制度，切实保障了未成年人的健康成长，各项工作步入正轨，被团市委申报为全省优秀青少年维权岗。

【案件管理】 受理公安机关提请批准逮捕案件 81 件 96 人，移送审查起诉案件 135 件 167 人，向市院案管办报送案件 16 件 19 人，收到公安、法院各种法律文书、回执共计1118份，发现案卷、文书或材料不符合要求，要求公安机关整改的共计260余处，经审查不符合受理条件，不予、暂缓受理案件9件9人，发现公安机关违法办案向有关科室发出纠正违法建议书7份，接待律师并安排阅卷41人次。召开检委会会议8次，审议议题15件，为提高办案质量，规范执法行为提供了可靠保障。

【职务犯罪查办】 初查案件线索15件，立案查办职务犯罪案件4件6人，其中贪污贿赂案件3件3人，渎职侵权案件1件3人，为国家挽回直接经济损失800万元。查办贪污贿赂大案3件3人，大案立案数量同比增加50%。2015年，在省、市纪委和市检察院的大力支持下，抽调20余人，先后办理了3起在全省有影响的大案。2015年1月，接到省纪委对河北某集团原副董事长李某涉嫌职务犯罪的案件线索。专案组历时5个月，行程近6万公里，对线索涉及相关人员进行了初查，对涉及的100余家银行的往来账目等信息逐一进行排查、梳理，提取固定了大量证据，为案件成功突破打下坚实基础，受到省纪委领导的充分肯定和高度评价。2015年5月，在唐山市原人大常委会副主任刘某某受贿案谢某某涉嫌行贿一案的侦破中，专案组成员充分发挥团队精神，经过三个月的取证攻坚，一起行贿150万元的大案成功告破。2015年12月，宣化区检察院被指定管辖张家口市某集团原常务副总经理王某涉嫌受贿一案。专案组顶着巨大压力，发扬连续作战的精神，和犯罪嫌疑人斗智斗勇，全面调查摸排、收集证据，初步查明王某受贿的犯罪事实。

【民事行政检察】 坚持抗诉与息诉并重，进一步强化执行监督、调解监督、督促起诉、支持起诉等项工作，努力构建以抗诉为中心的多元化监督格局，推动民事行政检察工作迈上新台阶。全年共接待申诉案件9件，正式办理7件，提请抗诉2件，发出纠正违法通知书1件，未出现因不提请抗诉而上访案件，为维护辖区社会和谐稳定作出了积极贡献。

【控告申诉检察】 接待群众来访101件122人，受理上级交办、转办群众来信6件，受理群众举报线索3件，市院移送举报线索2件。对待群众来信，坚持优先办理和检察长批阅制度，及时告知信访人受理时间、办理进度，及时答复办理结果，积极做好信访人的释法说理工作，件件做到案结事了，息诉罢访。开展举报宣传周活动，发放宣传材料1000余份，现场接待群众咨询15人次，有效激发了广大群众举报职务犯罪、参与反腐斗争的积极性。

【监所检察】 认真履职，强化安全防范和执行监督，指导看守所严格落实入所“五项检查”制度，采取日常检查和专项检查相结合，事前预警和事后纠正相结合的方式，确保监所“零隐患、零疏漏、零事故”。2015年，共进行各类安全防范大检查十余次，认真开展社区服刑人员脱管、漏管专项活动，纠正违法留所2起，排除监管隐患十余处，有效维护了监管秩序和安全。

【预防职务犯罪】 提供行贿档案查询280次，对辖区马路牙子改造工程进行了重点监督，对工程招投标进行现场监督10余次；对辖区20多家预防单位和重点企业、部门进行了走访、指导，督促这些单位和部门制定详细的年度预防工作计划，开展适合本单位的教育活动；深入乡镇街道发放法制宣传资料500余份，先后深入宣化区财政局、劳动和社会保障局等单位开展法制讲座，受教育党员干部达300余人；编发《职务犯罪预防参考》两期，印刷5000余份，分发报送到上级检察院及全市各兄弟院以及区四套班子和全区所有机关、企事业单位。

【接受人大监督】 定期向人大常委会以及人大代表进行专题汇报，严格人民监督员制度，畅通监督渠道，深化检务公开，主动征求人大常委会和人大代表的意见建议，采取有力措施研究改进办理。2015年11月25日，宣化区检察院检察长葛阿刚向宣化区人大常委会作了关于加强检察队伍建设的实践、成效和努力方向的专题报告，受到了与会常委和代表的一致肯定。

（胡 纲）

法 院

【概 况】 2015年，紧紧围绕案件质量、司法公开、司法改革和队伍建设四项重点工作，深入开展案件质量深化年活动，以深化审判质效管理为重心，以提升审判队伍素质为根本，进一步提升案件质效，院各项工作取得新的成效。

【刑事案件】 全年共受理刑事案件128件，审结122件，结案率95.3%，判处罪犯151人，其中判处10年以上有期徒刑4人，判处3年以上10年以下有期徒刑32人，判处3年以下有期徒刑32人，缓刑55人，拘役8人，管制1人，单处罚金10人，免于刑事处罚9人；坚持“教育、感化、挽救”的方针，审结未成年人犯罪案件7件14人，依法适用缓刑和管制的6人，连续6年被省、市授予青少年维权岗称号；加强刑事附带民事审判工作，共审结刑事附带民事案件36件，注重加强调解工作，其中调解结案为109件，促使被告人积极主动赔偿被害人的损失，保障了被害人的合法权益；坚持证据裁判标准和疑罪从无原则，依法对案人宣告无罪；严格执行“宽严相济”的刑事政策，切实贯彻证据裁判原则，严把事实关、证据关、法律适用关、庭审关、合议关、文书关，确保案件裁判质量；积极参与社会治安综合治理，推进平安宣化建设，维护了社会稳定。

【民商事案件】 依法审理民商事案件，保障民生服务经济转型发展。全年受理民商事案件2355件，同比增加17.8%，审结2079件，结案率88.3%。其中，审结婚姻家庭、赡养抚养、遗产继承案件444件，高度重视妇女儿童维权、保障残疾人权益、涉军案件审理等工作，切实保护特殊群体合法权益。围绕区委工作大局，妥善审理好加快经济结构调整和推进京津冀协同发展过程中引发的各类矛盾纠纷，审结各类权属纠纷案件401件，标的额8.5亿元；审结各类合同纠纷案件1234件，标的额5.9亿元，其中涉及审结建设施工、买卖合同等案件229件，处理压减过剩产能引发的债务清偿、劳动争议案件256件，审结融资租赁、抵押担保、金融借款等案件749件，为全区经济发展营造良好的法治环境。

【行政审判】 全年受理行政案件16件，同比增加128.6%，审结15件，结案率93.8%。坚持保护行政相对人合法权益与支持监督行政机关依法行政并重，通过延伸法制宣传、加强业务指导等方式，依法维护人民群众合法权益，支持政府职能部门依法行政，促进法治政府建设。

【执行工作】 受理执行案件942件，同比增加17.8%，执结702件，执结率74.5%。加快推进主动执行工作，立、审、执协作配合机制初步建立。开展了“规范执行行为、转变执行作风”专项活动，执行指挥中心和点对点网络查控系统得到了推广和运用，共利用网络系统查询1046次，涉及案件789件。加强失信惩戒，督促被执行人主动履行义务。

【审判管理】 深入开展案件质量深化年活动，高度重视审判管理工作，以信息化建设为依托，促进审判管理的机制化、规范化、信息化、科学化。充分运用法院数字化业务系统，推进审判管理精细化，建立健全立审执相互衔接、相互配合、相互制约的网上办案流程，在立案、审判、执行、立案变更率、收案数、结案率、延长审限数、调解案件申请执行数、实际执行结案数、上诉数、发还改判数等关键节点上进行监管、督促、定期不定期调度。建立审管期刊，并于每月5日将各业务部门案件质效和司法公开数据制成数据报表，通过内网 cocall 下发全院，督促各部门查漏补缺、弥补短板、完成任务。

高度重视案件数据质量，不断完善案件审理程序的动态监督管理，通过搭建同步监管平台，将监管关口前移，并安排专人对全院的流程使用和系统数据进行巡视和监管，及时发现问题，及时通知审判员进行补证，实现了对办案过程的全程跟踪监管，及时发现问题，及时通知审判员进行补证。将案件审限设为红线，在系统中设置三级审批，庭长、副院长、院长，从制度上进行规范，通过细分考核内容和标准，形成覆盖法院各项工作的全面考核岗位责任指导体系，增强了审判员的审限意识，大大提升了审判、执行案件的质量与效率。

充分发挥院庭长管理职责，既要“管”还要“理”，“管”就是各分管院长和庭长管好人员、管好案件、管好内务，及时了解审判员的办案进度，及时平衡各审判员的案件数量，提升办案效率。“理”就是院庭长依据审判质效各项数据，查看指标值高低情况分析判断案件质量中存在的问题，理清工作思路，提升了案件质量。

建立评析制度，成立评析领导小组，凡被二审发改的案件逐案评析，评析会上院领导逐案询问、抓住要害，现场点评，评析会效果明显，对业务庭审判行为起到了规范作用，也起到了业务学习培训的效果。

【司法公开】 积极组织开展“法院开放周”活动，利用微博、微信和官方网站宣传法院各项工作，邀请区委领导、人大代表、政协委员和社区群众参观法院工作流程，现场观摩庭审，零距离接触法官、了解法院，感受司法的公开与公正。组织人员详细介绍法院司法公开工作，与区电视台合作制作了《宣化区人民法院司法公开工作纪实》，主动接受监督，主动展示法院工作。2015 年 5 月，区委书记燕旺林、区人大常委会主任席玉东、区委政法委书记林占勇等领导实地调研法院司法公开工作并给予肯定，通过实际工作来看，公开就是监督，公开提高案件质量和效率，公开促进规范和公正。

两年来共投入资金 152 万元进行基础设施改造，实现了办公区、审判区和立案信访接待等分离，新建调解接待室 6 个，对执行局、法庭进行了维修改建，完成了全院 11 个审判庭和羁押室标准化改造工作。共投入信息化建设资金 195 万元，建成 5 个高清数字审判庭和 1 个标清数字审判庭，11 个审判庭均实现了同步录音录像，建成公网直播系统 2 套；建成了远程视频接访室；建立了法院内、外网站，法院司法公开平台、OA 协同办公平台、门户网站直播系统、便民服务查询终端以及官方微博、微信；实现监控全覆盖。正在建设中的有：执行指挥系统和高清视频会议平台等。

在审判流程公开方面，截至目前公开审判流程信息 3371 件，公开率达到 100%。通过流程系统录入已结案件裁判文书 1399 件，录入率 100%。同步制作电子卷宗 3045 件，制作率 100%。目前，当事人凭密码可以实时查询案件信息，了解案件进展情况。在裁判文书公开方面，通过中国裁判文书网公布裁判文书 1229 份。在庭审直播方面，截至目前，在省法院司法公开平台及法院门户网站直播庭审案件 245 件，庭审录像 1384 件，基本实现了凡庭必录。

河子西乡、春光乡、侯家庙乡 3 个人民法庭已开展工作，选派 3 名副庭长主持负责工作，选聘 3 名退休老庭长为人民陪审员并驻庭工作，共投入 4 万元购置了办公用品、电脑和并对房屋进行了维修，法庭目前工作进展顺利。6 月，省高院检查组的实地查看法庭工作，并给予肯定。法院共有人民陪审员 53 名，其中常驻法院的有 8 名，注重从社会不同行业进行选任，53 名陪审员人选中，既有来自政府机关、企事业单位的干部、教师、职工代表，也有来自街道办事处、居委会等基层单位的干部、退休人员。

建立实施方案，成立领导小组，4月与区社会管理创新办公室召开联席会议，以区社会平安建设“网格化管理”为依托，对全区7个街道办事处45个社区推行“法官进社区”工作机制，在街道社区社会和谐工作站加挂法官工作室，目前法官简介和工作制度已经上墙，正在按部就班开展法官进社区活动。

将人民群众是否满意作为衡量执行工作成效的首要标准，依托执行信息化建设，提高案件的执结率，维护当事人的合法权益。积极探索党委、政府、人大、政协等部门多方联动的长效机制促进案件的执行，对于审执分离等执行改革正在摸索阶段。依法解决信访案件。坚持从源头上抓信访，积极引导当事人通过申诉等司法程序或其他合法途径有效解决信访问题。上半年，省委第十巡视组转交信访案件6件，省中心交办2件，市联合接访中心交办12件，均按照诉访分离等信访工作要求予以办理。

【队伍建设】 紧密围绕“三严三实”专题教育活动要求，开展案件质量评查与庭审评查活动，认真查找在遵守纪律、庭审规范、司法行为等方面存在的问题和不足，进一步落实一岗双责的主体责任，特别是副院长及党组成员对所分管的部门既管人又管事，抓好业务带好队伍。抓好党建工作，认真开展党总支和党支部换届工作，加强支部委员会建设，以党建带队建促审判，切实改进司法工作作风，并加强日常监督检查，提高司法公信力。

深入开展党的群众路线、“三严三实”和“人民法官为人民”等主题教育实践活动，通过集中学习、专题讨论等多种形式，增强群众观点，深化宗旨意识，强化纪律观念，改进司法作风，审判队伍的政治素质明显提高，纪律作风明显改进。

坚持正规化、专业化、职业化队伍建设方向，通过鼓励法官钻研业务理论，组织专业培训，加强业务交流，开展岗位练兵、庭审观摩、法官教法官活动等措施，丰富知识储备，提高司法技能。

以促进岗位廉洁、提升司法公信为目标，组织开展廉洁司法和司法作风专项教育活动，完善法官廉政档案、加强对干警遵规守纪情况的日常督查等措施，增强组织纪律观念，强化反腐倡廉意识，促进公正廉洁司法。

【人大监督】 严格执行监督法，强化坚持党的领导和接受人大监督的意识，紧紧围绕全区工作大局开展审判工作。自觉接受人大及其常委会的监督，及时汇报履行职能、人事任免和重大案件的审判执行情况。认真执行人大及其常委会通过的决议决定，主动听取意见，改进工作。按照区人大常委会的工作要求，向人大常委会作了《关于刑事审判工作的报告》。区人大常委会主任席玉东、副主任郭振川、李海清、田锡滨和20余名人大代表实地调研法院司法公开工作，并对区法院司法公开工作予以肯定。区法院还认真组织开展“法院开放周”活动，利用微博、微信和官方网站宣传法院各项工作，邀请区委领导、人大代表、政协委员和社区群众参观法院工作流程，现场观摩庭审，组织人员详细介绍法院司法公开工作，并与区电视台制作了《宣化区人民法院司法公开工作纪实》，主动展示法院工作，主动接受监督。

（戚海红）

司法行政

【概　况】 2015年，宣化区司法局以维护区域和谐稳定为中心，以服务经济建设为重点，着力在推进“四个全覆盖三个加强”上下功夫，积极履行司法行政机关各项工作职能，为建设“平安宣化、美丽宣化”，促进宣化区经济发展、社会和谐稳定做了大量工作和有益探索。

【法治宣传教育】 按照“谁执法，谁普法”的工作要求顺利完成了“六五”普法验收工作。以“普法九个一”工程为抓手，即开通一个普法专栏、创办一种普法刊物、编印一套普法手册、创作一首法治歌曲、自编一条普法彩铃、利用LED电子屏幕、筹备一台法制晚会、组建一支法治宣传队、开展了一系列主题宣传活动，拓宽普法途径。已发行36期的《宣化区法制宣传月刊》改版为《宣化法治》；谱写了宣化《法治之歌》，依托电视、微信、微博等公众平台进行传唱，发放各类宣传资料2500余份。组织全区2600余名科级及以下干部参加了法律知识考试（其中200名学法积极分子参加闭卷考试）。

【人民调解】 依托“四位一体”大调解工作平台，创新排调、律调、访调、援调联动机制，形成以区人民调解中心为龙头，人民调解员协会为依托，基层调解组织为基础，调动社会调解资源共同参与大调解工作格局。目前已建成114个基层调委会，9个专业调委会，3个区域性调委会，吸纳全区近100名执业律师和法律工作者参与人民调解工作，走出了一条资源整合、多方联动、法理相融的工作新路。2015年，全区共成功调处矛盾纠纷2600余件，其中人民调解中心成功调处各类矛盾纠纷200余起，化解群体性矛盾纠纷20余起，涉案金额达1000余万元。

【律师管理】 指导律师和基层法律工作者紧紧围绕全区的经济建设和社会稳定做好法律服务工作，安排律师积极介入信访稳定和领导干部接访活动，要求律师和基层法律工作者认真履行援助义务。进一步加强律师规范化管理，按照2014年修订的《律师事务所检查考核方案》《基层法律服务所检查考核方案》，对律师事务所和法律服务所进行了年度考核。配合市律师协会和市局律师处完成对环舟律师事务所的等级评定整改工作。4月，完成了全区4家律师事务所40名律师和9家法律服务所27名法律服务工作者的年检注册。

【法律援助和公证】 扩大援助范围，降低援助门槛，创新便民服务方式和举措，抓好村（居）级法律援助联系点建设，成立了宣化炮兵训练基地和宣化科技职业技术学院法律援助工作站，将法律援助工作作为“民心工程”来打造。公证工作实行值班接待制，一次性告知制，预约服务制。主动与房管部门沟通、协商，开拓了《购房协议》《拆迁协议》、出售、转让公证业务，并且开展了民间资金借贷公证业务，拓款了业务范围、增加了业务收入，并起到了公证预防诉讼的目的。开通绿色通道，推行公证、法律援助上门服务。2015年共办理援助案件280件，各类国内公证1720件，涉外公证290件。

【社区矫正和安置帮教】 从司法行政部门接收缓刑、假释、管制以及保外就医的社区矫正人员以后，不断强化衔接交付、风险评估、动态监管、应急处置相结合的监管体系。建立了前进驾校安置帮教就业基地和建国街办事处社区矫正培训基地，同时争取到1万多元对10余名生活困难的“三无”人员进行帮教；对130名在矫人员全部建档立卷，实现一人一档，分类管理。累计接收418人，已解除矫正288人。

【基层建设】 进一步落实区委、区政府《关于进一步加强司法所建设的意见》，为基层司法所配置了5辆电动警务用车，以及电脑、打印机、摄像机、照相机等办公设备。不断完善奖惩机制，充分调动基层干部干事的积极性和主动性，继续每月组织开展司法所学习培训活动，进一步提高司法所工作人员素质和工作水平。

（王　宣）

综合管理

发展计划

【概　况】 2015年，全年地区生产总值完成135亿元，同比增长0.5%。全部财政收入完成14.97亿元，同比增长1.51%。公共财政预算收入完成5.88亿元，同比增长2.38%。全社会固定资产投资完成100亿元，同比增长15%。全社会消费品零售总额完成72.5亿元，同比增长8%。宣化区成功入选2015年“全国市辖区投资潜力百强区”。

【重点项目】 全年实施重点项目79项，总投资437亿元，完成投资50亿元。北汽福田产业转移一期等7个项目建成投产，蹇海风机核电组件、奥运光伏廊道、润佳电商物流园等25个项目开工建设。三弦养老文化长寿村、圣泰肉食品深加工等9个项目被列入省市重点，创历年新高。第三产业增加值同比增长4.5%，成为拉动经济增长的主要动力。园区建设取得进展，全长20公里的园区管网和“一横四纵”路网工程全面开工。

【污染减排工程】 实施总投资9亿元的污染减排工程41项，宣钢回转窑完成脱硫除尘升级，张电、热电10台机组全部实施超低排放改造。淘汰改造燃煤锅炉439台，占全市的51%。增配新能源公交车40辆，淘汰“黄标车”1537辆，辖区内煤炭经销企业全部关停到位。全年二氧化硫、二氧化氮、一氧化碳、可吸入颗粒物（PM10）、细颗粒物（PM2.5）平均浓度同比分别下降11.3%、21.6%、38.7%、25.7%和23.7%，空气质量优良天数达到230天，同比增加48天。

【抓改革、促创新】 深入推进简政放权，取消行政许可审批项目63项、调整38项。推行“三级平台”“三个代办”行政服务模式，在41个村、45个社区设立便民服务站。全面完成食品安全监管体制改革。积极组织企业申报省市科技创新项目5项，争取科技专项资金255万元，申报专利148项。苏普曼钻潜、泰达机械被评为全省知识产权贯标企业，正昊机械等27家企业跻身科技型中小企业，冶金环保“湿法除尘技术”列入省重大科技成果转化项目。大力推进金融创新，积极争取上级债券资金7.7亿元，化解23笔政府高息贷款，年节约利息支出4780万元。北山投资公司累计间接融资突破4亿元，利用自身平台直接融资10亿元。宣化大学生创业园入驻企业82家，入驻率80%，被评为省级大学生创业示范基地。全面实行“三证合一”“一照一码”登记制度，大力推进“个转企、小升规”工作，全年新增规上工业企业6家，新增市场主体2330家。

【引资金、上项目】 成功引进北汽福田产业转移项目，成为《京津冀协同发展纲要》发布后，全省承接第一个制造业项目。推动新北方装潢公司与全球知名印刷企业——香港澳科集团实现强强联合。引进北京中景恒基投资管理公司，积极盘活凯世德纸业。蹇海风机与中核、中广核集团共同组建全省首家核能装备制造企业，钻机行业积极向俄罗斯、中亚等海外市场输出产能。全年签约经济技术合作项目65项，引进市外资金34.8亿元，创历史新高。抢抓“一带一路”倡议机遇，拓展海外市场，全年外贸进出口额完成4500万美元，同比增长6%。宣化经济开发区被评为“四星级”省级开发区。

【城市功能整治完善】 编制完成春光乡、张宣公路北侧和宣化区域镇村体系规划。对外环路建设7年来累积重点难点问题，逐个攻坚突破，北外环东段10公里完成路基挖方45万立方米，大北街跨线桥、通校训练基地框架桥主体完工。克服时间紧、难度大等各类困难，铺设集中供热主次管网80公里，建设热力站59座，新增集中供热面积700万平方米。改造煤气危网14公里，铺设天然气管线13.5公里，完成天然气置换2412户。投资1165万元，完成春阳街等6条街道、19处游园节点绿化工程，新增绿化面积8万平方米。完成三古楼及城墙主题亮化升级改造工程，古城风韵进一步彰显。深入开展城乡环境“三清三治”攻坚行动，规范清理占道经营、露天烧烤、乱贴乱画等现象，严厉查处乱停乱放等违法行为，城乡环境和交通秩序逐步改善。

【农业农村发展】 全年实施总投资6.5亿元的农业产业化项目6项，完成投资4000万元，陈家庄食用菌基地二期建成投产，圣泰肉食品深加工基地主体完工。实施大东、河子西2个省级中心村建设工程，建成村民住宅楼10栋。完成样台、沙圪垯、申太庄3个省级美丽乡村建设任务，改造村道18.3公里，解决11个村、1万人的安全饮水问题，改厕1200座，样台村被评为市级精品示范村。结合申奥迎检，投资600万元，对高速廊道两侧村庄环境容貌集中清理整治。投资5720万元，重点实施奥运迎宾廊道等3项绿化工程，植树造林9283亩，全区森林覆盖率提高2个百分点。

【社会事业】 投资2300万元，实施胜利路小学、宣化六中等9项建设工程，朝阳街小学、河子西中学等4项工程建成投用。高考一本上线652人、二本上线1488人，上线率分别为22.9%、52.2%，均位居全市前列。宣化二中建成全国首家青少年冬奥冰雪运动训练基地。启动实施“点亮校园，安全出行”亮化工程，对7所学校周边路灯进行修复，为学生安全出行创造条件。区医院改扩建工程开工建设，公共卫生服务管理经验在全省推广。宣化区被评为省级妇幼健康优质服务示范区。中医院、建国街卫生服务中心等5家单位与北京市东城区卫计委签订了对口合作协议。成功承办全球重要农业文化遗产培训活动、全省青少年羽毛球锦标赛等高规格文体活动，组织开展第三届全民健身大赛等各类活动400余场次，群众文化体育活动丰富多彩。

【民生工程】 全年用于民生领域财政支出11亿元，占一般公共预算支出68%。城镇新增就业5045人，下岗失业人员再就业2200人，转移农村富余劳动力466人，城乡居民人均可支配收入分别达到25997元和10416元，同比分别增长11.2%和11.3%。全面启动全民参保工程，城乡居民社会养老保险综合参保率99%，城镇职工、城镇居民基本医疗保险参保率分别90%、93%，新农合参合率96.7%。建成保障性住房672套，新开工130套。“阳光家园”爱心托养三期工程建成投用。免费为327名贫困白内障患者实施复明手术。新建农村互助幸福院4所，全区互助幸福院覆盖率65%。建立健全“大调解”工作体系，吸纳80多名律师和法律工作者参与人民调解工作，全区矛盾纠纷排查化解率96%。大力开展“春雷行动”等治安管理专项行动，全区刑事发案同比下降15%。

（孙颖琪）

统　计

【概　况】 2015年度，宣化区全面贯彻落实国家、省、市统计工作要求，紧紧围绕全区中心工作，着眼加强全区统计建设，立足实际充分发挥统计职能作用，为助力经济社会发展，打造知名美丽宣化作出积极贡献。

【全区主要经济指标完成情况】 地区生产总值128.03亿元，同比增长1.7%；其中第一产业2.68亿元，同比增长7.2%；第二产业71.64亿元，同比增长0.7%；第三产业53.71亿元，同比增长3.4%；全社会用电量35.3亿千瓦时，同比增长1.3%。规模以上工业总产值378亿元，同比下降16.1%；规模以上工业增加值64.2亿元，同比增长0.28%；规模以上工业企业综合能源消费量703.16万吨标准煤，同比下降6.49%；规模以上工业增加值能耗同比下降6.75%；固定资产投资94.95亿元，同比增长11.4%；社会消费品零售总额73.3亿元，同比增长9.1%；全部财政收入14.97亿元，同比增长1.5%；公共财政预算收入5.89亿元，同比增长2.4%；公共财政预算支出16.27亿元，同比增长29.5%；城镇居民人均可支配收入2.59万元，同比增长9.7%；农村居民人均可支配收入1.05元，同比增长10.8%。

【城乡一体化调查】 抓培训、提素质，全面提高住户调查数据质量，注重从基础抓起，从基层工作抓起。充分把握记账户换户这一有利时机，深入样本调查抽中小区的住户家中，详细了解情况，认真记录住户的家庭信息，综合考虑住户家庭成员素质、经济情况，剔除没有记账能力无法完成记账任务住户家庭，从8个调查小区中抽出30户作为本年度的新调查户，全区调查户总量79户。结合新换户情况，组织调查户、基层辅调员、统计站业务人员开展培训两期，解决记账户不会记，辅导员不会检查指导，统计站业务人员不会审、不会改错等常见问题，并组织全区基层辅调员、统计站业务人员23人参加张家口调查队举办住户调查业务工作培训，提高素质、提升能力，确保数据质量。

【全面提升数据质量】 针对统计基础薄弱的单位，指导其建立健全统计原始记录，完善统计台账，强化各项制度的落实。先后6次对乡镇统计工作，进行督查和指导，进一步加大硬件设施投入，促进基层统计工作向规范化、标准化和制度化的迈进。严格执行报送制度，确保数据质量。对上报数据，实行专业人员初审、股室负责人复审、分管领导再审、主要领导终审四级审核制度。继续执行统计数据签字上报制、数据审核制、质量评估制、差错追究制等制度。建立数据评估小组，加强相关部门协作，形成定期对主要数据会审评估制度，统计数据质量实行“一把手”负责制。主要数据上报前，须由局长亲自把关，签字确认后方能上报。认真坚持不评估不上报制度，坚持数据须经市局评估认定后方可使用和对外公布的原则，正确公布使用统计数据。提高统计数据准确性和权威性。

【GDP核算制度改革】 2015年开展利用第三次全国经济普查数据库资料对各地区的GDP进行核算工作。经过核算，初步确定宣化区2013年的GDP为140.5亿元，其中，第一产业为2.7亿元，占GDP的比重为1.95%，第二产业87.4亿元，占GDP的比重为62.16%，第三产业50.4亿元，占GDP的比重为35.89%。

【统计法制建设】 坚持领导干部学法用法制度。继续深入宣传贯彻《中华人民共和国统计法》《统计违法违纪行为处分规定》《统计法实施细则》和国家统计报表制度及各种普查、调查相关制度。强化领导干部学法用法，提高领导干部依法决策、依法行政、依法管理能力和水平。强化宣传教育，统计法制意识逐渐增强。在统计系统加大法律法规宣传力度，通过制作宣传单、张贴宣传标语、电子屏幕、现场接受咨询等形式，进一步加强统计宣传，让社会公众充分了解统计法律法规。宣传活动期间，发放统计法传单1500余份、悬挂宣传标语25条，单位电子显示屏播放30余次，接受现场咨询百余人次。严肃查处统计违法案件，保证统计工作有序开展。认真开展统计执法检查，统计局主要领导亲自带队重点检查全区“三上企业”、各乡镇等基层单位统计台账、原始记录以及统计人员是否持证上岗等。对检查中发现拒报、虚报、瞒报以及伪造、篡改统计报表人和事，依法严肃处理，做到有法必依、执法必严、违法必究。发放《张家口市统计局统计法律事务告知书》2200份，收回2048份。2015年开展统计执法检查88次，办理统计执法案件5起，结案5起，全区通报7起。

【统计信息化建设】 加强网络安全建设。严格执行国家有关安全保密法律法规和信息网络安全保障制度，从制度建设、管理措施、技术手段等方面着手，健全统计信息化安全保障系统，确保统计信息网络连续、高效、安全、稳定运行，为完善区、乡镇统计信息网络，全面推进“一套表”网上直报改革和构建统一的统计数据采集处理平台提供坚实保障。加强基层统计建设。为适应和提升信息化技术快速发展形势，为参与各项普查、调查工作人员配发手持数据终端采集器（简称PDA）20台，加大基层统计人员计算机业务培训力度，强化统计人员信息网络安全意识，提高信息应用和数据处理水平。

【1%人口抽样调查工作】 2015年在宣化区组织开展十年一次的全国1%人口抽样调查工作，其间对选聘40名基层调查指导员和调查员进行为期7天专业培训，对抽中全区10个乡镇20个村、20个普查小区、1770户调查家庭中3456人进行上门登记，利用一周时间对全区抽中调查户进行复查，出生率由复查前2.3‰提高到5.8‰，死亡数由复查前13人变为15人，进一步提高数据质量，至11月10日完成1%人口抽样调查数据总审核上报。

【统计报表】 一是强化组织实施。为高质量完成2014年年报和2015年各项定期报表任务，专题组织召开年报、定期报表工作会议，明确思路，强化落实，提出年报、定期报表组织方式、操作规程、质量控制、数据处理及总结考核等各环节工作要求，切实加强年报、定期报表工作组织领导。二是明确目标责任。签订工作目标责任书，明确22个专业人员工作目标责任，并具体落实到人。三是落实规范标准。认真落实统计工作规范化管理办法，每个专业人员必须严格按照规范化建设的标准和要求，严把数据质量关。四是加强沟通协调。加大专业间沟通力度，及时准确收集基层基础数据，加强与相关部门和上级业务部门的沟通、衔接，掌握第一手资料，确保统计调查数据完整准确。五是完善评估机制。确保各项经济指标符合时间进度，客观真实反映全区经济运行情况。

【服务业扩点改革】 服务业扩点由2015年年初的19家扩大到年底29家单位，涵盖交通运输业、商务服务业、教育、房地产物业管理等行业，营业收入占到宣化区服务业收入70%左右。

（韩浩然）

审　计

【概　况】 2015年，宣化区审计工作紧紧围绕区委、区政府中心工作，围绕关系人民群众切身利益重大事项，坚持依法审计，认真履行职责。全年完成审计项目14项，审计单位45个。查处违规资金394万元，管理不规范金额36827万元，节约建设资金3099万元，提出审计意见和建议35条。

【保障性安居工程审计】 一方面对宣化区2014年保障性安居工程进行跟踪审计，促进归还专项资金4562万元，对8户不符合条件家庭享受住房保障待遇进行整改，追回违规发放租赁补贴1.89万元。另一方面抽调7名骨干力量代表张家口市审计局派出审计组，对张家口市桥西区2014年城镇保障性安居工程进行跟踪审计。在审计中发现，桥西区人民政府在棚户区改造，工程建设管理，保障性住房分配和后续管理，资产筹集、管理和使用等方面存在一些问题。审计局从资金管理、保障房建设和使用管理方面提出审计意见和建议，督促其积极整改，确保城镇保障性安居工程顺利实施。

【政策措施落实情况跟踪审计】 按照国务院和上级审计机关总体安排部署，从2014年8月起，对宣化区政府稳增长、促改革、调结构、惠民生、防风险政策措施落实情况进行跟踪审计。一是加强领导，定期调度。审计局成立“五个围绕”审计领导小组，定期召开调度会，研究审计出现新情况、新问题，适时调整审计工作方向，确保审计质量。二是将稳增长跟踪审计与常规审计有机结合起来，按照河北省审计厅和张家口市审计局要求，把“五个围绕”审计内容列出重点、拉出明细，按月组织审计任务，把握时间节点，及时上报审计结果。三是及时组织审计人员认真学习稳增长跟踪审计相关政策及文件精神，重组审计小组，优化人员配置，阶段性有重点推进工作，重点关注资金落实、项目实施情况。对7个建设项目进行跟踪审计，涉及投资总额5661.53万元。宣化区疾控中心实验业务楼和宣化区医院改扩建项目得到有效推进。

【财政审计】 自2015年3月起，对宣化区本级2014年度预算执行和其他财政收支情况进行审计，重点审计区本级预算执行、税收征管情况，并对宣化区教育局、集中供热办公室和建国街街道办事处3个单位实施延伸审计。针对审计中发现调入资金不合规、虚列支出、会统报表反映不实和往来款项长期挂账等问题，依照《中华人民共和国审计法》和有关财经法规进行处理，并从完善制度、加强财务管理方面提出整改意见和建议，相关部门和单位积极进行整改。同时，从财政部门入手，在查清预算安排、决算支出，掌握全区“三公”经费、会议费及培训费总体情况基础上，对5个行政事业单位进行抽查。从审计情况来看，全区认真贯彻落实中央“八项规定”，通过精简会议，严格控制会议活动经费，规范车辆使用、公务招待和外出考察活动，使“三公”经费、会议费及培训费得到有效控制，支出呈下降趋势。

在对春光乡人民政府2014年度财政决算及其他财务收支审计中，重点关注财政存量资金规模和结构，关注财政支出结构和投向，检查“三公”经费、培训费及会议费管理使用情况、政府采购情况以及重点专项资金管理使用情况。针对审计中发现超限额使用现金、未按政府采购程序购置固定资产和往来款项长期挂账等问题，提出相应处理意见，并督促其积极整改。

【固定资产投资审计】 2015年，先后对宣化区北城墙修复工程、保障性安居工程和米市街小学新建教学楼工程等14个建设项目进行全程跟踪审计，对新建广电大楼和廉租房三期等9个项目进行工程结算审计，送审金额16521万元，审定金额13422万元，审减资金3099万元，审减率18.8%。对北外环东段征地拆迁补偿费进行测算。对涉及春光乡、侯家庙乡2个乡7个行政村地上物数量进行现场抽查和审核，重点对曹庄子村34户地上物数量进行现场核实，按照上级相关规定进行补偿费测算。

【经济责任审计】 一是受区委组织部委托，完成对原宣化区机构编制委员会办公室主任侯建国等5人任期经济责任审计。针对审计中发现购置办公用品无购物明细、福利费未按规定提取直接在经费中列支、固定资产未及时入账和个别工程未按规定办理招标等问题予以充分揭示并督促有关单位积极整改。二是结合中央、省、市关于经济责任审计相关文件和规定，组织专门人员对宣化区2005年印发《宣化区党政领导干部和国有企业及国有控股企业领导人员任期经济责任审计实施办法（暂行）》进行重新修订，并以两办名义制定下发《张家口市宣化区党政主要领导干部和国有企业及国有控股企业领导人员任期经济责任审计实施办法》，旨在深化领导干部经济责任审计，着力检查领导干部守法守纪守规尽责情况，促进领导干部主动作为、有效作为，切实履职尽责。

【行政事业审计】 一是对宣化区人民公园管理处2014年度财政财务收支情况进行审计。对审计中发现固定资产账实不符和往来款项长期挂账问题，建议今后要不断加强管理；为妥善解决人民群众不断增长游园健身需求与公园场地紧缺矛盾，建议从惠民生角度进一步提升人民公园品位，更好地服务于全区人民。二是对原宣化区卫生局和原宣化区人口和计划生育局进行机构撤并审计。除发现被审单位存在往来款项长期挂账、购置固定资产未入账问题外，未发现借机构改革之机突击花钱、挥霍浪费、侵占私分国有资产等违纪违规问题。

人事管理

【概　况】 2015年，宣化区人力资源和社会保障局紧紧围绕全区经济和社会发展大局，全力实施人才战略，加强引才引智工作力度，使人事人才工作再创佳绩。

【人才交流服务工作】 办理人事代理1001人；转出人事档案177份；与未就业毕业生签订就业协议38份；完成企业退休人员调整待遇40人；组织宣化区4家企业参加2015年张家口市全市人才交流大会，提供10个种类48个岗位。

【军转安置工作】 为企业军转干部发放解困资金235.98万元。其中，为6名在职人员发放工资20.91万元，为122名退休人员发放生活困难补贴118.53万元，为54名在职和退休人员缴纳医疗保险24.76万元，为215人发放春节慰问金21.5万元，发放“八一”慰问金16.72万元，为162人发放报刊费2.76万元，为162人发放体检费11.19万元，发放取暖费1.82万元，发放交通补贴8万元，退休军转干部抗美援朝慰问费1万元，为在职军转干部缴纳养老保险8.79万元。

【干部工作】 完成2014年度公务员、参公事业单位工作人员、事业单位工作人员、公有制经济企业管理、专业技术人才年度统计工作；按照文件要求，对教育局所属12所中学、28所小学、6所幼儿园及1所教育机构变更岗位设置，报市局全部审批完毕。为顺利推进县以下机关公务员职务与职级并行制度实施，对宣化区机关公务员基本情况进行调查统计，并完成信息填报工作。对2011年至2014新进人员进行摸底并登记造册，核准人数。

【干部档案管理工作】 库存档案4125卷；接收档案202卷，接收各类散材料5090份（包括工资、考核、学历、入党、奖励等材料）；转出档案6卷；转出档案材料126份；审阅宣化区工商行政管理局和宣化质量技术监督局干部档案172卷。

【职称和专业技术人员管理工作】 完成2015年度14项专业技术资格、执（职）业资格考试报名审核工作，累计报名841人；完成108个事业单位520名专业技术人员岗位聘用方案审批及聘用手续办理工作；选拔推荐2名专业技术人员为“333工程”第三层次推荐人选，报送市人事局。为2014年度取得高、中级专业技术职务任职资格专业技术人员办理资格证书，其中高级27人、中级76人、初级295人，员级3人。完成2015年度高级专业技术职务任职资格推荐申报工作，申报副高级83人。

【机关、事业单位工资福利工作】 完成机关事业单位1226名工作人员职务、职称、岗位变动调整工资审批。完成机关调整津贴补贴和事业单位调整绩效工资工作。按照干部管理权限批准241名机关事业单位工作人员退休（其中干部105名、工人136名）。对发放精神文明奖人数进行核定，核定242个单位12999人。审核遗属生活困难补助176人。对69个单位760名公务员进行工资调查。

【工考工作】 做好初级工考试、阅卷、评审工作以及证书打印工作，申报124人。对2014年高、中、初级工评审通过人员档案及证书进行发放，其中，高级工173人、中级工133人、初级工116人。完成2015年技师申报评审工作，申报243人，并对实际操作考试准考证进行发放。

【继续教育工作】 2015年6月初转发市人事局文件，布置2015年专业技术人员继续教育证书审验工作，审验工作全部完成。

（张　杰）

编制工作

【行政审批制度改革】 一是衔接落实国务院、省市政府取消下放行政审批事项。严格做好上级取消行政审批事项落实。宣化区取消国家、省市行政审批事项112项，对取消事项，要求区直相关部门对照本部门单位行政审批事项目录逐项梳理，对上级明确取消事项停止审批，同时加强事中、事后监管。做好上级下放行政审批事项承接工作。对上级明确由区政府部门行使审批事项，要求部门提出具体承接建议和相应具体工作措施。梳理承接行政审批事项相关信息。要求各部门单位按照信息公开要求，对纳入行政审批目录承接事项名称、承接受理科室、受理方式、法定依据、受理条件、申请材料、办理流程、承诺许可期限、收费标准、咨询电话、办理人姓名等要素进行梳理，制定工作流程。二是编制政府部门权力清单、责任清单。区编委办以行政审批目录为基础，清理行政职权，进一步厘清政府部门之间、政府与社会之间的职权分界，规范政府职能部门的权责目录，优化、简化权责事项办理流程，明确办理时限，以方便群众办事和社会监督。宣化区责任清单正在梳理中，权力清单编制工作于2015年6月底完成并公开。三是清理非行政许可审批事项。工作中做到分类处理，分步实施，该取消一律取消，该调整坚决调整，最终不再保留“非行政许可审批”这一审批类别，规范行政管理行为，促进依法行政，推进政府职能转变。

【政府机构改革】 一是本次政府机构改革，严格按照上级要求，设置政府工作部门20个，直属事业局1个，9个涉改部门全部印发“三定方案”，编制、人员全部划转。涉改部门下属事业单位人员、编制、职能重新进行核定划转更名。二是根据省委、省政府《关于市县政府机构改革的意见》，严格按规定核定部门领导职数。挂牌机构没有设为实体机构，没有单独核定领导职数。三是对以前自设城镇化办公室、集中供热办公室、集中支付中心、收费管理局、葡萄研究所、天主教爱国会、酒类监督管理所等七个副科级以上机构进行纠正，改为股级事业单位。

【编制管理】 加强机构编制监督检查。建立与人社、财政等部门配合制约机制，促进机构编制管理规范化，杜绝各类机构编制违规违法问题。确保全区行政编制、各类专项编制不突破中央和省、市核定总额，确保事业编制总量、财政补助事业编制数额以2012年年底统计数为基数，只减不增。

（宋元萍）

人力资源管理

【概　况】 2015年就业再就业工作稳步提升。通过努力完成就业工作目标任务，管好用好就业专项资金，全力做好就业服务，创新培训形式，利用小额贴息贷款以创业带动就业，大学生创业园建设，积极落实援企稳岗政策等一系列有效措施，做好下岗失业人员、就业困难人员、农村富余劳动力和未就业大中专毕业生就业再就业工作。切实解决劳动争议案件，加强劳动合同管理，加大劳动监察和执法力度，做好矛盾纠纷排查和信访维稳工作，全力维护广大职工切身利益。劳动保障监察充分发挥职能作用，引导劳动者依法维权，使劳动关系日趋和谐稳定。

【就业再就业】 努力完成就业工作目标任务。2015年，宣化区城镇新增就业5045人；农村富余劳动力向非农产业转移466人；下岗失业人员再就业2203人；其中，就业困难人员再就业902人；城镇失业登记率控制在4.23%。管好用好就业专项资金。2015年支出就业专项资金2293.96万元，2015年公岗人员岗位补贴976.13万元，公益性岗位社保补贴620.29万元，灵活就业社保补贴309.94，培训补贴107.75万元，大学生创业园补贴273.76万元，见习岗位补贴6.09万元。全力做好就业服务。2015年接收失业职工档案1234份，累计转出724份，库存档案23346份；为9615名灵活就业人员代收医疗保险2016.55万元；为10587名灵活就业人员代收养老保险6175万元。创新培训形式。创业培训240人，技能培训1479人。全年培训人数1719人。利用小额贴息贷款以创业带动就业。审批小额贷款37户，发放金额186万元。完成1户劳动密集型（隆旭建材城）的贷款贴息工作，贴息额度600万元，带动就业80人，充分发挥创业带动就业的倍增效应。大学生创业园建设。审批入驻企业90家，直接带动就业300多人，省厅80万元创业孵化基金奖补资金顺利到位。援企稳岗工作进展顺利。联合工信、环保等部门对宣化区化解滞后产能，淘汰滞后产能及经济转型升级涉及企业进行了解核查，发放141.1万元援企稳岗补贴，帮助4家处在转型期企业稳定就业岗位336个，确保企业正常生产经营秩序，稳定就业岗位，助推企业转型发展。

【劳动关系】 切实解决劳动争议案件。2015年年底，受理劳动人事争议案件245件，结案245件，涉及金额1038.6万元。加强劳动合同管理。为147户企业办理签订劳动合同手续1302人；办理解除劳动关系手续2436人。做好矛盾纠纷排查和信访维稳工作。严格执行领导接访日程安排，所有科室都深入基层排查矛盾纠纷和隐患，建立台账，并及时上报。对群众来访和政策咨询工作，符合政策规定尽快帮助解决，不符合政策规定做好解释工作，未发生一起因工作失误引起上访问题。受理信访案件149件，结案149件。

【劳动监察与执法】 加大劳动监察和执法力度，接待群众举报和投诉拖欠工资案件59起，结案59起，涉及农民工3843人，涉及金额2876万元。开展清理整顿人力资源市场秩序专项行动，检查59户次，其中包括45家用人单位。年审146个单位，涉及人数7825人。对宣化区各类用工单位进行综合检查，检查204户，涉及5215人。

（张　杰）

国土资源管理

【概　况】 2015年，国土资源管理局在市局党委和区委区政府领导、帮助、支持下，2015年完成省三项重点工作：不动产登记职责机构整合工作、土地违法查处整改工作、闲置土地处置工作。

【省三项重点工作】 一是不动产登记职责机构整合工作。不动产登记机构和不动产登记中心全部成立，完成职责机构整合，按要求完成不动产登记申请、准备工作。二是土地违法查处整改工作。宣化区涉及违法用地32宗，总面积278.1亩，实际处理占地面积244.2亩（其中耕地176.9亩）。32宗违法占地全部立案查处，其中涉及移交公安机关违法占地5宗；涉及建议处分违法占地2宗；收缴罚款276.69万元全部上缴市区财政；申请法院强制执行违法占地32宗。32宗违法用地全部履职到位。三是闲置土地处置工作。涉及宣化区闲置土地23宗面积564.8亩，处置完成率100%。其中：开工13宗，面积382.72亩；收回国有建设用地使用权10宗，面积182.08亩。

【重点工作】 完成9个项目用地预审工作，总面积878.97亩。落实区片地价调整和耕地分等定级，突出耕地保护任务。完成全区征地区片地价调整工作和耕地分等定级工作；完成国务院下达宣化区城市周边、交通沿线永久性基本农田划定举证工作；省政府下达宣化区城市周边、交通沿线永久性基本农田划定举证工作正在有序推进。上报土地出让方案25宗；供应土地9宗，总面积418.88亩（全部为挂牌出让国有建设用地使用权），出让金总额21126.68万元，收取契税845.07万元。配建保障性住房面积20.61亩，其中：廉租房10.305亩、公租房10.305亩；正在供应土地3宗，总面积67.59亩（全部为挂牌出让国有建设用地使用权），上报卷宗资料正在补充完善中（应缴出让金总额8456.54万元，应收取契税338.26万元）。完成2015年用地方案组卷上报工作。该方案申报用地392.08亩，其中新增建设用地382.88亩（含耕地151.02亩）。完成2014年实施第二批次建设用地基础资料收集整理，该批次为宣化区2014年城市新增建设指标卷，拟申报用地518.3亩，其中新增建设用地面积515.96亩（含耕地180.44亩）；完成2014年实施第一批次建设用地报批工作，该批次申报用地面积26.07亩，全部为新增建设用地，该批次通过审批，进入供地阶段；2015年第九批次建设用地正在报批中，该批次涉及集体建设用地4块，面积26.94亩。对8个需治理矿山进行现场核查，逐一摸清底数，进行分类，预留治理前图片资料，建立治理台账；省厅确定任务陈家庄采石厂施工设计，编制完成，待市局批复；其他需治理矿山与编制单位联系，有三个矿山施工设计正在进行中。完成个人楼房变更登记发证196宗，面积5.56亩；个人平房登记发证36宗，面积4.4亩；完成新建成小区分割土地登记913宗，面积24.80亩；完成宅基地变更登记发证38宗，面积13.58亩。完成抵押登记52宗，抵押土地面积1537.08亩，为企业实现融资6.93亿元。上报市局土地出让、划拨初始登记卷宗37宗（包括5宗北京铁路局铁路用地使用权卷宗），面积2665.72亩。完成21宗企业和个人国有建设用地使用权查封登记工作。三权发证工作有序进行，现按要求完成阶段性工作任务，所有权发证等待省市验收。完成全区基准地价更新工作。全区城镇地籍调查更新工作正在有序推进中。增减挂钩复垦工作取得成效。河子西村新民居拆旧项目（庞家堡镇李寺山村复垦项目）现完成拆迁和设计工作。老虎坟村新民居拆旧项目（侯家庙乡赵家梁村复垦项目）正在进行项目变更、拆迁和设计工作。

人口和计划生育

【概　况】 年内，宣化区认真贯彻落实中央、省、市人口和计划生育工作会议精神，切实抓好各项重点工作落实，圆满地完成市委、市政府下达各项目标任务。9月底，全区总人口为355710人，其中育龄妇女93516人，已婚育龄妇女66129人；全员流动人口30339人，其中已婚育龄妇女流入7631人，流出1009人。全区出生2352人，人口出生率6.65‰，符合政策生育率96.85%，统计求实率100%，性别比102.4（女为100），群众满意度97%以上。

【严格落实计生政策】 宣化区发放符合农村、城市无业独生子女父母每人每月10元奖励政策2422人，275310元。发放独生子女父母3000元一次性奖励7488人，448.896万元。

【救助、扶助工作】 发放奖励扶助金150.528万元，1568人。发放救助金156.024万元，424人。发放新增一次性救助条件独生子女死亡、伤残67户，104人，救助资金为64.75万元。此外，为3名病残儿童进行了医学鉴定。

【严格执行生育审批政策】 坚持立案在区、征收在区、管理在区、支付在区的社会抚养费征收“四在区”征管用新机制，全年共审批二胎276例。

【出生人口性别比治理工作】 全面落实包保责任制，严格落实对现孕二胎跟踪服务制度，全力打击两非案件。组织卫计、公安、药监等部门联合执法队。在全区范围内开展打击和治理“两非”（指非医学需要的胎儿性别鉴定、非医学需要的选择性别的人工终止妊娠）专项行动，行动中对6家产科医院、乡镇卫生院，乡镇计生服务站、5家个体诊所、10家药店进行规范整顿，并进一步加强对B超操作人员管理，从源头上遏制性别比偏高的势头。

【计生服务水平】 宣化区以“综合服务日”活动为契机，为104381名农村育龄妇女6178名特殊人群、流入人口妇女进行了生殖健康检查免费服务。避孕知情选择协议书签订率达到100%，农村妇女生殖健康免费服务率达到80.6%。全区122名药管员全部实现持证上岗；累计发放药具6367份，药具应用率、药具发放及时率、药具随访率、药具使用有效率均达到100%，宣化区11个免费药具供应点达到“八有”标准，各项工作指标达到上级要求。

【国家流动人口动态监测抽样调查工作】 宣化区连续五年参加国家级流动人口动态监测调查，每年抽样调查样本点个数均居全市首位。今年此项工作抽取了春光乡、建国街街道办事处等6个乡镇、街道办事处的12个村居（社区）流动人口进行入户调查，按照国家卫计委流动人口司要求，在线提交动态监测调查个人问卷240份，村居问卷12份。并按要求全部录入国家流动人口动态监测管理系统。

【免费孕前优生健康检查工作】 宣化区为免费孕前优生健康检查项目投入资金16万余元，为703对当年计划怀孕夫妇进行检查，完成率100%，严格落实随访制度。

【行政审批改革和网上办证大厅建设】 2015年，全区11个乡镇、办事处全面实施网上办证工作。宣化区在网上办理一胎登记212例，“独生子女父母光荣证”办理50例，没有出现错批、漏批、不及时办理的现象。

国有资产监督管理

【概　况】 2015年，宣化区国有及国有控股企业总户数为13户，其中：非公司制独资企业7户，企业化管理事业单位2户，有限责任公司4户。资产总额为13.84亿元，比上年减少0.21亿元，固定资产原值比去年减少0.72亿元。实现营业总收入2.19亿元，利润总额–4358.37万元，实现各种税费2278.99万元。盈利企业2户，亏损企业11户。

【负债及负债率】 宣化区国有及国有控股企业负债总额为10.76亿元，负债率为77.75%。其中：流动负债9.28亿元，非流动负债1.48亿元，分别占负债总额86.25%、13.75%。

【效益情况】 2015年，宣化区国有及国有控股企业全年实现营业总收入2.19亿元，利润总额–0.44亿元。

物价管理

【概　况】 2015年，宣化区物价管理紧紧围绕全区中心工作，把工作重点放在加强价格调控和整顿市场价格秩序上，努力保持全区价格总水平基本稳定，为促进全区经济发展和社稳定做出积极贡献。

【稳定物价工作】 2015年居民消费价格总水平预计调控目标为3%左右。1—12月，居民消费价格总水平（CPI）同比上涨0.6%，低于全省同比上涨0.8%和全国同比上涨1.4%的平均水平。为实现预期目标，一是针对新常态下宏观经济运行和价格变动规律，坚持做好常规价格监测。全面掌握市场价格变化，及时公布价格监测情况。二是认真落实《突发价格舆情应对工作预案》，加强价格形势分析研判。密切跟踪经济运行和价格走势，加强对重要商品价格变动趋势分析和预测，及时开展专题研究，不断提高价格分析预测精度和深度。定时定点采集城市重点商品价格，整理汇总后在政府网站发布《30种城市重点商品价格监测旬报告表》，每季度末分析当季重点商品价格运行情况，预测下季度价格走势。全年发布《全区30种城市重点商品价格监测旬报告表》12期，价格分析2篇，为领导了解重点商品价格情况提供权威数据信息。三是进一步发挥好价格调控联席会议制度的作用，加强与相关部门协调，主动沟通信息，切实做好促进生产、完善储备、规范流通、舆论引导、补贴救助保供稳价工作，努力形成价格调控监管合力。

【简政放权工作】 一是严格执行目录管理。认真贯彻落实上级物价部门新版定价目录，最大限度为市场主体松绑。按照省定新版定价目录有关规定，定价项目由原来的19类131项，缩减为12类52项，具体定价项目较之前减少60%，今后政府定价范围将主要限定在重要公用事业、公益性服务和网络型自然垄断环节三大领域。对省市物价部门下放委托管理定价项目，做到“接得住，管得好”。二是改进和加强收费管理。2015年5月1日起统一取消收费许可证制度，停止收费许可证年度审验工作，废止原收费许可证申领、发放及变更相关规定，将工作重心转移到加强事中事后监管上来。强化收费目录清单制度，编制执收行政事业性收费单位目录清单，凡进入行政事业性收费单位目录，方可申领财政票据并实施收费，未进入行政事业性收费单位目录，不得实施行政事业性收费。推进收费管理工作方式转变，同时建立完善收费单位情况、收支情况报告制度和收费政策及执行情况评估报告制度。2015年以来，物价局按照省市文件精神，变更收费11项，取消收费1项，对小微企业和个体工商户免征收费8项。注销收费许可证1个。会同区财政局公布《张家口市宣化区行政事业性收费目录清单》，今后未列入清单收费项目一律不得收费。

【价格改革工作】 一是积极组织宣化区听证会代表参加全市实行阶梯水价制度和阶梯气价制度听证会，按照张家口市主城区居民用水实行阶梯水价制度方案和阶梯气价制度方案，推进宣化区建立完善水价和气价阶梯价格制度建设。二是深化电价改革，降低工商业电价和电网企业售电价格，减少一般工业和商业企业用电成本，为企业发展增添后劲。三是深化药品价格改革，除麻醉药品和第一类精神药品外，取消原政府制定药品价格，建立以市场为主导药品价格形成机制，使市场在资源配置中决定性作用得到发挥。

【民生价费监管工作】 一是认真落实省市《关于落实国家非公立医疗机构医疗服务实行市场调节价有关政策的通知》精神，召集全区现代妇产医院、万柳医院、平安医院、协和医院四家非公立医院学习贯彻文件精神。把国家和省有关非公立医院药品价格和医疗服务价格政策送到医院管理者手中，鼓励非公立医疗机构提供形式多样医疗服务，探索实行有利于控制费用、公开透明、方便操作医疗服务收费方式。对宣化区医院新建病房和改造病房床位价格进行初审上报市物价局，批复执行。会同区教育局对全区6所民办幼儿园进行审批验收。二是主动应对、积极解决群众反映强烈价格矛盾。针对部分房地产开发企业新房交付、房价外另收燃气初装费等问题，及时向房地产开发销售企业发布提醒告诫函，编印《商品房销售价格政策汇编》，免费发放至房地产开发企业。三是围绕维护群众利益，畅通价格举报渠道。建立国家省市县四级互联互通、快速办理、及时反馈、实时查询、动态分析价格举报工作网络，坚持局领导接听价格举报电话制度。对群众反映“热点、重点”问题，及时受理、调查、处理、反馈，不推、不拖、不误、不压。

【价格监督检查工作】 一是市场价格定期查。围绕规范市场价格秩序，促进公平竞争，集中开展节日市场监督检查。全局出动40余人次，检查大型超市、商场、批发市场、药店、客运企业等352家，对涉嫌价格欺诈行为和违反明码标价规定行为6家单位采取提醒告诫措施，督促整改纠正，较好地维护节日市场价格秩序。二是热点问题重点查。围绕春耕春种，开展涉农收费专项检查；围绕社会关注、百姓关心社会热点问题，开展教育收费、医疗服务价格检查，规范行业和部门收费行为。

工商行政管理

【概　况】 2015年，宣化区工商行政管理工作以维护良好市场经济秩序为目标，深化服务，强化监管，不断提升工作水平，为促进全区经济社会又好又快发展做出应有贡献。

【企业登记注册管理】 企业设立登记526户，变更登记708户，注销登记156户；新设个体户1307户，注销个体户509户。有各类市场主体15805户，其中企业4392户，个体工商户11348户，农民专业合作社65户。

【优化服务举措】 从拓宽企业融资渠道、简化审批流程、适度降低准入门槛等各个方面充分发挥工商职能，创新服务方式，从更高层面、更宽领域、更大范围服务企业，帮助解决企业发展瓶颈问题。全年帮助企业成功融资7492.7万元。办理动产抵押登记15份，总抵押值2.25亿元，贷款额1亿元；变更动产抵押登记7份；注销动产抵押登记17份。

【推进商标战略】 培育和发展注册商标，鼓励企业争创著名商标工作。确立11家企业、6户个人为全区商标发展培育计划名单，刘家窑西瓜获得国家商标局注册受理，4家企业续延申报省著名商标。

【流通环节食品安全监管】 开展食用油、调味品、生鲜肉等不合格食品清查和专项整治活动中出动执法人员178人次，检查市场10个次，超市、商场425个次，检查食品、粮油、副食品等食杂店、小卖部880户次，检查中小学校周边食杂店125户次，检查农村食品经营户80户次，立案查处违章违法10件，结案1件，坚决遏制“三假”“五无”等不合格食品上架销售。推进食品安全城市创建工作，通过“点面结合”创建方式，突出抓好食品销售示范街创建工作。在创建过程中严格落实创建标准，查隐患、找原因、定整改、勤督导，大力推进“示范工程”在全行业引领作用。以与广大群众生活息息相关的食品类商品为重点，抽检产品19批次，保证全区流通环节食品安全。

【市场主体监管】 查处仿冒和傍名牌违法行为。重点查处食品、家用电子产品、日用百货和化妆品、建筑装修装饰材料等行业仿冒和“傍名牌”行为，以及非法生产销售军服、军服仿制品和军服专用材料行为。将医药、教育、电信等行业领域商业贿赂行为作为查处重点。以集贸（专业）市场、生产经营特色村镇、旅游景区、工业园区、车站码头、校园周边、城乡接合部等经营者集中区域为重点，集中清理无照经营行为。重点是整治损害消费者生命健康、财产安全医疗、药品、医疗器械、保健品、房地产等领域虚假违法广告行为。工商局将对空气和饮用水净化类生活用品专项整治执法与市场秩序专项执法紧密结合，在查处商标侵权、虚假宣传等执法中，强化这一行业整治。适时开展农资经营户调查摸底工作，摸清经营户基本情况，完善农资经营主体经济户口档案，指导和规范农资经营者建立完善索证索票和质量承诺制度。结合“12315”消费者投诉体系，受理农民群众投诉举报，保持对假冒伪劣农资坑农害农等违法行为高压打击态势。检查多家银行、电信、保险等企业格式合同文本，并对各企业、经营者进行相关宣传引导。对全区保险公司、旅行社格式合同文本进行全面梳理，发现问题格式合同文本1份，下达责令改正通知书1份。对全区23家加油站进行检查，对其中7家加油站进行油品抽检，抽取13份油品样本，其中有4家7个油品样本不合格，立案4起，结案4起，罚没合计3万余元。接待处理涉嫌传销举报1起。

【广告业监管】 加强对商品广告、电子显示屏、车体广告检查力度，重点做好户外广告审批工作。审批户外广告85个。对全区高速公路两侧路牌广告进行检查，对2户不规范广告牌进行纠正，对33户涉及不规范用字商店牌匾进行整改。

（白志强）

质量技术监督

【概　况】 2015年，宣化区质量技术监督局围绕当地党委、政府中心工作，履行职责，真抓实干，狠抓落实，各项工作按计划有序推进，全年任务基本完成。

【产品质量监督】 围绕落实省政府“十百千工程”，深入企业开展名优产品培育活动，拟定2015年名优品牌培育计划，积极指导企业参加评选，督促辖区内卓越绩效管理模式企业建立和落实首席质量官制度。出动156人次，对区域内50家工业企业进行普查建档，摸清底数，为后续监管工作奠定基础。

【食品安全监管】 制定《2015年食品（食品相关产品）质量安全监管工作方案》，开展元旦、春节和“两会”期间食品安全检查及食用油生产企业监督检查；开展食品安全区创建工作自查，组织推进2015年质量兴区和名牌战略工作。全年检查食品企业80家次，食品相关产品企业15家次，化妆品企业10家次，食品加工小作坊108家次。获证企业监督检查率100%，食品加工小作坊监督检查率比上年同期增长17%。专项检查肉制品企业和以畜禽肉为原料加工食品企业27家次。对投诉质量问题进行调查处理，确保食品安全。

【标准化和计量工作】 做好企标备案、动态管理和强制性标准监督检查，办理组织机构代码证书982个，去年同期办理组织机构代码证850个，同比增加15%。本行政区域最高社会公用计量标准合格率继续保持100%。以民生计量为重点，本年度继续对民用“四表”安装环节进行监督检查，开展市场计量检查，全年检定计量器具37552台（件），强检计量器具25591台（件），强检合格率98%；监督检查加油机899台次，加油枪415余条；检测定量包装产商品53批次，合格率93%；免费检定市场在用计量器具500余台（件）。以能源计量为重点，促进企业节能降耗。为辖区内1家重点耗能企业配备能源计量器具，配备率98%，检验合格率100%。开展民生计量服务进社区活动，免费为5个社区的居民检定、检测、修理家用血压计312台件、健康秤85台件，发放宣传（册）材料2000余份。

【特种设备监察】 加强特种设备使用环节监管，实施分类管理。开展电梯专项整治、车用气瓶充装站专项整治、液氨使用生产企业整治、起重机械专项整治、压力管道普查整治、特种设备安全大检查、特种设备“打非治违”等专项行动；配合市特检所完成锅炉、电梯、起重机械、厂内机动车辆等特种设备的定期检验。全年受理并发放特种作业人员证书374本，较去年同比增长3%。全年检查特种设备使用单位107家，检查特种设备1760台次。特种设备重点监控设备使用单位、公共场所及住宅小区电梯使用单位和气瓶充装单位现场全面检查率45%，去年同期检查率40%，较去年增长5%。发现安全隐患15处，下达《特种设备安全监察指令书》15份；对发现安全隐患建立隐患台账，明确督促整改负责人。

【技术机构能力建设】 对计量实验室进行改造提升，计量建标达25项，可对47种计量器具、4种定量包装产（商）品进行检定检测。通过改造提升，拓展业务范围，为服务社会经济发展提供技术支持。

（张会婷）

安全生产监督管理

【概　况】 2015年以来，宣化区强化安全生产“底线”思维和“红线”意识，认真贯彻落实省、市关于安全生产工作部署，以防范和减少事故、提升安全生产为目标，严格责任落实，加大安全宣教，狠抓各行业、各领域安全隐患排查整治，巩固全区安全生产良好稳定态势。全区没有发生较大及以上生产安全事故，一般安全生产事故死亡1人，各项安全生产控制指标均在市政府下达控制范围内。

【安全生产工作】 年初宣化区下发《宣化区“党政同责、一岗双责、齐抓共管”暂行规定》，建立全区安全生产党政同责制度，理清行业监管、属地监管职责。区、乡（街道）、村（社区）按照“五级五覆盖”工作要求，健全安全生产监管体系，实现“党政同责、一岗双责”全覆盖。印发相关文件40余个，组织召开成员单位各项工作会议8次，推动全区安全生产工作正常运行。

【安全生产检查工作】 结合不同时段工作要求，部署全区集中开展元旦、春节、全国“两会”、“五一”、暑期、抗战胜利70周年纪念活动等5次安全生产大检查活动，对检查出隐患，做到整改措施、整改时限、整改责任人“三落实”。特别是抗战胜利70周年纪念活动期间，宣化区组成5个督导检查组，从8月24日开始，分别由5名区级领导带队，相关部门牵头，采取自查、联合检查方式全面排查安全隐患，全区检查单位631家，整治隐患82条。

【安全生产专项活动】 一是开展新《中华人民共和国安全生产法》（以下简称《安全法》）宣贯活动。全区悬挂张贴安全生产宣传横幅163条，发放宣传单12000余份；在执法中加大企事业单位安全管理人员和全员安全培训中新《安全法》内容检查力度；在全区安委会成员单位开展新《安全法》知识答题；组织全区重点工矿商贸企业负责人、区安委会各成员单位和安监站长190人参加新安法宣贯和警示教育大会；完成安全生产月期间宣贯任务。二是多层面开展现场安全执法观摩会。7月24日，召开宣化区机械行业省市区三级联合观摩式执法现场会，在全省机械行业尚属首次。省市区执法人员混合编组，邀请省级安全生产和职业卫生方面专家，在宣工有限公司进行解剖“麻雀”式执法检查，组织全区各乡、街道办事处安监站和机械行业企业负责人及安全管理人员现场观摩。安监局组织加油站、气体经营企业执法现场观摩会。各企业都按照现场执法模式、程序、标准和要求开展自查自纠，提升企业安全管理水平。三是开展领导干部与重点行业（领域）企事业单位主要负责人谈心对话活动。区政府主管副区长孙辉亮与宣工、钟楼啤酒、焦化厂等10余家重点企业主要负责人进行谈话。听取企业安全生产工作汇报，分别有针对性地提出要求。全区各主管部门也与各行业企业主要负责人开展谈心对话活动。四是开展打非治违专项行动。大力开展打非治违专项行动，责令职业危害严重1家家具厂停产整顿；安监局与质监、城建开展联合执法打击城区内非法倒气行为；全区整治再生资源回收摊点电焊、气焊无证作业行动进行中。

【重点行业安全监管】 危险化学品。天津“8・12”特大火灾爆炸事故发生后，安监局及时分析全区安全生产形势，安排部署全区危险化学品安全检查整治工作。一是对加油站、烟花爆竹、气体生产经营单位、涉氨涉氯等危化企业开展全覆盖多频次安全检查。检查从业单位112家次，整治安全隐患85条。二是改进安全隐患排查方式，组织企业开展自查基础，建立专家找隐患制度，企业每季度聘请专家开展一次排查工作，作为常态坚持下去。三是非煤矿山。在春节、“两会”期间停止审批火工品，责令矿山企业停产。加强日常安全检查，深入企业检查30家（次），下达隐患整改指令书6份，整治安全隐患15条。督导企业严格落实领导带班下井制度，在地下矿山企业推进六大系统建设。

【企业安全生产标准化】 安监局推进全区工矿商贸企业安全生产标准化建设，23家规模以上企业完成标准化达标工作，逐步解决各类企业特别是中小企业投入不足、技术落后、基础薄弱、管理混乱和从业人员安全素质低下等问题。

【安全生产诚信管理】 安监局在危险化学品、非煤矿山等重点行业推行安全生产诚信管理，全区有18家企业开展诚信建设，其中福田、宣工2家企业完成一级安全生产诚信企业评定工作，完成应开展诚信等级评定企业32家。

【职业健康监管】 抓好职业危害申报工作，完成62家涉及职业危害企业网上申报工作，其中11家企业完成评价和检测工作。开展职业卫生专项检查，检查企业13家，其中与省市联合检查企业4家，整治问题15项。

【乡镇安全监管】 在培育完成春光乡、河子西乡、南大街街道办事处3个市级乡镇建设试点基础上，以点带面，将安全监管规范化建设在全区所有乡、街道办事处全面铺开。从市安监局争取专项资金10万元，改善3个乡镇办公条件、配备执法装备，将按照时间任务要求完成乡镇规范化建设。

【安全执法工作】 全年执法检查企业538个次，执法日1750个，检查企业覆盖率100%，完成执法日1490个，完成全年计划85.1%。发现隐患143条，整改136条，其余正在限期整改中。

（张彩绘）

行政审批管理暨政务服务

【概　况】 宣化区政务服务中心（以下简称中心）成立于2009年4月，进驻15个单位和部门，其中14个常驻，1个阶段性进驻，以及相关配套服务中介2家，进驻行政审批及服务事项147项。中心实行“一个门受理、一座楼办事、一条龙服务”运作模式，配备智能化网络系统，提供电子触摸屏查询、短信告知、网上预审等服务措施，同时能实现办公自动化和远程联动，是集信息与咨询、审批与收费、管理与协调、投诉与监察为一体综合服务体系。

2015年9月30日，中心各窗口累计受理各类审批及服务事项5629件，其中办结5628件，按期办结率100%。

【调整部门梳理项目】 根据国、地税分局要求改造一楼东厅，将国、地税办税服务大厅整体引进中心办公，为企业提供便捷纳税服务，有效堵塞税收漏洞，增加税收收入；及时调整规范全区行使行政审批及服务类项目，衔接国务院取消项目28项，接收1项，衔接国务院、省调整或明确为后置审批工商登记前置审批项目17项，2015年，宣化区依法行使行政审批项目数为342项。

【标准化达标工作】 按照GB/T24421—2009服务业组织机构标准体系要求，从软硬件两方面入手，先后在中心显著位置张贴全省政务服务标志，重新印制窗口工作人员展示牌，制作胸卡及胸牌；完善修订《窗口工作人员工作规范》《考勤制度》《考核制度》《问责制度》等规章制度；对国土局、建设局、规划局等多个部门内部科室之间详细审批流程进行细致整合与梳理，在区政务服务外网平台公开公示审批项目、审批依据、审批流程、收费标准及行政审批项目取消、下放、接收等情况，进一步规范审批行为，提高审批效率；切实贯彻落实市委建设“四级平台”及市中心标准化建设要求，完成标准化达标工作。

【“三级平台、两个代办”】 中心以“为民、务实、廉洁、高效”为原则，深入推进三级平台建设与两个代办工作，全面指导各乡镇、办事处便民服务站建设工作。全区3个乡，7个街道办事处，41个村，45个社区设立便民服务站（室），配备代办工作人员，实现便民服务全覆盖。制定下发《宣化区投资项目全程代办工作规范》《宣化区为民服务全程代办工作规范》两个专项文件，在全区全面推行为民服务全程代办与投资项目全程代办工作。

【市区专网互联互通】 按照市政务服务中心标准化建设要求，完成市、县（区）两级审批软件互联互通工作，为实现市县（区）两级网上联审联办奠定基础；中心牵头，联合工商、国税、地税、质监四个部门，设立“三证合一”统一受理窗口，开通“三证合一”专网，启动实施“三证合一”业务办理工作，实现企业注册登记“一口受理，一窗办结”，使审批流程进一步简化，效率进一步提升。

（史建红）

卫生综合管理

【新型农村合作医疗】 2015年，全区新农合参合率逐年提高，资金使用率运行平稳，农民的受益面逐年增长，看病负担明显减轻。全区共有55057人参合，参合率达到96.68%，超出全市95%的任务目标。筹资标准由去年人均390元增加至490元，筹资总额2697.793万元。科学测算补偿方案，提高大病统筹封顶线，从上年的10万元提高至12万元。2015年1—11月新农合受益人数128549人次，补偿金额1971.232144万元。积极开展重大疾病医疗救治工作，1—11月，17人获得重大疾病补偿，补偿金额61.53153万元，有效地缓解了重病患者的医疗费用负担。

【基本药物制度改革】 全区14所政府办基层医疗卫生服务机构以及57所村卫生室全部实行药品零差率销售，统一实施网上集中采购，并建立了基本药物货款统一支付机制，截至11月，网采药品1670种，采购金额218.71万元，网上集中采购率和药品回款率均达到100%。制订实施方案，组织续聘考核，圆满完成政府举办的14所基层医疗卫生服务机构负责人续聘工作。

【卫生监督执法】 卫生监督检查　宣化区共有公共场所506户，2015年新办卫生许可证45户，从业人员体检3640人，经常性卫生监督网上录入772户次，受理投诉举报1户。公共用具消毒效果抽检样品合格率分别为95.3%、99%。同时对辖区内一级以上医院12家，乡镇卫生院3家，村卫生室57家，社区卫生服务中心（站）16家，开展了传染病防治专项检查。并对未按规定处置医疗废弃物5户诊所进行了行政处罚，罚款11500元。打造以钟楼东街至宣赤路为宣化区首条“公共场所卫生示范街”，使之做到证照齐全、制度上墙、布局合理、设施完善、环境整洁、消毒合格、操作规范。严厉打击非法行医全年共检查个体诊所325户，经常性卫生监督录入423户；行政处罚14户，查处并取缔无证行医1户、查处未变更执业地点开展诊疗活动2户、聘用非卫生技术人员行医3户、超出登记范围开展诊疗活动3户，共计罚款7500元，受理投诉举报3户。

【项目建设】 区医院急救中心进行了全面升级改造，安装了GPS定位监控系统及对讲呼叫系统，大大提高了急诊出诊效率和抢救成功率。为了确保高速路上急救患者得到快速的转运和救治，院120急救中心与省高速交警宣化大队合作，成为高速急救定点医院。2015年10月，经宣化区区长办公会研究，确定了区医院门诊综合楼改扩建项目方案，现已完成部分开工前的手续，初步设计方案已完成，其他后续工作正在有条不紊地进行中。

食品药品监督管理

【概　况】 宣化区食药局的主要职责是负责餐饮服务食品、药品、保健食品、化妆品和医疗器械的监管及食品安全的综合协调。在职职工34人，退休2人。其中正科级干部2名、副科级干部2名，股级干部11名，下设食品药品监督所、食品药品安全举报中心、食品药品检验检测中心3个股级事业单位，局机关内设党政办公室、综合协调和政策法规股、食品生产和流通监管股、餐饮服务食品监管股、药品监管股、保健食品化妆品医疗器械监管股、监督检查应急管理和科技信息股、综合审批股、人事财务装备股9个股室，核定行政编制14名、机关工勤编制1名、事业编制25名，现局、所、中心合署办公。

2015年年底监管辖区655家餐饮服务单位，15家一级以上医疗机构，300余家个体门诊，3家药品批发企业，199家药品零售企业，96家医疗器械经（兼）营企业，27家专营企业，1家医用氧生产企业。

区食药局以食品药品监管体制改革为契机，以创建食品药品安全区为载体，紧紧围绕“三严三实”专题教育、食品药品安全“两大目标”任务，牢牢守住不发生食品药品安全事故、不发生监管队伍腐败问题“两个底线”，科学谋划，创新方法，落实责任，不断加大市场监管力度，食品药品安全保障水平得到新提高，全区食品药品监管工作取得新突破。

【体制改革和职能转变】 制定了改革工作方案、实施意见、食品药品监管部门的“三定”（定编、定机构、定职能）方案等文件。区食品和市场监督管理局“三定”方案、区政府关于改革完善食品药品监督管理体制实施意见、食品药品安全投诉举报中心设置方案已经区政府同意，并已印发。按照区编办和政务服务中心的统一安排部署，按时梳理公布了行政权力清单。

【食品药品安全区创建】 为确保圆满完成创建工作各项任务，成立了由区政府区长任组长，主管副区长任副组长，各乡、街道办事处，各相关部门为成员的领导小组，抽调专职人员成立创建办公室，负责创建工作的组织协调和指导落实。制定下发了《宣化区食品药品安全区创建活动实施方案》《宣化区食品药品安全区创建活动任务分解》等系列文件，对食品药品安全区创建工作进行了安排部署。区政府分别与各乡、街道办事处、各监管部门签订了工作目标责任书，并以政府常务会议、专题工作调度会等形式研究解决创建工作中遇到的困难和问题。注重经费保障，提升创建能力。争取省市资金74万元。创建工作开展以来，投入30余万元，为基层执法小组配备了笔记本电脑，便携式打印机、快检设备等执法装备。完善了食品药品监管部门责任追究制度、食品药品安全宣传教育制度、督查检查制度、投诉举报奖励制度、重大食品药品安全事故报告制度、集体聚餐备案报告制度，形成了比较完善且具有可操作性的食品药品安全制度体系。紧抓宣传发动，营造良好氛围。结合国家局食品药品安全科普行动计划，开展立体化宣传活动。通过举办广场宣传咨询，报刊媒体专题宣传报道，张贴食品药品安全标语，举办专题宣传活动，食品药品安全进企业、进农村、进社区、进学校“四进”等活动形式，广泛宣传新修订《中华人民共和国食品安全法》《中华人民共和国药品管理法》《医疗器械监督管理条例》等法律法规，发放《餐饮服务食品安全知识》《药品安全知识》等相关书籍2000余册，食品药品安全知识及法律法规常识等宣传资料万余份。发送食药安全知识手机信息30多万条，利用出租车LED屏、公交车载电视日均播放标语上万条。开展了“创建食品药品安全区你我共参与”活动，为全区5万名中小学生的家长发放了《致全区中小学生家长的一封信》。积极组织号召辖区内的药店、食品从业单位的LED显示屏在午、晚高峰时刻滚动播放饮食用药安全知识。

通过自我考评、省局验收组实地考核，科学评价，宣化区圆满完成首批食品药品安全县区创建工作。

【食品药品安全监督检查】 餐饮监管方面，对辖区内的190家学校、托幼机构食堂、“小饭桌”，22家企事业单位食堂，对承办34000桌的14家承接婚宴及大型聚餐的餐饮单位进行了多轮重点检查，没有发生一起食源性事故；圆满完成了联合国粮农组织会议期间、奥组委考察期间、中高考期间的食品安全保障工作；继续推行餐饮服务单位食品安全量化分级管理，在实现全部餐饮服务单位量化分级管理的基础上，提升量化分级等级优良率，确保辖区内参加量化分级管理的餐饮服务单位不低于持证单位数的90%，参加量化分级评定单位的公示率达到100%，截至目前569家持证餐饮单位完成了评定工作，其中A级14家、B级387家、C级168家；将“小饭桌”等各类新业态餐饮单位纳入规范管理，对全区的83家小饭桌实行备案管理，对社会福利机构进行摸底检查，将9家养老院全部纳入监管范围。药械监管方面，新办药品零售经营企业41户，换证1户，变更地址9家，变更人员116家，变更名称8家，增加经营范围3家。新办保健食品经营企业53户（38家药店兼营，15个专营店）；督促39家二类医疗器械经营企业进行备案。受市局委托完成11家三类器械隐形眼镜经营企业的换证验收工作。全年未发生责任事故；按照新版《药品经营质量管理规范》（以下简称GSP）的要求，全力做好GSP认证工作，组织260名药品从业人员开展GSP认证知识培训，召开GSP认证专项会议5次，对开展认证筹备的企业进行帮扶指导和模拟认证。2015年底21家连锁门店通过了新版GSP认证，有效提高了药品质量安全保障水平；对辖区内的3家药品批发企业、199家药品零售企业、15家医疗机构、27家医疗器械专营店、150家个体门诊实行全覆盖监督检查。加大违法违规企业监管频次，单体药店、农村药店监督检查频次达到4次以上。餐饮检查共出动执法人员3965人次，执法车辆1333台次，下达监督笔录和意见书各1333份，责令整改通知书170份；药械检查共出动执法人员1415人次，执法车辆495台次，下达监督笔录和意见书各487份，责令整改通知书50份。

【食品药品安全专项整治】 餐饮环节，先后组织开展了元旦、春节、五一等重点时段的专项检查、火锅底料、进口肉制品及学校托幼、社会福利机构食堂等专项整治活动，对辖区清洁厨房示范街的350家餐饮服务单位开展拉网式监督检查，有效防控了食物中毒和食源性疾病的发生。药械环节，元旦、春节期间开展了保健食品、药品、医疗器械经营企业隐患排查工作，排查企业110家，责令整改11家。对辖区4家有体外诊断试剂的经营企业和15家使用单位进行全覆盖检查，对经营使用不规范的2家单位要求限期整改；组织开展了中药饮片、中药材专项活动，依法查处了大东村两间平房内的赵某某涉嫌无证生产经营中药饮片案；组织开展了含可待因复方口服液体制剂、二类精神药品专项检查。其间检查药店35家、一级以上医疗机构和个体诊所31家。查扣384种中药饮片，3935公斤，货值7万余元，已销售中药饮片货款600987元，该案涉嫌犯罪，及时移送了公安机关。

【不断提升监管水平】 2014年年底，宣化区率先完成34家网络厨房建设。2015年7月6日，作为省局“药安食美网络厨房”建设的试点单位，在全省推进“明厨亮灶”工作视频会议上，食药局做了题为“实施明厨亮灶工程，力促社会共治”的典型发言；8月初，迁安市局，邢台市局，邯郸市肥乡、磁县、武安县局先后参观了宣化区明厨亮灶改造工程；9月24日，在张家口市宣化区第十五届人大常委会第二十四次上，食药局做了题为《关于推进“药安食美”工作情况》的汇报，现场演示了药安食美手机平台扫码查验食品药品功能。宣化区持证餐饮单位540家，381家餐饮服务单位完成了明厨亮灶改造工程,(全市持证餐饮服务单位6065家，明厨亮灶完成总数为3979家)，其中网络厨房147家、透明厨房55家、视频厨房41家、隔断厨房92家，完成率58.6%。全面推行“网格化监管、格式化检查、痕迹化管理”的“三化”监管模式和信用等级量化分级管理工作，辖区药品、保健食品经营企业全部建立了诚信档案；创新监管手段，推进药品电子监管工作。68家药品零售企业已在中国药品电子监管网进行了入网确认，目前正在督促企业配备相关设备，为年底实现药品零售企业电子监管扫码核注核销工作奠定了基础，通过药品电子监管平台，进一步加强查处办案力度，实现了药品流通全程、实时管理，做到药品流向清楚、可追溯。通过树品牌、创特色、争一流，以点带面有力地推动了食品药品安全各项工作的顺利开展。

【人才队伍建设】 按照全市“食品药品培训年”要求，实施“大培训工程”。通过集中培训、上门培训、现场培训、组织观摩等多种方式，举办餐饮服务从业人员培训班13期、保健食品从业人员培训4期、药品从业人员4期、协管员和信息员培训1期，累计培训5000余人。以提升执法人员的政治理论素养、岗位实践和依法行政能力为目标，组织开展食品药品监管工作人员累计培训50多人次，每人累计达40多课时。通过全员培训，极大地提高了执法人员依法行政、科学监管、履职尽责能力。2015年11月30日至12月2日，在全市举办的餐饮服务食品安全快速检测技能竞赛上，食药局获得团体二等奖，张鹏、唐拥军获得个人二等奖。

【食安办综合协调】 年初，与食品安全监管的20个职能部门签订了2015年度食品安全监管责任书，转发了《关于加强散装酒监管工作的通知》《关于开展校园及其周边儿童食品安全专项整治工作的通知》等40余份文件，组织各成员单位先后开展了“走私疫区牛肉专项整治”“白菜非法使用甲醛专项清查”等10多次食品安全专项整治行动，协调食安办成员单位开展了以“尚德守法　全面提升食品安全法制化水平”为主题的宣传活动，制定了详细的宣传周活动实施方案，通过悬挂横幅、设立展板、现场咨询等宣传手段，现场发放宣传材料62810余份，摆放宣传展板129块，悬挂横幅和标语432条，接待群众4546余人；受理“12331”投诉举报案件18起，按照相关规定和职责分工，函告相关部门对所反映的情况进行核查处理，已办结案件14起，剩余4件正在查办中，有效消除了食品安全隐患，净化全区食品市场。

公共资源交易中心

【概　况】 2015年，宣化区公共资源交易中心完成各类交易项目131个，交易额78590.23万元，节约财政资金2200万元。其中，建设工程类进场交易项目47项，工程总面积36.48万平方米，成交额48634.47万元；国有土地使用权出让10宗，总面积28万平方米，成交额23513.95万元；政府采购项目进场交易项目74项，成交额6441.81万元。

【监督体系建设】 中心按照权责明晰、配合有力、监督有效的要求，深入到财政、城建、土地、交通等20个行业主管部门对应该进入平台交易的项目进行逐一梳理核实，出台《宣化区公共资源交易目录》，加强与纪检、监察、审计、财政、发改等部门沟通协调，建立起行业监管、行政监察、综合监督、资金监管、媒体监督、公众监督“全方位、立体化”的监督体系，实现场内场外实时监督，线上线下动态监控，层层监管设防预警的新机制，实现了凡是在宣化区辖区内涉及公共资源交易的项目全部进入交易平台，做到应进必进，平台之外无交易，真正使公共资源交易在阳光下进行。2015 年，在宣化区面临经济下行的形势下，完成各类交易额 7.85 亿元，比 2014 年交易额增长 26.4%。

【提升服务水平】 中心围绕区委 2015 年确定园区建设、供热供气和外环路建设三大重点工作，与城建、交通等部门积极沟通，了解项目进展情况。特别是对青岛啤酒项目、宣左公路宣化连接线大北街等重点工程，中心组织有关人员先后多次到项目主管部门上门服务，及时提供政策咨询和各类服务，使其早日办理招投标手续。中心在工作中对于事关全区发展项目、服务群众项目，践行“马上就办、办就办好”原则，为招投标双方节省时间。

【打造阳光交易环境】 中心出台《交易中心监督管理办法》《评审专家管理办法》以及工程建设项目、政府采购、国有土地使用权出让《工作流程》等九项管理制度。2015 在建设工程、政府采购项目招投标中，给予废标 20 个，废标率 15.3%，做到制度面前人人平等，使制度成为硬约束，逐步构建起风清气正、竞争有序市场环境。

【提高中介机构公信力】 中心在学习借鉴蔚县、宣化县公共资源交易中心经验基础上，结合宣化区实际，研究制定《关于中介机构入库选用及中介机构代理费（佣金）收取暂行办法》。该办法实施，一方面促使中介机构和职业人员依法、独立、客观、公正履行职责，确保中介机构诚信度和公信力；另一方面加强对入库中介机构实行动态监督和考核，严格实行中介机构储备库进入与退出机制，对弄虚作假、违规违法行为，除直接将其从储备库剔除外，依法依规追究责任。

【安保帮扶工作】 根据《宣化区抗战胜利 70 周年纪念活动期间安保群防联控组工作方案》工作安排，中心设立领导小组，加强人员及车辆管控，每日值班队伍由一名班子成员、两名中心职工组成，严格落实值班签到制度，在区纪委抽查中，从未出现人员离岗脱岗现象。同时抽调单位两名工作人员到河子西乡下巴里村，南大街街道办事处进行安保维稳工作，圆满完成抗战纪念安保工作。在与吕祖庙社区共建帮扶工作中，得知该社区困难户韩振华突发疾病住院，家中生活极其困难，无能力支付住院费用，中心干部职工纷纷伸出爱心之手，将捐款 700 元送到其手中。

（董兆玥）

农业和农村工作

农业工作

【概　况】2015 年，全区农作物播种总面积为 8.02 万亩，与 2014 年基本持平。粮食作物播种面积 50459 亩，总产 2.7 万吨，比 2014 年略增。其中玉米 37201 亩，产量 23000 吨；马铃薯 3283 亩，产量 740 吨；谷黍 7676 亩，产量 1754 吨；豆类 1549 亩；产量 175 吨。经济作物播种面积 29807 亩，与 2013 基本持平。其中蔬菜 24600 亩，产量 10.4 万吨；瓜类 2072 亩，产量 5341 吨；油料 2775 亩，产量达 219 吨。完成肉类总产量 3500 吨，鲜奶产量 3000 吨，禽蛋产量 1500 吨，全面完成上级下达的各项目标任务。2015 年净增造林合格面积 9282.9 亩，森林覆盖率净增 2.13%，使全区森林覆盖率 26.8%，圆满完成市下达各项指标任务。

【农业项目建设】林业项目建设情况。一是巩固退耕还林后续林业产业基地项目。完成退林业产业基地造林 3000 亩任务，总投资 120 万元。二是奥运迎宾廊道绿化项目。2015 年，全市为助力冬奥会申办，实施高速公路迎宾廊道绿化工程，将绿化带宽度由 50 米扩展至 100 米。宣化区段绿化里程 21 公里，涉及 3 个乡 14 个村 1 个乡林场，总施工面积 3152.7 亩。完成投资 5600 万元，栽植苗木 45.6 万株，新打机井 4 眼，铺设输水管网 3 万米，完成全部绿化建设任务。三是奥运廊道光伏林业项目。根据宣化区政府与张家口市京张迎宾廊道生态能源有限公司签订的 90 兆瓦太阳能光伏电站项目投资协议，在宣化区段 G6 高速可视面荒山发展奥运廊道光伏林业项目。总占地面积 3200 亩，完成土地流转租赁、光伏林业设计等前期工作，组卷上报市林业局复核。

畜牧业项目。京津风沙源治理二期工程合理利用草地资源项目。完成总投资 32 万元，建设青贮窖 1000 立方米，采购发放饲料机械 25 台。项目全部完成通过区级验收。生猪标准化规模养殖场建设项目。全部完成，总投资 30 万元，完成化粪池建设 100 立方米及配套设施、猪舍改造 600 平方米、建设防疫消毒池 2 立方米，购买消毒设备 1 台、新建上下水各 100 米、电路改造 200 米、场区道路改造 50 延米。侯家庙乡姚家沟村振云农业专业合作社肉羊养殖项目。完成投资 450 万元，完成圈舍建设 3000 平方米。饲养肉羊 600 多只。

水利项目。农村饮水安全工作。总投资 576 万元，在 11 个村实施饮水安全工程，解决 11761 村民的安全饮水问题。2015 年第一批农村饮水安全工程，总投资 318.00 万元。项目村 7 个，解决农村饮水不安全人口 6600 人。2015 年农村面貌改造提升行动饮水安全项目，总投资 153 万元。项目村 2 个，解决农村饮水不安全人口 3061 人，主要为村内供水管网改造。2015 年农村饮水安全规划外项目，总投资 105 万元。项目村 2 个，解决农村饮水不安全人口2100人。2015年中央预算内第二批饮水安全项目（农村水质检测中心建设项目），总投资约190.31万元，其中中央投资78万元，其余为地方配套。

农村移民后扶工作。移民直补管理：本区自2006年对大中型水库移民核定登记以来，初始登记移民317人，历年核定核增核减，2015年6月30日，宣化区核定享受移民后扶直补资金人数289人，核减39人，核增7人，到位直补资金171.48万元，累计发放直补资金161.79万元。移民后扶项目。2015年移民后扶项目，投资68万元，项目村6个，铺设防渗渠槽7500米，机泵配套1处，改善灌溉面积1300亩；2015年小型水库移民后扶项目，计划投资59万元，项目村1个，计划铺设防渗渠槽5000米，地埋PVC-U低压灌溉管道1450米。改善灌溉面积850亩。项目计划正在批复中，下达后再考虑工期；2015年水库移民自然减员资金项目，计划投资11.91万元。项目村1个，计划新建防渗渠槽1500米。可改善灌溉面积230亩。2015年京津风沙源治理工程（二期）水利项目，项目计划中央投资150万元，为水源工程30处和节水工程各20处。要求2016年8月底完建。

农业产业化项目建设情况。2015年，区农业产业化重点项目6项，分别为：蔬菜市场改扩建工程项目、生猪养殖加工冷冻产业化项目、蔬菜冷链物流、盛达种养及休闲基地项目、花菇标准化地库培植实验基地、振云农业养殖项目，全年完成投资4000万元。

农村工作

【农村基础工作】 农村土地经营权确权登记颁证工作。按照省事统一部署，开展农村土地经营权确权登记颁证工作。农产品安全整治。加大监管力度，切实保障人民群众食品卫生安全。指导农户、养殖场、养殖小区发展无公害生产；扎实开展各项整治工作，对病虫害统防统治、植物检疫、重大动物疫病防控、“瘦肉精”监管、生鲜乳产品质量、饲料质量等开展十余次专项整治行动，出动80多名执法人员、车辆25台次；开展监测、检测，做好蔬菜、肉类等农产品以及农药、肥料等农资的抽样检测，有效保障农产品质量安全。

2015年本区（含庞家堡镇）参保全区参保面积10072.08亩，主要是玉米和马铃薯，参保农户2101户，总保费241817.42元，其中财政补贴193453.94元。2015年，宣化区（含庞家堡镇）发放农机补贴资金20万元，补贴各类机具21台。按照中央和省委、省政府关于大气污染防治行动工作部署和农村面貌改造提升行动有关要求，2015年大力实施农村能源清洁开发利用工程，本区推广高效清洁燃烧炉具1500台，每台炉具省、市补贴资金800元。防汛工作严格执行防汛制度，及时修订防汛预案，部署工作重点，认真防汛检查，实行区、乡、村三级监管制度。加强防汛宣传，下发《防洪安全告知书》1000余份，设安全警示牌50块，印发防汛宣传单16万份，发送短信5万余条；河道管理：对河道划界竖桩进行补充完善，明确境内河道管理范围，及时有效制止侵占河道等违法行为；项目管理：完成2015年度山洪灾害防治非工程措施建设补充完善项目，总投资84.9万元，主要进行监测预警系统升级改造和补充完善及群测群防建设，对区域内重点防治区和一般防治区进行山洪灾害调查评价。

【美丽乡村及中心村建设】 2015年，本区样台、沙圪垯、申太庄3个村被列为美丽乡村省级重点村，完成建设任务，顺利通过省、市验收，其中样台村获得市级美丽乡村精品示范村称号，申太庄获得市级美丽乡村称号。投入资金100万元，清理垃圾1200吨、杂物20吨、残垣断壁40处、庭院1279户。实施农村危房改造13户，改建厕房40户，太阳能利用240户，新能源利用360户。三是基础设施配套工程。投资420余万元，硬化村道7公里、主街道6000平方米，打深机井2眼，建50吨水塔2座，铺设主管道16300米、电缆600米、主管道6500米，修建1400平方米引水渠。农村改造厕所275座，对样台村3台变压器进行扩容升级，对3200平方米池塘进行整建。四是公共服务提升工程。投资10万元，修缮村委会房屋、互助幸福院230平方米，修缮样台村文化广场200平方米。五是生态环境建设工程。投资15万元，种植各种树木2270棵，绿化村庄4960平方米。

工 业

综 述

【概　况】 2015年，面对新形势、新要求，工业和信息化局紧紧围绕区委、区政府中心工作，以"产业转型"为突破，抢抓"三大机遇"，积极调整工作思路，狠抓各项工作的落实，转变工作作风，强化运行调度、实施项目推动、加大品牌引领、优化发展环境等强有力措施，确保工业经济稳步发展。全区43家规模以上企业完成工业总产值377.9亿元，同比下降16.1%；完成增加值64亿元，同比增长0.28%；完成营业务收入209亿元，同比下降28.32%；实现利润17亿元，同比下降12.58%。

【调整结构】 密切关注国际国内经济形势和国家宏观经济政策的导向及变化，认真分析宏观经济形势对宣化区的影响，准确把握和研判全区工业经济的发展出路与对策，为企业提供政策支持。大力实施工业转型升级攻坚行动。制订实施方案，积极调整产品结构，尤其是以福田汽车、骞海风机、华泰钻机、宏达机械制造为重点的装备制造和以新迪高压电瓷等为主的陶瓷、以钟楼啤酒为主的啤酒、以紫云化工为主的化工等重点行业升级改造，推动产品提档升级并取得了较好的效果。

紧盯辖区10个重点企业，加强工业经济运行监测分析，做好工业经济动态预警研判，强化工业经济指标例行调度，通过坚持"月调度、季总结"制度，开展"帮扶企业"等措施，为企业解决发展中的困难，确保全年工业经济平稳运行。

大力支持宣钢"普转优、民转特"向产品精品化、生产智能化发展，为宣钢转型升级奠定基础。加快推进张家口电厂总投资8亿元热电联产改造建设工程。全力推动以福田汽车、骞海风机、华泰钻机为重点的装备制造和以新迪高压电瓷、钟楼啤酒、紫云化工等传统产业的升级改造。加快宣化钻机产品进军国际市场步伐。推动新北方装潢与全球知名印刷企业香港澳科集团强强联合的进程，推动产品提档升级。

借鉴河南长垣"起重机产业园""专家组"管理与应用经验，积极与国家机械信息研究院对接，对宣化区机械装备产业做整体发展规划并积极筹备成立外部专家组，为宣化区钻机产品提升技术水平和档次提供共享平台，提高宣化区影响力。

【经济平稳运行】 深化区级领导干部对81家重点工业企业帮扶活动，促进政策落实、加强运行监测、破解融资难题、拓展产品市场、推进项目建设、支持企业技术创新等方面进行帮扶，促进了全区工业经济总量、发展质量、综合竞争力的不断提升。

紧盯重点企业，加强工业经济运行监测分析，做好工业经济动态预警研判，强化工业经济指标例行调度，通过坚持"月调度、季总结"制度，开展“帮扶企业”等措施，为企业解决发展中的困难，确保全年工业经济平稳运行。

培育壮大中小企业。以规模做大、实力做强、结构做优为目标，培育、提升、壮大、转型一批中小企业，完成6户企业进入规模以上企业。

大力支持企业上市融资，对12家企业重点跟踪，其中：新迪高压电瓷、正昊机械与北京惠泽融通资产管理公司签约。

【民营经济】 加强政策宣传引导和落实。采取多种形式宣传国家、省、市及全区促进民营经济、中小企业发展，特别是扶助小微企业的政策，特别抓好《支持工业转型发展八项措施》和全民创业等相关政策的宣传，努力让中小企业、民营企业知晓政策、掌握政策、运用政策，充分发挥好政策的效应。

扶持特色产业做优做强。针对全区机械装备产业发展的现实，通过先后走访中国爆破协会、中国钢协钎钢钎具分会和天津国际矿业大会主办方等部门机构，进一步学习了解产业集群的发展规律和工作特点，同时提升了工作思路。适时在天津举办经验技术交流会，共同推动用户与生产企业紧密合作，帮助企业缓解经济下行压力。近期将推进钻机产业发展规划制定和承接院所到宣化区考察等工作。

破解制约瓶颈。大力支持企业上市融资。在发挥好传统融资的基础上，力推企业上市融资，对具备上市条件的民营企业家进行重点培育和一次性奖励支持。目前冶金环保公司、新迪高压电瓷公司2家企业已与广发证券签约，下一步重点培育正昊机械公司、昌通环保公司，现正在积极推进各项前期准备工作。全力推进创辅基地建设进程，为中小企业提供发展空间。2015年，完成营业收入264.7亿元，增幅0.85%；完成增加值52亿元，增幅2.47%，上缴税金13亿元，同比下降11.3%。

【项目工作】 积极到北京、烟台、沧州、武汉等地区、部门、院校进行对接和争跑项目。成功引进总投资50亿元的北汽福田产业转移项目，并于2015年7月24日举行签约仪式。项目投资35亿元，分两期建设，项目达产后将实现年销售收入200亿元，拉动产业链200亿元，可安置就业约3000人。引进泵车、车载泵、起重机、消防车、环卫车在宣化区生产，壮大了宣化区装备机械整体实力。

推进了青啤工业园、紫云化工技改、新迪高压电瓷二期、骞海风机等项目建设进程。国玉“陶瓷产业文化园”的建成，对产业升级起到了积极推动作用。为福田、工程等企业争取省、市技改资金3320万元，助力企业发展。

【改制后续工作】 工业和信息化局系统现有未改制的困难企业12家，已改制的企业48家，涉及企业职工3万多人。面对企业生产经营困难和维护职工合法权益等诸多问题，下大力解决了2435名企业改制后因政策调整所涉及职工养老、医保、独生子女一次性奖励等问题。集中力量化解常压锅炉厂、啤酒、开元建筑等企业出现的群体矛盾。2015年，共接访806批次，计2740人次，化解了680批次。

【节能工作】 按照区确立的打造“节能环保型工业城”的发展思路，严把项目源头关。进一步加快发展机械装备制造、高新技术等一批节能高效产业。大力发展北方清正、正大柔性集成电路板生产等一批节能高新产业。加强对宣钢、张电宣化热电、金隅水泥、紫光气体等5个年耗能在万吨以上的重点企业进行督导检查，张电、热电近零排放、脱硫脱硝等项目全部按期完成。全年超额完成103台工业锅炉的拆除改造工作。

（高丽丽）

冶金工业

【概　况】 宣化区冶金业实力雄厚，是宣化区的支柱产业之一。冶金企业有重要的钢材、生铁生产企业河北钢铁集团宣钢公司。冶金带动了区内及周边的采矿业、选矿业、运输业、水泥业、机修业的发展。2015年黑色金属冶炼及压延加工业规模以上企业6家，利润总额4869万元。

【河北钢铁集团宣钢公司】 河钢集团宣钢公司（以下简称河钢宣钢）是河钢集团的骨干企业，迄今已有97年的建企历史，企业前身是创建于1919年的龙烟铁矿股份公司。

2015年12月末，河钢宣钢资产总额455.4亿元，在册职工21196人。主要装备有高炉5座、转炉5座、轧钢生产线10条、焦炉6座，具备年产生铁800万吨、粗钢820万吨、钢材760万吨的规模能力。主要产品为线材、棒材、型材、带钢。2015年，产品铁塔用角钢荣获"全国用户满意产品"称号；优质碳素钢热轧圆盘条、焊接用钢盘条H08A两类产品荣获"冶金产品实物质量金杯奖"；优质碳素钢热轧圆盘条、焊接用钢盘条H08A、优质碳素结构钢热轧45#圆钢三类产品荣获"冶金行业品质卓越产品"称号。2015年宣钢荣获全国总工会、国家安监总局颁发的全国"安康杯"竞赛优胜单位称号。宣钢荣获共青团中央、中钢协联合颁发的2014年度全国钢铁行业"青安杯"竞赛优胜单位称号。宣钢代表张家口在河北省工信厅、河北省机械冶金工会联合组织的河北省2015年技能大赛中获得河北省总工会颁发的计算机程序员、动画制作员、精炼工团体第四名、第五名、第六名荣誉称号。宣钢荣获全国钢铁行业协会颁发的首届全国钢铁行业技能知识网络竞赛团体优秀组织奖。宣钢荣获河北省冶金行业协会颁发的河北省模拟炼钢大赛炼钢工团体三等奖。

建材工业

【概　况】 2015年，宣化区建材业有水泥、耐火材料等制品企业9家。水泥主要有生产"金隅"牌普通硅酸盐和矿渣硅酸盐水泥的张家口金隅水泥有限公司，产品销售到北京、内蒙古及张家口市周边各县。

【张家口金隅水泥有限公司】 张家口金隅水泥有限公司隶属于北京金隅集团（股份）公司，位于宣化区幸福街33号（即原147号），2009年4月16日注册成立，注册资本3亿元，2015年8月追加注册资本0.35亿元，合计注册资本3.35亿元。

2015年度生产水泥（含矿渣粉）124.22万吨，与2014年度同比减少9.99%；实现销售收入20538.65万元，同比下降25.73%；完成工业总产值30221.5万元，同比增加13.16%；实现利润总额-4208.82万元，同比下降892.73%。2015年资产56901.18万元，同比减少6.5%，净资产35855.03万元，同比减少10.51%。

固定资产原值46251.78万元，同比增加20.4%，净值34147.6万元，同比增加18.64%，累计折旧12104.18万元。在建工程306.81万元，全员职工年人均工资收入44516元，比上年下降2.99%。

2015年度公司获得"环渤海地区建材行业诚信企业""河北省安全生产先进单位""河北省厂务公开民主管理示范单位""张家口市第六届百强企业"。

2015年，公司进行了包装系统、水泥磨控制系统、熟料上料系统、粉煤灰仓储噪音综合治理改造等工程，实施了区域联合采购招标措施，有力降低了生产及采购成本，2015年，水泥制造成本每吨比计划降低25元，张金实际采购成本比财务计划降低了1162万元。

公司50万吨粉煤灰仓储基地在2015年建成并投入运行，完成17万吨粉煤灰入仓任务，基地运行良好，2015年，粉煤灰购进44.82万吨，向外销售33.89万吨；脱硫石膏储存24.86万吨，向外销售11.25万多吨与张家口区域、北京周边金隅集团的20家企业签订了粉煤灰、脱硫石膏、矿渣粉的销售合同，占有了一定的市场份额，有力解决了北京企业粉煤灰需求。

公司注重环保投入和回家建设，大搞绿化植树，先后种植花木、灌木、林木8000多棵。2015年进行了熟料堆场挡风墙建设、物料全部棚化，完善了2#、3#立磨矿粉、石灰石粉发散粉尘治理，规范了1#立磨煤棚、脱硫石膏棚，并对大渣、水泥磨脱硫石膏上料皮带进行了全封闭，减少粉尘污染。经各级环保部门监测，各粉尘排放口排放浓度均低于国家限值标准，同时完成了清洁生产审核、环境风险源应急预案等工作。

2015年，通过大量的试验和研究，实现了利用工业废渣高炉干渣替代了粒化高炉矿渣，不但降低了矿粉成本，还扩大了公司资源综合利用的范围；同时通过了国家五体系认证，取得了道路水泥和普通42.5低碱水泥生产资质。

（王建芬）

石油和化工企业

【概　况】 主要企业有宣化紫云化工有限责任公司、河北金昊纳米材料有限公司等。区石油业主要是经销油品的中国石油化工股份有限公司河北石油分公司。

【宣化紫云化工有限公司】 宣化紫云化工有限公司前身为1954年建立的张家口市宣化化工厂，是国家民用爆破器材产品的定点生产企业。公司位于河北省宣化北郊，占地315亩，现在册员工585人。

公司设立股东会。股东会下设董事会、监事会。公司日常管理机构为“两室、三车间、十二部”，即：综合办公室、清欠办公室、膨化车间、乳化车间、动力维修车间、政工部、人力资源部、财务部、企管部、销售部、采购供应部、行政保卫部、技术质量部、安全监察部、生产部、工程项目部、爆破工程业务部。党委下设八个党支部。

2015年度产销平衡，年产销量为9600吨工业炸药，实现收入0.67亿元、利润25.8万元、纳税746万元。

2015年被张家口市人民政府残疾人工作委员会评为《助残明星企》；被河北省评为《河北省助残扶贫示范基地》；被河北省科技工业局、河北省发改委、河北省军区司令部命名为《河北省军民融合企业》。

（李慧玲）

【河北金昊纳米材料有限公司】 河北金昊纳米材料有限公司为河北润泽鑫商贸有限公司投资的子公司，生产高科技产品纳米二氧化硅。公司位于河北宣化区宣赤路北，现有职工74人，2015年，职工人均收入为20000元。

河北金昊纳米材料有限公司筹建于2005年10月，成立于2006年1月17日，于2006年9月13日工程剪彩。公司法人代表任强，经理贾海峰。公司下设办公室，生产车间，财务处，市场部，质量管理部，技术部。

2015年，公司全年累计销售纳米二氧化硅700吨。销售利润与成本基本持平，虽然没有实现利润，但生产工艺已经比较成熟，质量更加稳定，已经开拓的客户供货稳定，并且在市场上形成了较好的口碑。

（王玉英）

【河北宣化石油分公司】 中国石化销售有限公司河北张家口宣化石油分公司（简称中石化宣化石油分公司）坐落于张家口市宣化区建国街2号，2015年，公司公司经理兼党支部书记赵威。

中石化宣化石油分公司是宣化成品油经营的主渠道，主营业务为汽油、煤油、柴油、润滑油（脂）的批发、零售。

企业现有6604油库、宣化小东门油库两座油库（分别于2003年和2004年暂停使用），库容量73600立方米，遍布城乡的加油站23座，易捷便利店9个，润滑油门市部1个，润滑油销售网点21个。

经营情况。2015年公司共计销售汽柴油51451.4吨，完成全年计划的63563吨的81%，同比51984.1吨减少532.7吨，减幅为1.6%，其中汽油销售23703.1吨，同比21754.2吨减少1948.9吨，增幅为8.9%，柴油销售27748.3吨，同比30229.9吨减少2481.6吨，减幅为8.2%。

2015年，非油品销售额为802.78万元，完成全年计划的970万元的82.76%，同比651.74万元，增加151万元，增幅为23.17%。

（王　斌）

机械工业

【概　况】 宣化区制造业基础雄厚，主要有工程机械制造业、专业汽车制造业、环保设备制造业、钻探机械制造业、风机、压缩机制造业等。工程机械制造业有生产大马力推土机的河北钢铁集团宣工公司（即河北宣工机械发展有限责任公司，以下简称河钢宣工），以及为其生产部件配套的万丰机械有限公司；专业汽车制造业有生产混凝土搅拌车、泵车、自卸载重车的北汽福田汽车股份有限公司宣化福田雷萨泵送机械厂；环保设备制造业有生产除尘器的宣化冶金环保设备制造（安装）有限责任公司；风机、压缩机制造业有骞海鼓风机制造有限公司；钻探机械制造业有华泰矿冶机械有限公司、现代采掘机械有限公司、苏普曼钻潜机械有限公司、阿特拉斯·科普科（张家口）建筑矿山设备有限公司、正远钻采机械有限公司、宣钻重型机械有限公司、金科钻孔机械、北方钻具等。宣化区钻机国内市场占有率达50%。

【河北钢铁集团宣工公司】 河北钢铁集团宣工公司位于宣化区府城南大街21号，始建于1950年，是经营推土机、装载机、压路机、吊管机及系列产品、配件制造和销售的大型国有企业，是国内唯一高驱动推土机研制和批量生产厂家，集产、供、销、服务为一体的华北地区工程机械龙头企业。所属上市公司河北宣化工程机械股份有限公司总股本19800万股。

2015年，河钢宣工有职工2353人，其中在岗职工2016人，在岗人员中，管理人员占10.12%，技术人员占5.75%，一线操作占48.71%，辅助操作占20.34%，销售和服务占5.36%，服务保障占6.05%。公司下设职能部室18个，分厂（车间）10个，具备年产2000台推土机的生产能力。

2015年，河钢宣工认真贯彻落实集团的各项决策部署，坚持以提升经营业绩为目标，紧扣“拓宽业务出口、严把采购进口”两条工作主线，以改革创新为驱动，大力推进经营模式转型，主动对接集团内部市场，加快产品提档升级步伐，公司管理创新能力、市场竞争能力和产品创效能力得到全面提升。全年生产推土机233台，销售主机248台，营业收入22900万元，销售回款13929万元。

2015年年底，河钢宣工资产总额16.4亿元，其中流动资产8.6亿元。负债总额12.9亿元。

（刘印彰）

【宣化福田雷萨泵送机械厂】 北汽福田汽车股份有限公司宣化福田雷萨泵送机械厂是北汽福田汽车集团六大核心战略业务之一，主要负责泵车、搅拌车、车载泵、汽车起重机等产品的生产制造与商品经营。研发中心、营销中心位于北京市怀柔区。

北汽福田汽车股份有限公司宣化福田雷萨泵送机械厂坐落在塞外古城张家口市宣化高新技术开发区，成立于2003年10月，注册资本6.44亿元，占地面积26万平方米，建筑面积近16万平方米，固定资产近10亿元，2005年6月29日正式投产。

2015年生产搅拌车3006辆，产值10.8亿元，利税3679万元。2015年共争创各级荣誉3项，其中省级一项：河北省政府质量奖，市级一项：

张家口市长质量奖，区级一项：五一劳动奖。

2015年7月24日张家口市、宣化区政府和福田汽车集团三方在北京签订《企业转型升级战略合作协议》，一期建设周期为12个月，总投资15亿元，转移业务为泵车、车载泵，2015年8月份项目正式启动，新增设备445台套，除大型机加设备正在安装调试中，其余设备全部安装调试完成，泵车绿色智能制造中心建设基本完成。

2015年，北汽福田汽车股份有限公司宣化福田雷萨泵送机械厂员工采用岗位工资、绩效工资相结合的方式，与生产效益挂钩，对公司各种产品进行合理测算，规范标准工时，2015年，职工月人均收入3000元。

（杨 帆）

【宣化冶金环保设备制造（安装）有限责任公司】 宣化冶金环保设备制造（安装）有限责任公司为有限责任公司（法人独资），主要产品有：板卧式静电除尘器、袋式除尘器、管极式除尘器、电袋式除尘器、转炉高炉煤气干法除尘配置的圆式电除尘器、烟气脱硫等环保设备及风力发电塔架等。

厂址位于宣化区东门外大街99号，占地面积12.67万平方米，其中工业建筑面积5万平方米。经过发展建设，已成为全国同行业中规模较大的环保设备专业制造安装企业，是中国跨地区、跨行业的环保行业协会副会长单位，常务理事单位，河北省烟气治理基地，高新技术企业、高新技术企业协会理事单位，河北省科技型中小企业、河北省企业技术中心、河北省工业烟气污染控制工程技术研究中心、国家和河北省环境保护产业骨干企业，中国环境保护产业协会理事单位和三A信用等级单位，河北省专业设备制造九强之一，河北省重点行业排头兵企业，河北省诚信企业、张家口市百强企业。通过了质量管理、职业健康安全管理、环境管理体系认证。

2015年年末，公司在职职工497人，资产总额75098万元，固定资产原值4146万元，净值2399万元。主要生产设备有：C5225ϕ2500双柱立式车床，Y31200Eϕ2000m=20滚齿机，BX2012—1200×4000龙门联合铣刨，B2016A—1600×6000龙门刨床，KT—540G光电跟踪切割机，J31—400AB400t闭式单点压力机，WB67Y—250—5000液压板料折弯机，WIIS—50×3200C水平下调式三辊卷板机，EZW11S—50×320液压、微控水平下调式卷板机、Q12Y—20×4000液压摆式剪板机，G3015—CST3000大功率数控激光切割机，C型、Z型极板轧机各类机加设备485台套。2015年新增电焊机2台，摇臂钻床3台、轿车5辆、台式电脑3台、笔记本电脑2台、机光打印机1台、复印机1台等计投入129万元。实验设备479万元，自制设备905万元，共计新增固定资产1493万元。年生产能力除尘器3万吨。产品销往全国29个省市自治区，部分产品出口国际市场。其中板卧式静电除尘器荣获国家环保局优质产品称号，转（高）炉煤气干式静电除尘器荣获国家级新产品证书，产品在冶金、电力、化工、建材等领域得到广泛应用。

2015年年底，公司共取得34项实用新型专利证书；公司荣获得省科技厅颁发的河北省科技型中小企业称号，通过省科技厅、财政厅、发展改革委验收获得河北省工业烟气除尘工程技术研究中心资格，省专用设备行业排头兵称号，荣获河北省张家口百强企业、河北省著名商标等称号。

2015年，实现工业总产值28980万元；主要产品产量完成11446吨；实现产品销售收入14699万元；实现利税426万元。公司采取以岗效工资为主要形式的分配制度，职工人年均收入25680元。

公司于2015年1月21日下发宣冶集团环保办字〔2015〕3号总字〔2015〕3号文，对公司机构进行了调整：营销系统增设营销六处，营销七处；撤销机动安环处、生产处，成立安全生产管理处；撤销管理处，业务整体划归人力资源处；撤销工艺技术处，业务整体划归技术中心；将售后服务处的售后服务业务划归营销综合处。

公司于2015年1月30日下发宣冶集团环保办字〔2015〕5号总字〔2015〕5号文，对公司机构进行了调整：成立法务办公室；原结构分厂划分为结构一分厂、结构二分厂；撤销包装分厂，成立包装工段。

（王　泉）

【宣化华泰矿冶机械有限公司】 宣化华泰矿冶机械有限公司法人代表任清，公司性质为民营股份制企业，注册地址为宣化开发区长平北路10号。公司为宣化经济开发区进区企业。2015年公司实现产品销售收入11191万元，利润总额586万元，上缴税金721万元。

2015年4月，公司被张家口市安全生产监督管理局评为“安全生产标准化三级企业”。2015年7月，华泰公司被张家口市工经联、市统计局、市工信局评定成为张家口市百强企业。2015年12月，华泰公司生产的煤矿用液压掘进钻车，被河北省质监局认定为河北省优质产品。

2015年3月，华泰公司通过张家口市商务局、张家口市海关等部门的认定取得自营进出口权，为公司拓展海外市场提供了进一步保障。

2015年，华泰公司完成两项新产品开发项目，项目产品在国内均具有领先水平，且均为国内首台套设备。其中HT92液压锚杆钻车，用于金属、非金属、水电等中小型巷道、涵洞中围岩结构复杂，岩层破坏严重等地质条件下的采矿和隧道开挖中岩石加固作业，操作手在安全的工作环境下快速、高效地完成岩石锚杆支护。CMK1—2煤矿用液压钻车，是切顶卸压沿空留巷无煤柱采煤“N110工法”的专用设备，用于切缝预裂炮孔和恒阻锚索孔的施工。

2015年，公司累计承担市级科研项目8项，完成省级科技攻关项目2项，完成国家级科技攻关项目1项，获国家实用新型专利17项，3项发明专利。

职工收入实行按劳分配的岗位与计件工资制，2015年企业职工总数为260人，人均年收入为4.3万元。

（孙雅军）

【宣化现代采掘机械有限公司】 宣化现代采掘机械有限公司创建于2002年3月，公司法人代表许文红，为民营股份制企业，公司地址宣化区河子西乡朱家庄，占地面积50亩，建筑面积20000平方米，固定资产1815万元，2015年销售收入1608万元，实现利税82万元。

现有职工65人，下设3个生产车间，3个分厂，6个部门及北京凯通卓尔钻具公司、南京凯通钻具有限公司、无锡凯通钻具有限公司、俄罗斯圣彼得堡凯通公司、新疆乌鲁木齐卓尔工程技术公司、张家口凯通投资有限公司共6个销售公司。

管理人员采用岗位技能工资、工龄工资相结合的方式，一线工人采用计件工资、日工资、工龄工资相结合的方法，一般以计件为主，人均年收入2.5万元。

（贾娅琴）

【阿特拉斯·科普柯（张家口）建筑矿山设备有限公司】 阿特拉斯·科普柯（张家口）建筑矿山设备有限公司系瑞典外国法人独资企业。位于宣化区长治南路1号，占地面积2万多平方米，拥有固定资产2000多万元。公司以生产建筑矿山设备为主，如潜孔冲击器、钎头及其相关配件等。产品销往美国、瑞典、日本、韩国、南非等国家，公司的2015年销售收入达4500万元。公司法人代表和总经理陈一奇。年底有员工137人。

（王　青）

轻工业

【概　况】 宣化区的轻工业有酿酒、制瓷、造纸等。新钟楼啤酒有限公司生产的“钟楼”牌啤酒在华北享有盛誉，畅销冀、晋、蒙、京、津等地，并出口到蒙古、俄罗斯、哈萨克斯坦等国家。制瓷业以生产日用细瓷为主，此外还生产高压电瓷。凯世德特种纸业有限公司生产以防伪纸为主的特种纸、装饰原纸等。2015 年宣化区有规模以上轻工企业 9 家，盈利 9 万元。

【宣化新钟楼啤酒有限公司】 宣化新钟楼啤酒有限公司位于宣化区车站街 29 号，系生产啤酒的大型民营企业，拥有国际、国内一流的灌装、糖化、发酵、过滤设备。年生产能力 30 万吨。生产钟楼系列啤酒。其啤酒被河北省认定为“河北省名牌产品”“五大名饮之一”。产品畅销河北、山西、内蒙古、北京、天津等地，并出口到蒙古、俄罗斯、哈萨克斯坦等国。公司已能生产不同包装、不同浓度、不同档次的啤酒品牌达 40 多个。

2015 年，经营形势复杂多变，原料价格一直处于高位运行，且变化频率不断加快，市场竞争激烈，造成公司资金链断裂。

【宣化新迪高压电瓷电气有限责任公司】 宣化新迪高压电瓷电气有限责任公司，专注于电除尘器瓷绝缘子和高压电站电器绝缘子的研发、设计、制造、销售和相关技术服务。工厂占地面积 10 万平方米，一期工程生产建筑面积 2.2 万平方米。2014 年由原宣化区幸福街 146 号搬迁到宣化区滨河路 76 号。2015 年法人代表：王亚东，职工人数：169 人，完成工业总产值 2500 万元。

宣化新迪的产品生产制造和检验采用 IEC（国际标准）、IS（印度标准）、NASI（美国标准）、GB（国家标准）、JB（行业标准）等多种技术标准，确保向海内外客户提供全面的技术支持

公司具有完善的质量管理控制体系，取得了 ISO 9001 质量管理认证证书，商品注册了商标，具有自主设计、研发、生产制造和销售能力，能够完全保证优质的产品质量。2015 年正在进行 ISO 9000、ISO 14000、OHSAS 18000 三体系的认证准备工作，计划于 2016 年通过验证。

公司扩能搬迁后，为扎实推进项目进度，扩大产品种类，公司成立了项目公关小组，聘请国内优秀专家到厂指导，不断完善工艺，改进配方，经过一年的努力，生产出了超（特）高压电瓷棒形产品。

2015 年，企业管理人员采用岗位工资 + 激励工资，一线工人采用计件工资，人均年收入 2107 元 / 月。

（梁庆丽）

【宣化国玉陶瓷有限公司】 宣化国玉陶瓷有限公司，创建于 1981 年，是专业生产日用陶瓷的出口企业，厂址位于宣化区幸福街 148 号，占地面积 48372 平方米，法人代表王利，公司设有原料车间、制坯车间、烧成车间、彩烤车间、综合办、采购部、生产部、销售部技术部、财务部，现有职工 455 人。

公司设备精良，技术先进，检测设备完善，管理科学严谨，拥有较强的经济和技术实力，被国家批准赋予企业自营进出口经营权并获得产品输美许可证，通过了国家认证中心 ISO 9001：2008 质量体系认证。

公司现拥有两条全自动燃气隧道窑和一条全自动辊道烤花窑以及配套的生产线，年生产能力 1600 万件，2015 年工业生产值 2828.41 万元。从原料加工到成品生产设备齐全，生产流程均采用陶瓷行业最先进的工艺技术，生产设备和生产工艺都达到了国内较先进水平，具备了生产高档产品的能力。同时，公司建立了专门的产品检验机构，配置了先进的检测仪器设备，具备了检测产品铅镉溶出量、原料化学成分含量以及产品热稳定性、吸水率等能力，达到了产品质量的检验需求。

公司主要生产宣玉牌日用细瓷和春陶牌骨质瓷配套的中西餐具，咖啡具以及高档饭店宾馆用瓷等百余种陶瓷产品。各项指标均达到国内先进水平，并符合国际标准，主要销往欧洲、美洲、亚洲50多个国家和地区以及国内市场。产品受到了国内外客户的赞誉和青睐。

（赵明武）

电力·供热企业

【概　况】宣化区电力企业主要有四家，一是发电企业大唐国际发电股份有限公司张家口发电厂。装机总容量256万千瓦，系全国最大的火力发电厂之一。二是供电的张家口供电公司宣化客户服务分中心。担负着宣化区城区及周边部分乡镇的输、配、变供电线路、设备的正常运行、检修维护及生产，生活用电的报装、抄收工作，并担负着西电东送保电护线工作。三是河北合生电力设备有限公司，主要生产风能发电设备塔架、高压输电线路铁塔、钢管塔、微波通讯塔和钢结构系列产品。四是河北建投宣化热电有限责任公司，拥有2×300兆瓦级燃煤供热机组，年发电30亿千瓦时，并为宣化区集中供热。

【张家口发电厂】大唐国际发电股份有限公司张家口发电厂厂址位于宣化沙岭子镇，厂区占地面积1369.26亩，拥有8台32万千瓦机组，总装机容量256万千瓦，张家口发电厂是华北电网骨干火力发电厂，2015年在职职工2027人，其中高级职称92人。

发电量：117.8531亿千瓦时，上网电量109.6627亿千瓦时，产值39.17亿元，供电煤耗324.02克/千瓦时。

全厂分为发电厂、检修公司、实业公司、塔山分厂四大部分，发电厂下设十部一室：政治工作部、企业管理策划部、发电部、安全监察部、设备部、物资供应部、燃料管理部、劳动人事部、财务部、监察审计部、工会办公室。

2015年1月15日大唐国际授予张家口发电厂集团公司年度文明单位荣誉称号；2015年1月15日大唐国际授予张家口发电厂大唐国际年度文明单位荣誉称号；2015年1月19日集团公司授予张家口发电厂集团公司年度一流企业荣誉称号；2015年1月19日集团公司授予张家口发电厂集团公司年度先进单位荣誉称号；2015年2月中国电力企业联合会授予张家口发电厂标准化良好行为企业荣誉称号；2015年6月3日河北省电力行业协会授予张家口发电厂变电班QC小组河北省电力行业优秀QC小组活动成果一等奖；2015年6月3日河北省电力行业协会授予张家口电厂河北省电力行业QC小组活动优秀企业荣誉称号；2015年6月3日河北省电力行业协会授予张家口电厂企划部信息中心河北省电力行业质量信得过班组；2015年7月1日大唐国际党委授予张家口发电厂党委集团公司十佳先进基层党组织；2015年10月15日中国水利电力质量管理协会授予张家口发电厂全国电力行业QC小组活动优秀企业。

全年入炉综合标煤单价完成342.11元/吨，比公司确保值降低99.3元/吨，入厂入炉煤热值差完成-39千焦/千克，实现增利3.6亿元。

（王建云）

【张家口供电公司宣化客户服务分中心】张家口供电公司宣化客户服务分中心担负着宣化城区及周边部分乡镇的60余条配电线路设备及电力通信设施的运行和检修维护工作，承担着全区广大电力客户生产生活用电的报装抄收和保电护电任务。2015年，累计售电量完成6.184亿千瓦时；所辖居民用户超过20万户，并随着城乡电网改造的进一步深入和宣化区的城市发展，客户数量不断增加。2015年，分中心主管段杰、党支部书记丰岩、副主管只有贵、王温荣。张家口供电公司宣化客户服务分中心地址：宣化钟楼大街（原钟楼西11号）。2015年，圆满地完成了各项经营指标和工作任务；实现收入5980万元，利润214万元。

2015年，分中心荣获冀北电力有限公司“电网先锋党支部”“五四红旗团支部”，河北省、张家口市、宣化区文明单位称号。“提高山路电杆运输效率”“降低电费违约金提高客户满意度”等分别荣获冀北公司创新创效一、二等奖。

2015年，下设部门和班组：管理人员、配电检修二班、配电抢修二班、配电带电作业二班、配电工程班、市场拓展班、装表接电班、营业一班、营业二班、营业三班、河子西供电所、侯家庙供电所、庞家堡供电所、实业公司。

7月27日，宣化遭遇暴雨袭击，分中心立即启动恶劣天气应急预案，领导班子成员亲自现场指挥，共出动应急抢修人员70余人，车辆20余台次，经过连续奋战11个小时，于7月28日凌晨6点，恢复了宣化城区配电线路517线、518线、519线等13条线路的正常供电，保证了宣化地区配网的安全稳定运行。

2015年，宣化区进行大规模集中供热改造，拆除了300余台燃煤锅炉，将600余万平方米供暖面积由分散供热改为集中供热，三年工程一年完成，是历史上工程量最大的年度。面对前所未有的严峻形势，分中心采取应对措施，先后调整更换变压器13台，更换部分区域低压电缆1.7公里，架空线路2.9公里，开关20余个。在公司大力支持下，新投运10千伏线路5条，新增供电能力2万千瓦。11月5日夜间至6日凌晨，宣化区遭遇了一场20年未遇的降雪天气。分中心第一时间启动雨雪冰冻灾害专项应急预案，截止到6日16时，全区抢修工作顺利结束，全部恢复用电。保证了居民的正常生活用电。

（裴利霞）

【河北合生电力设备有限公司】 河北合生电力设备有限公司（原河北雷沃电力设备有限公司，2010年11月1日改为合生电力设备有限公司）系法人独资企业。位于宣化区东门外大街99号，占地面积约16公顷，固定资产（不含土地）：原值为8819.15万元，净值为4839.67万元。公司主要生产风力发电设备塔架、高低压输变电线路铁塔、钢管塔、微波通讯塔和钢结构系列产品。目前，产品主要销往东北、华北地区。公司2015年订货产值500万元，销售收入406万元。法人代表董志强、总经理张垣。2015年年底员工总数为50人，职工年均工资为17000元。

公司现下设14个部门：公司办公室、管理部、财务部、人力资源部、保卫部、市场营销部、技术部、质量管理部、生产部、机动部、供应部、风塔车间、铁塔车间、成品车间。

（王小红）

【河北建投宣化热电有限责任公司】 河北建投宣化热电有限责任公司（以下简称宣化热电）是利用国家“上大压小”电力建设政策，为解决张家口市宣化区城市集中供热问题，进一步满足京津唐及张家口地区的电力需求，在华北北网建设的大型热电联产企业，是建投能源发展的重要举措。

公司位于河北省张家口市宣化区城南，规划容量为4×300兆瓦，分两期建设完成。一期工程于2008年5月12日正式开工建设，2010年5月3日顺利竣工，两台机组先后于2010年1月和5月投入商业运营，并随后增容至330兆瓦。公司总经理丁国新，拥有员工396人。在开展工程项目建设的同时，宣化热电同期投资热网建设，淘汰供热范围内燃煤小锅炉500余台，有效改善了宣化的空气质量，为当地节能减排奠定了良好基础。截至2015年年底，累计完成发电量32亿千瓦时，完成供热量438万吉焦，供热面积突破1000万平方米，涉及热用户9万余户。

贸易·对外开放

商贸流通

【概　况】 商埠宣化是冀西北重要的物资、商品集散地和物流通道。经过多年的不断建设，2015年已形成了商厦争奇斗艳，专业市场齐全，餐饮食宿方便，特色风味香甜的产业格局。大商厦、大市场构成宣化城区主要商业流通场所，专业市场遍布全区，有经营蔬菜、水产、粮油、肉食、水果的市场；有专门经营建材的建材市场；有专门经营机械工矿配件的工矿机械配件市场；有专门经营煤炭的煤炭市场等。全区专业市场已有20余家。餐饮食宿业也迅速发展，形成多条餐饮服务为主要经营项目的街区。并形成各具特色的饮食，如朝阳楼的涮羊肉，可制作满汉全席的裕华大酒店，可制作莜面的明瑞食府等。集餐饮住宿为一体的宾馆有世纪王朝、宣化宾馆、宣化军招、北方大酒店、得月楼等。

2015年，宣化区消费品市场活跃，商贸物流繁荣，实现社会消费零售总额73.3亿元。

【商业网点规划编制】 由北京中商商业发展规划设计院编制的《宣化区城市商业网点规划（征求意见稿）》于2014年年底出台。2015年继续推进意见征求工作。

【用足用活政策】 牢牢把握国家、省、市的一系列惠民政策，认真研究政策性项目资金投放导向，积极主动通过多种渠道筛选、上报民生项目，加紧对接跟进，实施有效整合和捆绑利用。为超市发物流仓库项目争取扶持资金59万元。

【大气污染综合治理】 完成2015年油气回收验收工作，完成国Ⅴ标准车用汽柴油置换工作。

【抓好“菜篮子”工程】 积极开展惠民蔬菜直销工作，全年共销售惠民蔬菜3362吨，直接让利于民100余万元，并为直销超市（市场）争取市级“以奖代补”扶持资金18万元。

【市场监测工作】 着力抓好吉龙世纪商城、商业大厦和来顺饭庄等7家重点商贸流通企业和5个农贸市场的数据监测，及时报告有关商品、价格、数量等监测数据，在保障群众必需品市场供应，应对粮油、肉禽蛋、蔬菜等副食品价格上涨、重大节假日商品供应、维护市场稳定等方面发挥了重要作用。

【市场规范和监管工作】 商务局立足于规范流通秩序，狠抓了市场监管工作。在成品油市场监管方面，完成了成品油经营单位经营资质年检工作，与各成品油经营单位签订安全责任书；采用平时分散整治与集中专项整治相结合的办法，出动200多人次，对24个加油站点的购销台账、油品来源、证书有效期限及基础设施是否符合有关规范开展了4轮检查。在再生资源管理方面，结合2022年冬奥申办工作，联合工商、消防、公安、环保等部门对全区再生资源回收摊点开展了3轮综合治理工作，主要消除其在安全、环保、卫生等方面存在的问题和隐患。在安全生产方面，一是全面落实安全生产“三项制度”和法人代表安全生产承诺工作，签订责任书和承诺书各36份，督促企业提高安全意识，加大安全投入，完善安全管理制度，确保企业安全生产；二是督促企业落实安全隐患排查制度和防恐防暴工作；三是开展了“安全生产月”和警示教育图片展览活动，发放宣传单200余份。

【企业改制】 继续推进烟酒公司钟楼东食品经销部企业改制工作。按照改制计划，已对职工安置费用进行了初步测算，并拟定了改制预案。目前，企业需进行企业资产的审计、评估工作后，方可完善改制方案并上报政府审批后具体实施。积极推进煤炭市场管理处企业化改制工作。按照年初制定的计划，全力推进煤炭市场管理处企业化改制工作。征求了全员职工对单位整体改制工作的意见，与人社部门沟通、联系，测算了单位改制所需计算的全部职工养老保险、医疗保险等社会保险费用，以及职工欠发的工资等安置费用，完成了改制方案的制定。经区政府常务工作会议通过，原则同意该单位改制意见。目前，待政府整体规划出台后予以实施。

【加大考核力度】 全区继续实行“定项目、定额度、定单位、定人员、定奖惩”的责任制，将全年到位资金32亿元的招商引资任务分解落实到83个区直单位及乡镇。把全区党员、干部、职工推向招商第一线。把招商业绩作为年终评先表优的加分项目，建立招商信息通报制度。根据项目需要，不定期召开招商引资督办会议，通报招商工作进展情况。

【制定完善措施】 按照市政府要求，2015年宣化区成立了四支专业招商队伍，其中商务局负责现代服务业招商工作，同时负责项目招商组办公室的日常工作，负责全区对外招商引资、项目落户、跟进服务工作的总协调，负责督导各招商工作组工作开展情况，并收集各类招商信息。制定了《宣化区现代服务业招商引资实施方案》《宣化区招商引资方向及措施》《项目招商办公室工作方案》等一系列办法和措施，为专业招商队伍的科学管理以及确保招商工作成效打下坚实基础。

【创新招商方式】 拜访了北京市朝阳区投资促进局、商务委员会，充分利用好已建立起来的联系，以走访或座谈会商等形式，掌握朝阳区服务业重点外迁、转移产业，加大跟进力度；拜访了北京市昌平区，主动对接昌平区商务委或投促局，了解其在服务业上的重点企业和产业外溢方向，针对性开展对接；拜访了北京市西城区商务委，充分利用吉龙集团在西城区建店发展的契机以及平时相互走访所建立的良好关系，继续加大沟通对接力度，尤其是在现代流通业上争取更多合作机会；对北京远卓基业管理咨询有限公司、北京新文生辉投资顾问有限公司、北京世博仁达文化发展有限公司等委托代理招商机构进行了实地考察、接洽，把宣化区的招商优势、定位、重点招商项目等情况向对方介绍说明，并确定出具体的合作模式、方案和任务，通过专业化运作提升项目成功率合；拜访了苏宁电器华北区总部、北京物美超市、北京超市发、京粮集团以及北京温州、台州商会，发挥在宣化区已建立起的良好基础优势，着力引进超市或电器类配送中心、粮食或农产品现代物流等项目，同时调动起在宣化区的温州、台州客商资源，带动其商会加大服务业投资力度；上门拜访了马进军、武福祥、张登峰、常宝利、林曦等在京知名人士或宣籍同乡，联络感情、介绍区情，征求其在招商方式上的好意见、建议，重点是捕捉其在服务业上的招商信息，使这些人士能够参与宣化区发展或支持家乡建设。拜访了北汽福田、京煤集团、天津一轻、北京机电研究所等在宣化区有投资的重点企业，充分发挥、机构的资源优势，深度挖掘京津人脉资源及宣籍在京知名人士，介绍区情、推荐园区，争取将集团公司扩模或其他板块项目再次落户宣化区。全范围走访了区内商贸流通企业，重点有吉龙集团、百货大楼、商业大厦、盛发蔬菜、超市发、苏宁电器、永辉超市、物美超市、百思得超市、光大集团、裕华大酒店、阳光建材城、华耐家居、乐福居、同盛大厦等，以诚恳的态度，采纳招商建议和信息，对接企业总部，收集人脉资源及预期项目；同时把得到的信息记录在案，紧盯企业、紧盯项目、紧盯信息、专人负责、实现“以商带商”。

【招商基础工作】 组织召开了全区未利用土地、厂房及楼宇摸排布置会，给涉及的部门、乡镇及办事处下达了任务，全面盘点宣化区可用土地资源，包括园区土地、城区内未利用地、现有各类企业楼宇、厂房等闲置地，做到底数清、心中明，以便今后根据项目情况进行挂图招商、统筹管理。重新编排印刷了《宣化招商指南》和《招商项目册》，更新完善了内容，新增了招商项目，为全区招商工作提供资料保障。组织全区招商引资业务培训，对全区干部、企业进行专业辅导培训，理清思路、创新观念、掌握方法，提高全区招商引资整体水平。

【加大在谈项目力度】 对新洽谈的养老产业建设项目、红星美凯龙家居项目、鑫光大必胜客项目、绿色建筑产业基地项目、同盛大厦千家汇项目等，由专人负责，做到一周一跟进，督促进展、解决问题、全力协助前期工作，直至签约落地。

【强化服务外贸企业】 全区有出口企业共30家，其中有实际出口业务的为17家。本年，加强与中国皮毛进出口商会、机械化工进出口商会、国家贸促会及省、市贸促会等的直接联系，组织区属外贸企业积极参加“广州博览会”及“中国东盟博览会”等，帮助企业积极寻找销售渠道，在巩固原有出口市场的基础上，进一步加大国际市场开拓力度。加大对外贸企业和有出口潜力企业的政策宣传力度，为出口企业搭建银企对接平台；积极争取国家和省级有关部门外贸促进政策，帮助企业寻求贷款和项目资金支持。协助企业利用好“出口退税”“进口补贴”“中小企业国际市场开拓资金”等国家支持性政策；积极推进外贸出口企业开展出口信用保险业务，规避出口风险，增加贸易融资渠道；充分发挥好外贸手机信息平台的指导、宣传、交流作用。

【分包项目进展顺利】 2015年，宣化区商务局分包重点项目为圣泰公司生猪养殖加工冷冻产业化项目。年内，总投资1.8亿元的圣泰肉食品深加工基地项目主体建设全部完工。

【企业改制】 为认真贯彻落实中央、省、市及区企业改制精神，结合商务局系统实际情况，坚持“三个一次性”，即：企业资产一次性置换、职工一次性安置、企业债务一次性解决的原则，按照“统一谋划、重点突破、兼顾就业、突出发展”的思路，因企制宜，一企一策，多措并举的办法，推进商务流通企业的产权制度改革。2004年12月6日，区体改办宣改字〔2004〕19号文件，下发了《关于核准宣化糖业烟酒总公司实施改制的批复》，同意采取变现土地使用权安置职工后，由职工自愿出资重组有限责任公司（重组方案另报）。原烟酒公司继续保留，待下属企业全部完成改制后，再对公司整体实施改制，2015年继续进行改制工作；2008年12月2日，区政府宣区政字〔2008〕153号文件批复同意宣化北方商厦依法破产。2009年6月26日，张家口市宣化区人民法院民事裁定，宣告张家口市宣化北方商厦破产，2015年继续进行破产改制工作。2015年7月，第十五届人民政府第十二次常务会议议定，“原则同意区商务局提交的宣化区煤炭市场管理处企业化改制方案”。

（李书阁　董广冰）

区内企事业单位

【宣化百货大楼有限责任公司】 位于宣化区牌楼

东街17号。2015年末职工人数191人。原有营业面积9600平方米。该公司经营日用百货、五金交电、针纺织品、服装鞋帽、金银饰品等两万个品种。

【宣化商业大厦有限责任公司】 位于宣化区南大街63号。2015年年末职工人数206人。现有营业面积1万平方米。宣化商业大厦原是国有中型一类企业，主要经营百货、五金交电、副食、鞋帽、针织、纺织、服装等商品。

【张家口市宣化吉龙集团】 张家口市宣化吉龙集团是一家集购物、餐饮、住宿、娱乐、仓储、食品加工、矿业为一体的大型股份制集团企业，下辖：吉龙商业有限责任公司、世纪吉龙商城有限责任公司、吉龙购物广场有限责任公司、吉龙超市有限责任公司、二道巷超市、吉龙批发市场有限责任公司、吉龙窗帘城、吉龙特价商品有限责任公司、吉龙洋河南大市场、吉龙洋河南综合市场、战国红玛瑙店、吉龙仓储中心、朝阳楼饭庄有限责任公司、吉龙食品厂、吉龙宾馆、吉龙游艺娱乐有限责任公司、吉龙矿业公司，北京吉龙老栅栏商城、北京吉龙宾馆、北京东来顺饭庄前门店、北京东来顺饭庄大栅栏店、北京东来顺饭庄祁年店、北京云地矿珠宝行、北京鲜鱼口饭庄、北京鲜鱼口永沣莜面饭庄、北京鲜鱼口朝阳楼饭庄、《京糕张》特色食品店、北京通三益食品店、北京云居旅馆、北京掌伞胡同第一旅馆等企业。从业人员4200余人，营业面积10余万平方米。

吉龙集团公司2015年1月，参与宣化县政府组织的山地开发拍卖会，投资580万元，取得了宣化县塔儿村乡王千户村山地（玛瑙矿）的开发开采权，并于2015年6月1日正式投入开发开采。

吉龙集团公司加盟北京聚德华天集团旗下的庆丰包子铺，2015年2月18日，在北京前门大街52号成功开办庆丰包子铺加盟店。庆丰包子铺创建于1948年，以经营包子为主的餐饮品牌店，因庆丰包子铺的包子选料严格，制作精细，口味独特、纯正，深受大众喜爱，成为北京餐饮业具有代表性饭店之一。

国营“新成炸酱面馆”具有60余年的历史，受市场竞争的冲击，虽近几年经营出现困境，但在前门、大栅栏百姓心中还颇具影响。吉龙集团公司借新成炸酱面馆转制之机，成功并购北京炸酱面馆，于2015年6月27日，在北京大栅栏30号重装开业，使“新成炸酱面馆”这一国营老店得以传承。

2015年6月，吉龙公司荣获“张家口市十佳优秀共产党员”称号。

2015年集团公司销售收入为3.6亿元（吉龙批发市场、精品特价商城、洋河南大市场、洋河南综合市场因不统一收款，销售未在统计之内），利税1020万元。

（邢桂生）

【宣化超市发有限责任公司】 宣化超市发有限责任公司隶属于北京超市发连锁股份有限公司，北京超市发连锁股份有限公司位连锁百强企业。

配送中心面积为5370平方米；其中常温库2000平方米，生鲜库1200平方米，冷冻库300平方米，冷藏库200平方米，公司建立了网络信息系统，实现了进、销、存统一管理，具备了大型综合配送功能的生活品流通企业。

宣化超市发有限责任公司总部为西芦家湾。2015年宣化公司的营业额为1.68亿元。

（常　佳）

【张家口市光大新天地商贸有限公司】 张家口市光大新天地商贸有限公司位于宣化区宣府大街178号。营业面积46000平方米，一楼经营精品皮鞋、化妆、珠宝、钟表；二楼经营高档内衣、时尚女装；三楼经营商务男装，时尚休闲男装，欢趣童装；四楼经营户外、运动品牌，家纺，健身器材；五楼经营餐饮。卖场从业人员400余人，

2015年公司销售额1640多万元。

2015年，光大新天地认真进行市场调研，构思新天地的经营思路和方向，加大广告宣传力度，有效的推广现有品牌；加大招商力度，全年成功引进胜道公司、topfeeling、太平鸟、秋水伊人等品牌，丰富了商场的品牌层次，为新天地的发展打下了坚实的基础。企业未来将把光大新天地打造成宣化规模最大、档次最高、场地最新、服务最优、功能性配套设施最齐的现代都市时尚百货。

【张家口市鑫光大商厦有限公司】 张家口市鑫光大商厦有限公司分别位于宣化区清远路72号、73号，性质为有限责任公司，营业面积12600平方米。从业人员500余人。主要经营项目：高档化妆品、男女皮鞋、服装、运动户外休闲、家饰、婴童用品、中高端家纺、数码电子产品等商品。2015年公司销售额4586多万元。

鑫光大商厦始终恪守光大集团“品质为生，信誉为本，诚实经营”的理念，以现代化管理、一流的购物环境、多功能的服务内涵，服务于每位顾客。2015年鑫光大商厦A座以稳定品牌位主要工作，加强对品牌的管理，对货品的管理，对加价率的管理，对服务的管理。大量开展员工培训，提升服务质量，严格员工奖罚制度。全年无消费者投诉。鑫光大商厦B座为提升整体品位，突出“品牌与时尚”的经营理念，在2015年3月闭店装修调整，重装开业后以崭新的面貌迎接古城消费者，确保B座在同行业中的时尚领先地位。

（李　磊）

【宣化同盛大厦】 同盛大厦位于宣府大街与步行街的交汇点，是集商业地产销售、招商、运营管理、物业服务为一体的商业地产运营商。在职员工55人，其中本科学历15人，大专学历20人。

同盛商业为18层的双子座造型建筑，总建筑面积余3.9万平方米，商业总建筑面积15800多平方米，自2015年6月同盛大厦闭店整改于2015年9月29日正式开业，开业之后调整业态为：一层为自由自在进口商品超市，是张家口首家全品类进口商品超市，二层为精品时尚女装，三层为金权道自助韩国烤肉、老城街小面、格朗合米线及精品快餐，四层为千佳汇全国连锁服装超市，五层为佳悦电影城及动漫城，六层为奥斯卡主题KTV。

同盛大厦内部配备6部自动扶梯、4部直升客梯、2部直升货梯。同时配备中央空调、消防系统、全新多功能智能控制系统、烟感报警、自动喷淋、分区防火空调、消防系统、安全防护智能监控系统、电话和无线宽带等配置，移动、电信及联通4G全覆盖。完善的配套设施，必将使同盛商业成为宣化城市中心的商业新地标。

同盛商业经过三年的运行已经逐渐成为成熟的商业体，集吃喝玩乐住、购物、休闲及商务办公为一体的综合商业体。

（徐黎光）

【张家口光洋文化传媒有限公司】 2015年8月25日成功与京东商城签约，这也是张家口首家与京东签约的传媒公司，2015年，公司营销收入105万元。

（徐黎光）

【河北永辉超市有限公司宣化店】 2015年5月第四任店长郭继伟接管店面经营管理。宣化永辉超市面积8000多平方米，经营面积6000平方米，总投资超1000万元。超市位于宣化区宣府大街99号，该地段当地居民较多。超市半年客流200万次，平均每日客流9000人。2015年全年销售1.1亿元，纳税200万元。

宣化永辉超市有员工400多人，正式员工300人，各厂家派遣员工100人左右。其中主要务工人员为宣化本地人，为宣化当地提供了更为广阔的就业平台。为确保食品安全，在各级政府和相关部门的指导下，宣化永辉超市坚持执行食品安全管理的十二项制度，购置了先进的检测仪器（蔬菜的农药残留检测、水产品的甲醛检测等），对每天上市的生鲜商品进行严格自检自查，并对不合格的食品给予及时下架和退市处理，并建立食品进货电子台账，同时建立了800投诉及网络投诉平台接受群众监督。

（马雅静）

【物美有限公司宣化店】 2015年4月29日开设沙城万悦店，总营业面积13000平方米，从业人数116人；主要经营生鲜、日用百货、粮油、米、面，家电、卷烟等20000余种商品，每日客流约4780人次，日均销售约20万元。2015年销售额74436805.71元，为国家纳税149万元。

（张海玲）

【富龙集团百思得超市宣化店】 位于钟楼大街22号，炮兵训练基地南十字路口以东。百思得超市宣化一店，经营商品有食品、副食品、名烟名酒、洗涤化妆品、针织品、日用百货品、水产、冻品、果蔬、禽蛋、肉类、散称食品及各种生鲜日配品等近万种单品。

2015年实现销售金额430万元，上缴税金5万多元。

（郭宏艳）

【义圣宫大市场】 宣化区义圣宫大市场成立于1999年，全称为“宣化区义圣宫消费品综合市场管理中心”，隶属于宣化区住房保障和房产管理局，国有企业。企业在册职工为42人，注册资金10万元，主要工作范围是房屋租赁及物业管理。

2015年经营百货日杂房间70余间；经营服装鞋帽房间50余间；经营床上用品30余间；经营窗帘房间30余间。本年房屋出租率99.5%，实现利税85万元。

（张震霄）

【宣化盛发蔬菜水产有限责任公司】 位于宣化区建国街22号，2004年10月21日成立。

2015年市场交易量63.4万吨，交易额19.14亿元。

截至2015年年底，盛发蔬菜水产有限责任公司总营业面积58000平方米。其中蔬菜副食品交易市场47630平方米、万汇源商城7500平方米、其他零售商场2870平方米。

2015年，宣化盛发蔬菜水产有限责任公司被“11315”全国企业征信系统绿盾征信评为“立信单位”；被“11315”全国企业征信系统绿盾征信评为“立信单位”；被中国市场学会批发市场发展委员会授予全国文明诚信经营示范市场荣誉称号；被张家口市宣化区商务局委员会评为2015年度宣化区商务系统先进基层党组织。

（赵全山　马振文　田玉珍）

【宣化区京西江南蔬菜有限公司】 位于宣化区钟楼西大街（原大西街）。法人代表易新平。宣化区京西江南蔬菜有限公司是一家便民购物、实惠百姓的标准化蔬菜及百货市场，占地面积2300平方米，场地环境舒适，通风设备、消防设备、水电设施、冷库建设、监控设施及相关手续全部合法合规，公司建设项目总投资额1800万元，交通便利，市场内设置摊位400多个，解决就业人员约300人，经营项目主要有蔬菜、水产、冷冷鲜肉、干鲜果品、主食加工、百货、手工编织、土杂、窗帘等，公司2012年1月开业，在招商项目上考虑品牌齐全、项目多样化。市场可以覆盖大西街、解放北路、炮院，满足约5万人口的居民生活所需。

2015年京西蔬菜收摊位费42万元，2015年12月投资200万元，建1300平方米客房45间的馨奥宾馆。

（易新平）

【宣东农副产品批发市场】 位于府城南大街19号，系宣化最大的唯一经销干鲜、水果的大型批发及零售市场。2015年市场法人代表为刘玉会，经理师建平。本市场以场地租赁和服务为主，经营干鲜水果批发及零售业务。该市场现已成为宣化区及周边地区规模及影响力较大的水果批发市场，安排就业人员46人。也是宣化区春光乡南关村的龙头企业。2015年进驻固定商户138户，305人；流动商户820户，1330人。销售水果40.2万吨。2015年市场交易额8650万元。

（秦玉凤）

住宿和餐饮服务

【宣化宾馆】 2015年，宣化宾馆致力于发挥好宣化区接待服务“窗口”作用，努力克服酒店行业低迷的影响，继续强化“转观念、抓市场、建机制、强管理、促经营、增效益”的经营管理理念，不断深化内部改革，大力拓展市场，在艰难中求生存，在困境中求突破，最终较为圆满地完成了各项工作任务。

2015年，宾馆克服了各种不利因素的影响，实现营业收入2659万元，较上年下降7%。其中主营业务中的餐饮收入达到1903万元，较上年下降3%；毛利指标达到53.59%（2014年54.55%）；客房收入达到682万元，较上年下降9%；客房出租率为44.5%，较上年增长7%；商品部收入较上年下降30%；停车收入较上年下降6%。全年人员工资、退休统筹金、医保金、公积金、养老金等共支出1126万元，占总收入的42.33%。2015年宾馆严格执行相关公务接待标准，认真完成各项接待任务，努力提升服务产品质量，在国家财政部会议、河北省钢铁集团会议、青岛啤酒2015年销售会及多次大中小型企业会议接待过程中受到了各界领导的高度赞誉和广大客户的充分肯定。

【裕华大酒店】 2015年1月，裕华企业接受了张家口商业联合会和张家口烹饪协会，张家口人力资源和社会保障局的委托，承办了张家口“北宗黄酒杯”第二届烹饪大赛。这次大赛裕华派出的12名选手，获得了十金十二银的好成绩。其中，十人晋级中餐烹饪中级技术职称，一人晋升高级技术职称。2015年11月中国首届京津冀饭店餐饮产业大会在石家庄召开，裕华企业参赛团队在总经理魏玉华的带领下，以“龙凤呈祥”婚宴为展台内容，以98.75的高分荣获京津冀产业联盟大赛第一名。裕华贵宾楼被命名为京津冀餐饮品牌30强。其中，裕华贵宾楼执行总经理白向军在比赛中取得了河北赛区第一名的好成绩，并获得了中国烹饪协会赴美参赛的入场券资格。

2015年，裕华企业全年继续实行“积分制”管理，各店以召开“员工快乐大会”为平台，提升员工综合素质，活跃员工文化生活。贵宾楼以庆贺五年建店为契机，努力打造“百姓宴会专家”，强化了各种宴会的服务流程，实现了对宾客贴心服务的承诺。裕华老店以百姓有口皆碑的一楼家常菜为依托，发挥老店优势，努力开辟婚庆、婚宴市场，实现了管理和销售业绩的新突破。全年裕华老店和裕华贵宾楼共收到宾客表扬意见三万多条；发生拾金不昧事迹51人次；3次分别到敬老院、孤儿院和贫困地区小学校进行慰问。2015年裕华企业实现销售收入1677万元，实现利润506万元。

（秦海亮）

供销合作社联合社

【概　况】 宣化区供销合作社联合社（以下简称宣化区供销社），是为农服务的合作经济组织，是全区供销社的联合组织，是区政府领导的直属单位，行使区政府授权的行政职能。区供销社机关是事业编制。位于宣化区万字会街4号院。社主任（兼党委副书记）程万锋，社党委书记田平贵，副主任王海云。社机关设党委办公室和综合办公室。下属6个企业，分别是：农业生产资料有限责任公司、茂财土产杂品有限公司、资产管理中心、盐业专营有限公司、宣化金三角商厦、城郊基层社。总占地面积50889.9平方米。固定资产原值1260.8万元，净值1602.8万元。全社现有在册职工75人，离退休干部职工421人。全系统主要经营有农业生产资料、食盐、烟花爆竹、废旧物资回收、土产杂品、服装、食品、副食品、烟酒糖茶等。

河北省供销合作总社授予张家口市宣化区供销合作社联合社2015年度“食盐专营工作模范单位”称号（冀供销〔2016〕9号）。

张家口市宣化区盐业专营有限公司被河北省盐业专营集团公司评为“2015年度食盐专营工作模范单位”（冀供销盐字〔2016〕5号）。

2015年3月，河北省盐业总公司授予张家口市宣化区盐业专营有限公司2014年度“食盐专营工作模范单位”的光荣称号。

2015年，宣化区供销社以中共十八大和十八届三中、四中、五中全会精神为指导，深入学习贯彻习近平总书记系列重要讲话和省、市、区会议精神，开展“三严三实”专项教育，践行社会主义核心价值观，紧紧围绕供销社的中心工作，转作风，办实事，贴近“三农”，服务“三农”。团结带领广大干部职工解放思想、深化改革、奋发作为，协同配合，各项工作都取得了新成效。

各项指标完成情况。实现商品购进总值2250万元，实现商品销售总值2360万元；完成冬储化肥2000吨，农业生产资料销售总额实现748.7万元；化肥销售实现6480吨；购进盐总量6367吨，其中碘盐1911吨，工业盐4456吨；销售盐总量6168吨，其中碘盐1850吨，工业盐4318吨。碘盐购销分别占年计划的138%和134%，碘盐销售2150吨，超年销售计划30%以上。

【多措并举备农资】 2015年，为确保全区春耕农业生产用肥需要，以农资公司为主体，采取多种措施，全力搞好以化肥为主的农用物资冬储工作，落实冬储化肥2000吨任务。早计划、早安排、早部署。积极筹措资金，组织调运优质化肥入库，搞好化肥的冬季储备。实现农资连锁配送。组织“惠农直通车”，配送农资进店、进村、到田头。充分发挥网络优势。发挥村级综合服务站、农资销售网络优势，使农民足不出村就能买到农资公司统一配送的放心肥。严格化肥进货渠道。农资公司通过加盟河北省农资集团公司，组织全国知名厂家或获得免检产品认证的产品，从源头上杜绝假冒伪劣化肥进入供销社农资流通网络。打假治劣，净化农资市场。积极配合有关职能部门开展农资打假整治行动，确保农民买上放心农资，不误农时地保证了农业生产的顺利进行。

【服务群众转作风】 烟花爆竹专营中心选择正规渠道购进各种质优烟花爆竹，组织旺季摆摊销售，并为零售经营商户免费提供商品安全储存服务，增添了宣化区春节期间的欢乐气氛。

信息科技送下乡。农资公司、盐业专营公司和三个基层社的同志们深入农村和基层门店了解三春生产和农民生活需求，积极参与“三下乡”服务活动，发放致富信息1000份，农资、农技宣传材料2000份，宣传勤劳致富和农技新知识。

紧贴“三农”送服务。城郊基层社组织春种春播急需的农地膜、菜架杆育秧片，各种杀虫剂、杀菌剂3吨，其中农地膜19吨，各种化肥800吨，各类种子1200多袋，满足了农民的需求，确保不误农时。

【织牢食盐供应网】 食盐零售取消经营许可证后，盐政管理所把管好市场和服务市场有机结合，积极适应新规带来的新常态。与盐业专营公司一道，积极宣传盐政管理政策和食盐加碘消除碘缺乏危害意义，组织参加“三下乡”宣传、街头宣传6次，开展以“科学补碘、重在生命最初1000天”为主题的宣传咨询活动。制作宣传展板4幅，发放宣传品1200份，提高城乡群众对食用碘盐意义认识，自觉抵制私盐。全年开展盐政稽查500余次，稽查私盐贩销，净化食盐市场，保证食盐安全。在经营上，盐业公司实现经营理念、思路、方法“三转变”，工业用盐、食用盐实现保购促销。全力保证食盐库存不脱销，推进访销服务措施，按照需求，及时上门送货。全年出动送货车次500余趟次，巩固、建立配送网点630个，组织配送碘盐1340吨，实现配送网点、食用碘盐城乡市场两个全覆盖。

【求真务实严管理】 金三角商厦在“内强管理、外树形象”上下功夫。商厦一楼在经营手机、电脑、鞋类的同时，扩大经营范围，招租迪信通进入商厦，增加移动网络、4G网络、宽带网络服务。拓展了服务领域，提高了资产利用率，企业实现增收7%。大胆转变经营思路，大力调整商品结构，做到高档商品优，中档商品新，大众商品全，实现了系列化经营。

资产管理中心、城郊基层社加强社有资产维护，投资1.2万元整修电路，维护、整修房屋、庭院，提高资产利用率和价值，实现企业增收。

【整合资源调建制】 根据深化基层社改革精神，结合宣化区三乡同城化新农村建设改造趋势，宣化区供销社社将侯家庙供销社、城郊基层社、春光分社三个基层社进行了建制合并。合并后的城郊基层社实现了集约资源、调配合理、精减编制、降低费用的预期效果。同时积极创造基层社良好的内外环境，服务乡村网点，提升了企业经济效益，为谋划符合宣化区实际的基层社组织体制改革框架做好了组织准备。

【安全维稳常抓不懈】 供销社党政领导班子始终把安全生产和维护稳定工作放在各项工作的首位，警钟长鸣、持之以恒、常抓不懈。认真落实安全生产责任制。与基层单位一把手签订安全生产责任书，做到责任到人头。紧紧抓住烟花爆竹储运的重点环节，建立安全管理人员值班制度，设置防盗门窗、防爆隔离墙、安装了监控、避雷装置，形成“人防、物防、技防”相结合的安全防范体系。认真落实安全检查制度。对社属企业安全管理定期开展检查，对各企业存在的安全隐患做到有检查、有记录、有整改、有落实、有回应。认真开展安全生产教育。在全体职工中树立“安全第一，预防第一”的理念，使广大干部职工把“自我约束、自我控制、自我管理、自我规范”的安全意识融入岗位行为中，保持安全经营的稳定态势。认真做好信访稳定工作。对群众反映强烈的改制遗留问题，采取措施，合理有序的逐步加以解决。对政策内的问题能解决的立即给予解决，一时不能解决的也本着有据可依的办法逐步解决。及时化解了矛盾，把问题解决在基层。

【宣化区农业生产资料有限责任公司】 宣化区农业生产资料有限责任公司为宣化区供销合作社联合社附属单位，企业性质为民营经济。占地面积8000平方米。公司地址宣化区幸福街67号。现有职工3人，另有临时用工2人。主要经营化肥及农资商品，2015年销售各种优质化肥3500余吨，销售额360万元。

落实和完成冬储化肥任务。全年完成冬储高效化肥2000吨，其中磷酸二铵500吨、尿素1000吨、碳铵300吨、复合肥料200吨。

加强和完善农资经营网络建设。丰泽苑加盟连锁店覆盖全区“三乡一镇”，共设加盟店30个，使宣化区农资经营环境得到明显改善，有力的杜绝假冒伪劣农资产品，净化了农资市场。化肥配送占商品销售量的80%以上，有效降低了成本，使农民得到了实惠。

2015年，为搞好农资供应，宣化区农业生产资料有限责任公司与河北省农资公司建立了联储联销合作关系，与北京、天津、沧州等知名企业建立了总代理，有力地保证了充足的货源，弥补了资金的不足，并且初步探索出一条合作共赢的经营模式，对公司的经营和发展起到了积极的推动作用。

2015年，公司坚持诚信经营，以诚为本的经营思想，在困难中求生存，在经营中谋发展，勇于面对挑战，争取市场主动，较好地完成了农资供应和服务工作。

【宣化茂财土产杂品有限公司】 宣化茂财土产杂品有限公司，属股份制企业。为宣化区供销合作社联合社附属单位。总占地面积11046平方米。总部地址幸福街66号，机构设置办公室、财务科。经理李茂财，监事苏静顺。职工人数12人。固定资产原值900万元。主营烟花爆竹。销售收入230万元，盈亏持平。职工年人均收入20400元。企业的经营理念，转变观念转变作风，让企业文化生生不息。

2015年，为了抢占市场，扩大业务销售，在市场竞争中抢得先机，提高商品质量，以质量求生存，以质量保安全，在价格方面薄利多销，让利于零售商和消费者，最大限度的占领市场；加大对市场的科学管理，确保正规渠道商品的市场占有率。为增加仓储能力公司投资60万元新建600平方米仓库。

为了降低成本，同时保证质量，宣化茂财土产杂品有限公司直接从生产厂家购进商品，从而减少中间环节，降低成本，品种达300余种，极大地丰富了商品供应，方便了客户的选购。

为提升安全管理水平公司在安全设施及安全制度上进一步提高完善，2015年，公司完成了二级标准化管理达标工作，通过了三级守信用企业的验收，全面提升了公司的形象和管理水平。

配合安监局对市场零售网点进行定期检查，向零售商收取安全保障金，以此约束零售商使之规范经营、守法经营，保障了节前市场供应，努力做好售后服务，向广大消费者宣传安全知识引导他们正确燃放。为特殊客户（小型烟花晚会）提供免费燃放服务，从而增加了商品的销售。由于决策科学，落实到位，在严峻的市场和不利的形式下业绩保持平稳，年销售达到了230万元。

【宣化区供销社资产管理中心】 宣化区供销社资产管理中心隶属宣化区供销社。成立于2006年9月。由宣化永吉副食品公司、宣化区供销社贸易货栈和宣化区物资回收总公司组成，均为集体所有制企业。永吉副食品公司和贸易货栈位于宣化区铁道南街35号，物资回收总公司位于宣化区西大远1号，占地面积共计18265平方米。领导班子2人组成，资产管理中心主任温向林（兼党支部书记、贸易货栈经理），副主任曾丰荣（兼物资回收总公司经理）。在册职工5人，退休人员207人。固定资产原值384万元，净值243万元。经营理念：开拓思路，真抓实干，充分挖掘资产潜力，努力提高企业效益。

按照上级的指示精神，认真抓好资产管理工作，同时进一步做好企业的稳定工作。资产管理中心下属的副食品公司、贸易货栈、回收公司均为老企业。改制后，遗留物问题较多，存在着不稳定因素，资产管理中心顾全大局，为维护社会和企业的稳定，克服了房屋出租困难、客户减少、企业收入下降等诸多不利因素影响，积极筹措资金，为生活困难人员解决生活费3万多元，使他们的生活得到保障。为207名退休职工完成了2015年养老金调整工作，为了方便退休人员就医，为70岁以上、符合条件的老人办理了特殊门诊医疗手续；为常年居住在外地的退休人员办理异地医药费报销服务；按照有关政策规定，为2014年以前退休的独生子女父母发放了一次性奖励的当年给付部分。在人员少、任务重的情况下，认真做好安全消防等重点工作，及时清理院内易燃物品，疏通排水管道，维修排水设备，加强安全保卫和防汛工作，做到全年安全无事故。圆满完成上级交给的各项任务，确保企业安全经营和稳定发展。

【宣化区盐业专营有限公司】 宣化区盐业专营有限公司隶属宣化区供销合作社联合社，集体性质。公司位于宣化区万字会街4号，占地面积为1960.1平方米。设有财务科、业务科、办公室、盐政稽查队四个科室。经理路慧儒，副经理高山浩。在职职工20人，离退休人员16人。固定资产原值176万元，净值34万元。销售收入721万元。分配方式：等级工资制。职工年人均收入30772元。

张家口市宣化区盐业专营有限公司被河北省盐业专营集团公司评为“2015年度食盐专营工作模范单位”（冀供销盐字〔2016〕5号）。

2015年3月，河北省盐业总公司授予张家口市宣化区盐业专营有限公司2014年度“食盐专营工作模范单位”的光荣称号。

2015年公司共购进盐总量6367吨，其中碘盐1911吨，工业盐4456吨；销售盐总量6168吨，其中碘盐1850吨，工业盐4318吨。碘盐购销分别占年计划的138%和134%，实现了全区食盐供应稳定有序，确保了全区人民的食盐安全。

【宣化金三角商厦】 宣化金三角商厦隶属于宣化区供销合作社联合社，属集体企业。商厦位于清远路71号。占地面积1533.4平方米，营业面积3500平方米。下设办公室、财务科、保卫科。法人代表胡越斌，副经理李贵亮。在册职工24人，退休人员53人。固定资产原值319.8万元，净值319.8万元。职工年人均收入16000元。分配方式为等级工资制。

商厦始终坚持对内求真务实，强化经营管理，对外加强多方合作，拓展市场空间的经营理念，使各项工作稳步、快速、和谐发展。业务范围日用百货、五金交电、日用杂品、土特产品、服装鞋帽、文体用品、工艺礼品、建筑装潢、陶瓷建筑、针织仿品、劳保用品、钢木家具、柜台租赁。经营品种上万种。全年租赁收入140万元，盈亏持平。

2015年，商厦配合宣化中环热力公司，出资30多万元改造取暖设施。

【宣化区城郊基层社】 宣化区城郊基层社，集体所有制企业，隶属于宣化区供销合作社联合社。位于宣化区河子西乡河子西村，占地面积8337平方米。固定资产81万元，净值29万元。在职职工5人，退休职工73人。在河子西、侯家庙、春光三个乡的自然村下设28个零售网点，分别是：河子西分销店、下八里分销店、上八里分销店、大房子分销店、小东庄分销店、宋家庄分销店、陈家庄分销店、朱家庄分销店、样台分销店、沙圪达分销店、沙圪达综合商店、旧李宅分销店、肖家坊分销店、刘家窑分销店、二台子分销店、羊坊路口分销店、泥河子分销店、后慢岭分销店、小慢岭分销店、赵家营分销店、赵家梁分销店、乔家湾分销店、王河湾分销店、姚家坊分销店、二道巷分销店、盆窑分销店、四方台分销店、大北街分销店、主要经营农药、化肥、农地膜、百货、五金、建材、针织品、烟酒副食、土产杂品、油漆、颜料、黏合剂、中小农具、棉麻、废旧物品回收、石油制品、袋装种子。

为农服务充分发挥网点遍布各个自然村的有利条件，牢固树立为“三农”服务的宗旨，不断优化为农服务方式，开展优质服务，提前储备货源，价格优惠。全年销售生产资料总值310万元，其中农地膜19吨，各种化肥800吨，农药3吨，种子1200多袋，满足了农民的需求，有力地促进了农民的增收，服务“三农”能力持续增强。

加强安全生产及食品管理采取分工责任制，主要领导亲自负责，定期下去检查，并加强宣传食品安全的重要性及危害性和承担的责任。做好系统内商品的防火、防盗、防汛、防霉变工作，全年投资1.2万元维修了钟楼北门市部屋顶防水、四方台门市部院墙倒塌维修、河子西门市部房屋维修，整修了几家用电不安全的设备。

其他工作。积极处理遗留问题，努力完成收入任务，投资1万元解决遗留问题，做好供销社改革转型工作。

（郭　勇）

粮食流通

【概　况】 张家口市宣化区粮食局是区政府直属的粮食行政主管部门，粮食流通由宣化区粮食局管理。粮食经营管理以粮食储备和军粮供应为主，以粮食的议购议销为辅。粮食局下属的天丰粮油购销公司，承储着河北省、张家口市、宣化区三级政府储备粮。军粮供应站以宣化各驻军部队为定点供应单位，满足驻军各部队粮油总需求，另外兼营部分小杂粮。目前宣化区尚无专业粮油市场。区内粮油经营主要分布在宣化区蔬菜市场、东大院集贸市场及城区各街道和超市。粮油经营以个体工商户为主（占90%以上），粮油库存小，抗风险能力差，管理相对松散，经营不稳定。粮食局现在下属共5个企业，其中：3个国有控股企业，2个民营股份制企业，全部是具有独立法人资格的法人单位，党委工作为指令性管理，行政业务工作为指导性管理。

宣化区粮油仓库荣获河北省粮食局颁发的“省级储备粮承储企业管理水平提升活动达标单位”荣誉称号。2015年年末从业人员110人；离开本单位的保留劳动关系19人；从业人员劳动报酬329.5万元，其中：人均年收入29954元；离开本单位仍保留劳动关系的职工生活费27.7万元，其中：人均收入14579元。各企业全部执行岗位工资制。

【下属企业】 宣化区天丰粮油购销有限公司、宣化区正源军粮供应有限公司、宣化鑫鹏工矿机械配件市场有限责任公司、宣化金谷商贸有限责任公司、宣化区金谷国有资产经营有限公司。

【固定资产（原值、净值）】 国有企业原值1522万元，净值855万元。非国有企业原值2612万元，净值2289万元。储粮仓房11栋。总仓储容量34500吨。各种储粮专用设备79套/台。

【粮食储备与粮食安全】 顺利完成省级储备玉米和市储成品粮的轮换工作，2015年，河北省粮食局下达给宣化区粮食局天丰粮油购销公司（粮油仓库）省储玉米轮换任务共2437吨。成品粮3500吨，水稻2000吨。粮食局会同粮库领导班子认真研究、精心部署，从思想上高度重视，认真分析玉米市场，制订详细的轮换计划，采取成本不变等量兑换的轮换方式，由粮库自行组织轮换。为保质保量地完成好此项任务，派专业人员严把入库质量关，确保入库玉米质量达标，该库按照省局和市局的文件要求，积极开展轮换工作。全年轮换小麦2553吨，玉米2437吨，稻谷1814吨。成品粮油3633吨，其中，面粉1500吨，大米2000吨，食用油133吨。

【清仓查库工作】 根据省、市粮食局相关文件要求，积极筹备人力、物力进行库存检查工作。成立库存检查领导小组，制定清仓查库工作实施方案，明确分工，责任到人。在检查中实事求是，认真负责，严肃纪律，确保检查结果的准确性。以2015年3月25日24时粮食库存为检查时点，对库存储粮食进行全面、细致的自查。认真执行仓储管理制度，积极采用科学保粮技术，各级储备粮粮情稳定，质量良好。截至2015年3月25日24时，粮食实际库存数，财务账面数，统计账面数，账实相符，账账相符。2015年4月，市级检查组对库粮食库存进行了复查，复查结果为粮食数量真实，储存安全，账实相符，账账相符。顺利通过市级复查，圆满地完成了清仓查库工作。

【省储粮业务管理考核】 依据河北省省级储粮业务管理规定，每年河北省粮食局抽调相关人员，对全省省级储备粮储备企业进行业务管理考核，并在全省按打分情况排名。在日常工作中，严格按照省储粮业务管理规定的具体内容和要求认真完成各项工作。2015年年初，粮油仓库组织人员进行自评自查，发现不足之处及时整改。同时，粮食局派相关科室人员，到粮库进行督促检查。7月初，河北省粮食局考核组到达粮库进行考核，按照业务管理考核评价细则，逐条逐项检查打分，通过查阅资料，实地查看，最终粮油仓库被河北省粮食局评为达标单位。考核结束后，粮库立即对存在的问题和不足逐项梳理，列出清单，查找原因，制订整改方案，并认真整改落实，并将整改结果上报省局。通过此次考核，进一步促进粮油仓库在储备粮管理上更上一个台阶。

【各级储备粮管理】 粮食局粮油仓库现承储省、市、区三级储备粮近3万吨，做为以粮食储备为主的企业，其重要工作任务是确保各级储备粮数量真实、质量良好、储存安全。日常工作中，不断加强仓储设施基础建设，强化仓储安全，认真坚持检测、检化制度，按照相关规定做好保管工作，逐级签订安全储粮责任状、细化包仓责任制，达到层层负责、责任到人。

2015年对4栋仓房房顶进行了改造，11、12号仓安装了外爬梯，15、16号仓外墙重新进行了粉刷，同时烘干塔进行了油刷，库区硬化路面2500平方米。顺利完成了省财政厅拨付给粮油仓库100万元的仓房维修资金工程施工，对13、14、号两个仓更换了防雀网，为11、12、13、14号仓安装了安全护栏，1—10号仓房轴流风机安装了安全护罩，并对1—25号仓房电闸箱进行升级改造，仓储基础设施的改善，使仓房安全储粮性能进一步提升，为储备粮的安全储存奠定基础。

【军粮供应与后勤保障】 军粮供应站全体干部职工积极努力、奋力拼搏，不断开拓新渠道，积极联系各部队院校，建立新的服务单位，努力完成市军粮中心下达的军粮供应任务，确保军粮供应安全。

在完成军粮供应量的同时，积极开展多种经营，达到以副补主，以副强主的工作目标。2015年积极推进副食品、调味品进部队工作，不断扩大对部队的供应服务面，取得了服务与收益双成果。两个“河北军粮”特许加盟店，本着“一流质量、一流服务、一流信誉”的经营宗旨，以质量和服务点亮军字招牌，靠“军”字招牌把“河北军粮”加盟店推向市场，同时以放心的原料基地、先进的生产加工企业、有保障的质检体系、安全的供应渠道、高于国标的内控标准、优秀的半军事化服务队伍为特色，努力打造“放心粮油”工程。该站将“河北军粮”进驻社区，同街道办事处签订了爱心超市协议，本着服务大众，把更贴心的服务和更优质的商品送到千家万户。同时，特供店也扩大了学校、饭店、企业食堂的粮油供应业务，产品和服务得到了社会各界的好评与肯定，取得了良好的社会效益和经济效益。

坚持定期走访部队征求意见，倾听部队官兵的意见和建议，努力改进各项工作，把全心全意为部队官兵服务真正变成企业的实际行动。同时积极开展“军民共建”活动，2015年“八一”前夕，粮食局领导与军粮供应站领导班子成员，带着近3.4万元慰问品，走访了辖区内所有部队，征求部队官兵意见，军地双方欢聚一堂，畅叙军民鱼水深情，进一步密切了军民关系，使部队满意度达100%。

努力完成粮食应急供应网点布局和调整工作，根据省、市粮食应急处置预案要求，粮食局就全区粮食应急供应网点的布局进行了精心的部署和安排，并对网点的合理性和应急实战需要进行了认真的调整。确保在发生突发事件后，粮食应急供应不出问题，充分发挥粮食局粮食供应的主渠道作用，保障市场供应，为确保在紧急情况下的社会稳定。

【粮食收购和粮食储备】 修改完善监督检查工作制度。根据相关法律法规及省、市粮食局有关要求和宣化区法制办的工作指导意见，粮食局对

2007年制定的《宣化区粮食局监督检查工作制度汇编》，进行了详细修改完善，取消了部分上级已有明确规定的相关制度或内容，新的依法行政工作制度已基本修改完毕。

明确重点、制定计划、认真落实、加强监督。根据《张家口市粮食局监督检查工作要点》进一步明确了粮食局监督检查重点工作，制定了《监督检查年度工作计划（方案）》，日常工作中按照工作重点和计划，有序安排监督检查工作，做到了有重点、有计划、有落实，并严格落实监督检查工作定期汇报制度，每季度局主要领导定期听取监督检查工作完成情况汇报，安排部署相关工作，明确工作要求，强化工作监督，确保工作落实。

依法履行监督检查职能。加大储备粮监管力度，确保储粮承储安全。结合工作需要，坚持经常深入储备粮承储企业，现场指导业务工作，督导企业严格落实储粮管理相关规定，确保了各级储粮承储安全。年内圆满完成了各级储备粮轮换工作。依法开展国家粮食库存检查，确保国家粮食安全。根据有关文件要求，按时完成了国家粮食库存检查工作，宣化区承储的各级储备粮达到了数量真实、品质保证、承储安全。认真履行粮食市场监管职责，依法开展粮食市场检查。根据工作安排，春节、元旦等重大节日期间，分别开展了以库存、品种、价格等为重点内容的综合检查；开展了执行统计制度和建立统计经营台账工作专项检查；开展了粮食收购资格核查和以执行粮食收购政策、价格政策和及时支付受粮款为重点的粮食收购市场检查；各级储备粮安全检查和成品储备粮轮换工作督导检查；开展了储粮化学药剂管理安全检查及储粮安全生产检查；完成了粮油经营企业库存量核定工作；开展了粮食收购专项检查；开展了“转圈粮”专项检查；开展了以履行粮食应急义务、健全粮食应急机制检查，进一步健全和完善了粮食应急加工、储运、供应网络建设；按要求完成上级部署相关专项检查及常规检查等工作。全年累计开展各类检查20余次，出动人员40人次，检查企业135个次，认真履行了粮食流通市场监管职责

【安全生产、食品卫生、综合治理】 牢固树立安全生产重于泰山的思想，对安全工作常抓不懈，年初，根据粮食局实际制定了《宣化区粮食局2015年安全生产工作要点》《宣化区粮食局2015年食品安全工作要点》《宣化区粮食局安全生产大检查工作方案》，同时做好对企业职工的安全生产意识教育。搞好安全隐患集中排查和专项治理活动，全面落实安全生产“三项制度”“法人代表安全生产承诺制度”“安全生产月”活动。加强督导检查，按照安全生产目标管理的要求，经常深入企业对安全生产进行督导检查，从而有效保证了企业的安全生产，全年没有发生任何安全生产责任事故。2015年，粮食局积极参加全区统一组织的“安全生产月”活动和“2015年食品安全宣传周”活动，组织开展了全局60余人参加的消防安全知识培训及演练，全面提高全系统干部职工的安全消防知识和安全消防意识，同时，对综合治理和矛盾纠纷工作高度重视，粮食局领导经常研究部署，全年没有发生一起人员设备的事故和越级上访事件。

【工矿机械配件市场】 2015年，由于受全国经济下行的影响，工矿机械配件市场步履艰难，他们克服市场竞争激烈，整体市场不景气的大环境影响，大力开拓市场，努力挖潜增效，在市场夹缝中求生存。加大宣传力度，完善网络平台，提升企业的知名度。努力打造成为专业的工矿机械配件市场和地区具有影响力的综合写字楼。2015年，写字楼出租率46%，配件楼出租率50%，西平房出租率78%。2015年全年房屋出租收入120万元。

在酒店业竞争日趋紧张的大环境下加强酒店管理，发掘自身优势，弥补自身不足，挖掘潜力，不断提高管理水平和服务质量，通过网络美

团、百度糯米等促销方式不断地留住老顾客吸引新顾客，提高酒店知名度。2015年全年度客房收入60万元。

【基础设施建设、技改技措】 宣化区粮油仓库，2015年，改造4栋仓房房顶；库区路面硬化2500平方米；对11、12号仓安装外爬梯，15、16号仓外墙进行粉刷，烘干塔进行油刷；13、14号两个仓更换了防雀网；11、12、13、14号仓房安装了安全护栏；1—10号仓房轴流风机安装了安全护罩；1—25号仓房电闸箱进行升级改造，总投资424万元。

（刘玉明）

物资流通

【乐福居家居建材】 由香河汇鑫集团公司投资建设，于2011年4月20日成功开业，法人为雷建国，负责人为胡云鹏，坐落在宣化区府城南大街102号，占地6万平方米。主要经营家具、建材、家饰，2015年先后有雅迪凯厨电、钜豪灯饰、北京百丰家具、恒晔家具、欧艺佳家具、欧米丽佳家具、今派美家具、新鸿福家具、天然淳床垫、天猫睿酷家具等品牌入驻，现共已入驻商户80余家，从业人员130多人。2015年收商户场租管理费145万元。

（吴俊杰　申晓蒙）

【华耐家居宣化店】 华耐家居宣化店于2013年8月31日正式开业，隶属于华耐家居集团。

华耐家居集团是国内领先的家居服务及建材营销企业集团，旗下员工6000多人，业务范围涉及家居建材流通、家居建材总部基地开发和经营等领域。集团旗下机构——华耐立家建材连锁，业务遍及北京、上海、天津、广州、河北等12个省市60多个销区，已发展有800多家连锁店。旗下经营国内众多瓷砖卫浴知名品牌：马可波罗瓷砖、欧神诺、L&D瓷砖和蒙娜丽莎瓷砖、箭牌和法恩莎卫浴及自主品牌立家卫浴、唐彩厨卫家私等。

华耐家居生活广场位于河北省张家口市宣化开发区，紧邻新区政府，东至长平路，南至中山大街和宣府大街，西至区政府东路，北至宣赤路，是集宣化行政文化、经济枢纽、商业发展中心的核心地段。项目总占地48.36亩，其中商业和住宅用地各占50%，商业总建筑面积80519.4平方米，住宅建筑面积为40259平方米，绿化率大于30%。商业部分将打造成为宣化区最高档的家居建材一站式购物中心。

2015年10月1日，华耐家居宣化店于六层开业；楼层引入高端品牌木门、品牌定制家具、实木家具等，为古城父老乡亲提供了更多更优质的选购空间。

2015年，华耐家居宣化店利润约–194万元，营业收入约992万元。

（谢　楠　殷文娟）

【宣化鑫鹏工矿机械配件市场有限责任公司】 宣化鑫鹏工矿机械配件市场有限责任公司位于宣化区地道桥西马道12号，性质为有限责任公司，企业营业面积13000平方米。公司法人代表左建军，现有在职职工18人，内退职工2名。其中，具有中级职称人员2名，初级职称人员9名，大专以上文化程度4名，中专文化10名，中共党员19名，职工爱岗敬业，素质较高。

公司经营情况。公司的经营项目，主要是以场地出租、经营商务酒店和写字楼等为主。

工矿配件市场，经过十多年的培育，已经有了质的飞跃，是目前张宣地区最大的一家以经营各种品牌的工程机械（成工、厦工、柳工、宣工等）、矿山机械、采掘机械、建筑机械和化工专用机械及相关配件为主，兼营叉车、农机、五金、电料、轴承、标准件的专业市场，出租率

60%，商户以其经营内容“特、专、精”的独有魅力在宣化迅速崛起，其产品远销大江南北。为宣化区域经济的专业化、扩大化注入了新的活力，并给宣化增添了一个“配件城”的美誉。

在市场竞争日趋激烈的情况下，公司大力加强宣传力度，提升企业的知名度。以优美、干净的环境，周到的服务，打造成具有一定影响力的综合写字楼。其出租率46%。

鑫鹏商务酒店自2009年12月30日开业以来，按照现代企业制度的运作管理方式，各项工作正常运行，2015年客房收入约55万元。

（黄海荣　王海涛）

【区域物资流通】 宣化做为冀北商城，物资流通欣欣向荣，发展态势良好，形成了许多专业市场。如：建材市场、机械工矿配件市场等。建材市场主要位于清远路、宣府大街、府城南大街一带，主要经营瓷砖、木材、钢材、卫生洁具、地板砖等。主要有隆旭建材城、阳光建材家居广场、东区建材城、新星建材市场、桥南建材城、桥南陶瓷装饰建材市场等。阳光建材家居广场、隆旭建材城、东区建材城、桥南建材城、佳友家居、乐福居家居建材文化广场、上谷现代家居广场、华耐家居建材生活广场等占地面积都在万平方米以上。

机械工矿配件商家主要集中在地道桥府城南大街、东土关、清远路南。地道桥西马道由于机械工矿配件商家集聚，形成了“机械工矿配件一条街”大的商家有鑫鹏工矿机械配件市场有限责任公司。主要经销各种品牌的工程机械、矿山机械、采掘机械、建筑机械、化工专用机械及相关配件，兼营叉车、农机、五金、电料、轴承、标准件等。

电子产品、计算机服务业和软件业

【宣化百脑汇电子有限责任公司】 宣化百脑汇电子有限责任公司位于宣化区南大街34号，占地面积2.44公顷，该公司成立于2003年3月4日，注册资金140万元，共有营业楼四层（第五层已产权转让），营业面积4000平方米，固定资产650万元，法人代表雷雅义，在册职工43人，月人均收入880元。2015年，百脑汇电子有限责任公司对公司南大街营业楼进行集中供热改造，改造建筑面积约5000平方米。

主要经营小家电、五金交电及配件、电脑及耗材等，现有经营户约60户，年交易额500万元。公司自成立以来，坚持以经营电器为主业，以方便百姓、让利于民、质优价廉赢得了广大顾客的信任，先后荣获区级、市级、省级消费者信得过单位、市级诚信市场等荣誉称号。

（丰丽媛）

【计算机服务业和软件业】 随着宣化区经济的发展，高科技在各个领域的运用，计算机服务业和软件业有了快速的发展。宣化电子商厦于1989年10月在南大街69号原电器商场增设计算机及现代化办公设备的经营。当时在宣化仅此一家，面积近200平方米，从业人员10人。

全区学校网、宣钢企业网，大多数实现无纸办公，互联接入、企业管理，普及率较高。另外还有昊达电脑公司、天力科贸公司、清华商务、长城电脑、东韦科贸、龙科计算机网络有限公司、惠普、清华同方等计算机网络商家相继开业。2015年宣化电脑商家有盛天、汇诚、鼎峰、联想、昊达、科威等电脑商户。销售计算机、复印机、打印机、一体机、传真机及其网络安装和维修、经销通信产品器材、自动化安全防范器材等，涉及电子技术产品的销售、维护、建设、制作，提供网络技术，自动化电子工程服务等。

（丰丽媛）

物流业发展简况

【概　况】物流是物品从供应地向接收地的实体流动过程。根据实际需要，将运输、储存、装卸、搬运、包装、流通加工、配送、信息处理等基本功能实施的有机结合。随着我国物流业的不断发展，宣化区的物流业从无到有，呈现不断壮大的态势。除早期发展起来的工矿机械配件物流市场外，在宣化区范围内，如韵达、申通、中通、圆通等快递以及货运、配货、物流公司达51家。经过他们转运的物品，小到一个螺丝钉，大到装饰建材，尤其是通过快递、物流公司等老百姓接受运输方式，电子购物为他们节省不少费用。

对外开放

河北宣化经济开发区

【概　况】2015年，宣化经济开发区在区委、区政府的坚强领导下，在全区各部门的大力支持下，创新思路，认真谋划，以园区项目建设工作为突破口，积极推进园区建设各项工作。

宣化经济开发区位于宣化城东1.35公里处，规划面积为4平方公里，一期面积为1.58平方公里。（区界：东至长胜路，南至规划九龙大街，西至宣化区长平路，北至宣化至赤城公路南边）。

宣化经济开发区管理委员会工作机构设5个：党政综合办公室、财政局、经济发展局、招商局、规划建设局。

受当前国内经济下行压力较大等因素影响，宣化经济开发区主要经济出现不同程度下滑。2015年全年，宣化经济开发区完成工业总产值455710万元，同比减少25.6%；工业销售收入387355万元，同比减少35%；工业增加值136700元，同比减少24.8；进出口总额2164万美元，同比降低9%；财政收入29042万元，同比增长28%；固定资产投资79517万元，同比降低52%。

【北山工业园区发展情况】园区项目建设工作扎实推进。按照区委、区政府“三项重点工作”要求，在园区项目建设指挥部的统筹、督促、指导下，坚持园区基础设施建设与重点项目建设“一体并行、同步推进”的原则，以重点项目落地带动园区基础设施建设，稳步、有序开展各项工作。园区配套基础设施建设稳步开展。为加快推进园区重点落地项目建设进度，满足其建设及生产需要，园区一期西片在具备临水、临电的基础上，与落地项目同步进行路、水、电、防洪等配套基础设施建设。总长19.8公里的园区管网铺设工程均已全面开工，一横四纵路网工程已基本完成土石方的爆破和挖运，共挖运土石方100万多立方米，实施爆破及钻孔5700多米。项目建设有序推进。2015年，宣化经济开发区重点实施及推进项目7个，其中竣工项目1个（为开发区建成区的阿特拉斯技改冲击器及钎头生产项目）、续建项目4个（分别为北山工业园区的青啤工业园、迪蒙卡特数控机床、中北金石硅微粉和中小企业创辅基地）、新开工项目1个（为建成区内的华阳电力设备公司进行重组，新引进华阳农副产品冷链物流项目）、签约未开工项目1个（北汽福田宣化汽车产业城）。协助项目单位加强手续跑办工作，力争全面及时动工。

融资服务工作成效显著。当前金融环境下，园区各项建设资金不足的瓶颈问题日益突出，面对这种情况，宣化经济开发区在区委、区政府的大力支持下，解放思想、创新融资思路、积极开展融资工作，取得显著成效，不仅缓解了园区项目建设资金，同时为宣化区三项重点工作（外环路）提供有力资金支持，做出了积极贡献。持续开展基础设施建设融资工作。园区与银行合作，累计间接融资4.03亿元；同时利用自身平台，在证券市场直接融资、注册累计达10亿元，成为全市县区中，唯一成功发行企业债的政府融资平台。谋划成立政府产业引导基金。2015年，宣化经济开发区先后与瀚华金控、重庆西证渝富等基金管理公司进行了实地考察、对接工作，就合作成立政府产业引导基金，投资园区基础设施建设、高端装备、服务外包等新兴产业的有关事宜，达成初步合作意向，形成初步方案。引导服务辖区企业进行融资。充分发挥宣化经济开发区在资本市场的现有资源，积极引导辖区企业利用资本市场实现股权融资，解决融资难、融资贵的难题。上半年，与广发证券密切合作，挑选了冶金环保、新迪高压电瓷、正昊机械3家基础面较好、发展前景较为广阔的企业作为试点，对其进行尽职调查与专业辅导，争取促成在"新三板"挂牌上市，为我区中小企业在资本市场融资提供服务。环保、新迪两家企业与券商签订上市辅导协议，券商进场积极开展新三板上市专业辅导工作，企业已按照券商辅导方案进入财务整理阶段，有望2016年上半年内完成股改，正式进入"新三板"（全国中小企业股份转让系统）挂牌上市。

招商思路创新取得成效。抢抓"京津冀一体化""京张联合申奥"以及"可再生能源示范区"等重大机遇，加大招商引资力度，创新招商思路。现阶段，招商重点是引进战略合作者，以金融创新为先导，补足资金短缺与基础设施滞后的短板，引进先进制造业、高新技术产业并提升改造既有传统产业，扶持、发展现代服务业，实现资本融通、产业升级、产城融合，强力拉动开发区甚至宣化区的经济发展。2015年，园区打包项目7个，先后邀请接待河北建投、中铁建（十九局）、中太建设集团（第十工程局）、宏泰建设集团、北京建工、上海同济集团等多家大国企、上市公司来宣考察项目。经现场踏勘与初步洽谈，均表现出浓厚的合作兴趣，达成了初步合作意向。

服务机制创新取得新突破。2015年，宣化经济开发区牢固树立投资环境就是发展"生命线"的意识，着力打造服务高效的政务环境，更好的发挥开发区"小政府大社会、小机构大服务"的高效服务机制。依据《关于推进全省开发区体制机制改革指导意见》《关于推广威县综合改革试点经验深化市县政府职能转变和机构改革工作的通知》和张家口市机构编制委员会办公室《关于积极开展设置行政审批局改革试点工作的通知》）文件精神，积极谋划设立开发区行政审批局，实施"扁平化"管理，突破以往审批惯性程序，竭力创新开发区行政审批效率，制定《宣化经济开发区开展设置行政审批局改革试点工作实施方案》上报区、市各级政府。针对开发区各局室目前职能缺失的现状，积极开展各局室职能梳理、岗位分工及工作流程等系列活动。

（贺东文）

【对外贸易】

2015年宣化区进出口贸易完成情况一览表

表8

单位：万美元

单位名称	出口额	进出口额
张家口市华伟粮油制品有限公司	33.8	33.8
河北宣化工程机械股份有限公司	108.02	108.02
张家口市宣化国玉陶瓷有限公司	17.19	17.19
阿特拉斯·科普科（张家口）公司	461.59	500.25
澳皮王（宣化）皮业有限公司	1255.52	1668.36
宣化新迪高压电瓷电气有限责任公司	90.03	90.03

续表 8

单位名称	出口额	进出口额
张家口现代石油钻具有限公司	60.08	60.08
宣化现代采掘机械有限公司	13.65	13.65
菲博康金属技术有限公司	25.57	25.57
张家口华伟阵达贸易有限公司	15.99	15.99
宣化新烨工程技术有限公司	16.99	16.99
张家口科诺工程塑料有限公司	0.039	0.039
张家口益顺佳制衣有限公司	812.16	1472.79
华泰矿冶机械有限公司	2.79	74.02
张家口金科钻孔有限公司	25.99	25.99
张家口吉新制衣有限公司	93.11	202.51
宣化亿达物资工贸有限责任公司	3.8	3.8
未命名	14.97	14.97
合 计	3051.3	4344

（李书阁 董广冰）

财政·税务

财　政

【概　况】 2015年，区财政局按照区委八届四次全会、十五届人大四次会议的部署，全面贯彻落实党的十八届四次全会和省市财政工作会议精神，应对财政运行中遇到的困难和挑战。全区全部财政收入完成149734万元，同比增长1.5%。全区一般公共预算支出162979万元，同比增长29.7%。

【资金调控】 全年争取中央预算内基建投资10541万元，支持重大环境治理工程，燃煤锅炉节能改造提升等10个项目，推动了重点项目建设。深入企业调研，召开企业领导座谈会，针对企业存在的技术改造、产品调整、项目申报等问题，制定帮扶措施。全年为27户企业申报中央、省、市财政支持企业发展专项资金，争取到上级财政专项资金4579万元，重点支持了企业转型发展、淘汰落后产能等项目。

【惠农政策】 安排粮食直补、农资综合直补资金278万元，惠及全区57个行政村，1.34万家农户，补贴面积5.51万亩。拨付退耕还林、玉米良种补贴、移民直补、动物防疫及病死猪补助资金249.6万元，惠及农户8100户，拨付种植业保险补贴20万元，帮助种植户增强抵御灾害能力。安排支农资金1800万元，用于农田水利基础设施、农村面貌改造、饮水安全等项目建设，有力地支持了宣化区农业的发展。支持美丽乡村和农村面貌改造提升活动，为22个村申请一事一议项目，投入718万元，用于硬化道路、美化绿化、铺设村内饮水管线等项目。安排饮水安全项目资金766万元，解决了8个行政村，11761人饮水安全问题，有效地改善了农村生产生活条件，加快了村容村貌改造提升。

【改善民生】 拨付养老保险资金6191万元，保障了机关、事业单位离、退休职工及60岁以上城镇居民的基本生活。拨付就业再就业资金2646万元，用于公益岗位人员岗位补贴和社会保险补贴、“4050人员”和非“4050人员”灵活就业人员社会保险补贴。拨付城乡低保6465万元，实现了城乡居民最低生活保障动态管理下的“应保尽保”，落实了城乡居民基本养老保险、新农合等项提标政策，有效发挥了社会保障的托底救急功能。深化义务教育经费保障机制改革，拨付资金1128万元，免除了34913名农村及城市公办义务教育阶段中小学生的学杂费。安排资金169万元，落实了学前幼儿资助、普通高中助学金资助政策和实施“蛋奶工程”，惠及全区各类学生2719名。拨付资金4174万元，为朝阳街小学、财神庙小学等30所学校实施了校舍安全改造及基础设施修缮工程。拨付基本公共卫生服务资金1370万元，支持了城乡居民实现老年病预防、建立居民健康档案、开展慢性病管理等11项基本公共卫生服务。

安排区级专项资金808万元，用于城乡居民参加城镇居民医疗保险和新型农村合作医疗补助，全区农民参加新农合人数达到55057人，参合率达96.68%。安排资金546万元，落实独生子女父母退休一次性奖励、计生特困家庭救助政策。拨付资金4970万元，用于保障性住房的建设；为1047户低收入家庭发放住房租赁补贴，发放资金213万元。安排文化专项资金2021万元，重点支持了北城墙修复、时恩寺维修等工程，进一步完善了宣化区旅游文化发展体系。

【重点建设工程】 拨付资金9000万元，支持了外环线建设工程。积极推广运用政府和社会资本合作（PPP）模式，将宣化区集中供热项目通过政府授权寰慧科技集团有限公司特许经营权的方式，引进外来资本，参与投资、建设、运营、维护和管理，项目总投资65300万元，新建供热管网75.04公里。

【深化财政改革】 认真贯彻《中华人民共和国预算法》，积极推进绩效预算改革工作，建立健全绩效目标指标体系。深化国库集中支付电子化管理改革，实现"横向到边，纵向到底"的目标，财政国库管理工作的规范化、科学化提升到新的水平。深化公务卡改革，要求纳入强制结算目录的项目实行公务卡结算，规范预算单位公务支出。以涉税信息平台建设为支撑，全年通过"以贷控税"、"捆绑管理"、加强个体和专业市场税收管理、纳税评估等措施，实现税收1.67亿元，有效提升了税收征管水平。积极向上级申请置换债券资金，全年共争取置换债券资金77400万元，全部用于置换2015年及以前年度到期债务，有效控制和降低债务风险，确保财政平稳运行。通过进一步强化采购意识，扩大采购规模，规范采购程序，不断提高财政资金使用效益。全年共完成政府采购458批次，实现采购额9619万元，节约资金548万元，资金节约率为4.8%。2015年共收回2014年及以前年度沉淀的财政存量资金14970万元，并全部安排支出，有效缓解了今年的财政收支矛盾。成立宣化区政府和社会资本合作（PPP）领导小组，建立了项目研讨、定期例会、定期报告等项工作制度，并将宣化区的集中供热项目做为首个PPP项目进行运作。加强对建设工程事前、事中、事后全过程管理力度，全年为便道铺装、城市亮化等45项工程编制了最高限价，编制金额5838万元。对城区绿化、校安工程等152个项目的结算进行了审核，送审9410万元，审定7040万元，审减2370万元，审减率25%。认真开展预决算公开自查督导，区本级政府及所属部门预决算和"三公"经费情况全部进行了公开。对全区10户行政事业单位的会计管理工作进行了检查，会计基础工作较往年有了明显的提高。促进财政监督与管理的有机融合，形成了以监督促管理，以检查促落实的工作制度。组织开展财务软件、能力提升、支农政策等项财会人员技能培训，累计培训600人次，进一步提升了宣化区会计管理综合水平。进一步加强行政事业单位国有资产管理，完善资产管理基础工作，严格国有资产处置管理，规范单位资产处置行为。认真组织开展"三严三实"专题教育活动，以"三级联创"为统揽，强化干部队伍建设，提升财政服务水平、服务质量和服务效能，增强为民理财能力。

（贾彦春）

国家税务

【概　况】 2015年，宣化区国税局全面落实省、市国税会议精神和区委区政府的有关要求，坚持以组织收入为中心，以强化征收管理和队伍建设为主题，创新管理模式，提高服务水平，加强党风廉政建设，全面提高工作质效，使各项税收工作扎实稳步推进，取得较好的成绩。

内设机构设置：2015年年末，宣化区国税局有工作人员141人，其中：离退休56人，在职85人，在职人员平均年龄48.68岁。机关内设机构10个，下设4个管理分局。担负着宣化区城乡276.4平方公里的税收征管工作。共管辖纳税人7283户。其中：增值税一般纳税人1286户、小规模纳税人3011户、个体工商户4272户。

【组织收入工作】 2015年全局完成总局口径税收收入103706万元，同比增收8273万元，增长9%，占调整后年计划101800万元的102%。完成政府口径税收收入99021万元，同比增收8984万元，增长10%，占年计划97300万元的102%。

【征收管理工作】 全局按照上级部署，扎实高效地推动了征管水平的新提高。

稳妥推进“金税三期”工程，保证了“金三”工程的全面上线运行。为做好“金三”单轨上线工作，全局干部职工放弃休息精心组织、认真筹备，多措并举，扎实做好“金三”运行前期各项工作。强化组织领导。把“金三”工程列为“一把手”工程，制定实施方案，明确工作目标；强化数据清理。逐户逐笔对疑点数据分类，并对问题进行梳理汇总，认真调查核实，逐一进行修正，保障了“金三”数据迁移质量；强化业务培训指导。积极组织业务操作培训，进行全方位的业务测试，及时发现问题、反馈问题、解决问题，为“金三”正式上线夯实了基础。通过全局干部职工的共同努力，9月8日，全局“金税三期”单轨上线成功启动运行。

严格落实征管规范，确保了税收征管的规范操作。对“征程规范”涉及的12个业务领域进行了逐条梳理，与现有做法进行了逐项比对，对不符合或有个别差异的进行了整改。全局共对规范中涉及的778种表单进行了逐一梳理，对纳税人填写的381种表单按规范要求进行了即时打印，涉税业务即时办结事项达128个，占总事项的73%，报送资料减少了39%，压缩环节62%，缩减办理时限56%。有效提升了税收征管水平。

认真组织风险应对，有效防止税收风险。2015年，全局进行风险应对211户，发现有问题户47户，评估入库税款2,609.17万元，加收滞纳金1,551.14万元。进项税额转出271.99万元，留抵抵缴59.18万元，冲减留底65.57万元，调整应纳税所得额1361.85万元，极大地堵塞了税收漏洞。

强化信息管税，提高了税收征管质量。一年来，全局通过市局税收征管数据监控系统、税源管理平台、外部信息平台、运维网、税务统一门户等手段，对征管质量数据、指标进行监控，及时发现并解决征管问题。全局税务登记信息完整率达到100%，税务登记信息差错率为0，财务报表采集率100%，未申报催报率100%，未缴纳税款催缴率100%。

加强个体工商户管理，确保了个体户管理规范有序。把好登记关，确保税务登记完整率100%，差错率为0。把好提醒关，确保涉税事项及时跟进办结。把好巡查关，确保企业申报信息与实际经营高度一致。

【税种管理工作】 全局围绕国家出台的最新税收政策，加强税种管理，确保了依法治税。

加强所得税管理。一是按时完成所得税汇算清缴。共计汇缴清缴1855户，补缴税款1679.21万元。季度预缴率90.82%，审核申报差错率为0，达到了省、市局考核指标要求。在汇算工作中，申报进度最快，各项优惠政策落实到位，受到市局的表扬。加强所得税后续管理。对9户资产损失资料不全补税的补税6077元，弥补亏损81635元；对32户涉及滞纳金、罚款、个人支出以及与取得收入无关的支出未调增的企业，弥补亏损5288270.26元，补缴所得税34378.99元，加收滞纳金1167.73元。对41户其他问题类型，减少亏损额5369905.85元，补缴增值税1067元，补缴企业所得税39389元，加收滞纳金1392元。加强所得税核定征收工作。共核定征收469户，较去年多了50户，核定征收面达到26.3%。

加强增值税管理。按照市局《增值税优化措施后续管理操作规程》，继续强化后续管理，对增值税一般纳税人登记、领用发票、生产经营等事项按照规定的时间进行后续核查。对不符合规定的，填写增值税后续管理意见反馈单反馈有关部门按规定办理。全年对122户新登记一般纳税人进行了登记后续核查，对领票的101户企业进行了发票领购后续管理核查，对95户企业进行了生产经营后续管理核查。共计对35户企业填制后续管理意见反馈单做了核减发票用量或暂停发票处理。加强减免税备案工作。2015年共对175户纳税人进行了备案。在简化流程方面，从4月起，即按照《全国税务机关纳税服务规范》要求改革了备案流程，将备案事项前移至办税大厅直接办理，取消了不该报送的资料。9月，"金三"系统正式上线后，积极协调未备案的企业进行及时备案，对数据迁移中丢失的备案信息及时进行了恢复处理。实现了备案信息与申报的监控校验。全力推进发票升级版推行工作。从3月开始，先后进行了一般纳税人存量户、小规模纳税人存量户升级版推行工作，全年共有2131户纳税人纳入升级版系统，其中一般纳税人1006户；小规模纳税人1125户。升级版推行工作圆满完成，对发挥电子底账系统的监控应用打下了良好的基础。

加强政策法规工作。全面、及时贯彻落实行政审批事项清单制度，对国家取消的非行政审批事项及时进行公告发布。至2015年8月底，《国家税务总局关于公开税务行政审批事项等相关工作的公告》公布的87项税务行政审批事项中，7项行政许可予以保留，80项非行政许可审批事项已清理完毕。及时公布税务行政处罚权力清单和税务行政处罚裁量权标准，并督促分局、办税厅按照要求进行落实。根据《张家口市国家税务局2015年税收执法督察工作实施方案》，按照督察的重点内容，认真开展了2015年执法督察自查工作，对25项执法疑点信息进行了整改，共进行批评教育1人次，责令作出书面检查4人次，通报批评6人次。

加强出口退税管理工作。按照要求设置岗位、配备人员。对出口企业进行分类管理。根据出口企业分类管理工作办法，对49户出口企业进行了分类管理，至2015年年底有一类出口企业1户，二类出口企业1户，三类出口企业44户，四类出口企业3户。加强退税审核，加快退税进度。已为11户出口企业办理出口退税4394.34万元。已审核通过的应退税款完全办理了退税，免抵调库647万元。

【纳税服务工作】 全局继续把纳税服务工作与税收征管工作放到同等重要的核心业务来抓，采取多种措施，确保税企双赢。

积极落实推进《全国税务机关纳税服务规范2.2版》。通过办税厅公示、短信平台等方式，对纳税服务规范进行了归类整理，筛选出与纳税人密切相关的内容进行了重点宣传。对各分局、办税服务厅的运行情况进行了抽查、监控和督导。同时，强化每个干部的基本素质，做到着装整齐、微笑服务、文明礼貌，严格落实了首问责任制、领导值班、一次性告知、预约延时限时等制度。

深入开展国地税合作。10月30日，召开了国地税联席会，梳理联合办税服务事项，确定了税务登记、变更、注销、税法宣传、培训辅导等17个合作项目。2015年10月，区国税局与区地税局联合入驻宣化区政务服务中心，成立了宣化区国地税联合办税服务厅，实现了"进一家门，办两家事，三方满意"的服务目标。

扎实开展纳税人满意度调查工作。全局在认真分析往年纳税人满意度调查工作的基础上，以市局布置的"纳税服务大走访活动"为抓手，对纳税人在办税服务厅"等候时间""服务态度""涉税审批事项的透明度""取消进户执法项目的政策宣传"以及"网上办税软件的操作便捷"等方面存在的问题和不足进行了深入调查，全局共走访纳税人1956户，占应走访纳税人的95%，对存在的问题及时进行了整改。

【干部队伍建设】 加强了政治教育。全局有计划地重点学习了习近平总书记关于党风廉政建设系列重要讲话精神、《中国共产党党章》、《中共共产党廉洁自律准则》、《中国共产党纪律处分条例》、中央全面深化改革领导小组第十七次会议精神等党的政治理论知识。

加强了业务学习。全局全年共举办各类不同的业务学习培训19次，共培训税务干部1549人次，人均培训19.4天，组织业务考试2次。

加强了干部建设。区局严格执行《干部任用条例》，完善了《宣化区国家税务局干部选拔、培养、使用制度》，2015年10月，通过选拔任用了3名股级干部，免去了2名股级干部职务。

（陈　洁　丁嘉礼）

地方税务

【概　况】 2015年，宣化区地方税务局按照省、市地税工作的总体要求，深入贯彻落实十八届三中全会精神，以组织收入为中心，创新工作举措，加强干部队伍建设，优化纳税服务，狠抓工作落实，取得明显成效。2015年，全局共完成税费收入16.78亿元，完成各费收入7.23亿元，（基本养老保险金61243万元，失业保险金4256万元，残疾人保障金491万元，工会经费720万元），圆满完成上级下达的各项税费收入任务。

宣化区地方税务局隶属张家口市地方税务局、宣化区政府，党务隶属宣化区委，是主管地方税收的职能部门，担负着城区和三乡一镇中央级、省级、市级、区级的税收入库工作。宣化区地税局成立于1994年。2015年在职干部人数为104人，下设：办公室、人事政工科、税政征管科、监察室、收入核算规划科、税源监控分局、稽查局、征收分局（纳税服务科）、第一税务局分局、第二税务分局、第三税务分局、第四税务分局。

【捆绑管理项目持续推进】 继续延伸捆绑管理软件，将2005—2010年度外部数据录入系统，增加了项目效果图，提升管理能力；将软件分析成果与房管局网签信息进行评估比对，准确掌握企业当期应缴税款，逐户清查，分析测算，摸清原因，有效掌控房地产和建筑业税源底数。并在此基础上，加大清欠力度。落实到分局，明确到个人。2015年清理欠税4000余万元。

【房地产建筑业“三清”成效显著】 以“户籍清、税款清、发票清”为目标，开展房地产建筑业百日会战，发放房地产业（建筑业）税收自查情况确认表120户，其中房地产企业65户，建筑企业55户，清缴入库税款4324万元。安排对20户重点房开49个建设项目开展重点稽查，完成11户25个项目的检查工作，查补税款241.3万元，罚款18.4万元。

【国地税合作推向深入】 积极与区国税局沟通，成立国地税合作工作领导小组，联合下发了《关于全面深化国地税合作的实施意见》。国税、地税征收大厅同时入驻宣化区行政审批中心，实行联合办税，其中税务登记、税务咨询、国税代开发票三个窗口为联合办税窗口；管理部门迁入同一办公地点，实现了国地税征收和管理的大集中。深化落实国地税企业纳税人“三证合一”登记制度改革，实施一证一码，个体工商户开展联合设立登记，实现户籍信息的比对和共享。落实联合开展税法宣传和培训、纳税人信用等级评定、联合发布纳税人欠税公告、协同做好对外支付管理、联合开展税务师事务所年检等合作事宜。

【优化纳税服务】 打造“宣府地税”服务品牌。创立“宣府地税”QQ、微博、微信、税企邮箱、网上办税大厅五位一体的在线实时服务信息系统。聘请专业讲师，举办纳税人税收业务培训班。

【稽查尖刀作用凸显】 配合区局“三清”会战，

加大稽查力度。2015 年，共检查各类企业 16 户，已结案 16 户，稽查四环节查补收入总额 344.81 万元，其中税款 285.82 万元，罚款 44.55 万元，滞纳金 14.44 元。查补收入全部入库，入库率 100%。全年查处百万元大要案 2 件，查补收入 287.46 万元。

【队伍建设全面加强】 深化“三严三实”专题教育。组织干部进行深入自我剖析，查问题、找不足，强化干部作风建设。研究编制了《个人绩效管理台账》，从工作任务、努力程度、加减分项目、绩效成绩和绩效改进等方面对个人工作进行记录和监测，实现过程留痕、结果明晰。先后组织安排了绩效管理培训、骨干人才培训、更新知识考试培训等活动，使干部队伍的业务水平和综合能力得到了有效加强。

（郜丽君）

银行·保险·证券

银 行

综 述

【概 况】 2015年，宣化区经济呈平稳运行态势，金融运行保持平稳，贷款增速快于存款增速。12月末，宣化金融机构各项存款余额达到395.88亿元，各项贷款余额296.05亿元。低迷的经济形势对宣化影响尤为明显，但区县政府坚决贯彻中央、省、市决策部署，主动适应新常态，顺势而为调结构，全区经济发展保持了稳中有进的态势。宣化区全年地区生产总值135亿元；全社会固定资产投资完成100亿元；全社会消费品零售总额完成72.52亿元；城乡居民人均可支配收入分别达到25997元和10416元。

12月末，宣化金融机构各项存款余额达到395.88亿元，比年初增加29.75亿元，增长8.14%。其中：单位存款余额50.8亿元，较年初增加0.8亿元，增长0.96%。个人存款余额307.85亿元，比年初增加27.38亿元，增长9.76%。但宣化区县存款增速低于全市平均增速。

12月末，各项贷款余额296.05亿元，比年初增加32.58亿元，增长12.37%。其中：个人贷款余额69.36亿元，比年初增加6.96亿元，增长11.16%；企业及机关团体贷款余额219.82亿元，比年初增加18.81亿元，增长30.15%。增量存贷比109.53%。从全年贷款变化看，前5个月贷款增长较慢，增加5.28亿元，后7个月增加27.31亿元。宣化区贷款增速9.13%，宣化县11.82%，在全市4区13县排名分别为第11名和8名。

【国有大型企业贷款减少，小微企业贷款增加】 截至12月末，辖区金融机构投放宣钢贷款余额36.95亿元，同比减少1.7亿元，下降4.4%；累计投放小微企业贷款37.87亿元，同比增加7.48亿元。贷款向制造业和批发零售服务业倾斜。截至12月末，辖区金融机构累计新增制造业贷款26.7亿元，占今年累计投放贷款总额的23.96%；新增批发零售贷款18.34亿元，占新增贷款16.46%。

【房地产信贷市场运行平稳】 截至12月末，宣化住房贷款余额61.41亿元，比年初增加3.8亿元，增长6.6%，其中：个人住房贷款余额为56.58亿元，较年初增加3.92亿元，增长7.44%；住房公积金贷款余额9.29亿元，较年初增加2.34亿元，增长33.67%。住房开发贷款和房地产开发企业流动资金贷款余额4.8亿元，较年初减少0.13亿元。

【票据融资额减少，利率呈下降趋势】 票据承兑增幅趋缓。2015年，企业累计签发银行承兑汇票53.13亿元，同比下降44.87%。从行业结构看，企业签发的银行承兑汇票余额仍集中在宣钢及关联企业。截至12月末，全区金融机构累计贴现67.05亿元，同比少增17.1亿元，下降20.32%。票据市场利率主要受货币市场利率影响总体呈下降趋势。2015年最高利率为7.5%，最低为2.92%，12月贴现利率最高仅为4.656%。

【小额贷款公司贷款余额同比增加】 截至12月末，宣化10家小额贷款公司贷款余额45013万元，同比增加3317万元，增长7.37%。

（马宝义　申宝瑛）

中国人民银行宣化支行

【概　况】 2015年，中国人民银行宣化支行坚持稳中求进的总基调，围绕“提服务、树形象，促发展，防风险，强内控，保安全”的总要求，紧紧抓住京津冀协同发展和与北京联合申奥“两大机遇”，深化金融服务，完善内控内管，采取有力措施，较好地完成了全年的各项工作任务。

【银企信息平台建设】 为了引导辖区金融机构更好地支持地方实体经济发展，宣化支行协同宣化县金融机构，通过政府网上建立了“银企信息交流平台”，不定期发布银企信息，实现银企之间信息长期共享，实现银企常态化对接和线上线下良性互动。

【岗位（廉政）风险的监督管理】 明确了两个清单（权力清单、责任清单），落实了两个责任（主体责任、监督责任），有效发挥纪检监察的履职监督职能，有针对性地告诫，发现苗头性问题及时进行了提醒；对案件防范、岗位廉政风险监控从源头上预防和惩治，以便及时掌握隐患苗头，消除产生萌发案件的思想根源；督促重要岗位的环节干部认真执行制度和业务操作规程，发现问题及时进行了整改；在交流思想加强沟通的基础上，对执行制度规定不力的隐患问题及时提醒告诫；实施谈话制的操作载体是个别交谈和组织谈话相结合，并填写谈话记录表，通过督促整改，工作效果明显增强。

【落实货币政策，支持地方发展】 召开国有商业银行、地方法人金融机构、下花园金融机构三个座谈会；召开宣化县园区银企项目对接会，互通了对接信息；对辖区三家农村信用社票据兑付后续工作进行监测，通过对报表资料进行认真分析研究，较为全面的掌握了信用社改革成效及现状；存贷款余额增加明显。截至12月末，全辖区金融机构各项存款余额为436.17亿元，贷款余额为323.79亿元。其中：对宣钢投放贷款36.95亿元，重点向453家小微企业投放44.59亿元，“三农”贷款余额171.77亿元。有效地支持了地方实体经济的发展。

【金融管理】 按照“两综合、两管理”的要求，完成了交通银行股份有限公司张家口宣化支行加入人民银行管理与服务系统的申报工作，对该行下达了《同意加入金融管理与服务体系通知书》；加大金融知识宣传力度。支行统一口号、集中宣传，以文件的形式下发到宣化辖区27家金融机构和10家保险公司，借助各网点LED显示屏在营业时间内进行穿插滚动播放；积极组织辖区金融机构进行信用卡宣传；推动存款保险制度的宣传落实。存款保险制度从2015年5月1日实施以来，支行扎实做好制度出台前后的组织、宣传、培训、监测、应对等各项工作。召开辖区金融机构负责人座谈会，并作了安排部署，确保了制度平稳推出和顺利实施；依据有关法律法规，对辖区10家保险支公司的反洗钱工作进行了监管走访；召开了征信工作调度会，对辖区开展《征信管理条例》宣传活动进行了具体的安排部署；组织各金融机构集中开展了“金融消费者权益日”宣传活动。支行组织人员对金融机构开展“金融消费者权益日”宣传活动进行了督导检查；对辖区10家金融机构的25个网点进行了人民币现场检查，通过检查，进一步规范了辖区金融机构的人民币管理工作；举行了发行2015版100元纸币培训会，为辖区新版人民币的发行奠定了良好的基础；安排部署“诚信兴商宣传月”活动。组织辖区4家外汇指定银行的负责人召开了专门会议，进行了统一要求。

【内控内管】 落实了风险点排查方案，重新确定了40个重要岗位风险点，印发了《宣化支行“风险点”排查及风险防范工作实施办法》和《宣化支行对各部室风险点监督检查工作实施办法》。2015年，在部室开展安全检查的同时，支行采取不同形式组织开展了10次风险排查和24次发行基金安全检查；组织签订了《党风廉政建设暨案件防范责任书》《安全目标责任书》《保密责任状》《教育管理责任书》《遵纪守法责任书》；加强了对在册不在岗人员管理，对其进行了信息登记；召开了党风廉政建设、案件防范、内部控制和安全管理形势分析会议；认真开展中心组学习；对业务部室33名重点岗位人员进行了品行鉴定；修订了《中国人民银行宣化支行信息调研考核办法》，制定了《公务车辆管理规定》《差旅费管理暂行规定》等规章制度；代表辖区金融系统作为宣化区20家受检单位之一，接受了省、市检查组的检查评估，顺利通过了省三类城市语言文字工作的评估验收；认真开展发行库违规操作专项整治工作。成立了专项整治工作领导小组，制定了整治方案，将具体整治工作进行了细化和分工；由支行三名行领导分别担任组长，对支行重要空白凭证、消防器材、保密文件、印章、食堂、车辆、档案室、计算机等重要部位进行了交叉检查，提出了整改建议及时效要求，将安全隐患消灭在萌芽之中。

【提高服务质量】 截至12月末，发放组织机构代码证1372户，发证率达100%。企业信用报告查询107次，个人信用信息查询17041人次无差错。组成人民币反假知识宣传小组，积极参与宣化区委组织的“科技、文化和卫生三下乡”活动，深入到宣化区春光乡、河子西乡、侯家庙乡开展了人民币反假知识宣传活动。较好地完成了信息调研工作。2015年，全行共撰写论文、信息、调研约稿、征文和心得体会文章100多篇，被上级行采用80篇（次）。加大宣传依法经理国库的力度，不断扩大国库服务影响力。响应政府的号召，支行想方设法排除困难，对支行的供热设施进行了集中供热改造。

（马宝义　申宝瑛）

银行业监管

【规范行政许可】 协助分局及受分局委托考核拟任职高管人员5名。对每一位拟任职人员我们都对其从业年限、学历资格、德能勤绩等方面进行严格审查，通过和相关人谈话对拟任人做出客观的综合评价。年初分别对宣化区、县、下花园区三家农村中小金融机构的分支机构高管、宣化农发行、2家邮储银行以及张家口城市商业银行宣化辖区10家机构和管理部的47名高管进行年度考核。全年办理机构行政许可备案或上报手续8项。每一家机构开业前都到现场认真进行查看，以确保软硬件及安全设施到位。

【现场检查】 62家农商行、农联社的分支机构进行了巡查。邮政储蓄银行宣化支行进行案件风险排查现场检查。宣泰农商行“两加强两遏制”工作完成情况进行现场抽查。下花园农联社开展信贷资产真实性检查。宣化县联社改制成股份制协助分局进行验收。协助分局对宣泰农商行开展监管统计数据质量管理良好标准外部评估检查。宣泰农商行开展2014年房地产贷款后续检查。

对辖区宣泰农商行、宣化县、下花园区农村信用联社、宣化中成村镇银行按照上级要求进行了年度监管评级，由于农商行、农村信用联社和村镇银行评级标准不一样加大了评级难度，但仍按时完成了此项工作。2014年在上报1104报表中宣泰农商行出现了错报现象，2015年加强了对机构的要求，并加大审核时的核查力度，确保了2015年不出现错报。

【金融知识下乡】 组织辖区各金融机构按照要求，集中时间集中人力按照各自的实施方案深入社区、街道、乡镇等人员集中的地方进行宣传、散发传单，形成声势。组织辖区二十多家金融机构的业务骨干，分别和宣化区、县团委联合组织了和创业青年金融对接会，以及金融知识宣传活动，通过现场讲解、咨询将相关金融政策传达给普通群众。

【维护消费者权益】 2015年累计接待来访投诉事件超过七件。范围涉及多个行社，投诉内容涵盖存款、贷款、结算等各个方面。投诉人包括社会各个阶层。属于银行方面的问题立即督促相关银行拿出解决办法。属于政策性或消费者理解有偏差的，向消费者说明情况，取得谅解。基本做到了到宣化办事处投诉的事情不让消费者因不满意再向分局反映。

（罗　彰）

工商银行宣化支行

【概　况】 2015年，工商银行宣化支行以同业首位、系统领先为目标，以企业文化为引领，夯实客户基础，加快业务转型，注重发展质量，坚守两个底线，努力实现经营绩效水平和发展能力的快速提升。当年实现拨备前利润10254万元。

【稳定存款市场】 着力于存款增长方式向稳定客户基础转变，坚持客户量质并举策略。做好绩效考核导向宣讲，强化正面激励和引导，将存款第一要务落实到具体工作中，提高执行力；做好服务工作与抓好存款管理相结合，稳定客户，严防存款流失；利用产品优势，发挥大额订单“节节高”、签订存管通、薪金溢协议等产品作用，稳定存款；合理摆布储蓄存款与私银产品、理财产品的关系，加强客户维护，提升客户存款贡献度。着力实施项目拉动和板块对接，建立存款工作责任制，落实维护营销责任，确定重点目标，推进扩户增容工程，全力吸收存款。年末，个人储蓄存款比年初增长16331万元；对公存款比年初减少31928万元，若剔除住房公积金提取的不可控影响因素，实际增存4152万元。

【做强信贷市场】 强化贷款项目营销，成立项目贷款营销团队，紧盯重点项目，强化市场意识，延伸触角找市场，做好优质信贷市场拓展和项目营销储备，为2016年信贷业务快速发展打基础。面对经济下行压力，稳定发展小企业贷款，年内累放小企业贷款3.57亿元；持续做好拆票及其他融资业务，累计办理贴现15.03亿元；个贷业务进一步细化分工，与开发商走访对接，加强营销，全力实施房开客户回归工程。

【提升贷款质量】 着力管控好个人不良贷款，综合运用各种手段保障清收转化效果，对违约逾期客户由客户经理逐户催收，并适时检查催收情况，按日调度通报进度，保证了个人不良贷款及剪刀差压降任务的完成。严格控制法人不良贷款，通过打包处置和现金清收，法人不良贷款比年初有效下降，实现法人剪刀差为零。

【提升中间业务收入水平】 着力构建“以基础业务为核心、以创新业务为突破”的中收增长模式，深入挖掘各个产品板块的增收潜力，对公业务、个人客户一起抓，传统业务与电子产品同步推进，客户、市场、产品相互渗透，个金板块业务发挥重要支撑作用，全年实现中间业务收入3413万元。

【提升工作效能】 深入推进“三严三实”活动落实，开展“八破八立”和“严以用权”专题讨论，切实解决业务发展中的突出问题，夯实工作作风，带头深入网点进行工作调研，引导工作思路，传导管理机制，针对后进网点实施重点帮扶和督导，下大力量根治不良贷款及个贷“剪刀差”等突出顽疾，有效提振了员工士气；以支行营业室和建国支行率先引入网点标准化提升项目为契机，烘托服务氛围，提升员工凝聚力，营造出人人为全行发展做贡献的良好环境。

【夯实内控基础】 深入开展“依法合规”警示教育活动，重温业务制度和操作规程，剖析典型风险案例，做实员工异常行为排查、信贷业务风险自查整改等各个环节，牢牢把握制度“红线”和行为“底线”，形成守纪律、讲规矩的浓厚氛围，为各项业务快速发展奠定基础。

（刘艳霞）

建设银行宣化支行

【概　况】 2015年，张家口市建设银行宣化支行较好地完成了市分行核定的工作任务指标。截至12月末，新增结算户210户，账户新增同业第一，计划完成率162%，系统排名第四名，有效客户折算后户数新增45户，系统排名第十七，计划完成率69%。达标商户新增1126户，受理各类分期420万元，新增代工单位31个，新增代工人数2187户。

【储蓄业务】 个人储蓄存款较年初新增25970万元，个人储蓄存款日均较年初新增23093万元，四行占比37.23%，排名第一。累计销售基金21724.83万元，本年签约网银客户12516户，手机银行客户13602户，短信11897户，本年累计网银活跃客户30244户，手机银行活跃客户15387户，本年网银活跃客户净增10295户，手机活跃客户净增5548户，全量理财产品较年初新增5432万元，截至12月末，寿险销售8760万元，财险销售7124万元，实物黄金销售31151克，账户金销售7883克，账户银销售934817克，账户铂金11009克。新增助农取款点8个，累计发放燕赵乡情卡500余张。全年实现中间业务收入1384万元，实现净利润1.21亿元。

【信贷管理】 截至12月末，个人类存量贷款余额161968.31万元，11324笔，其中：个人住房贷款（一手房）145194.64万元，10815笔；个人住房再交易贷款（二手房）840.94万元，53笔商业用房贷款余额15435.89万元，429户；个人住房最高额抵押贷款91.34万元，9笔；个人消费贷款余额96.15万元，7笔；个人助业贷款余额307.83万元；5笔，个人类贷款不良额182万元，不良率为0.112%；逾期额1806万元，逾期率为1.115%；个人类贷款不良额、逾期贷款都低于市分行核定指标，为系统内年终考核控制指标做出了较大贡献。公积金委托个人住房贷款当年投放22879万元，895笔，占区县两个资金管理部四家银行当年投放30174万元的72%，排名第一，公积金个人住房委托贷款再创新高。公积金联名卡开卡155张。公司类贷款方面，在确保贷款资产质量的前提下，加强柜面操作风险管理，做到一户一策，对存款大户实行专人负责，确保存款“颗粒归仓”。企业短信签约92户，计划完成102%，善融商务入住商户2户，交易金额4068万元，计划完成23.44%，系统排名第二，活跃商户3户，计划完成50%。全年共开立结算户210户，占全行新开结算户的11.4%。

（武晋东）

中国银行宣化支行

【概　况】 中国银行宣化支行不断夯实内控基础，突破管理瓶颈、创新管理手段、优化内控措施，实现了各项业务快速发展并取得新的突破。

2015年存款新增1579万元，储蓄存款较年初新增12326万元，公司贷款下降4.4亿元，零售贷款新增额9181万元，票据贴现量21.6亿元。

【内控合规】 重视内控第一道防线建设，加强全员内控教育，及时传达上级行文件、情况通报和风险提示，不断增强员工的合规操作意识、案件防控意识和自我保护意识。

【安全保卫】 多次组织了安保专项自查工作，对检查中发现的问题，及时进行了全面整改。组织全员进行消防及防抢、防盗演练，通过人防、物防、技防的建设全面加强，使整体安保水平得到了进一步提升。

【服务工作】 狠抓全面服务质量管理，进一步推进全方位、全过程和全员参与的全面服务质量管理体系建设，全面推行标准化服务。推进星级柜员评价管理体系的推广和落实。抓好服务技能的培训，岗位技术培训相结合，积极开展服务礼仪与服务综合技能培训，努力提高员工的综合素质和服务水平。

（王　剑）

中国农业银行宣化支行

【概　况】 以打造成“引领行”“标杆行”作为发展目标，提出了“四全”发展思路，一手抓党的建设和内部管理；一手抓业务经营全面转型。圆满完成了全年各项任务指标，2015年12月末，各项存款余额为336026万元，较年初增加50932万元。其中：储蓄存款余额268374万元，较年初纯增40070万元；单位存款余额为67652万元，较年初纯增10862万元；各项贷款余额为302774万元，较年初纯增25786万元；中间业务收入实现2047万元；实现净利润9178万元。一季度“春天行动”和二季“短板业务推进季”均实现全市综合排名第一名，同时，连续四个季度存款增量市场份额和中间业务收入实现同业第一，被评为河北省分行先进单位，获得全国“五一劳动奖状”称号。

【考核机制】 以包户到人为抓手，调动全员投入业务经营。2014年12月利用20天时间就将5000多户10万元以上个人客户包户工作全部落实到位，为了力推包户到人工作，支行党委郑重向全体员工发出了三个坚定不移承诺。12月末储蓄存款较年初增加40070万元，系统内增量份额第一，同业四大行一社排名第一。

为顺利推进全年工作，围绕全员包户到人工作，制定了《2015年“春天行动”综合营销考评方案》及5个附件;《“短板推进季”保险业务营销活动方案》等六个专件，充分发挥了考核的“指挥棒”作用，为员工指明了营销方向和目标。

在工资分配上，按照五次分配原则，真正实现了考核的公平、公正及人文关怀。截至11月末全行人均工资收入达10万元（实发），实现了年初确定的目标，其中员工收入最高的达21万元，获得支行特殊贡献奖励的有9名员工，最高奖励额达7万元；营销存款年日均1000万元以上的员工有5名，其中王守梅一人营销存款最高达1亿元。

【内部管理】 完善各类会议制度。每周一上午定时召开党务、行务分析会，分别对支部书记和部门、网点负责人进调度，并部署本周重点工作。同时，各支部、网点、部门按周召开支部会议、党员大会、网点例会、部务会的方式，迅速将支行工作精神传达到每名党员及员工。班子成员每天至少有一名下网点指导网点晨会，另外又增加了支行机关晨会制度，员工每天汇报营销业绩，行长重点调度和点评。

推行责任管理。党委班子成员制定联系点，部门经理包网点、包指标。强化党委和班子、部门（网点）负责人和支部书、党员和员工三个层次的责任。每季度对完不成既定目标60%的网点主任、大堂经理、支部书记倒排三名，主动引咎辞职。

【合规经营】 支行党委始终坚持“贷款不放不行，放出问题不行，收不回来更不行”的经营思想。一是成立风险审议小组，对农村个人生产经营贷款、房抵贷等大额个贷业务，实行集体审议，集体把关，在准入关即将风险拒之门外。二是以清收农户小额不良贷款为突破口，采取超常规的措施，加大清收力度。有一户2.4万元不良贷款，已起诉两年，贷户躲债到廊坊，客户经理上门清收，经过两天两夜的不间断工作，收回了支行贷款本息。还有一户34万元的逾期贷款，贷款经办人经过16天的努力催收回全部贷款本息。12月末，支行农户贷款实现了“三无”。

（刘世宏）

中国农业发展银行宣化区支行

【概　况】 2015年，中国农业发展银行张家口市宣化区支行紧紧围绕年初行长会的各项决策部署，认真落实国家宏观调控和“稳增长、调结构、惠民生”的政策方针，坚持以“稳中求进”为主基调，大力拓展项目、狠抓经营管理、扎实“严实”教育、有效防控风险、积极适应新常态、打造新格局、树立新目标，夯基础、优服务，各项工作均取得长足进步，队伍素质明显提升，两个文明交相辉映，党风廉政建设步步向上，“四无”目标顺利实现。

不良贷款下降额、不合理占用贷款占比。到2015年12月31日，无不良贷款占用；不合理占用贷款8650万元，占贷款总额的5.52%。资产利润率。全年实现利润2268万元，资产利润率为1.43%。收入成本率。全年全行各项业务收入9032万元，业务管理费432万元、其他营业支出69万元、营业外支出26万元，三项成本合计为527万元，期末收入成本率为6.57%。利润指标。全行各项业务收入9032万元，各项业务支出6764万元，利润2268万元，当月资产利润率为1.43%，人均赢利87.23万元。截至2015年12月31日，全行各项业务收入9032万元。其中：贷款利息收入8950万元，金融机构往来收入1万元；中间业务收入81万元；各项业务支出6764万元，其中：存款及债券利息支出646万元，金融机构往来支出5089万元，业务管理费支出432万元，其他营业支出69万元，营业税金及附加502万元，营业外支出26万元。中间业务收入。全年中间业务收入80.9万元，其中国际业务收入0.66万元，完成市分行下达考核任务的111%。日均存款。截至12月31日，全行各项存款日均余额41272.84万元，较年初增加9100.43万元，其中：企事业单位日均存款余额36929.58万元，比年初增加15265.85万元；财政日均存款3340.52万元，比年初减少7168.16万元；同业定期存款1002.74万元，比年初增加1002.74万元。超额部分抵顶同业存款任务后，低成本存款实际完成市分行下达任务的109%，同业存款实际完成市分行下达任务的200%。截至年末，全行各类存款余额46823.75万元，其中企事业单位存款44925.97万元，财政存款余额1897.78万元。利息收回率。截至12月末，全行累计应收利息8955万元，其中表内4923万元，表外4032万元；实际收回利息8971万元，其中表内利息4388万元，表外利息4583万元。全年贷款利息收回率为100.18%。

【拓展项目营销】 2015年，支行在京津冀协同发展、京张联合承办冬奥会、国家扶贫攻坚进入倒计时等大背景下迎来了业务发展的井喷之年，支行全年累计发放中长期贷款18200万元，发放农发重点项目建设基金18850万元，有力增加了地方经济引擎发展动力，推动两区一县经济整体向好，促进局部行业发展提质增效、创新转型。做好2014年度38000万元土地综合整治贷款的跟踪服务和监管工作，上半年根据工程进度发放余量贷款18200万元。在贷后监管上，支行牢牢把握“细、实、严”几个要点，充分保证了贷款资金支付的有效和安全。紧紧抓住农发重点基金项目建设的有利时机，班子挂帅，全员行动，积极协调地方政府、发改委、财政等有关部门，阐明政策、宣传业务，项目对接“短、平、快、细、全”，在较短的时间内发放重点建设项目基金18850万元，其中：发放张家口市石佛山旅游开发有限责任公司4500万元，张家口市下花园区戴家营河道治理开发有限公司4500万元，下花园区医院新建工程项目3500万元，张家口青山土石方工程有限公司基础建设项目350万元，宣化县桑干河大峡谷旅游公司6000万元。审时度势，加大项目储备，建立支行业务发展项目库。充分利用政府搭建的金融联席平台，及时了解掌握当地信息，着力解决区域建设中的资金瓶颈问题，按照“发放一批、续贷一批、储备一批”的思路，将新农村建设、现代园区建设、重大水利工程和农业综合开发等中长期信贷业务作为业务发展的新增长点，已通过省分行审批的项目1个，金额2.2亿元。各类储备项目5个，金额10.65亿元，其中：宣化县京张物流中心基础设施建设项目20000万元，宣化县棚户区改造项目40000万元，宣化区北山工业园区基础设施项目20000万元，宣化区长平北路基础设施项目20000万元，宣化区北部城区给水工程项目6500万元。培育市场，继续支持地方民生工程，以宣化区盛发蔬菜公司为龙头，积极推进农村流通体系建设，为宣化区县民生产业发展提供有力保障。

【银政合作】 针对存款工作难度进一步增大的困境，为有效地抓住存款这注“活水”，支行班子紧紧扭住地方政府，着力落实主办行带动、综合业务撬动、人脉资源拉动“三位一体”的存款营销模式，落实“项目引存、服务固存”等手段，把握财政补贴资金拨付进度，在保证按期拨付的前提下，合理延长在支行的存留时间，有效增加低成本存款，并在资金拨付后，及时做好同业存款的返存工作。为此支行班子多次登门拜访区县主要领导，积极沟通财政等相关部门，主动宣传、阐明利害、优化关系，在全区整体经济下行的不利条件下，做到存款工作逆势上扬，到12月末，实现日均存款余额41272.84万元，比年初增长9100.43万元，完成市行考核任务的109%；日均同业存款1002.74万元，抵顶后完成市行考核任务的200%。

【强化内部执行力】 按照上级行统一部署，组织全行顺序开展了金融风险防控的“两遏制、两加强”活动、会计基础工作专项整治活动、坐班主任异地交流活动、信息科技“规范管理年”活动、宣化区金融系统职工技能大赛活动、“解放思想、加速发展”大讨论活动以及地方“博爱一日捐”活动，还组织参加了省分行的会计在线业务知识操作考试、全国工会网络知识竞赛和总行的合规知识网络竞赛等活动并取得好成绩。进一步优化资源配置，精细财会管理工作，不断提高核算水平，坚持“一支笔”审批制，报账制，坚持“行务公开、民主决策、各方监督”。完善制度建设，重新修订了支行财务开支管理办法，制定了费用指标开支实施细则、修订了车辆暨驾驶员管理办法等，规范操作，不断增强内部执行力，保证各项业务正常运行。强化安全意识，建立案件防控责任制，按照“查防并举、综合治理、标本兼治”原则全面排查员工行为风险，摸清了全行员工的风险底数，防范和化解了风险隐患。抓好抓实行政管理工作，理顺部门间协调配合，保证政令畅通，如时完成档案晋升一级工作。

（杜桂合）

张家口银行通汇支行

2015年，张家口银行通汇支行认真贯彻金融经营战略决策，坚持效益、质量、规模协调发展的方针，积极拓展业务市场，认真落实总行提出的忠诚机制建设和专业能力提升建设，促进支行各项业务的快速发展。

2015年12月31日，各项存款余额158348万元，比年初下降12255万元。其中：储蓄存款129773万元，比年初增长14809万元，对公存款28576万元，比年初减少10488万元。各项贷款余额41110万元，比年初增长1264万元；其中个人贷款195万元，比年初增加114万元；公司贷款40900万元，比年初增加1135万元；逾期贷款15万元，比年初减少3万元。综合收息率达到93.56%。

加强授信业务的日常管理和优质客户的贷款业务的营销力度。严格贷款“三查”制度的落实，化解资产风险。做好贷后调查回访工作，全面及时了解授信企业的动态，努力提高授信客户的结算归行率和存款留存率，严格防止不良贷款的产生。在合理规避各种风险的前提下，大力发展“涉农贷款”“小微企业贷款”。在业务经营上求效益。

（杜　莉）

张家口银行小东门支行

【概　况】 2015年，小东门支行以“战略落地年”和“人才成长年”为指导，全体员工同心协力，较好地完成了全年各项经营指标。截至12月末各项存款时点余额167860万元，比年初下降8990万元。其中储蓄存款112238万元，比年初增长13545万元，完成年末存款进度任务的379%；对公存款55622万元，比年初下降22535万元。全年累计办理理财业务728笔，金额12338万元。截至12月末各项贷款余额为216421万元，比年初增加31563万元。累计发放贷款186684万元，累计收回贷款155121万元，累计签发银行承兑汇票100730万元。

【优化授信结构】 根据政策导向和自身风险管理能力，继续坚持总行的发展战略，服务中小，服务社区，服务县域。对于采矿业，煤炭、钢铁、球团、铁精粉等限制行业的授信业务已禁止受理，对于存量业务按经营状况分为维持类和逐步压缩类，逐步调整，以降低信贷资产风险。全年新增贷款客户全部为小微企业和“三农”经济实体，其中农业3000万元、制造业19000万元、居民服务业3000万元、房地产业8500万元、批发业750万元。

注重加强对授信业务经办人员的管理和培训力度，整体提高专业素质和职业道德素质，提高对经济金融环境的敏感性，提高对客户识别能力。注重贷后管理工作，坚持月结息制度，有效减轻企业还息压力。密切关注企业动态，加强授信业务的贷后管理工作，切实将贷后管理工作作为一项重要工作来抓，了解企业经营情况、资金回流情况，真实掌握企业还息还贷能力，及时、有效控制风险的发生。

主动加强与驻街办事处的联系与沟通，在能力范围内支持办事处的工作，成功赞助新兴街社区举办“迎七一、助奥运”等多项活动，为其解决活动经费少的困难；长期帮扶社区内的贫困户，为其提供所需的金融支持，并在节日期间送去慰问品等，得到了广大市民的一致好评和认可。

春夏两季每周定期组织员工进行对外宣传，讲解反假币、反洗钱、反对非法集资、个人征信等知识，提高老百姓的防范意识，降低受骗机率，保护人民财产安全。全面配合上级监管部门、总行、宣化区域管理部做好系列宣传活动，如金融知识进万家、宣化区青少年书法大赛、宣化区金融大赛等活动。

应总行发展战略要求，对宣化区的整体环境及主要街道进行了实地考察，最终选定在京西江南小区内设置自助银行。该小区常住人口多，收入较高，且周边的幼儿园、学校、超市、高档饭店、金融机构较多，人员流动性大。京西江南社区自助银行于2015年11月24日正式开业以来，运行良好，开辟了新的服务区域。

【提升柜员服务能力】 5—6月组织员工对辖区内多家及保定的两家先进金融单位进行了参观学习。参观结束后，以分组讨论，团队PK的形式对参观学习的成果进行了复盘讨论和总结。通过参加这些活动，使得员工切身体验到了其他金融机构在软硬件方面的优势和先进经验做法，查找自身不足，切实提升了整个团队的服务能力和服务水平。

转变思路，促动员工成为揽存能手。为了更加科学有效地调动员工揽存积极性，根据各科室不同的工作特点制定了不同的揽存方案。营业室是“不定任务、定标准”，即不给营业室下发具体任务目标，但是确定营销方向是3个月以上的定期存款；业务部是“定任务、定考核”，即对业务部的员工按照既定任务数量进行考核；办公室是“定任务、不考核”，即给办公室确定一个任务目标，但不进行考核。这项全新考核办法的推行极大地调动了员工的揽存积极性，避免出现弄虚作假现象的发生，激发了员工的正能量，收到了良好的效果。

8月7日，河北省银行业协会的考评组对支行作为县域基层金融单位所做出的成绩给予了高度认可，并推荐为河北省的参评单位。支行又针对初评中发现的问题进行了严格整改，对整个评价体系进行了重新梳理，最终通过了中国银协的复审，获得了“中国银行业协会五星级营业网点”光荣称号！

【安保和案防工作】 严格执行三级必查制度，将安保工作作为头等大事来抓。通过宣讲安全知识及案例，定期开展防抢、防火、防暴等多种形式的实战演习，启动各种风险预警系统，增强员工的安全意识和实际应对能力，切实把“三防一保”工作落到实处。按季召开案防会议，学习总行相关文件精神，督导、安排支行工作。对内外部检查中发现的问题及时整改，落实督查人和责任人，对屡查屡犯的问题进行严肃处理，形成有效地警示、威慑作用。

【荣　誉】 2015年被评为“中国银行业协会五星级营业网点”荣誉称号。

（赵　晖）

商业银行股份有限公司牌楼东支行

【概　况】 2015年，张家口市商业银行牌楼东支行以加快有效发展为主题，不断克服自身不足，创新经营机制，强化内控管理，严控经营风险，充分挖潜人才资源优势，保障各项业务稳健持续发展，全年取得了良好的成绩。

2015年12月末，各项存款余额139006万元，比年初增加19376万元；其中，对公存款余额22922万元，比年初减少9895万元；储蓄存款余额116084万元，比年初增加9091万元，2015年支行电子银行业务新增开立269户，交易9615笔，金额109608万元。本年发卡量2188张。各项贷款余额108859万元。

【存款多元化】 提前精心部署，提早筹划安排，把握机遇抓存款，确保增量及市场份额持续稳定增长。以优质、快捷、高效的服务赢得广大客户的信赖和支持，不断提高个人优质客户市场影响力和竞争力，确保个人存款大幅度稳定增长。紧紧抓住行政、事业单位集中拨款、企业资金结算回笼机遇，争取全年机构类客户占有量，为大客户量身定做一对一的服务方案，重点地做好支行优质客户的拜访、维护工作。关注房地产和钢铁企业的市场行情和价格变动情况，千方百计提高授信客户销售资金的归行率，确保各项存款目标的顺利地完成。

【完善创新机制】 建立支行微信群，青年员工分组每月组织一次技能PK，由青年员工担任活动的策划。组织全体员工开展形式多样的文娱活动，优胜组给予一定的物质奖励，为员工搭建成长平台，促进青年员工更快、更准确地掌握各项业务知识的同时，培养了员工的时效意识、大局意识、协作意识，增强了团队的凝聚力。

（周惠敏）

商业银行股份有限公司牌楼西支行

【概　况】 2015年牌楼西支行以加快业务发展为中心，理清工作思路，扎实工作，团结一心，各项业务稳步发展，较好的完成各项考核指标。

截至2015年年末，各项存款余额为129487万元，比年初增长7916万元，其中对公存款余额14489万元，比年初减少8918万元，储蓄存款余额114998万元，比年初增加16834万元。各项贷款余额为50483万元，比年初减少19602万元，综合收息率77%，各项贷款利息收入6026万元。电子银行业务：个人网银333户，比年初增加21

户；企业网银104户，比年初增加16户，开立手机银行卡371户，比年初减少12户。

【提高员工素质】按照总行的培训计划，组织员工进行业务培训学习，有效提高员工的专业水平能力；发挥员工最大潜能，有计划、有目的地进行岗位轮换，培养每一个员工从单一的操作向混合多能转变。

充分利用周三学练日，制定学习计划，每季度进行员工技能考核，给予奖励，促进员工自我学习意识，有效提高员工专业水平能力。

（石圣洁）

商业银行股份有限公司皇城桥支行

【概　况】2015年，张家口市商业银行皇城桥支行紧紧围绕总行“战略落地年”和“人才成长年”的战略定位，坚持以利润为中心、以资产业务为导向的指导思想，认真贯彻落实科学发展观，从人才成长、管理提升、规范文优服务等几方面入手有效开展工作，着力构建发展强行、文化兴行、制度立行、廉政护航的工作格局，在全体员工的不懈努力下，外拓市场，抓存增效，内强控制，提升管理，较好地完成了既定的工作目标。2015年各项存款余额96932万元，其中：储蓄存款时点余额91566万元，对公存款时点余额5366万元，各项贷款余额10519万元，综合收息率95.69%。

【队伍建设】紧紧围绕总行“人才成长年”的主题，把人才作为我行的核心竞争力，着力提升团队素质，充分调动员工工作积极性，增强员工组织归属感，努力打造团结、和谐、高效的战斗集体，为可持续发展提供强有力的人力支撑。建立支行营销奖励措施，对支行发展做出贡献的职工，在按贡献度获取绩效工资的同时，增加额外奖励。每周学练日增加为每周一、周三学练，周一学习规章制度、文明服务相关内容，或组织观看礼仪讲座、励志电影；周三学习业务知识和练习业务技能，并不定时组织业务考试，全方位提高员工业务素质。做好业务传帮带，柜员每日配对核查业务传票，老柜员核新柜员业务，起到日间提示，日终检查，有效减少业务差错的发生。开展员工大讲堂活动，营业部员工每周学练日进行各方面知识培训。人人做课件，以PPT形式展现，生动、活泼的形式便于员工们快速掌握业务知识，员工的自学能力大大提高。

【营销工作】截至12月31日，销售理财683笔，金额9515.50万元；为吸引客户存入资金，制定中秋、圣诞、元旦等特别营销活动，受到广大客户的一致好评。截至年末储蓄存款时点余额91566万元，比年初增长10711万元，其中定期储蓄存款81199万元，比年初增加5646万元。截至年末，支行发放公司贷款12笔，金额10315万元。发放个人贷款10笔，金额238万元。大力做好不良贷款欠息企业的清收和处置工作。全面系统地摸查贷款户的经营情况、法人和担保人情况，针对不同的企业采取量体裁衣，跟踪调查的方式，本着有重点、有目标的策略加紧清收。对欠息企业加大催收力度，并对2户逾期贷款企业办理了收回再贷手续。加强优质客户贷款业务的营销力度。通过扩大增量，把更多的贷款投向双优客户，从而带动存量的优化，实现贷款结构的有效调整。以双赢为目标，加大扶持中小企业，争取优质客户，在规避各种风险的前提下，加大资金的投放力度，通过多方努力，成功为支行优质企业——张家口紫光气体有限公发放贷款5000万元。同时，利用前期与行业协会召开的对接会积累的客户资料和人际关系，锁定重点客户，分组营销，逐户走访，结合“全民创业保证保险贷款”，以及本行各项金融优惠服务政策，为其量身打造适合企业发展的营销方案，吸引更多企业客户与我行进行业务合作，以达到银企共赢的目标。

【内控管理】认真贯彻执行总行和监管部门的各项规章制度，完善支行各项内控制度和操作流程，加强检查和抽查力度，确保操作规范，做到安全与经营两不误，切实将案件防控工作落实到位。按规定支行行长与总行签订了案件防范目标责任书，支行行长与每位员工也签订了《案件防范责任书》；严格执行轮岗和强制休假制度，对各岗位建立台账，按工作时长对重点岗位、重点人员按规定进行轮岗，2015 年实行轮岗 10 人，强制休假 8 人；严格执行对账制度。对重点账户实行按月对账，一般账户按季对账；对系统内往来实行按日对账，同业往来实行按月、按需对账，确保不发生因对账不及时给客户和银行造成资金风险；严格监督管理。内部审计和现场、非现场监管发现问题均建立台账，立行力改，把风险隐患消灭在萌芽；严格执行员工行为排查制度，按照总行部署今年对支行 27 位员工共计进行了 3 次行为排查，没有发现异常；除按照总行工作安排，认真做好员工行为排查外，行长与每名员工进行面对面谈话，随时调整员工工作情绪，扭转服务意识和服务态度，更好地提高员工工作热情，并能及时防范纠正员工不良行为，确保支行风险防范工作落到实处。

（张振芳）

中国邮政储蓄银行宣化支行

【概　况】 2015 年，中国邮政储蓄银行股份有限公司张家口市宣化支行（以下简称邮储银行宣化支行）坚持普惠金融理念，自觉承担“普之城乡，惠之于民”的社会责任，致力于宣化地方经济的发展和企业金融服务。截至 12 月末，个人贷款业务实现放款 14036.8 万元，余额 26101.72 万元，较年初增加了 4486.09 万元，其中涉农贷款放款 2395 万元，余额 1785.95 万元；各种抵押类贷款放款 2704 万元，余额 4515.26 万元，较年初增加 320.02 万元；消费贷款放款 7003.8 万元，余额 18633.75 万元，较年初净增 4143 万元，超额完成市行下达指标任务。公司贷款 4.5 亿元；小企业贷款放款 2704 万元，余额 4515.26 万元，较去年净增 -2533.24 万元；个人存单质押小企业贷款 1000 万元，是邮政储蓄银行全国第二笔、全省第一笔的业务；个人储蓄余额 21875 万元，净增 -6254 万元；公司业务账户时点余额 5417 万元，较去年净增 -1424 万元。全年各项业务收入 3047.58 万元。

【风险防控】 风险防控是银行发展的生命线，风控不到位，发展就是一句空话。2015 年，邮储银行宣化支行开展“两个加强、两个遏制”专项检查活动、“合规大讨论”活动、每月一环等一系列常规检查和专项学习检查活动，把风险防控工作放在各项业务发展的第一位。通过反复学习宣贯总行“十条禁令”内容，狠抓各业务条线的违规点，形成了学习、查找、整改和“不愿违规、不能违规、不敢违规”的浓厚合规文化氛围，同时也丰富了员工的合规知识，有效地提升了员工的合规意识和制度执行力。

【业务管理】 2015 年，邮储银行宣化支行从增收节支和提高金融资金利用率入手，不断规范财务和出纳资金运用流程，实行精细化管理，成本、资金运营方面取得良好成效。一是根据市场收益情况，及时调整业务发展的成本费用，严格审核业务费用支出，量入为出；二是加强了对备付金的管理力度，控制备付金不超限；三是减少在途资金，提高资金使用效率；四是规范了网点、银行交协款工作流程，减少了人为的资金滞押，缩短了资金周转时间。对全年各项经营指标的完成起到了积极的铺垫作用。

（李丽君）

宣泰农村商业银行

【概　况】 2015 年度，宣泰农村商业银行紧紧围绕全市农信系统制定的“顺势而为谋发展、转变作风抓落实，全面提升我市农村信用社市场竞争力”整体发展规划，牢固坚持“在竞争中求发展、在发展中强实力”。

截至2015年12月末，各项存款余额517514万元，较年初纯增1258万元，增长率为0.24%，完成办事处核定任务指标的1.75%；各项贷款余额410472万元，比年初纯增43728万元，增幅为11.92%；全年累计投放各类贷款440416万元；累计办理贴现业务160笔，金额45004万元。办理转贴现转入39笔，金额29148万元。办理转贴现转出91笔，金额13429万元。贴现余额为29889万元；实现中间业务收入804万元，完成办事处核定任务指标的100.5%。

实现营业收入43508万元，其中贷款利息收入30007万元，比同期增收221万元；金融机构往来收入与投资收益12691万元，同比减少22074万元；营业支出34995万元，其中利息支出14566万元，营业费用支出9768万元，手续费支出34万元；收入成本比为40.43%；实现利润总额8901万元，同比减少5515万元；实现风险调整后利润10756万元。

信贷管理系统五级分类不良贷款余额11337万元，比年初反弹5835万元；不良贷款占比为2.76%，较年初反弹1.26个百分点；新资本充足率16.87%，贷款损失专项准备充足率387.29%，拨备覆盖率151.31%。

【活化营销机制、拓宽筹资渠道】 确立了以“黄金客户利率定价机制”为营销工作突破点，实施了“扫街营销”“以贷引存、以存惠贷”等筹资策略。

继续实行对网点在“存量、增量存款日均余额”和“纯增额时点数”双向并轨考核机制；以全面上线的“绩效考核系统”为契机，按照“存量保公平、增量促竞争”的基本原则，适当拉开收入分配差距，努力激发全员揽储积极性与主动性；适时开展揽储小指标竞赛、对标竞赛，按照员工完成任务比例与绩效收入挂钩的考核办法，营造出“全员揽储、人人争储”的工作氛围。

依据不同客户的存款类型、金额及期限，对存款营销、业务拓展、客户维护给予一定标准的费用配比，加大经营费用对业务拓展及营销的支持力度；通过存贷互动，建立起联系、维护客户的长效营销机制；行高管亲自带头，利用“黄金客户利率定价机制”，通过采取集团化、综合性的营销措施，直接带动存款的增长。

【固化流程操作、优化信贷结构】 坚持对每笔贷款执行贷前、贷中和贷后全流程管理，严格执行差别授权、审贷分离、分级审批、发放公示和限时办结等制度，使信贷业务在“阳光”下接受监督，继续巩固了“高效办贷”的同业竞争优势。同时，按照省联社统一开展的“信贷基础管理质量年”相关工作要求，不仅进一步落实了管理质量、操作流程的标准化，还对全行信贷档案进行了统一标准、统一格式的规范整理，并顺利通过了省联社组织的信贷档案管理一级单位验收。

坚持审慎经营原则，根据国家产业政策调整，按照“区别对待、抓小不放大”的投放原则，严控贷款投向，并制定了《信贷客户准入与退出指导意见》，大力支持辖内发展前景良好的现代制造业、新型农业及高科技、新能源、节能减排、现代物流、文化旅游、商贸流通、养老服务、体育健身等行业。截至年末，个人类贷款较年初增加43817万元，增长幅度达到了49.76%，其中个人住房、商用房按揭贷款较年初增加22660万元，个人汽车按揭贷款较年初增加10863万元。

为进一步提升银企对接实效，由往年邀请部分企业分批次、集中对接营销方式，转变为总行调配各相关部门和营业网点，深入企业一对一进行专属营销，主动上门了解客户需求，现场解答企业老板和财务人员提问，向客户提供“一揽子”量身定制的金融服务解决方案，进一步拉近了银企之间的距离互动，实现银企之间的互利共赢。为更好地发挥利率调节作用，重新修订和完善了“利率定价机制”，不仅对按月结息客户、借新还旧、黄金客户、小额优质客户等条款进行了修订补充，还增加了电子银行业务在利率定价中的占比，使利率定价机制更加科学合理。

为不断适应市场变化及客户需求，拓宽营销渠道，与辖内一家大型家居建材城开展了“商户贷”产品的营销合作，截至年末已与11家商户进行了有效对接，并以“商户贷”方式累计办理循环联保贷款524万元。适时推出了“农户联保贷款”“个体工商户联保贷款”“公职人员担保贷款”“白领乐贷款”“惠薪贷”等信贷产品，不断提升对各类客户的差异化信贷支持力度。

【拓宽中间业务】 调整思路、强化措施，努力培育中间业务作为创收新增长点。电子银行类业务是中间业务的主要内容，而以信通卡为核心又衍生了众多现代化支付结算产品服务。截至年末，IC卡发卡量比年初增加57890张，开通金卡、白金卡客户319户；实现短信签约54866笔，比年初增加13838笔，实现手续费收入80万元；电话银行开通29947笔；开通网银用户比年初增加1608户，实现网银转账798777万元；手机银行开通5195户，比年初增加1975户，全行电子银行业务占比为58.43%，完成全年任务的129.84%。发展银联商户202个，布放银联POS终端296台；发展农信银商户27个，布放农信POS终端27台；设立离行自助银行6个，布放自助机具13台；收单收入40万元，发卡收入45万元；13台经省联社审批的“农信村村通”用户设备已全部安装到位。

截至年末实现代理各类保险手续费收入394万元，其中代理团体意外伤害险、借款人意外伤害险、其他意外伤害险、财险分别实现手续费收入320万元、17万元、6万元和51万元。

【强化专业技能】 按照“全面检查、重点辅导”的工作原则，按季对网点进行会计检查，为申报会计基础工作规范化管理一级单位做好充分准备；为进一步拓展利润空间，总行高管人员多次带领中层管理人员到同业金融机构系统学习银行间债券业务操作，并向人民银行上海分行递交了开展债券业务的申报材料。

（陈　跃）

宣化中成村镇银行股份有限公司

【概　况】 宣化中成村镇银行股份有限公司以“支农、支小、助微”为经营目标，严格落实人民银行和银监的监管要求。截至2015年12月31日各项存款余额2381.91万元，各项贷款余额5330.9万元，存贷比为223.81%，户均贷款余额为29.29万元。涉农贷款4479.47万元，较年初增加3368.03万元，增幅303.03%。无不良贷款发生。

【思想建设】 陆续在行内建立党支部、团支部、工会等组织机构；共进行5次“客户经理能力提升系列大讲堂”讲座、组织3次“客户经理通关比武大赛”、12次案件防控培训，对青年员工成立“微信学习研讨小组”和对管培生开展定向辅导等形式的活动激发全行员工学知识、练技能、拓视野、增本领的学习热情，全身心投入到工作中。在“2016年宣化区金融系统职工技能大赛”中，取得第二名的好成绩。

【宣传服务】 积极组织防范和打击非法集资宣传活动、金融知识进万家、反洗钱宣传、征信宣传、小微企业金融知识服务月等宣传活动30余次，发放各类宣传单1.1万份，各类展架宣牌21个；深入16个乡镇开展金融知识下乡活动营销，到8个商圈开展商户营销，建立客户微信群3个，活动的开展有效地巩固和增强了获客渠道。在“金融知识进万家活动”中成功堵截假保单诈骗案一起，为2位群众挽回经济损失共计13万元。

【争取政策支持】 认真组织“时速80日”竞赛活动，在活动中增加客户365户，投放贷款1225万元；新增加4个贷款批量营销方案，实现放款75笔，贷款2017万元，特别是通过和宣化县扶贫办、张家口市扶贫办的多次工作对接，被张家口市扶贫办公室确定为精准扶贫贷款试点金融机构，先期扶贫资金已到位800万元，可对宣化县12个乡镇115个贫困村开展金融服务，夯实和壮大了客户基础。

【风险防控】 做好财务增收节支工作，费用比2014年减少262万元，降幅37.59%。员工操作技能和合规意识明显增强。在新系统上线、升级和外部调研、检查中，无违规问题和风险事项。按月开展风险防控工作、安全检查工作、案例培训工作，及时传达学习各级风险提示和制度，对新形势下本区域经营风险情况及时预警。

（李　宣）

小额贷款

2015年，宣化区光大、春光、盛源、建业、永达、阜丰、云普、君信、恒信、海青十家小额贷款公司，依据《河北省小额贷款公司暂行管理办法》中的规定，本着“合法合规经营、健康有序发展”的宗旨和“小额、分散、短期”的原则，积极开拓业务范围和业务市场，努力为宣化区“三农”、中小企业以及个体业主提供金融服务，有效地支持了宣化区民营经济以及中小微企业的快速发展，为进一步推进宣化区金融体制改革做出了贡献。2015年十家小额贷款公司累计发放贷款25637.5万元，收回贷款22540.05万元，上缴税金986.44万元，实现净利润1597.14万元。

（狄汉斌）

保　险

中国人民财产保险股份有限公司宣化支公司

【概　况】 2015年，中国人民财产保险股份有限公司张家口市宣化支公司紧紧围绕“加强管控、效益为先”的总体思路，迎难而上，实现签单保费收入3754.94万元，完成保费计划87.52%，同比降低30.93%；赔付成本1227.29万元，综合赔付率32.97%，较上年同期增长44.75%。

【合规经营】 一直把合规经营作为指导方针，保证公司健康、持续、稳定发展。在竞争中，宁可牺牲短期利益，也不做违规、踩红线等有害于公司长期发展和声誉的业务，由于公司的合规经营，有力维护了宣化财产保险市场的秩序，使保险市场纳入了良性循环的轨道，为公司今后健康发展创造了良好的外部环境。

【员工培训】 利用周六时间对员工的理论知识进行系统培训，平时通过指导具体业务的处理方式来提升员工的展业技巧和联合作战能力，2015年公司组织“讲一课”活动，鼓励每位员工上台为大家讲课，通过这次活动提高了员工的素质，激发了员工创作激情，增强了爱岗爱司的工作热情。

强化素质培训，每周组织员工就商务礼仪、保险专业知识、业务流程等进行系统学习。要求员工做好客户接待和业务咨询服务，耐心细致解答客户提出的各类问题，不断创新客户服务手段和服务技能，拓宽服务领域，为客户提供多层次、广范围的保险服务。

（刘蕴婷）

中国人寿保险股份有限公司宣化支公司

【概　况】 2015年，中国人寿保险股份有限公司张家口市宣化支公司紧紧围绕：以省公司“稳增长、优结构、强队伍、提效益、重管理、防风险”的经营思路为指引，以“对标市场、聚焦城区、强化县域”的竞争策略为重心，以“讲执行、严管理、大发展、创效益”为依托，创新驱动，跨越发展，确保业务、队伍双领先，努力实现“争创AAA、富员强司”的奋斗目标的指导思想开展工作。取得了较好的成绩。

截至12月30日，共实现保费收入14077.49万元。其中，长期险首年保费5434.72万元；长期险首年标保完成1303.10万元；长期险首年期交保费2475.02万元；10年期以上首年期交保费1845.26万元；5—9年首年期交保费121.86万元；5年期以下首年期交保费507.90万元；趸交保费完成2959.70万元；续期保费8113.88万元；意外险保费426.36万元；健康险保费102.18万元，全年新增人力245人。

【业务发展】 统一安排部署个险渠道各项工作，组织各种不同会议依托四支营销团队，形成相互学习、相互比拼的良性竞争态势。根据省市公司业务发展要求，适时推出各种促进业务发展平台，积极大胆探索尝试纵身营销模式，不断推动业务发展。2015年宣化支公司个险渠道共召开各种形式的客户答谢会120余场，参会新老客户2392人，收取保费1420万元。五六联动癌筛体疗会，在短短一个半月时间就召开了22场，收取保费580万元。

【增员与制度经营】 始终把队伍发展与业务发展放在同等重要的位置，严格执行招募甄选，认真组织代理人资格考试辅导，提高考试通过率。督导主管及推荐人做好上岗及辅导工作，确保新人留存率和开单率，提升队伍活力，推动初级主管晋升和团队业务、人力良好发展。2015年，全年共召开创说会45次，签约180人；组织代理人资格培训班8次，参加考试人员62人，通过率76%；全年召开新人培训班4次，培训160人次；召开衔接教育班1次，培训70人次；召开初级主管培训3次，培训40人次；全年晋升组经理（含2015年四季度已达成晋升条件的主管）17人，晋升处经理1人，其中初次晋升主管10人，二次晋升7人；到2015年年底宣化支公司实现人力411人。

【业务销售】 学平险是公司的重要版块业务，在各家竞争对手抢夺这块阵地的情况下，公司经理带领团险人员积极协调有关部门，将学平险续保工作牢牢稳固住，不讲客观，不讲理由，全力抢收，确保学平险颗粒归仓，2015年增费至229万元。

大力开拓民政老年御险。在巩固好法人业务、学平险等传统优势业务的基础上，把老年御险等作为新的业务增长点；大力发展短期意外险，继续优化短期险业务结构；加强短期险业务质量管理，有效控制销售成本。

根据公司健康经营和市场竞争情况，抢抓业务发展的有利时机，推出有竞争力的产品，实现规模型业务“短平快”的发展，把控好全年销售节奏，并抓好续期收费工作。2015年宣化支公司实现银保新单3420.15万元，其中趸交2962.59万元；期交457.56万元；标保业务143.68万元。

在做好趸交、期交业务的同时，继续做好满期给付和退保工作，守住风险底线。2015年满期给付的维稳工作是省市公司的要求，也是银保工作中的重中之重，解决起来困难重重。我们通过设专人，专门接待满期纠纷客户，耐心讲解投资环境的影响，回归保险产品的保障功能，做好对客户的服务工作，共解决纠纷问题200余件。

【服务工作】 加大城区市场工作力度，切实提升城区市场竞争能力。进一步增强看计划更看市场的发展意识、看自己更看行业的市场意识、不比自己比对手的竞争意识、看增长更看份额的危机意识。2015年宣化支公司共受理寿险新单3612件，理赔787件，全年赔款383.38万元，保全满期给付2300余件，借款2210件，办理银行转账21519件，变更各类保全信息22471件，收付费9000多笔，在做好本职工作的同时做好服务创新。引导柜员开展柜面直销业务，要求柜员借助客户临柜办理业务的同时，积极销售保险，2015年完成直销业务50910元，完成个险业务15万元。

努力加强内控体系建设，保障公司依法合规经营。全面提升员工风险防范和依法合规经营意识；建立完善内控长效机制，从源头控制和杜绝风险隐患；加大监察力度，责任追究落实到人，规章制度落实到人。把风险防范放在更加突出、重中之重的位置，切实采取有效措施，做好经营风险防控工作。从2015年6月1日起全面推行“零现金”，收付费均办理银行转账，坚决杜绝现金收付，防范化解金融风险。反洗钱工作常抓不懈，确保了此项工作的全面有效开展，切实提高了公司制度遵循和依法合规经营的自觉性。2015年宣化支公司党支部荣获河北省分公司“市场先锋战斗堡垒”先进党组织，同时荣获河北省分公司2015年度先进集体。

（常新华）

中国平安财产保险股份有限公司宣化支公司

2015年，中国平安财险宣化支公司认真贯彻执行总公司的“健康超越，聪明经营”的战略思想，积极开拓市场，全年各险种保费达成登上新台阶。

2015年12月31日，私家车险保费收入5000万元，团体渠道保费收入500万元，总保费完成5500万元，纯增保费500万元，同比去年增长12.1%，赔款支出2200万元，业务稳中有升。

推出“平安自助保”“平安好车主”“平安天下通”“壹钱包”等多种手机App等业务。客户可通过手机随时随地进行自助车险投保，手机支付即时到账，方便快捷。查违章、减保费、办理赔，简易理赔，自动救援，将烦琐的程序一键轻松解决，使客户足不出户就能畅享平安快捷服务。“平安天下通”及“壹钱包”推出的理财、购物、生活、转账板块，手机理财产品、在线购物、话费水电费充值、转账，让客户通过手机享受平安综合金融服务优势。始终坚持“对客户负责，服务至上，诚信保障”的服务理念，推行免费上门配送保单、免费道路救援、引导车辆年检、简单快赔服务等，通过细致的服务努力提升客户体验。

依据国家政策及保监局相关要求，公司内部严格管理，倡导合规经营，不定期组织“反洗钱”“反非法集资”等培训及讲座，使公司在合规的轨道上稳步发展。

2015年，公司上缴宣化区地税局车船税款500万元，上缴宣化县沙岭子地税局车船税款50万元。

（张向军）

中华联合财产保险股份有限公司宣化支公司

公司以车辆保险业务为主，全年共承保各种车辆1.1万余辆；还承保有医院的医疗责任险；医师职业责任险；农村医务室责任险；教育机构的校方责任险；学生平安险；建筑行业的工程质量责任险；建筑工人团意险；工商业户的雇主责任险和员工人身意外险；育肥猪养殖险；还专职承保宣化区所有大学生村官的人身意外险和健康险；全年各个险种实现保费收入1733万元；为国家代征代缴车船使用税135万元。完成赔款案例1290起，赔款总额998万元；另有未决赔案190起，预计赔款额352万元。全年经营成本基本持平略有欠余，上缴国家利润0元。

（刘庆军）

中国大地财产保险股份有限公司宣化营销服务部

2015年，中国大地财产保险股份有限公司张家口中心支公司宣化营销服务部针对服务部人员“三高三低”（学历高、素质低、期望高、能力低、眼高、手低）和“三不了”（吃不了苦、受不了累、受不了气）的现状，确定了“以人为核心狠抓团队建设的工作规划和目标”，采取“用价值目标育人，用美好蓝图留人，发挥特长用人，敞开大门迎人”等具体措施。增人、育人、留人、用人一起抓，使人力达到16人，形成了车商团队、综销团队、电销团队、内勤团队等4个团队，业务品种达到24个，全年保费收入完成1579.1267万元，比2014年增长37%；总保额达到29.15亿元，比2014年增长58%，保费和保额居全市四级机构之首，占张家口中心支公司的三分之一。李晓兰荣获中国大地保险股份有限公司河北省先锋俱乐部会长之职。

（李晓兰）

证　券

广发证券张家口宣府大街营业部

【概　况】 2015年广发证券股份有限公司张家口宣府大街证券营业部坚持“以价值创造成就金融报国之梦”为使命，持续践行“知识图强，求实奉献；客户至上，合作共赢”的核心价值观，坚持“稳健经营，持续创新，绩效导向，协同高效”的经营管理理念，持续稳健规范发展各项业务，为客户提供多层次、全方位的优质金融服务。截至2015年12月31日营业部新增客户16151户，其中有效户6950户，股票交易成交量419亿元。

【证券业务】 经过为期一年多的前期调研、协调与组卷，张家口市宣化北山工业园私募债终于在2015年成功发售，至2015年12月已成功募集资金超过3000万元。截至2015年12月，营业部共走访、联络企业29家，其中有新三板挂牌意向企业6家，通过广发公司立项1家。这些企业遍布张宣地区、怀来、涿鹿、下花园、崇礼、张北等各区县以及秦皇岛、大同、呼和浩特等周边城市，甚至上海、深圳等都有涉及。2015年8月应宣化区政府办公室邀请，向区政府相关部门人员开设金融市场讲座、进行金融知识培训，与当地政府建立了金融知识链接。

2015年期货客户期末总权益为520万元，成交金额76亿元，创造佣金43万元，营业部分成13.38万元。营业部期权客户开户23户，其中有效1户。营业部正在积累目标客户，准备参加将在张家口举行的期权专场，使潜在客户集中通过期权水平测试，为接下来开户环节提升效率。

沪港通业务目前的开通方式为客户自助在网上开通，凡满足公司要求（50万元资产，风险测评稳健以上，通过沪港通水平测试）的客户均可在网上营业厅自行开通。营业部2015年开通沪港通客户46名，其中有交易的客户3名，港股资产96.2万元，创造佣金9419.26元。

为适应互联网金融的发展，公司电子商务部推出易淘金、官方微信、手机App等互联网媒介，进一步明确了以客户为中心的理念，提升了公司竞争力。2015年金钥匙抢单总量为20308单，二维码开户竞赛营业部排名第一；对外合作引流完成26个引流申请；淘金圈推广竞赛累计绑定客户7587个，新增开户211户，晒单客户数614名，产品销售1909万元，排名全系统第八名。

【销售服务】 在金融产品销售方面借助2015年的牛市使得金融产品销售突飞猛进，大幅超越2014年制定的各项任务。并且没有因市场上涨而减弱通过固收产品销售引入新增增加存量的目标。依旧保持了OTC产品占绝大多数，同时提升了权益类产品的销售数量及资产保有量从而增加了销售收入。截至2015年12月共销售考核类金融产品13.25亿元，其中基金1.75亿元占比13%，资管产品2.12亿元（不计算广发现金增利）占比16%。私募产品0.4亿元占比4%；广发OTC（多添利、新睿利）8.98亿元占比67%。实现金融产品销售收入622万元。

【队伍管理】 2015年重点进行人才选拔及优胜劣汰的人员整合，做到物尽其才，人尽其用。打破固有团队管理模式，从原有整体的规范精细化管理转变成规范粗放管理。最初阶段营销团队渠道营销以银行渠道为主，仅仅依靠银行渠道和面对面宣传的方式进行工作。2015年，公司引进百度、新浪开始了全面低佣的快捷开户，对原有营销开户模式形成了冲击，接着是金钥匙24小时的优质服务，最后是淘金圈的全线推广，这些新业务的创新，开拓了营销思路，同时也触发危机感，使营销拓展队伍认识到了“互联网思维”的重要性，也明白了营销加杠杆的模式势在必行。营销队伍借助《工行—广发 App 合作方案》，在 App 推广开户中逐渐了解认识到线上工作的便利快捷多效，“营销加杠杆”思路逐步渗透到每一位队员的工作意识中。截至 2015 年 12 月 31 日通过 App 开户约 1446 户。

2015 年 4 月 10 日广发证券在香港联交所主板成功挂牌上市，H 股股票代码为 1776。营业部荣获河北分公司“最佳财富管理团队三等奖”。

（李慧琴）

建设·勘探·环保

重点项目建设

【青岛啤酒张家口工业园项目】 项目由青岛啤酒张家口有限公司实施，总投资10亿元，占地500亩，新建厂房及啤酒生产线，建成后达到年产啤酒60万千升，直接和间接带动就业劳动力2000人以上。该项目东、西截洪沟工程已全部完工，项目专线已完成路由放线，青啤东路、青啤西路的路基石渣换填已完成，正在进行道路铺设。

【数控机床生产基地项目】 项目由迪蒙卡特（张家口）机床有限公司实施，总投资3亿元，占地100亩，年产销电加工机床和数控机床1000台，销售总额可达3.5亿元，创利税6200万元。项目新建机加工及装配车间、综合楼及其他附属设施用房总计34500平方米，新购置生产及辅助设备65台（套）。该项目一期24.32亩土地正在办理缴纳土地出让金，正式供水工程开工。

【蹇海风机核能技术合资项目】 项目由河北蹇海鼓风机制造有限公司实施，总投资1亿元，占地面积30亩，总建筑面积4722平方米，主要建设4000平方米国际标准化恒温生产厂房，依照法国核电标准RCC-M和美国ASME标准执行，生产符合核电项目及HAF003的核电产品，建成后将形成年产值将达到2亿元以上的生产能力。该项目开始土建施工和设备采购。

【北汽福田产业转移项目】 项目由北汽福田汽车股份有限公司实施，总投资15亿元，该项目在保留宣化工厂现有搅拌车业务的基础上，将北京工厂的泵送机械业务整体搬迁到宣化工厂。项目建设完成后新增产能泵车1500台/年、车载泵1200台/年。该项目2015年8月开工建设，正在进行地基施工。

【紫云化工扩模技改项目】 项目由张家口市宣化紫云化工有限公司实施，总投资4.3亿元，占地350亩，新建仓库3座、中转库2座，猛炸药暂存库1座，成品库3座；技改生产线2条，新建生产线3条。建成达产后产值4.3亿元，可实现利税7200万元。正在进行生活区土方平整。

【三弦养老文化长寿村项目】 项目由深圳市三弦养老产业投资有限公司实施，总投资60亿元，总占地面积约为1800亩，分三期实施。其中，一期投资15亿元，建设公寓、酒店、宾馆、医院以及健身养生康复中心、购物中心等集多种功能于一体的养老休闲基地；二期投资25亿元，建设人工湖、社区休闲广场、图书馆、影剧院、社区农场等配套设施；三期投资20亿元，建设高档公寓、多层电梯房等配套住宅。该项目建成后，预计能满足将近2万人的养老、度假、休闲社区。概念性规划已经专家评审通过，正在做详细规划，同时进行荒山绿化，打井以及道路建设。

【宣化北区集中供热工程】 项目由张家口市中电寰慧张家口热力有限公司实施，总投资6.5亿元，新建管网75.039公里，换热站106座，既有热力站增容换热机组7套，实现供热面积1024.07万平方米。项目已完工并投入使用。

【奥运光伏廊道项目】 项目由张家口宣化区正亿生态能源有限公司实施，总投资9.7亿元，在京张高速公路沿线两侧，在具备建设条件的区域建设光伏发电项目，宣化区规划装机容量90兆瓦。目前正在进行基础施工（钻孔，打桩），设备正在陆续到位。

【国玉陶瓷文化旅游工业园项目】 项目由张家口市国玉陶瓷有限公司实施，总投资1.2亿元，分两期，一期建设一条参观用小型生产线，改建4000平方米展览厅。二期计划对厂区整体进行开发。项目已竣工投入使用。

【河北省医药物流中心润佳电商物流园项目】 项目由中诚医药张家口有限公司实施，总投资2亿元，项目总用地面积98.3亩，新建综合物流中心、饮片物流中心、大健康产品物流中心、器械物流中心、电子商务中心以及三层结构办公楼一座。建成后预计储存容量20万箱，日吞吐能力达到2万箱，达产后可实现物流和配送额10亿元。目前正在进行仓库主体二层建设。

（胡　健）

【保障性安居工程建设】 2015年，住房保障和房产管理局全面落实年度保障性安居工程建设任务，新开工项目为公共租赁住房八期，建设总套数为130套，建筑面积6978.62平方米。（本期公共租赁住房以在不同地址新建、配建或政府购买等方式完成新开工目标任务）。

（王明君　张宝平）

城市建设

【概　况】 2015年，宣化区城乡建设局在宣化区委、区政府的领导下，紧紧围绕“打造强区名城，建设美丽宣化”目标，大力推进城市道路建设、城市绿化、城区便道及停车场（位）改造、古城墙修复、城区景观整治及亮化等重点城建工程项目。全年共实施城建工程6项，累计完成政府投资5547.84万元，企业垫资投资5280万元。

2015年，宣化区城乡建设局被张家口市园林绿化管理局授予“张家口市第二届风景园林设计竞赛优秀组织奖”；宣化区城乡建设局被中共张家口市委市政府授予“全市老干部工作先进集体”；宣化煤气总公司被河北省总工会授予“河北省五一劳动奖状”；宣化区市政管理处被河北省照明行业协会授予“河北省照明行业2015年度优秀服务窗口单位”；宣化区人民公园管理处被河北省住房和城乡建设厅授予“河北省三星级公园”；宣化区环境卫生管理处被张家口市管理行政执法局授予张家口市2015年度环境卫生工作先进集体：柳川河景区管理处被张家口市管理行政执法局授予“张家口市2015年度环境卫生工作优秀班组”；湖南仁仁洁宣化分公司被张家口市城市行政执法局授予“张家口市2015年度环境卫生工作先进集体”。

【城市建筑】 房屋建筑工程。2015年办理建筑工程竣工验收备案12项，造价合计273851.74万元，建筑面积308698.2713平方米。

一般公共建筑。2014年完成的有宣化区人民公园花卉展厅，光大新天地6号住宅楼、9号综合楼，宣化基督教会福音堂工程，万柳公寓E区商业综合楼、幼儿园，盛发蔬菜市场改扩建1号楼，宣化第五中学1号综合楼。

住宅工程。宣化钟楼西北角居民回迁楼1—5号商住楼，九龙花园四期1—9号住宅、1—3号综合楼，利民按院小区三期1—8号搬迁楼，柳泉公寓1—3号商住楼，宣化北岸花园1—17号住宅楼及1—2号地下车库，御馨花园小区1—2号住宅楼、综合楼、地下车库，张家口市第二客运公司2—4号住宅楼，钻机小区1—2号住宅楼。

【市政设施】 道路。2015年城市道路建设工程全年共完成投资668.38万元。其中完成城区主街道钟楼大街（车管所对面路段）、滨河路、南外环连接线、胜利南路、车站西街与城区小街巷万丰路、煤气公司东小巷、东升路、路房子等道路建设工程。

照明设施。2015年城区景观整治及亮化工程全年共完成投资310万元。其中，清远楼、镇塑楼、拱极楼亮化工程，安装线型硬灯条、投光灯、埋地灯737套。城墙亮化工程安装仿古灯160套，投光灯884套，城墙垛口灯2920套。角楼亮化工程实施北城墙东北角楼、西北角楼楼体亮化工程，安装高压钠灯、投光灯、LED硬条灯等灯具554套，全年完成投资60万元。

【公用设施】 供水设施。供水公司2015年主要建设扩建东水厂、新建北山工业园区加压泵站、铺设直径200—700管网48887米，总建筑面积2500平方米。

供水公司从新建、扩建、改建工程等各方面都认真把关，从施工材料进场检验到工程验收完成全程跟踪。一是对大北街京张高速桥至通校路段供水管线进行改造。二是对东水厂直径300输水管线进行了改造，并启用了低位1、2号井。

供水公司完成管网小修461处，抢修直径75以上管网爆管121处，维修消火栓30余部，进行无偿服务134次，管网修漏及时率达到100%，获得了广大人民群众的好评。为了确保供水水质达到《生活饮用水卫生标准》（GB5749—2006）要求，重新配制了水质检测项目的试剂溶液，积极做好对水源水、出厂水、管网水日常检测分析和各检测项目工作曲线的绘制工作，全年完成水源水检测2289项次，出厂水检测4152项次，管网水检测4858项次，共计检测11299项次。

污水处理设施。2015年排水工程项目建设情况是：小泡沙河下游排水设施改造工程完成工程的施工许可证、监理招标、共计石砌排水渠300米。已申报2016年中央预算内投资城镇污水垃圾处理设施建设备选项目、已申报2016年中央预算内投资城区老工业区搬迁改造项目资金；东土关排水设施改造工程已完成东土关排水改造工程竣工验收工作和“东土关污水管网改造工程”档案专项验收工作；宣化北部城区排水管网工程，已完成北部城区防洪工程2号沟直径2000管道100米，直径1800管道160米，石砌沟全部完成。完成3号沟直径2000管道315米，直径1000管道100米，直径1400管道80米。完成北部城区防洪工程2、3号沟混凝土井8座。北城墙排水管道工程全部完工，完成直径1000钢带增强螺旋PE管700米，直径1800钢带增强螺旋PE管2000米，石砌盖板沟30米；宣左公路排水管道工程，已完成混凝土检查井8座，管道DE2200钢带增强螺旋PE管完成25米，铺设直径2200PE管道400米；大北街雨水管道工程已完工，共完成管道直径800的500米，顶管直径1000共100米，收水支管120米、收水井12座；污泥处置项目工程，已完成河北省施工图设计文件审查报告书、监理招投标、设备招标。

供气设施。煤气公司2015年铺设中低压煤气管线7035米，铺设次高压天然气管线13.5公里。北外环高压管线是从河子西至北山工业园区铺设的天然气管线，全年完成铺设13.5公里，完成投资2200万元。宣化区的天然气置换工作全年已完成河子西祥泰园及天然气置换分区六区的天然气置换工作，共计2412户。旧网改造工程全年共计完成中、低压及庭院管网改造约13公里。煤气公司为配合热电施工完成切改路段44处，共计1100米。全年发展煤气民用户4435户，累计发展煤气用户13万户。

公交设施。宣化区公交公司2015年的公交站场设施情况是停车场5个：火车站公司大院、西城三角地、北门口停车场、河子西停车场、刘家夭停车场。公交线路变化情况是公交10路由环线改为东西线双向单行运行，改变了乘客任意上下车没有终点的投诉问题。公交6路延伸到刘家夭发车，解决了刘家夭百姓乘车问题。

【绿化与园林】 绿化工程。城区主要路段绿化改造。全年完成春阳街绿化工程、宣府大街绿化工程、城隍庙路绿化工程、皇城桥北路绿化工程、110国道胜利桥至洋房路口路段绿化工程、胜利北路升级改造工程。共计面积4500平方米，栽植乔灌木1125株丛，绿篱色带200平方米，面积9020平方米，绿篱色带3095平方米，宿根花卉8371平方米，投资325万元。

“四小”绿化工程。全年共完成小街巷5个，公建绿地5个，社区游园2个，达标庭院4个工程。5个小街巷分别是城隍庙路、杨公祠街、仝家巷、鼓楼前街、煤气公司小巷。4个公建绿地分别是胜利钟楼街角公建绿地、一中街角公建绿地、柳川河桥东侧公建绿地、米市街街角公建绿地。2个社区游园分别是西城墙东游园、胜利北游园。4个庭院小区是尚东国际、城城北岸、观后新民居、和御府天苑小区。共计栽植乔灌木7150株丛，草坪、地被34355平方米，色带4420平方米，花卉2040平方米，爬山虎127延米。

【园林建设】 人民公园。2015年人民公园自筹资金启动杨树林裸土景观升级改造，制成混凝土基础10厘米，铺装面包砖33000余块，镶嵌五彩景观地灯7盏，修缮北侧一条小径约200平方米。升级节点绿化景观，在桃花岛、雅趣亭、中心广场等处，植入龙爪槐、碧桃和丁香等3000余株；搭建节日景观花坛3000余平方米，栽植月季、火炬、孔雀草等草花31500株。用400余株爬山虎营造背景，引进70株山桃，与榆叶梅、连翘等错位栽植。植入2500余株黄杨球、小叶女贞和油松等四季常青树。60余株爬山虎植入东门护栏，苏园景区移入7株孤植榆叶梅，中心广场补栽塑形取300余株小叶女贞，打造春赏花、夏看柳、秋观叶、冬品松的城市绿廊。补植4000平方米草坪。

柳川河景区管理处。2015年柳川河景区共计种植各种草本花卉1520平方米，宿根花卉41350平方米，播撒草籽改造草坪20340平方米，完成中国梦立体花坛30平方米，摆放花卉60000余盆，补栽柳树150余棵，新增山樱桃10000余株，补植绿篱4500平方米，造型花架4个。

【环境卫生】 环境卫生保洁设施。环卫处2015年共有6座垃圾压缩中转站，5座农村地坑式转运站。环卫处管理公厕320座，其中旱厕294座、水冲厕所26座。拥有果皮箱780个。环卫共有各种生产车、执法车75辆，电瓶车17台。全年道路清扫保洁工作日清扫道路面积192.56万平方米，全区城市道路机扫达到54%。城区主次干道和重点部位做到“一扫两保”，全天16小时保洁。负责城市绿化卫生保洁和全区3355个收水口的卫生清理、保洁和冬季除冰工作，及780个果皮箱清掏保洁。全年垃圾清运工作清运生活垃圾共计20.83万吨，共完成239个垃圾二次搬倒点清运任务，及43490户无物业小区的垃圾道口清掏任务。环卫清掏工作年清掏粪便6.3万吨，负责320座公厕的清掏、清扫、保洁工作。

垃圾处理厂。全年垃圾填埋场共计处理进场生活垃圾79980吨，严格按照污泥的处置工艺流程处置污泥25687.5吨，安装导气石笼9个，及时检测填埋气体并导出燃放，做好了警示标志防护，保证安全运行。对填埋场内长度为2940米的截洪沟杂物进行清理并修复，对截洪沟内的杂物进行及时清理。对填埋场已损坏的8030平方米土工膜、土工布进行修复，覆土15000立方米，从而保证垃圾场的规范化运行。

生活垃圾处理费全年已征收生活垃圾处理费652975.80元。其中包括企事业单位188个，商业、餐饮580个，旅馆4个。煤气公司代收居民生活垃圾处理费金额2862544.15元，未返回代收费用4033777.85元。排水公司全年污泥处理费用为1719360元，仍欠污泥处置费3482620元。

建筑垃圾处置管理工作。根据建筑垃圾管理情况，对各建设单位下发《关于建设单位严格执行建筑垃圾集中处置的通知》，核发建筑垃圾处置许可证16个，发放建筑垃圾无害化处理进场证489张，要求在工程开始前办理垃圾处置证，有效地将全区建设产生的垃圾及时运达垃圾处理场进行无害化处置。

液处理站改造工程。渗沥液处理站2015年升级改造工程的土建工程竣工决算已完成，竣工验收手续正在筹备中。全年更换了设备和车辆齿轮油，离合器片，压盘套组，对真空泵系统进行彻底清洗；购置生产所需化学制剂，清洗剂A液，C液碱液全年处理污水396.8立方米，消耗硫酸690千克，清洗剂A液6桶，碱片400千克。全年正式运行共计60小时，共处理渗滤液347.2立方米，产生清水透过液245立方米，浓缩液128立方米。

【城市管理机构及党组织设置】 2015年局机关机构：建管科、公共事业科、城建科、企业管理科、组织科、办公室、财务科、档案科、安保科、劳资科、城市管理监督指挥中心、爱卫办、城管科、工会、信访科、宣传科、团委。

2015年建设局下属机构：煤气总公司、供水有限责任公司、公共交通有限责任公司、市政工程公司、宣化区综合执法监察大队、环境卫生管理处、绿化管理处、工程质量监督站、市政管理处、世纪广场管理处、人民公园管理处、城建经营投资有限责任公司、城建房地产开发有限责任公司、益康环境工程有限责任公司、排水有限公司、水资源办公室、建设工程安全监督站、建筑市场稽查站、工程建设造价管理分站。

城建局基层党组织设置：直属党总支5个，分别是公共交通有限责任公司党总支、市政工程公司党总支、宣化区综合执法监察大队党总支、环境卫生管理处党总支、绿化管理处党总支。

直属党支部13个，分别是工程质量监督站党支部、市政管理处党支部、世纪广场管理处党支部、人民公园党支部、城建经营投资有限责任公司党支部、城建房地产开发有限责任公司党支部、益康环境工程有限责任公司党支部、排水有限公司党支部、水资源办公室党支部、城建局机关党支部、建设工程安全监督站党支部、建筑市场稽查站党支部、宣化区数字化城市管理监督指挥中心党支部。

公用经济建设

【供　气】 燃气生产和供应。煤气总公司2015年总人数是608人。全年发展煤气民用户4435户，累计发展煤气用户13万户。铺设中低压煤气管线7035米，铺设次高压天然气管线13.5公里。主营收入包括焦炉气收入4856.99万元，天然气销售收入1477.21万元。共售气量包括焦炉气3525.84万立方米，天然气383.45万立方米。共计工程安装收入1500万元。年工业增加值（现行价）7143.18万元，共计工业总产值（现行价）12146.2万元。

煤气总公司在生产运行方面，客服中心增加了新的售气方式，与移动公司合作开发民用POS机收费；手机App应用等代收费系统正在开发中；按政府要求实施天然气阶梯气价，升级杀毒软件等。对宣化区低保用户中的1031户煤气用户发放煤气补贴款8.9万元。

煤气总公司的储配站、管网所、液化气公司在运营管理部的协助下，完善站内各项运营基础资料，加强站内环境建设，完成技改工作，储配站被评为华北大区星级管理场站。按照大区运营管理工作要求，完成公司设备台账及设备档案的建立、运行设备挂牌、作业指导书的编写工作；完成加气站气源协调、进液、气损数据的分析，定期对加气站设备进行巡检，更换维修阀门9次，保证加气站正常运行，同时也整体提升了公司运营管理水平。

加强安全管理，确保安全供气。煤气总公司组织开展“百公里煤气管网安全运行无事故春季大干双测活动”，共测出煤气引入管丝堵漏气5起，凝水缸漏气2起，第三方施工破坏断管漏气3起，阻气孔漏气5起，抽除冷凝水286000公斤，完成了胜利中路直径200低压断管抢险抢修及不同原因造成8处燃气管道及设施漏气的抢险抢修工作。

煤气总公司客服中心承担宣化区13万多用户的收费、入户安检及无假日业务办理工作，共有5个营业网点。全年共完成入户安检7万多户，发现隐患约5000多处。

【供　水】 自来水生产和供应　2015年供水公司完成售水量1301.1万立方米；工业增加值2167.4万元；水费回收率95.25%；管网压力合格率为99.95%；管网修漏及时率100%。

供水公司配合政府重点工程，供水设施有专人盯守，及时修理损坏管线；为配合北山工业园区的建设，供水公司积极进行北山工业园区给水项目的建设。

供水公司加强安全管理，为企业发展保驾护航。供水公司在安全生产方面投入资金约28.5万元，积极组织召开安全例会、安全生产专项检查、定期进行岗位培训以及开展“安全生产月”活动。同时，编制了年度安全生产目标责任状，将目标责任层层分解落实到各部门和班组，并根据实际情况重新整改了10项应急预案，调整应急救援中队现在共102人。

供水公司严抓抢修及时率，确保供水安全通畅。供水公司完成管网小修461处，抢修直径75以上管网爆管121处，维修消火栓30余部，进行无偿服务134次，管网修漏及时率达到100%，获得了广大人民群众的好评。为了确保供水水质达到《生活饮用水卫生标准》（GB5749—2006）要求，重新配制了水质检测项目的试剂溶液，积极做好对水源水、出厂水、管网水日常检测分析和各检测项目工作曲线的绘制工作，全年完成水源水检测2289项次，出厂水检测4152项次，管网水检测4858项次，共计检测11299项次。

（成　诚　武世平）

【水管理】 水资源管理。2015年水资源管理办公室共征收水资源费1100万元，协助张家口市水务局完成为供水公司和宣钢安装地下水水量检测设备共4套，完成宣化区40个水质、水量、水温监测点的取样工作。计划用水管理工作有效落实，参照行业平均用水标准，对计划用水指标进行重新核定、调整。严格执行用水计划，对超计划用水单位采取加收加价水费，运用经济手段有效改善了全区的用水结构。认真做好了“世界水日”和“中国水周”主题宣传工作，发放印有宣传口号的无纺布布袋和宣传资料3000余份。

防汛管理。市政处2015年共清理井口12518座，其中清掏检查井2775座、干井6009座；更换井箅、井圈、井盖888个，疏通下水管线69292米，清理井底、管线中的淤泥3091立方米。

供水管理维修及拓展。2015年供水公司售水量完成1301.1万立方米，工业增加值2167.4万元，水费回收率95.25%。管网小修461处，抢修直径75以上管网爆管121处，维修消火栓30余部，进行无偿服务134次，管网压力合格率为99.95%，管网修漏及时率100%。水源水检测1773项次，出厂水检测3204项次，管网水检测3703项次。

加强供水工程质量管理，提高城市输水能力。供水公司从新建、扩建、改建工程等各方面都认真把关，从施工材料进场检验到工程验收完成全程跟踪。一是对大北街京张高速桥至通校路段供水管线进行改造。二是对东水厂直径300输水管线进行了改造，并启用了低位1、2号井。

配合政府重点工程，供水公司全力以赴派专

人盯守供水设施，及时修理损坏管线；为配合北山工业园区的建设，供水公司积极进行北山工业园区给水项目的建设。

供水公司在安全生产方面投入资金约28.5万元，积极组织召开安全例会、安全生产专项检查、定期进行岗位培训以及开展“安全生产月”活动。同时，编制了年度安全生产目标责任状，将目标责任层层分解落实到各部门和班组，并根据实际情况重新整改了10项应急预案，调整了102人的应急救援中队，确保安全生产。

为了确保供水水质达到《生活饮用水卫生标准》（GB5749—2006）要求，重新配制了水质检测项目的试剂溶液，积极做好对水源水、出厂水、管网水日常检测分析和各检测项目工作曲线的绘制工作，全年完成水源水检测2289项次，出厂水检测4152项次，管网水检测4858项次，共计检测11299项次。

【公交服务】 2015年公交公司职工人数是395人，营运车辆201台，营运线路13条，线路总长215公里，客运量1800万人次。

2015年，公交公司紧抓国家优惠扶持政策，新购置了40台纯电动公交车，并投资120多万元建立完成充电站及系列配套设施；本年的清缴税款活动中，公交公司共计补交税金588万元；各项经济指标。客运量全年完成（包括租赁线路）1736万人次，完成年计划96.4%，同比下降19.1%；行驶公里全年完成831万公里，完成年计划92.3%。同比降低7.6%；票款收入全年完成1248万元，完成年计划95%，同比下降11.7%。

提升公交运营水平。2015年纯电动公交车的配套充电装置在河子西停车场安装完毕，购置的40台纯电动公交新车陆续运回公司，新车保险、上牌手续已经办理完毕，预计是2016年年初投入运营，将开启宣化公交环保新形象。

为提高公交社会效益，公交公司为老年人、残疾人、军人等办理的免费乘车业务已增加到2500人。同时，2016年的老年卡换成电子卡，方便老年人乘车。

【环境治理】 城市市容管理。2015年执法大队坚决治理“城市牛皮癣”。对宣化区范围内街道两侧建筑物，构筑物乱贴乱画、乱涂乱抹现象的整治工作，并且多次开展集中整治，集中突击清理乱贴乱画小广告集中位置。小街巷的乱贴乱画现象在发现后24小时之内清理完毕。全年共计清理乱贴乱画小广告72000余处。对流动商贩的有效管理有利于城市社会管理的优化，执法大队加强春节、清明节、中秋国庆节等节日市容市貌整治力度，对节日期间的临时占道摊位进行专项整治，在各节日后及时取缔各类占道经营，恢复节前畅通整洁的街道，在最短时间内将道路两侧商铺张贴物清除干净。全年共计清理占道经营26000余人次，清理店外摆放500余处。对马路市场的整治工作保证了城区内没有出现新增马路市场，并且较好的控制市场口外溢的现象。

做好纪念活动期间相关工作。在纪念中国共产党成立70周年活动期间，执法大队今年向宣化区广大烧烤商户下达通知200余份，用纸纪念活动期间严禁露天烧烤，严禁烧烤户外排烟。同时在电视台、电台发布了《致全区烧烤商户告知书》，并向食客发放宣传单1300余份，对于纪念活动期间严禁烧烤进行全方位的宣传动员。执法大队组成露天烧烤联合执法队两组，对宣化区主要街道、次干道和小街巷的未关停露天烧烤行为进行及时的清理。全年共计暂扣烧烤炉具2个，及时制止露天烧烤105家。

数字化城市管理监督指挥中心。2015年数字化城市管理监督指挥中心共计出数字城管专刊9期，受理各类问题22355件，其中数字城管信息采集员上报立案20302件，平均结案率为98.66%；“12319”城建便民热线接听市民来电559人次，结案率为100%，与往年相比主动及时发现问题形成常态化，市民通过热线反映问题在逐年减少，我们的平均结案率越来越高。受理问题主要集中在道路不洁、暴露垃圾、违章占道经营、非法小广告、井盖丢失及井箅子破损等方面。

在数字化城管系统建成并投入运行的基础上，加大对城市市容和环境卫生方面的管理力度，做到最大程度的资源整合。通过数字化城市管理系统有机整合，真正实现数字化城管一职多能、资源共享的运行机制，规范化管理，全力打造最佳人居和发展环境，全面提升城市核心竞争力是数字化城市管理的最高追求。全年对外部21个监控摄像头进行了4次维修维护，每日对机房及大厅设备进行检查维护并及时做好维护日志，并对机房的服务器、交换机、空调及大厅的拼接屏、解码器等设备进行了维修维护，有力地保证了指挥中心平台系统的正常运行。

城市卫生管理。环境清扫保洁工作日清扫道路面积192.56万平方米，宣化区城市道路机扫达到54%。城区主次干道和重点部位做到“一扫两保”，全天16小时保洁。负责城市绿化卫生保洁和全区3355个收水口的卫生清理、保洁和冬季除冰工作，及780个果皮箱清掏保洁。

2015年，宏利德宣化分公司（仁仁洁宣化分公司）负责对城区“四横四纵”主街道垃圾、白色污染及绿化带进行及时清理，加大城区机械化清扫设备投入，对城区街道分车隔离带、便道路面每周一次清洗，机械化清扫率达到61.70%。每日4次对城区主要街道采取喷洒水降尘作业，洒水面积共83.21万平方米。

垃圾清运情况。城区内生活垃圾收集、清运任务。较好地完成了239个垃圾二次搬倒点清运任务，及43490户无物业小区的垃圾道口清掏任务。生活垃圾收集做到日产日清，车走点净、无遗撒、无积存。压缩车收集垃圾做到定时定点，避免二次污染，并保持环卫设施整洁年清运生活垃圾共计20.83万吨。

环卫清掏工作。负责320座公厕的清掏、清扫、保洁工作。年清掏粪便6.3万吨。公厕使用的频率也在提高，为了方便群众如厕，定期对旱厕进行消毒清理。水厕有专人负责，随时清理，保持水厕的环境的整洁和设备完好。

环境卫生监察工作。加大对道路遗撒的监管力度，处理好拉运渣土物料的车辆苫盖行驶，使污染城市环境的现象得到了遏制，收到了较好的治理效果。环卫处还设立了“12319”城建便民热线，实行首问制，使问题在最短时间内得以解决。

因宣化区开展集中供暖工作，施工区域道路不通，造成了垃圾积存。2015年共17个物业小区脱管，垃圾乱倒现象。从11月10日至18日，先后出动装载机、翻斗车、压缩车、拖拉机等25台次，分别对观桥东民心小区外垃圾、施工土、大北街、皇城桥北检查院处、宣赤路万字会街、劳动局横巷、链条巷兴旺小区、新兴街宣钢北宿舍、环保小区、小北外环等区域的非点垃圾、施工土等进行清理整治，共计清运垃圾施工土300余吨。

【公共设施管理】 市政公共设施管理。市政专项工程建设任务是路灯安装改造工程。主要是对西城垣仿古街消防通道路灯、西大远街路灯、路房子路路灯进行安装，永安街中华灯进行更换，强电入地路灯配套电箱改造以及钢鑫小区楼体亮化设施进行加固，工程决算41.22万元，2015年工程已完工。

节日亮化工程。主要是在大新门、钟楼大街、胜利北路、宣化区政府门前等重要节点安装节日灯笼及景观树、在宣府大街实施亮化改造，工程决算164.26万元，工程已完工。

北门外排水改造工程。主要是对大北街外环路的排水进行改造，工程决算78.05万元，工程已完工。

大北街道路拓宽配套工程。是对原有灯杆进行拆除，重新安装路灯44套，工程决算为61.12万元，工程已完工。

大洪寺市场道路拓宽工程。共拆除路牙子104米、恢复安装路牙子104米，拓宽道路3米，工程决算为7.8万元，工程已完工。

市政管理维护任务全年共更换路灯灯泡10850盏，镇流器、触发器7340台。清理井口12518座，其中清掏检查井2775座、干井6009座，更换井箅、井圈、井盖888个，疏通下水管线69292米，清理井底、管线中的淤泥3091立方米。补修路面26000平方米，修补便道及铺设8000平方米。

污水处理设施管理。排水公司实施的小泡沙河下游排水设施改造工程，4月完成了小泡沙河下游排水设施改造工程的施工、监理招标、完成石砌排水渠300米。8月，排水公司管网部跑办小泡沙河下游改造工程的施工许可证。12月办理完小泡沙河下游改造工程的施工许可证。

东土关排水设施改造工程。2015年2月跑办东土关工程竣工验收手续。3月东土关排水设施改造工程完成市场科、安监站、稽查站、造价站竣工验收工作。7月完成东土关排水改造工程竣工验收工作。8月完成了“东土关污水管网改造工程”档案专项验收工作。

北部城区排水管网工程。2015年北部城区防洪工程共完成2、3号沟毫米管道完成315米，直径1800毫米管道完成160米，直径1000毫米管道完成100米，直径1400毫米管道80米，石砌沟全部完成。完成混凝土井8座。完成设计北部城区排水管网一期工程、二期工程、污水管网工程、防洪工程施工图纸。

北城墙排水管道工程。2015年北城墙排水管道工程完工。共完成直径1000毫米钢带增强螺旋PE管700米，直径1800毫米钢带增强螺旋PE管2000米，北城墙排水管道完成石砌盖板沟30米。

宣左公路排水管道工程。2015年宣左公路排水管道共计完成混凝土检查井8座，管道DE2200钢带增强螺旋PE管完成25米。铺设完成直径2200PE毫米管道400米。

大北街雨水管道工程。2015年大北街雨水管道共计完成800500米，直径1000毫米的100米，收水支管120米，收水井12座。

污泥处置项目工程。1月污泥处置项目工程完成华北设计院工程设计计算书建设工程消防设计备案受理凭证。4月完成河北省施工图设计文件审查报告书。6月完成监理招投标。12月完成设备招标。

污水处理厂监管工作。污水处理监管处负责对羊坊污水处理厂流量、水质、设备运行、安全生产、厂区卫生等进行全面监管。排水公司严格按照污水处理相关标准和协议条款，保证污水处理后能够达标排放。全年共计完成污水处理量3967万吨，水质达到一级A排放标准；处置污泥31747.5立方米，完成节能减排的各项指标，保证污水处理厂的安全运行。

加强管网巡视检查。为保证污水管道畅通无阻，管网巡查人员每天对各条管线进行巡检，每周对雨污检查井进行检查，有坏损井盖及时更换，并做好巡检记录。管网所对排水公司所有污水管线进行整改，清掏，加强维护。做到定期清掏污泥，全年无安全事故发生。在雨季中严格按照防汛要求，24小时保持高度警惕，防汛抢险及时疏通，确保排水设施畅通、安全运行。

城市绿化管理。2015年绿化处共完成投资1244.8万元。新增绿化面积8.11万平方米。栽植乔灌木10777株丛，绿篱色带5475平方米，草花10.8万盆，草坪5200平方米，宿根花卉1.84万平方米，攀缘植物1174延米，安装灯杆花盆54套，立体花坛12组，盆景造型12套，花箱145个。

全年对119条街道及25个游园、社区公园、广场的树木及绿地进行浇水、修剪、打药等正常养护管理，合计浇灌树木6.1万株丛、绿地208万平方米，修剪树木4.6万株、绿地88.9万平方米，打药树木5.52万株丛、绿地13万平方米，移植树木8291株，清理枯死树2285株，乔灌木防寒1.1万平方米，树木涂白1.1万株。按照主干次干道的顺序对街道现有的绿化设施如花池、树池等依次进行维修。拆除钟楼大街防寒，对钟楼大街、宣府大街、皇城桥路、解放路等地钩塑料袋，清除绿地垃圾及杂草478车。东西苗圃累计整地50亩、锄草344亩、施肥15亩、打药10亩；扦插五叶地锦天竺葵2.2万株、垂柳7000株、五色草350平方米、盆栽14980盆等；假植定植乔灌木10.7万株丛；移栽乔灌木4690株丛、天竺花卉5000盆；西苗圃土地改良65亩；同时完成苗圃冬季防寒工作，对卷帘机、棉帘、门窗、保温膜等进行更换和日常管理工作。全年绿化处完成管护工作量约586万元。

2015年1月、10月邀请北京专家对园林绿化设计和苗木修剪进行了理论和实践培训，使专业技术人员有了全新的认知和设计理念。为采购质优价廉的苗木品种，多方询价择其优，引进新品种复叶槭、长枝榆、京梅等，为区分种类，防止养护中造成二次伤害，特自制苗木品种名牌挂于苗木上。东西苗圃做到工人利用最大化，把苗圃人工费用降到最低，节省了费用支出。从土壤改良、水渠改造、育苗、浇水灌溉到苗木出圃、苗圃整理、施肥、除草、用工登记和苗木统计等各项生产管理工作都登记在册，由专业人员全程跟踪指导，确保苗木的成活率及更好的完善整体绿化工作效果。定期打药、整地、除草，对苗木密植的进行间苗，空地栽植不浪费。合理的种植空间，使得苗木生长良好，同时也降低了苗木的发病率。

助力申办2022年冬季奥运会，加强宣化区绿廊绿道的建设管理。对城区管辖范围内道路行道树、绿化带、花坛草坪、游园广场等进行摸排清理。同时还对北城墙沿线长度4500米进行了集中清理活动，其中投入人工623个工日、机械30个台班、清理2700余株树上白色垃圾、地面白色垃圾4.1万平方米、清理外运建筑垃圾和废弃物41立方米。

配合园林局完成城市绿地信息管理系统的录入工作，完成申报省级园林式小区1个、市级绿化达标小区1个、省优工程1个、市优工程1个，完成古树名木保护资金的申报和认领工作。完成2015年城区主要街道绿化工程、城区升级改造工程等的招投标工作。完成竣工图编制、验收、决算工作。完成街道、北城墙高速护坡挡墙等地工程的签证工作。

园林景区管理。人民公园管理。2015年人民公园自筹资金对苏园景区公厕实施大修，完成水电线路铺设、内外墙面整修、安装厕位隔板、电磁加热采暖等工序，采用新装无动力风扇2台，使用定时自动冲洗技术，拓宽门窗对流面积等节水净味新设备，同时对公厕周边70余平方米破损便道重新铺装。在安全管理上，邀请省质监局专家为公园内游乐设施体检，共淘汰更新老旧游乐设备1处。杜绝设备超期服役保游人安全；与人保财险公司沟通，牵头为11家高危游乐设施购买最高保额为300万元的公众责任保险。购置安保巡查记录仪1台，在垂钓园新装2块警示牌，织密安保防控网。全年共开展安全大检查10次，排查整治安全隐患40处，帮寻亲属救助生病游人40余人次，配合辖区派出所处置2起警情，营造安全有序游园环境。推进“清洁公园”活动，对公园内清洁实施十六小时网格化两扫全保作业机制。全年共组织6次集中整治，投入179人次，收运垃圾121方，清洗路椅等设施970套次，清洗公厕24次，协调专业清洗车对7769平米园路机洗2遍，投放抑藻剂等生物制剂净化水质1万平米。坚持对健身设施、路灯路椅等公共设施安排专人每日巡查，及时维护，全年新装路灯5盏，整修监控电缆500余米，更换灯具光源200余盏，整修健身器材等设施600余套次、大功率水泵2台，打造全天候游玩的美丽公园。

柳川河景区管理。2015年新增造型花架4个，木制花箱5组，铁艺花箱4组。修剪并粉刷树木5000余棵。对景区280000平米草坪、7000余棵乔木、8000余棵灌木、20000平米色带和所有宿根花卉进行了全面充足的冬水灌溉。全年共计柳川河景区管理处累计接待游人150万人次，接待检查团、考察团50余次。

清扫保洁工作河道景区每日清扫景区总面积32260平方米，其中道路面积22874.4平方米，便道9385.6平方米。清理擦拭景区内果皮箱共70个；清理柳川河水面255000平方米，每日清洗柳川河橡胶坝2个每个长80米；清洗河道两旁的防护栏约8500米。每日绿地保洁面积约为16万平方米。万柳公园景区每日清扫万柳公园景区58874平方米，其中便道35678平方米、万柳公园道路及广场等23196平方米。每日保洁绿地面积约为25万平方米。清洗园内大理石路面广场包括八景广场、方观承广场、北入口广场、健身广场、滨水台阶、中心广场、绿轴广场共计13640平方米。保洁园内东、西公共厕所卫生。清理擦拭景区内果皮箱共119个，健身器材19套，以及各种标示牌、座椅园凳、亮化灯、园区四周栏杆4800米。清理园区垃圾每月约120立方米。清理万柳公园湖面21000平方米。

坚持保安24小时巡逻制度，实行定点、定片、定人集中管理，做好交接班记录，发现火灾险情及时汇报，值班人员通知相关负责人，并通知其他队员带好灭火器材立即赶往火灾现场。2015年景区未发生火灾情况和重大安全事故。今年7、8月开展两次水上救生演练，10月开展应急消防演练。

广场管理。2015年，世纪广场管理处管理提高辖区环境卫生保洁质量，各辖区清扫工作严格做到“一扫两保”16小时保洁，南大街步行街和财神庙商业街做到“一扫四保”24小时保洁。夏季每日早6点清洗南大街地面的污渍、油渍。每日擦洗公用设施。全处日清扫保洁达到20万平方米，日清理清运垃圾8吨。全年共组织清理卫生死角活动60余次，累计清运垃圾死角350余处。

严格管控辖区的市容秩序，确保无违章乱象。一是按照省、市《城市户外广告设置导则》，加强户外广告及商业促销的规范管理。二是加强对城市“牛皮癣”的治理。全年共清理城市牛皮癣300余处。三是全力管控南大街容貌秩序。全年共劝导教育违章占道300余起，暂扣物品30余件，基本控制流动商贩占道经营现象。

加强对辖区设施的维修维护。2015年筹措资金更换中山广场果皮箱40个，更换休闲座椅8个。对各广场的损坏的地面进行集中修护，约500余平方米。

【建筑业监督与管理】 建筑业管理。2015年宣化区城乡建设局依据《中华人民共和国建筑法》《建筑工程施工许可管理办法》及有关法律法规办理施工许可证手续，严格把关，认真履行了国家的基本建设程序。全年共办理房屋建筑类施工许可证11项，总造价22599.1345万元，建设面积160767.274平方米；办理市政类施工许可证1项，总造价536.3558万元，建设规模1389.5平方米。14项建设项目办理了监理备案。

清欠工作。宣化区城乡建设局工作重点由清理旧欠向预防新欠转变。全年共解决农民工工资投诉案件6件，涉及金额61.82万元，涉及113人。

建筑工程竣工验收备案全年共办理证明12项，竣工造价合计273851.7434万元，建筑面积合计308698.2713平方米。

对各进张（宣）外埠企业进行备案，全年共完成备案3项，外埠进张（宣）建筑业施工企业备案5项，外埠进张（宣）监理企业备案1项。

把房地产行业固定资产投资入统工作纳入到日常工作内容，及时督促各在建工程开发单位上报数据。共有11家房地产开发企业完成上报工作，完成入统数额为96473万元。

工程质量监督管理。2015年，宣化区质监站共受委托监督工程31个，面积16万平方米，办理竣工备案67个，面积67万平方米。宣化区质监站开展工程质量治理两年行动，全年共计对在建工程共计发出整改通知14份，处理较严重的质量问题1个，处理一般质量问题216个。对建设单位的建筑节能方面，建筑门窗、围护结构、分户计量表执行率达到100%。全年房屋质量方面共接访投诉71次，已完结56次，结案率达到78.9%。

建设工程安全监督管理。2015年，宣化区安监站共办理安全备案11项，下达《隐患整改通知书》17项,《停工整改通知书》9项，拨付安全生产文明施工费49笔、总额838.75万元，工地现场安装视频监控75个、配备车辆冲洗设施19套。

建筑工地扬尘治理工作仍然是年度首要工作任务。本年宣化区受监工地19个，防尘措施合格率100%。通过严格执行《河北省建筑施工扬尘治理十五条措施》等有关规定，各受监工地全部落实裸露土方全覆盖、进出车辆全冲洗、材料堆放全遮盖、施工场地全硬化等重点环节。所有受监工地，都已安装视频监控设备，工地现场实时视频接入宣化区安监站，有效强化宣化区建设工程文明施工管理，提高文明施工水平，降低扬尘污染的产生和排放，城市环境空气质量持续改善。

建筑市场稽查管理。2015年稽查站全面开展宣化区房地产开发建设违法行为专项整治工作，对各部门摸底统计全区2011年1月1日及以后开工建设的房地产开发违规项目进行翔实的梳理汇总，建立违规建设项目台账。全年共下达《责令改正通知书》17份，立案15起，均已依据相关法律法规受理结案。

建设工程造价管理。宣化区造价站全年共计办理最高限价查验24项。房屋建筑类最高限价查验21项，总造价47913.07万元，建筑面积131759.81平方米，市政类最高限价查验3项，总造价5629.7万元。依据《张家口市住房和城乡建设局》张住建字〔2013〕167号文件，共办理建筑工程安全生产、文明施工费计取11项，总计取安全生产、文明施工费为949.77万元，建筑面积为163558.94平方米。全年共办理建筑工程竣工结算备案23项，竣工结算造价合计57910.82万元，建筑面积合计507810.58平方米。

通过对建材生产企业、经销单位和施工单位现场调查，取得建筑市场材料价格第一手资料，并通过计算，制定出宣化区280多种建筑材料预算价格，每月8日、18日、28日前上报张家口市造价站，由张家口市造价站发行的《张家口市工程造价信息》发布。宣化区造价站配合宣化区稽查站完成整治处理违法违规工程建设项目，对违规工程的造价核算，共计43项。

建筑工程档案备案管理。2015年与6个新开工工程建设单位签订了《竣工档案移交责任书》。按照城建档案政策法规的要求，做好了竣工档案验收工作，全年共计对6项建设工程资料进行了专项验收。并对接收进馆的竣工工程资料及时做好分类、组卷、装订、编目、上账、入库等工作，共入库各类工程档案组卷2300卷。

【城建房地产开发有限责任公司】 宣化城建房地产公司开发建设宣化宣赤路南巷29号院10、11号住宅楼两栋，工程于2014年4月15日开工，2015年12月31日10、11号楼主体完工。总建筑面积8534.35平方米，地下2层，地上11层，框剪结构。

城建房地产开发有限责任公司代建管理宣化区文化艺术中心工程，分两个区包括图书馆、文化馆和剧场，总建筑面积18435平方米。2015年完成楼体外立面、消防水池建设，铺设楼内地面砖500平方米。

【城市建设经营投资有限责任公司】 城投公司2015年承担城市道路、城市绿化、城市亮化、城墙修复等六大项工程项目，完成投资约4660万元。

【城市建设管理投诉】 坚持“发展是第一要务，稳定是第一责任”目标，严格落实党政领导第一责任信访工作机制，认真办理群众来电、来信、来访事件。全年共接到群众信访投诉交办件事项169件，办结率为100%。接到群众来访、来电、来信投诉事项100件，办理98件，办结率为98%。

（成　诚　武世平）

集中供热

【概　况】 原宣化区供热面积约1800万平方米，其中建投供热公司建设热力站81座，供热面积1050万平方米，拆除锅炉250余台，基本达到满负荷运行；2015年，中电寰慧热力公司与宣化区签订供热特许经营协议，当年建成沙电热源面积约500万平方米，建设热力站53座。宣钢低温水热源面积约50万平方米，建设热力站6座。宣钢自备热源为其单位职工家属院自供暖约40万平方米。一瓷新开发小区利用燃气供热约10万平方米。拆除锅炉285台。以上共计实现供热面积1650万平方米。剩余150万平方米为分散锅炉供热，主要有京西江南、世纪花园、宣工、二附等小区，涉及锅炉35台，2015年可接入集中供热；洋河北岸、丹拉高速两侧城乡接合部区域涉及锅炉80台；河子西，侯家庙，春光乡及所辖村涉及锅炉107台，暂无法接入集中供。目前已接入集中供热网，但锅炉尚未拆除有73台。

【第二热源供热工程】 第二热源供热工程是由大唐国际张家口发电厂提供热源，经由张宣大道主管线接入我区，主要向河子西区域、高铁场站区域、洋河北部区域、北山工业园区以及老城区中南部和西北部的热用户供热。该工程总投资6.5亿元，热源由大唐张家口发电厂改造2×300兆瓦机组提供，建设热力站106座，铺设热网75公里，可实现供热面积1024万平方米。

计划投资4.88亿元，重点推进热源改造、热网建设和燃煤供热锅炉拆除工作。

热源建设：计划投资1亿元，将张家口发电厂7#、8#供电机组改造成供电供热机组，同时建设供热首站一座。

热网建设：由中电寰慧张家口热力有限公司负责供热管网建设工程及日常运营工作。计划投资3.88亿元，主干线总计26公里；一次支线总计20公里；热力站53座。

【宣钢低温水供热】 宣钢低温水余热利用有效补充集中供热管网辐射不到的区域，投资5000万元，铺设管网6公里，建设热力站6座，拆除锅炉20台。

【燃煤锅炉拆除工作】 拆除燃煤供热锅炉285台，涉及200个生活区，按照热力站辐射周边区域的原则，重点推进与热力站建设相关的107台锅炉的拆除工作，其余辐射区域锅炉年底前全部拆除完。

【二次管网及分户改造工程】 既有居民建筑二次管网及分户改造工程，由大北街办事处、南关办事处、南大街办事处、建国街办事处牵头，请有资质的工程公司对其辖区内没有实现分户控制的各小区进行改造，涉及36各小区，共计28万平方米。

【信访工作】 在群众信访工作中，对外公布热线电话，用户可以随时拨打，帮助用户解决实际困难，做到来人有人接，走人有人送，问题有落实，处理完毕有反馈，接访文明礼貌，服务优质高效，真正把党和政府的温暖送到千家万户。2015年接到群众来电来访达300余次，其中来电200余次，来访100余次。投诉的主要原因是反映供暖温度不达标、锅炉维修频繁、希望接入集中供热等。这些投诉问题都已妥善解决。

城乡建设规划

【机构沿革】 依据张家口市宣化区机构编制委员会《关于单设综合审批股的通知》文件精神，根据区委、区政府《关于建设“三级平台”、推行“三个代办”的实施意见》精神，经研究决定，宣化区具有审批事项的部门，单独设立综合审批股，为内设机构，追加股级领导职数1名。负责本部门所有审批事项，其他股室不再承担相关审批事项。同时撤销在其他内设机构所挂综合审批股牌子，所需人员按照有关要求在机关行政编制内调剂解决。

【近期规划】 2015年，结合申奥、京津冀一体化战略及京张城际铁路的设计动工，规划局委托设计院编制了1.75平方公里的《宣化区春光乡规划》和18.5平方公里的《河子西乡张宣公路北侧城乡统筹发展规划》，其中《宣化区春光乡规划》正在编制过程阶段,《河子西乡张宣公路北侧城乡统筹发展规划》已通过专家评审，目前正在进行最终成果修改阶段。

【规划管理审批】 按照《张家口市城市规划管理技术规定》的要求，目前共核发“一书三证”及土地复函共40份:《建设项目选址意见书》4项，总用地面积28.61亩;“建设用地规划许可证”8份，总用地面积298.33亩;“建筑工程规划许可证”13份，规划许可建筑面积29.06万平方米；土地复函15份，总用地面积643.61亩。

现场放线8次，测竣工图16次；先后办理城投、城通、排水、供热选址意见书17份，用地许可证2份，规划许可证9份；办理工程管线2份，规划批复1份，并要求严格按照详细规划进行建设，为宣化区的城市基础设施建设提供技术支撑。

为规范宣化区城市规划区内的土地利用和各项建设活动，依照《中华人民共和国城乡规划法》和省、市实施城乡规划法办法等法律法规，建立了责任人分片巡查制度，对一切违背城市规划和有关城市规划管理法规的违法行为，都要依法追究法律责任，确保城市规划的顺利实施。已办理竣工规划验收的工程项目共15项，总面积29.67万平方米；巡查工地192次；接待信访32次，未发生大规模上访和越级上访。

（温志刚）

勘　探

【河北省煤田四队】 河北省煤田地质局第四地质队（简称四队）成立于1975年，省属事业单位，截至2015年年底，离休人员3人，退休人员347人。全队在职职工总数270人，其中，专业技术人员144人，具有中级以上技术职称58人，其中副高级以上工程师23人。是一支专业齐全、技术力量雄厚、装备先进的综合性地质队。先后荣获煤炭工业部“煤炭工业地质勘查先进单位”，河北省“地质勘查行业先进集体”、河北省“煤炭工业行业协会现代化地质队”、河北省“职代会星级单位”、河北省“诚信企业”、河北省“AAA和谐劳动关系单位”、全国“工程建设安全生产先进单位”、中国煤炭工业协会“AAA-级信用企业”、河北省“文明单位”和“全国文明单位”等称号。

四队以过硬的施工质量和严格的管理，通过了ISO 9001国际标准质量、环境管理与职业健康安全管理体系认证。各种装备主要有ZJ40/2250J型、JZ3000/1700B型、GZ-2600型、XDL—5A型履带式钻机、PSJ-2型测井仪器、V8网络化多功能电法仪等大型石油、天然气、地热、煤田、测井等钻探和物探设备。最大钻探深度4016米，最大测井深度3500米。拥有固体矿产勘查、地质钻探、钻井施工（水利钻井）、气体矿产勘查等四项甲级资质；液体、水文地质、工程地质、环境地质调查、地球物理勘查等五项乙级资质。下辖中国煤田地质局燕太地质基础工程公司第四工程处、张家口市宣化北方钻探机械有限公司、北方大酒店等3个具有独立法人资格的经营实体。

经济指标。2015年煤田四队承担各类项目49个，其中：省地勘资金项目3个，社会资金项目46个。开动钻机29台次，钻探进尺20590米，电法物理点220个，二维地震物理点3756个，完成了2个省地勘基金项目及1个省局项目。提交各类地质报告38件，实现对外总收入3710万元，财政拨款4250万元（其中人员经费3059万元，地勘基金项目1142万元，省局项目49万元），实现利润780万元，在岗职工实际人均年收入81632元，安全生产形势良好，实现了年度安全生产工作目标。

地勘主业。完成2个省地勘基金项目——宣东东区和康保东风区煤炭预查项目，宣东东区施工2个煤田孔，康保东风区施工3个煤田孔、地震物理点3200个，煤炭勘查工程量7800多米，两个项目4个钻孔见到可采煤层，达到了预查目的。与此同时，地质工程技术人员及时跟进“三边”工作，现已提交《河北省蔚县煤田德胜庄东区煤炭预查报告》和《河北省宣下煤田宣东东部煤炭预查报告》，其中《河北省蔚县煤田德胜庄东区煤炭预查报告》已通过省国土厅评审。《河北省康保东风区煤炭预查报告》于2015年年底提交。

完成了物测队省地勘基金项目康保八大股区煤炭预查2个钻孔的钻探工作，钻探进尺1411.4米。完成了煤田二队省地勘基金项目宽城县葛条洼煤炭预查1个钻孔的钻探工作，钻探进尺700.73米。

地质延伸业。完成广东惠州1381米的地热井一口，同时顺利签署了第二个地热井施工合同，合同金额551万元。第二口地热井已完成了一开，孔深达到800多米。工程款回收也较理想，回款率达70%。

完成3212米的保定徐水大午集团热水井一口，合同金额552万元。完成石家庄平山地热井一口，合同金额120万元。完成辽宁庄河和内蒙古赤峰地热井两口，合同金额630万元。

承接了冀中能源张矿集团尚义矿业煤炭补勘项目，合同金额1570万元；承接了开滦集团蔚州矿业兴源矿水文补充勘查项目，合同金额38万元。总计完成钻探工程量4728米，特别是尚义补勘项目，地质技术人员与钻探人员进行现场研究，分析对比地层特征，施工的6个钻孔见可采煤层5—7层，最厚煤层达5.8米，为今后尚义煤矿深部的开采开发及矿井服务年限的延长奠定了基础。

完成钻探岩心地质编录10000余米，物理测井12000余实测米。提交各类社会地质报告38件。其中矿山储量年度报告20件，矿山储量核实报告7件，水文类型划分报告4件，隐蔽致灾因素普查报告7件。并通过了有关专家的评审。实现产值300余万元。

北方大酒店2015年1—12月完成营业收入为306.1667万元；机修厂完成营业收入36.2万元；物供公司全年共完成营业收入8.9万元；塑钢厂回收工程款10.29万元。

铀矿资源调查，与核工业247队成功合作了张纪煤田铀矿预查项目，施工钻孔3个，进尺441.92米。与山东地质勘查五队合作施工的内蒙古阿拉坦合力铀矿调查项目，目前正在紧张地施工中，第一口井进尺达455.45米，已终孔。

固定资产。全年新增19台套设备，原值121.08万元。实现机电设备管理指标：设备完好率95%，待修率4%，机械事故率0。

（吕树平）

【中国冶金地质总局一局五一六队】 五一六队坚持“一业为主、多种经营”的方针，积极开拓商业地质市场，以地矿及延伸的技术优势，大力开拓社会地质市场，以资产为纽带，重新配置生产要素，进行结构调整和资产重组，构筑新的支柱产业，初步形成了“以地矿业为基础，工勘施工业为骨干，商贸服务业为支持”的产业格局。在日常工作中，加强队伍思想教育工作，强化党员干部自律意识，扎实推进“三严三实”专题教育活动，按中共中国冶金地质总局一局党委关于开展“三严三实”教育活动的要求，结合516队实际，成立了工作领导小组和办公室，制定活动方案，与局党委开展的“正风气、鼓干劲”宣传教育监督检查活动、中心组学习、“三会一课”、年度民主生活会结合起来，重点抓好专题党课、专题学习研讨、专题民主生活会和组织生活会、整改落实和立规执纪四个“关键动作”，并形成长效机制，取得了预期的活动效果。

2015年，全队有职工590人，其中干部（包括技术干部）248人，工人352人，大、中专以上学历人员占在职职工总数的40%，各类专业技术人员占职工总数的47%以上，是一支知识密集型的地勘队伍。该队现有注册资金520万元。固定资产原值697万元，净值450万元。

为更好地推进事企分离，结构调整步伐，按上级“精干主体，剥离辅助”的工作方针，2002年—2003年，该队成立地勘院张家口分院，从事地质勘查工作，由陈宝双任分院院长，正处级，分院业务由中国冶金地质总局一局地勘院垂直管理，自主经营，独立核算；成立中冶地勘岩土工程总公司五一六分公司，从事工程勘察工作，由高学蒙同志任分公司经理，副处级，工程勘察业务由中冶地勘岩土工程有限责任公司垂直管理，自主经营，独立核算。

经营项目。2015年，五一六队各项生产经营成绩显著，经济效益良好，多营收入均完成上级下达的工作指标。物业经营收入80万元，利润50万元；工程勘察全年签订合同价款5000万元，累计完成产值5000万元，完成年度下达任务指标；地质勘查工作全年累计签订合同价款1600万元，合同额较上年同期减少50%，年累计完成产值1300万元，完成产值较上年同期降低45%，实现收入1200万元，完成指标的42%，收入较上年同期降低45%；实现利润140万元，完成指标的44%，利润较上年同期减少60%。

地质勘查。矿权新登、续登、流转工作以申请在先方式已申报1处探矿权待发证，自主探矿权一“河北省赤城县龙关镇老王沟金矿普查”按时进行了延续，河北省赤城县龙关镇老王沟金矿普查、河北省阳原县刘元庄凹凸棒石黏土矿普查两项目继续办理转让相关手续。国家项目（省地勘资金项目）“河北省宣化县贾家营钼矿西部钼矿普查”项目，最终成果已评审通过。入库项目“河北省崇礼县韩家窑银金矿普查”项目，核定资金327万元；“河北省赤城县白象寺航磁异常查证”项目，核定资金448万元；“河北省宣化县贾家营钼矿外围普查（续作）”项目，核定资金800万元。合作矿权“河北省赤城县赵家沟金矿普查”项目2015年未投入工作。由于社会地质市场严重萎缩，虽积极承揽社会地质项目，但效果不佳，2015年社会地质项目实现收入仅700万元。在目前社会地质市场急剧下滑的严酷形式下，探索转型工作迫在眉睫，按照年初的发展思路，该队拟将发挥一部分人员具有岩土施工技术的优势，积极开拓岩土施工市场。通过努力，此项工作已有一定进展，且有望在来年初落实。

（孟祥宁、龙翌湘）

环境保护

【概　况】 2015年，宣化环保分局领导班子紧紧围绕市环保局决策部署，认真践行“三严三实”，以党风廉政建设推进环保工作，全面落实党风廉政建设主体责任，奋斗拼搏，真抓实干，各项工作扎实推进，环境质量提升显著，环境污染有效遏制，队伍建设步入正轨。

【简化审批手续】 进一步压缩办事时限，审批环节全部压缩到5个环节以内，办理时限压缩到法定时限的60%以内，取消部分许可前置条件，简化审批程序，切实提高窗口服务能力和办事效率。对重大项目建设实行特事特办，开辟绿色通道，及时办理环保有关手续。全年共审批各类建设项目54个，办理排污许可证27家，批复总量10家，对38家单位环保设施落实情况进行竣工验收。

【大气污染防治】 作为牵头单位，环保局全面谋划年度大气污染防治工作，制定了《宣化区2015年大气污染防治工作实施方案》把目标任务分解到各相关部门和单位，并认真督促好各项工作进展，狠抓落实；严控污染源头，对不符合宣化区功能定位的项目，坚决不予审批批，全区建设项目“三同时”落实率达100%；全力实施钢铁、电力、水泥三大行业大气污染治理工程；全年共完成了41项污染减排工程，主要污染物化学需氧量、氨氮、二氧化硫、氮氧化物分别削减了775.68吨、133.99吨、5621.05吨、7134.91吨，全面完成了污染减排任务；开展了燃煤锅炉集中整治行动，努力杜绝锅炉“冒黑烟”现象的发生。加大对各类燃煤设施的拆除改造力度，完成89台燃煤茶浴炉的拆除、改造工作。

【环保专项行动】 深入开展环境安全大检查和“利剑斩污”行动，重点加大噪声、大气污染防治力度，对违法企业严厉打击，进一步着力保障和改善民生。尤其在中高考、“9·3”阅兵活动、建筑施工高峰期、冬季供暖期等重点时段，主动出击、全天候巡查，开展了大规模环境污染严防严控行动。共查处各类环境违法案件11起，其中关闭企业1家，责令停产整改企业6家，限期治理企业3家，实行处罚9起，处罚金额23.6万元，处理群众举报47起，结案率达100%。

【加大执法力度】 加大执法力度，强化污染源监管。全年共出动人员1760余人次，监察企业980余次。至2015年年底，全区重点污染企业污染治理设施运转正常、在线监控设施保持正常运行、应急能力具备，污染物稳定达标排放；辖区内危险废物的产生、利用、贮存、处置达到了规范要求；全年完成29枚放射源的安全拆除上缴，放射源和射线装置使用企业辐射环境安全；加大监察监测频次，确保饮用水水源地水质达标率保持在100%，确保洋河出境断面化学需氧量和氨氮平均浓度两项指标都控制在地面水四类水体标准以下，符合省、市跨界断面水质考核要求。

【强化基础管理】 以着力推进精细化管理为抓手，采取送出去、请进来、岗位实训等形式，有计划、有组织地强化干部职工参加各种类型的培训活动，促使业务水平不断提升。监测工作做到了定点准确、操作规范、数据可靠、上报及时，共完成城市空气、饮用水源、声环境、重点污染源等监测数据2300多个。规范排污费征收程序，建立起排污收费文本档案，完成了排污费征收任务。

【绿色环保宣教】 利用各类报刊、信息网站，媒体报道等形式，积极开展环保法律法规宣传教育等系列活动，点多面广、亮点纷呈，引起社会广泛关注，营造了全民关心、参与、支持环保的良好氛围。

城市空气质量进一步持续改善。2015年，宣化区环境空气质量得到进一步改善。环境空气质量达标天数为230天，同比增加了48天，轻度、中度、重度污染同比分别减少7天、5天、17天，严重污染天数为0，同比减少11天；影响大气质量的6项主要污染物二氧化硫、二氧化氮、一氧化碳、臭氧、PM10、PM2.5平均浓度值同比分别下降11.3%、21.6%、38.7%、17.3%、25.7%、23.7%，完成了市里下达的PM2.5平均浓度下降11%的年度考核目标；宣化区洋河出境断面化学需氧量和氨氮平均浓度两项指标都控制在地面水四类水体标准以下，化学需氧量、氨氮平均浓度符合省、市跨界断面水质考核要求。饮用水源地水质达标率保持在100%。

（籍佳宾）

房管·建筑业·房地产开发

房　管

【概　况】宣化区住房保障和房产管理局位于宣化区天泰寺街28号，为宣化区政府直属事业单位，是政府行使住房保障、房产管理和旧城改造的综合部门，在职干部职工687人。2015年，住房保障和房产管理局行使住房保障和房管职能，搞好旧城改造、住宅建设、房屋管理维修、住房保障和房改、住房专项维修资金管理、房产交易确权、物业管理、市场管理经营及献爱心和社会公益事业等项工作，取得满意成效。2015年3月，住房保障和房产管理局老干部科被张家口市委、市政府授予"全市老干部工作先进集体"称号。

2015年住房保障和房产管理局机关机构设置有党政办公室（综合审批股）、组织人事股、财务审计股、房管股、房屋征收股、产权产籍股、住房保障及物业管理股、安全保卫股。下设房产管理、房地产开发、房产交易、房产测绘、房产稽查、建筑工程设计、建材生产、城市供热和综合市场管理十一个企事业单位。直属单位机构设置：第一房管所、第二房管所、九天房地产开发有限责任公司、房地产交易管理所、房产市场稽查站、建筑勘察设计院、房地产测绘队、热力公司、晨光门窗制造有限公司、义圣宫消费品综合市场管理中心、卫生所。

【旧城改造】2015年，住房保障和房产管理局加大动迁力度，全力推进遗留地段房屋征收工作。年内完成宣钢二期、钟鼓楼、宣赤路北小坝上等遗留片房屋征收53户。

2015年，住房保障和房产管理局继续深入组织好钟楼北35号原风动厂家属院危旧房改造工作。该地段全面实行群众自治和先签约、后搬迁征收模式，从8月到12月，仅用4个月时间，已完成全部116户住宅户的征收任务，剩余6户商户正在积极进行动迁。

2015年，住房保障和房产管理局竭尽全力抓好搬迁户的回迁或异地安置工作。顺利完成了东大院宣钢技改二、三期、胜利北路、钟鼓楼、育德苑等片471户、3.6万平方米的回迁或异地安置工作，解决了多起回迁上访问题，维护了社会稳定。

2015年，住房保障和房产管理局在棚户区改造工作中重点做好棚户区改造融资贷款工作。年内，2014年申报的鼓楼北两侧棚户区改造国开行融贷项目，已授信融贷资金5400万元，处于提款阶段；2015年度剧场周边、育德苑棚户区两个改造项目正抓紧办理融贷资金的申报，拟申请贷款4000万元。

【住宅建设】2015年年末，宣化区城区住宅总建筑面积升至903.94万平方米，同比增加41.72万平方米，增幅4.8%。

【房管工作】2015年，住房保障和房产管理局全年支出修缮经费225万元用于房屋普查维修工作，两个房管所组织强有力的危房检查巡视队，以低洼区房屋、土木结构房屋和屋顶塌陷房屋为重点，对查出的危房及时地进行了加固处理和维修，确保不发生责任性塌房伤人事故。全年共维修公房1286间、2.5万平方米，小修养护1.45万户次，完成产值261.9万元，实现了维修及时率、质量合格率两个100%；下大力度抓好公房租金征收工作，租金征收率顺利完成98%的部颁指标。

2015年，住房保障和房产管理局面对汛期降雨量大，且次数频多的状况，在全局系统组建了180人的防汛抢险队和预备队，汛期共出动防汛人员300余人次，抢险21次，成功排除了所处万字会街、东二道巷、观音后街、李政府街、大北街、花园巷等低洼院落的险情。

【住房专项维修资金管理】 住房保障和房产管理局从2007年1月10日正式启动专项维修资金的征收工作，截至2015年年末，累计归集44991户、2.37亿元，本年归集维修资金9834户、6256.6万元；全年共办理维修资金审核775件，现场勘查117处，使用维修资金546.8万元，累计使用维修资金1168.4万元。

【房改和住房保障工作】 2015年，住房保障和房产管理局共为10个单位办理了房改售房手续，涉及107户，建筑面积5985.2平方米。

在住房保障工作方面，2015年，住房保障和房产管理局全面推进保障性安居工程建设，全年建成保障性安居住房672套，市下达本年度新开工130套保障性住房任务全面落实。

2015年，住房保障和房产管理局全速推进保障性住房接转工程建设。年内胜利北路东侧六期廉租住房工程项目（含廉租住房180套，公共租赁住房260套，限价商品住房320套）主体及室内外装修工程已完成，进入室外配套工程施工；七期廉租住房工程项目（廉租住房100套，公共租赁住房330套，限价商品住房200套）正在进行主体施工。

2015年，住房保障和房产管理局认真做好区四期、五期廉租住房900余户申请家庭的档案审核，认真细致地做好分配前的准备工作。

2015年，住房保障和房产管理局根据市房改办和住房保障科的要求，继续对全区人均15平方米以下（含15平方米）的低保家庭发放住房租赁补贴，全年共发放租赁补贴214.1万元；为582户低保户、优抚户核减公房租金36.2万元。

2015年，住房保障和房产管理局认真抓好农村危旧房改造工作。全年农村危旧房改造任务为300户，包括60户节能示范户，年内改造任务已全面完成。

【房产交易、确权】 2015年，住房保障和房产管理局共办理各类房产交易手续7407户，成交房屋建筑面积68.1万平方米，成交额15.8亿元。全年完成各类房产权属登记13532件、278.5万平方米；进一步加强商品房预售管理，净化商品房市场。全年共计发放预售许可证33个，批准预售房屋3708套、26.1万平方米，办理商品房合同备案6953户。

【房地产市场稽查】 2015年，住房保障和房产管理局开展了经常性的房地产市场稽查工作，切实将扰乱市场秩序的行为消灭在萌芽状态。全年重点对全区39家售楼处、51个在售项目进行了两轮全面稽查，对5家存在问题的售楼处下发了《责令停止违法违规行为通知单》，处罚4家，限期责令整改1家；认真受理群众举报，向公安部门移交房地产诈骗案件1件。同时，按照全市统一部署，对2011年以来全区所有房地产开发项目进行了调查，形成翔实的《房地产开发项目情况调查表》上报市住建局。

本年，住房保障和房产管理局继续深入推行存量房网上签约及存量房交易资金监管工作。工作展开一年来，共有49家中介、经纪机构进行了网签开户，累计网上签订合同2559户，合同注销367户，此举进一步规范了中介、经纪公司在存量房买卖中存在的虚假房源等扰乱市场的行为，维护了交易双方的合法权益，促进了二手房市场健康平稳发展。

【物业管理】 2015 年，住房保障和房产管理局认真做好物业管理工作。全年共接待上门咨询 810 人次，电话咨询 1880 人次，回访业主 460 余次，调解物业纠纷 20 余起，办结人大代表、政协委员提案、建议 10 件。

【市场经营管理】 2015 年，住房保障和房产管理局义圣宫市场房屋出租率继续保持 100% 左右，全年上缴税金 86 万元；年内多次对市场的消防工作进行全方位检查，切实消除隐患，确保市场安全经营。

【献爱心、社会公益事业】 2015 年，住房保障和房产管理局组织全局系统干部职工为“博爱一日捐”捐款 12920 元；对本局系统因患病、致残、下岗等导致生活特别困难的 19 名职工进行了走访慰问，共发放慰问金 5700 元。

（王明君　张宝平）

建 筑 业

张家口市第二建筑工程有限责任公司

【概　况】 张家口市第二建筑工程有限责任公司（简称市二建有限责任公司）坐落于宣府大街 100 号。公司注册资金 2000 万元，为房屋建筑工程施工总承包贰级、建筑装修装饰工程专业承包贰级、市政公用工程施工总承包叁级、钢结构工程专业承包叁级、起重设备安装工程专业承包叁级企业，并拥有具有独立法人的欣和劳务公司。

【承包工程】 崇礼县人民法院审判楼，被评为 2015 年市优质工程（山城杯），该工程为框架结构，建筑规模 7249 平方米，地上五层。2012 年 6 月 25 日开工，2013 年 9 月 30 日竣工，该工程外形新颖、气势恢宏，施工工期短、质量上乘，受到崇礼县法院的好评，得到专家的一致认可，被张家口市建协授予市优质工程。2015 年 5 月被市经开区评为 2015 年度经济社会贡献突出企业。张家口市第二建筑工程有限责任公司宣化钟楼大街 101 号院 1# 楼工程 QC 小组荣获 2015 年度河北省工程建设优秀质量管理小组。张家口市第二建筑工程有限责任公司荣获 2015 年度河北省工程建设质量管理小组活动先进企业。2015 年 1 月张家口市第二建筑工程有限责任公司承建的宣化钟楼大街 101 号院 1# 楼工程被省质监总站评为省结构优质工程。2015 年 1 月张家口市第二建筑工程有限责任公司承建的宣化钟楼大街 101 号院 2# 楼工程被市质监站评为市结构优质工程。

【公司管理】 2015 年，公司职工 1263 人，其中管理干部 98 人，具有中专以上学历的职工有 400 余名，高级专业技术职称人员 5 名、中级专业技术职称人员 48 人，初级专业技术职称人员 162 名、全公司取得资质的一、二级建造师 110 名。2015 年 5 月取得了 ISO 9001：2000 质量管理体系、ISO 14001：1996 环境管理体系、GB/T 28001—2001 职业健康安全管理体系认证。2012—2015 年被河北省建设工程招标投标协会命名为“诚实守信施工企业”。

2015 年 4 月市二建有限责任公司班子进行了调整，形成了年轻化、知识化、活力强、富于合作的新领导班子，使领导班子整体结构更加完善。全年以“拓宽经营渠道、创新内部管理、提升经济效益、努力推进企业前行”为方针，全年承揽施工任务 4.3 亿元，完成工作量 6.2 亿元，工程量 41 万平方米。工程质量交验合格率 100%。

（王秀英）

张家口市第四建筑工程有限责任公司

【概　况】 张家口市第四建筑工程有限责任公司（简称市四建筑有限责任公司）坐落于宣化区城内东马道 1 号。隶属张家口市住房和城乡建设局。

市四建有限责任公司具有建筑工程二级总承包、钢结构工程，起重设备安装专业承包及建筑装饰装修资质和施工能力。公司设土建一分公司、土建二分公司若干个项目经理部及水电安装处、装饰装潢分公司，设备租赁处，建筑材料试验室，医疗卫生门诊室，起重设备安装分公司，钢结构安装分公司。

市四建有限责任公司为河北省建安综合实力100强企业，档案管理达标。2013年11月经兴国环球认证有限公司审核，通过了质量体系，职业健康安全管理体系，环境管理体系复审。

2015年，公司在职职工1320人，其中管理人员154人，具有中专以上学历人员178人，中高级专业职称人员36名，其中高级工程师3人，初级专业技术职称人员150人，全公司有取得建造师资质的42人，公司固定资产2915万元，拥有各类建筑机械设备358台套，功率2491.3千瓦，全年完成施工产值36000万元，竣工面积468000万平方米。

【公司管理】 在创出张家口市宣化工商银行营业楼获省优质样板工程的基础上，先后创造市优工程22项，省优工程7项，省用户满意工程12项，省级文明工地11项，廉租房6期1、2、3、4、7、11、12号楼荣获全国保障性住房建设示范工程奖。1998年至2015年被河北省工商行政管理局命名为“重合同、守信用”单位。

2015年，张家口市第四建筑工程有限责任公司职工总数1320人，固定资产原值2915万元，净值1700万元。企业总产值36800万元，企业增加值-21万元，创利-12万元，月人均收入1700元。

（王双栋）

张家口市第五建筑有限责任公司

【概　况】 张家口市第五建筑有限责任公司（以下简称五公司）坐落于宣化区大西街39号。隶属张家口市住房和城乡建设局。

五公司为房屋建筑施工总承包二级、市政公用工程施工总承包三级、室内外装修装饰工程、起重设备安装工程专业承包叁级建筑企业。下设土建、水电安装、装饰装潢、物资设备租赁、化验检测、建筑劳务等公司。

五公司施工机械设备齐全，现有各专业管理人员158人，中高级专业技术人员55人；具备承接工业、民用、公共多种结构形式，高低层不等，大小跨度不同的工程施工能力及室内外装饰、设备安装能力；具有各专业建筑劳务管理能力。

【承包工程】 五公司自组建以来，先后承建了北京、唐山、沙城、张市、宣化等地工程。其中工业项目主要有原贾家营钢管厂全部厂房及设备安装，沙城钢厂高炉附属项目，长城酿酒集团白酒二厂厂房及热电站、冷却塔，原地区化肥厂、水泥厂，北京三通用厂部分厂房及设备安装。公共项目有北京炮司招待所，西四超市，航天部一院通讯楼；张家口市财经学校、张家口师范专科学院、张家口市农业专科学校、张家口市交通学校的教学楼、礼堂、实验楼等，宣化建行营业楼，劳动大厦，网电公司办公楼等；承建了唐山、北京、张宣、沙电等地住宅建设。

【公司管理】 五公司多年来始终坚持“开工为建设单位着想，施工中使建设单位放心，竣工后让建设单位满意”的服务理念，坚定地奉行“敬业、求实、创新、守约”的企业宗旨，使竣工工程合格率达到100%，并创出了多项省、市优质工程。近年，五公司坚持以市场为导向，不断深化改革，强化管理，外拓市场，内练硬功，完善标准化管理体系，通过了ISO 9000质量、安全、健康三项管理体系认证；自1990年起至2010年均被河北省命名为“重合同、守信用企业”，取得了良好的社会信誉和经济效益。

全年竣工工程质量一次交验合格率100%。完成“市级文明工地”1项。

年内公司获得张家口市住建系统“实绩突出领导班子”“优秀基层党组织”荣誉称号。

（马衍华）

房地产开发

宣化春光房地产开发集团

【概　况】 张家口市宣化春光房地产开发集团（简称春光集团），成立于2011年6月，位于河北省北端的张家口市宣化区西城前街2号，法人代表李永明。集团公司总部设置四部一室：工程部、发展部、审计部、财务部、办公室，旗下拥有8个子公司、3个分公司：河北宣化春光房地产开发有限责任公司、张家口鸿福投资有限公司、张家口市宣化国玉陶瓷有限公司、张家口国玉陶瓷文化发展有限公司、张家口市宣化区春光小额贷款有限公司、张家口市恒民典当有限责任公司、张家口市宣化恒民物业服务有限责任公司、张家口恒民资产管理有限公司、河北宣化春光房地产开发有限责任公司售房分公司、张家口市恒民典当有限责任公司张家口分公司、张家口市恒民典当有限责任公司北京分公司。其中张家口鸿福投资有限公司于2015年8月成立。

春光集团是一个集房地产、金融、陶瓷为一体的多元化民营集团。母公司—河北宣化春光房地产开发有限责任公司，三级资质，信用等级2A级。2015年，时任宣化春光集团总经理李永明在职工大会上提出“将互联网基因注入企业，大胆改革创新”的发展思路，积极探索新的运营模式，主动运用互联网思维决策，以互联网思维行事，进一步统一思想，凝聚共识，确立公司三大主业目标及发展方向。集团公司自成立以来，连年荣获“市级文明单位”“关心下一代先进集体”“河北省优秀小额贷款公司”“基层先进党组织”等多项荣誉称号。

【地　产】 以实际行动积极贯彻落实国家关于《加快发展养老服务业的若干意见》，打造“医养一体化、一站式、高档次、高品质的老年人生活平台，创新老年人福、禄、寿、禧全新生活方式”，用互联网思维了解老人的需求，解决老年人“老有所养、老有所依、老有所乐”等问题，为国家排忧，为政府解难。在加快养老服务业建设的工作部署上，春光集团2015年加快进度抓好养老基地基础建设，平整地面、道路整修、工程详规、山体绿化等，全年内种植树苗23000多颗，成活率达到90%以上。并身体力行冬季做好防火工作；同时积极与有关部门合作，钻井开发水源，为养生养老进一步建设打下了良好的基础。

【陶　瓷】 用互联网思维满足用户的需求，春光集团国玉陶瓷聚焦用户感知，创新服务模式，引进新的经营理念，为每一个需求者、瓷爱好者量身定制“私享瓷”，并借助互联网手段，建造文化陶艺园，实现了用户体验、参观旅游、休闲娱乐等多种服务渠道于一体化经营，并打通“私享瓷”手机App体验渠道，满足更多瓷友的需求。由此，为打造新型文化产业树立了创新的典范。

【金　融】 春光集团旗下的小额贷款公司和典当公司，2015年从运营团队、网络平台、推广手段等维度入手，进一步健全运营管理体系，不断提升运营能力，凭借高效的运营管理团队和坚实的互联网技术研发，倾力打造网上投资理财平台“投贷通”，惠及更多的群体，并与国家金融机构合作，创造理财新思维，为地方经济建设和经济发展做出了更大的贡献。

【扶　贫】 在集团公司党委的号召下，两次向贫困地区和学校捐助衣物，年末为困难或是身患重病的职工捐款，三次去慰问公司员工老人过世并送去慰问金，各项活动的开展，增强了党员及员工的荣誉感，凝聚了团队意识和合作意识，引导树立正确的人生观和价值观，对构建文明、健康、和谐的春光集团发展，具有十分重要的推动作用。

（丁桂荣）

河北晟佳投资集团有限公司

【概　况】 河北晟佳投资集团有限公司成立于2010年11月25日。注册资金8000万元。经营范围包括：房地产开发、建筑业、服务业、能源贸易、金融业、投资制造业、矿产业、旅游业等。行业范围广阔、发展潜力巨大，主要产业有利民房地产开发有限责任公司、古城建筑公司、利民物业公司、利民搅拌站、京能能源贸易公司、利民融通投资公司、晟佳农业、烟台新海岸酒店等，实力非常雄厚。已成为河北省最具竞争力、最优质的集团企业之一。公司位于宣化区人民西路1号院尚东国际13号楼，董事长王来军。

凭借前瞻性的战略决策、稳扎稳打的科学技术和专业化的技术制造，公司成立以后不断发展壮大，现拥有职工760余人，公司一直在积极建设“以人为本”的企业文化，为员工提供充分施展个人才能的舞台，努力实现员工与企业的共同发展。为保持员工的先进性，成立了集团党支部，积极发展职工入党，2015年公司党支部共有党员70名，入党积极分子16名。

晟佳集团董事长王来军热衷于社会公益事业，制定了“来源于社会，服务于社会”的公司宗旨。公司自成立以来安置下岗职工、待业青年600多人。2015年董事长被评为“中国房地产企业杰出人”。

【利民房地产开发有限责任公司】 张家口市宣化区利民房地产开发有限责任公司成立于1998年，隶属于河北晟佳投资集团有限公司，注册资金5000万元，开发资质贰级，是一家以房地产综合开发为主，集房屋销售、租赁、物业管理等业务的房地产公司，专注于开发优质城市产品项目，先后开发了10多个特色住宅社区，在张宣地区具有很高的声望，是本地区知名企业。2015年被全国房地产商会联盟评为“中国房地产名牌企业”。

在2015年，公司投资建设的张家口“晟佳·滨河公馆”住宅小区主体封顶，总用地面积约为66637.96平方米，总建筑面积206756平方米。该项目坚持“以人为本、居住优先、以业兴居、以居促业”的原则，全力打造“水为脉、楼为骨、绿为体、文为魂”的山水园林生态中高档宜居社区。

【利民物业服务有限责任公司】 张家口市宣化利民物业服务有限责任公司成立于2001年7月31日，注册资金500万元，具有独立的法人资格，物业管理二级资质，是专门从事物业服务的专业公司。公司目前拥有员工200余人，其中大专以上学历20余人，管理人员20余人、取得经理上岗证的10余人。占总人数的5%。

利民物业公司在秉承河北省先进物业管理模式的基础上，借鉴国内外先进的物业管理经验和技术，形成了具有特色的古城物业服务模式，使我们的服务品质不断提升，博采众长，使公司的各项管理日趋优化。目前已成功接管了支家桥小区、利民上院、尚东国际、城市之光、兴源写字楼、宣通园、正大东方、东升园、金盾小区、柳苑小区、胜利北路等12个优秀高档小区及商业楼宇，管理面积100万平方米。

利民会所是利民物业服务有限责任公司经营范围之一，是宣化区首家大型综合性纯会员制休闲健身场所，现今有利民会所上院店及利民会所尚东店。现有利民会所上院店和尚东店，两店建筑面积共计4300平方米。

利民会所上院店位于宣化区东城墙北路，古郡豪苑小区内的利民会所始建于2009年。注册资金500万元。在2010年10月26日正式营业。

全店设施齐备目前夏季的日均客流量300人次左右，峰值可达150人左右，可同时容纳200人。

利民会所尚东店于2014年5月18日正式开业，占地面积800余平方米，是集健身、团体操课、乒乓球为一体的小型健身会所。

【古城建筑工程有限责任公司】 张家口市宣化区古城建筑工程有限责任公司组建于2002年。现有河北省建设厅批准为房屋建筑工程施工总承包二级资质企业，经营范围包括：房屋建筑工程、水电安装（在资质等级许可范围内从事经营活动）、建筑材料、装饰装潢材料销售、塑钢、铝合金门窗加工，是宣化区规模最大的民营建筑施工企业、“十大民营企业纳税大户”。

公司注册资金2070万元，现有固定资产5826万元，流动资产1307万元。职工260人，工程类专业技术人员80人，其中高级工程师2人，注册建造师35人，其中一级建造师3人。各类专职安全管理人员60人，各类中级以上技工80人，其中特种作业人员60人。

2015年，公司在建项目13项，27.9万平方米，其中新开工项目4项，3.6万平方米。项目合同金额3.38亿元，其中新项目合同金额0.68亿元。代表工程有丽沁园4栋（已申报市级文明工地），62528.12平方米，8628.77万元。如园小区1、2#，七中教学楼，也已申报市级文明工地。竣工长宁二期7栋，40300平方米，4534万元。公司实现主营收入3.4013亿元。实现纳税2035万元。2015年宣府第一城47—53#项目获市级文明工地荣誉。

【京能能源贸易（天津）有限公司】 京能能源贸易（天津）有限公司是由河北晟佳投资集团有限公司于2014年5月4日投资注册成立于天津滨海新区自贸区东疆港区，注册资金5000万元，经营范围包括：煤炭批发；焦炭、矿产品、金属材料、木材、石材、建筑材料、五金交电、电子产品、办公用品、化工产品、初级农产品、机械设备的批发兼零售；机械设备租赁；货物及技术进出口；仓储；园林绿化养护；商务信息咨询；劳务服务；网上贸易代理。现主要以能源贸易为主营业务，是中国特大型煤炭企业“中国神华集团”的主要供应商。

【利民混凝土工程有限公司】 张家口市宣化利民混凝土工程有限公司成立于2006年4月，公司注册资金1000万元，公司地址位于宣化京藏高速公路东侧，占地89.09亩。公司经营范围包括C10–C60各种强度等级的商品混凝土、抗渗混凝土，提供混凝土搅拌运输，不同高度泵送及各种验收资料。企业资质为国家三级，设有混凝土专项试验室。

公司拥有专业的特殊混凝土研发和施工队伍，现有员工50余人，总工程师系国家一级建造师。拥有两座全封闭式环保型120混凝土搅拌站，一座半封闭式50混凝土搅拌站，年生产混凝土50万立方米。配备有搅拌运输车14台，37米汽车泵2台，45米汽车泵1台，车载泵1台，拖泵3台，最高泵送高度200米。

【利民融通投资有限公司】 公司成立于2006年，注册资金10500万元。公司经营范围是：信用担保、投资及咨询服务。利民融通公司已逐步成为连接银行和中小企业、个体工商户的桥梁和纽带，为信誉好、生产经营正常、无风险的中小企业、个体工商户积极提供融资担保。

2015年，为加快推进小微企业融资，宣化区对全区小微企业投资和运营情况进行详细摸底，在调研汇总的基础上与省开发银行合作推出“四台一会”融资信贷模式。即：由区政府与省开发银行联合成立了开发性金融合作领导小组作为企业融资的管理平台。利民融通投资有限公司，作为小微企业融资贷款的担保平台提供担保。

【晟佳农业科技有限公司】 宣化县晟佳农业科技有限公司是一家以从事旅游观光、蔬菜水果生产销售、采摘为主营业务的农业产业化龙头企业，位于宣化县江家屯乡古树营村北，占地238亩。2011年8月在张家口市宣化县注册成立，注册资金600万元。公司开发的晟佳高效农业科技示范园项目是以高效果蔬示范、林业生产、生态科普和乡村旅游休闲为特色，以技术为先导，集产业示范、新品种推广、观光休闲、农事参与和体验于一体的综合型农业科技示范观光园区。

2015年有建筑：二层办公楼一座，建筑面积1169.42平方米，共计33个房间；钢结构智能联栋温室三座，其中建筑面积4200平方米的2座，建筑面积10000平方米；日光温室十一座，其中建筑面积1768平方米的9座，720平方米的2座；旅游厕所二座，建筑面积各70.7平方米；绿色餐厅一座，建筑面积2260平方米，分上下两层，主体已完工；水产养殖垂钓中心一处，占地12000平方米，现已投入使用；95位停车场一个，可满足游客停车需要；另外还建有取暖锅炉房及其配套设施，库房建筑面积420平方米，包含10KA500KVA动力变压器一台，10吨采暖7兆瓦锅炉一座，三眼地下水井（4寸泵2台、6寸泵1台）及园区地下供水管网系统等，满足园区内所有动力采暖供水的供给。园区还建有菜地篱笆200米，绿廊150米，鸽子窝110平方米，猪舍100多平方米，鱼塘围栏150米。

园区蔬菜种植面积达60亩，种植的蔬菜有黄瓜、尖椒、芹菜、西红柿、茄子、豆角、圆生菜、油菜等，蔬菜年产量11.5万公斤，草莓0.68万公斤；苗木果园和景观绿化面积达90亩，种植苗木27433株，其中乔木4733株，花灌木7700丛，自繁苗木12000株，播种榆树3000株。

【润和房地产经纪有限公司】 润和房地产经纪有限公司成立于2013年12月，系晟佳投资集团下属子公司。

润和地产现已形成一手房、二手房市场的全程业务整合。范围涉及各类型楼盘全案代理营销，三级市场的住宅、商业、写字楼等各类型产品的销售、租赁、权证代理等业务，立足张家口宣化地区房产交易市场，整合多家品牌房地产企业优质楼盘，力求为宣化区人民带来产品丰富、质量精湛、价格合理的优质房源。

【烟台新海岸酒店】 2014年营业的烟台新海岸酒店是由河北晟佳投资集团公司按照国际四星级酒店标准投资建设的全新度假酒店，酒店总高12层楼，建筑面积约2万平方米，包括客房、餐饮、会议等功能。

酒店位于烟台经济开发区金沙滩海滨路，距离夹河入海口仅有1.5公里，距烟台新机场（2014年底建成）10分钟车程，距烟台火车站约20分钟车程，距开发区长途汽车站15分钟车程，距离烟台旅游集散中心和烟台市中心仅半小时车程。为了方便宾客出游和入住，酒店定时提供直达机场、火车站、长途汽车站、海运码头的接送巴士，为宾客提供全方位便捷服务。

酒店环境优雅，地处国家AAAA级旅游区，金沙滩公园、著名的张裕卡斯特酒庄和磁山旅游景区中心。酒店紧临海滨沙滩，碧海蓝天景观在客房内尽收眼底。酒店拥有约160套智能化客房，并配有豪华总统套房、中西餐厅、大堂酒吧、大宴会厅、多功能会议厅，同时可容纳约900人就餐。酒店主营川鲁粤菜和地方海鲜，为八方宾客提供各种口味的佳肴。

（马丽娜　王建芳）

交通·邮政·通信

交　通

张家口铁路车务段宣化站

【概　况】 2015年，张家口铁路车务段宣化站以满足旅客需要为关注焦点，意识更加超前，工作更加有效，服务更加到位。

全年装车完成76847车，卸车完成159082车，货物发送量完成5005540吨；旅客发送量完成742460人；运输收入完成572161627元。

【业务范围】 宣化站为客货运大型一等站，旅客运输总量占宣化区运输总量的三分之一多。货物运输总量占宣化区、县运输总量的百分之四十多。客运办理异地往返微机售票业务，广泛开展营销，实施跟踪服务，上门办理行包、团体售票。同时，多方协调争取4416次、K7734次，Y518次部分有座号客票，预约售票。

【运行图调整】 年内，两次大的调整列车运行图。宣化站有停点共22对列车。

为充分利用新增运力资源，进一步适应市场需求，积极提高经营效益，铁路总公司组织编制了2015年上半年全路调整列车运行图。

新增旅客列车1对。包头—南宁直达特快1对，车次为Z338/5 Z336/7次（管内为Z338 Z337次）。经由集包线、张集线、京包线、丰沙线、一零一线、京广线、衡柳线、柳南客专线运行。使用25T型DC600V直供电集便车底，重联运行。呼和局担当。

变更等级列车1对。北京—乌鲁木齐南T177/8次改为直达特快，车次改为Z179/80次，使用25T型DC600V集便车底，乌鲁木齐局担当。

旅客列车通停变化：新增Z338、Z337次，本站通过。

【客流高峰力导】 1月16日起春运开始，比2014年春运晚7天，加上学生放假早，与民工、探亲等客流叠加，乘车旅客出行困难。针对客流猛增的实际，实行预售票，组织乘降，全力搞好热点方向、热点列车客流，整个春运共安全发运旅客6.4万人。

宣化站客运2015年新增设备，客运售票厅自动取票机和售票厅分开。

为应对客流购票高峰，车站组织售票人员延长工作时间、在售票厅增设车票导购员、保证不间断售票和高峰时段开齐5个售票窗口，两台自动取票机，全力疏解购票压力。同时及时申请加开临客，以有效缓解客流高峰。

为确保旅客乘降安全，车站全力以赴加强客流组织，以图定列车1178次、4416次、K7734次、K44次、1456次、7740次和临客为重点，严格按照上级规定控制超员票额，紧盯检票秩序，卡住各个进口，控制住热点列车超员率。针对候车旅客集结时间长的特点，车站及时增加现场组织人员，保证候车大厅通道顺畅，防止旅客集中滞留造成拥挤。车站启用应急机制，春运期间站领导带队组成上岗帮班队，重点维护好售票厅旅客购票秩序，旅客候车加强引导，提前进行验票候车、有序排队检票进站，同时监督查危工作；加大站台乘降组织力度，对重点列车实行对口组织方式，并注意邻线通过列车，保证站车乘降秩序，确保旅客绝对安全。

（苏永和）

公 路

【概　况】 2015 年，宣化区交通运输局紧紧围绕求突破、创亮点、上台阶、保安全的目标，立足新常态，拓展新思路，通过全局广大干部职工的共同努力，圆满完成了全年各项任务目标。

【环路建设】 经过努力，北环上跨大北街跨线桥已经完成了桥梁盖板吊装，桥梁主体、引桥路基和辅道工程全部完工，完成投资 350 万元；下穿总参通讯训练基地 295 米框架桥已全部完成主体浇筑；北环东段路基完成挖方 45 万立方米，爆破石方 10 多万立方米，铺设大慢岭、西深沟 3 道波纹管涵 262 米；园区段 1261 米因路基下降，增加了土方、石方工程量，目前已完成石方 19 万立方米，土方 28 万立方米，软石 8.6 万立方米，爆破钻孔 520 米；同时，完成了北环西段 9.6 公里防护排水和下八里防空洞塌陷的处理。南环 5 条高压电力线路的迁改方案已经确定，正在积极跑办停电计划手续。

【民生工程】 充分发挥交通服务民生的作用，圆满完成了 110 国道泥河子至羊坊路口 5.24 公里大修，总投资 1085 万元，辖区所有干线公路全部达到二级以上标准；拓宽改造大北街高速桥至总参通讯训练基地南门 950 米，路面宽度达到了 22 米，总投资 670 万元；新建样台、沙圪垯、侯家庙村道 3 条 3.76 公里，总投资 509 万元；改造了小后线、姚家坟民心路、泥河子村道、西河线 4 条农村公路，总里程达 10.3 公里，总投资 250 万元，争取省补资金 103 万元；完成了北山养老社区、四方台回民坟路段 2 公里道路硬化，总投资 247 万元；帮助赵家梁村、泥河子村修建村道 300 米，硬化场地 1000 多平方米。

【外揽项目】 2015 年，局属各单位充分发挥自身优势，积极开拓市场，创收增效，对外承揽项目实现了新的突破。施工处充分调动全体干部职工的能动性，先后承揽了大北街拓宽改造、部分农村公路建设及北山养老社区、四方台回民坟段硬化工程，全年完成投资近 1400 万元；公路站积极与上级主管部门及周边县区交通部门沟通联系，先后中标 110 国道大修、全市普通干线公路大中修标志标线、国道 112 线剪子岭等 8 座隧道安全设施专项治理以及其他零星交通设施工程，全年实现产值 1400 多万元；交通医院克服人员少、设备不足的影响，从小处入手，通过加强专科门诊建设，实现创收 18 万元；物资经销处积极与上级主管部门沟通联系，争取补助资金 35 万元；其他单位也采取了不同的开源节流措施，有效缓解了经费不足的困难，确保了干部职工的工资按时发放。

【运输市场】 坚持强化行业管理、增加科技含量、优化运输结构、确保运输安全的目标，圆满完成了春运、旅游黄金周及重大节假日的安全运输和维稳工作；2496 辆营业性运输车辆安装了卫星定位监控系统，辖区班线客车、出租汽车及危险品运输车辆实现了全覆盖；107 路张宣公交线路试运行，投入新能源汽车 14 辆；调整了宣化至庞家堡、杨家营、花家梁、蛤蟆口 4 条旅客运输线路；深入开展了安全生产大检查及打非治违专项行动和质量信誉考核，强制清理注销了黄标车及两年以上未审验的营业性载货汽车近千辆，查处各类违法违规经营案件 637 起；配合有关部门进行了“摩的”市场清理整顿，共查处“摩的”483 辆次，疏导劝离 2.6 万辆次。辖区现有营运货车 7490 辆，农村客运班车 82 辆，公共汽车

187 辆，机动车维修企业 225 户，机动车驾驶员培训学校 7 家。

【路域环境】 积极配合京张联合申办冬奥会，全力打造安全畅通、整洁美观的公路环境，不断强化城市环境卫生和交通秩序整治。圆满完成了辖区 156.7 公里国省干线及县、乡村公路养护任务；实施了张宣公路 12.4 公里绿美廊道建设工程，栽植乔木 5536 株、灌木 32 万株、地被植物 2 万多平方米，总投资达 410 万元；开展了路域环境卫生集中整治，清理路边垃圾 3941 立方米；查处侵犯路产路权案件 6 起，发现并处置公路安全隐患 108 处；建成了 110 国道不停车治超检测系统，查处超限超载车辆 332 辆，卸载货物 1.37 万吨。特别是在重大雨雪极端天气下，立即启动应急预案，调动所有力量，确保了国省干线公路畅通；投资 39 万元对京藏高速公路迎宾廊道两侧进行了集中整治。

3 月，交通运输局被市委市政府评为 2012 至 2013 年度张家口市文明单位。

（王海峰　杨志敏　席满琴　李鸿雁）

公共交通有限责任公司

【概　况】 2015 年，客运量全年完成（包括租赁线路）1736 万人次，完成年计划 96.4%，同比下降 19.1%；行驶公里全年完成 831 万公里，完成年计划 92.3%。同比降低 7.6%；票款收入全年完成 1248 万元，完成年计划 95%，同比下降 11.7%。

为进一步提升公交运营水平，年底，纯电动公交车的配套充电装置在河子西停车场安装完毕，12 月 15 日，购置的 40 台纯电动公交新车陆续运回公司，新车保险、上牌手续已经办理完毕。

不断凝聚职工队伍，1 月，有 19 名员工参加了社区卫生服务站无偿献血活动，献血 7000 毫升；2 月，按照上级有关文件精神，提高了职工工资，并重新调整了一线职工的工资系数。5 月，公司全体干部职工开展了“博爱一日捐”活动，共捐款 5500 元，区总工会举办的职工技能大赛公交驾驶员荣获二等奖；还举办了职工篮球比赛和运动会；12 月，公司又组织了全体职工免费体检。

为提高公交社会效益，公司为老年人、残疾人、军人等办理的免费乘车业务已增加到 2500 人，2016 年的老年卡已换成电子卡，更加方便老年人乘车。同时为保障反法西斯纪念活动，公司实行了公交免费乘车活动，公司后勤人员全部上车跟车服务进行疏导，保证了车辆安全运营；为提高驾驶员安全行车意识，由驾驶员结合自身亲身经历进行剖析，现身说法，预防和减少了交通事故的发生。

（张红英）

邮　政

【概　况】 中国邮政集团公司张家口市宣化区分公司隶属于张家口市邮政分公司，现设有 1 部 1 室，6 个专业经营部门，承担着宣化区域的邮政通信服务工作。服务面积 2410 平方公里，服务总人口 71 万人。设置在各乡镇的支局、所有 11 个，其中 10 个自办支局，1 个代办所（沙电），邮政储蓄专柜 11 个；邮政金融联网网点 16 个，电子化网点 16 个；城区投递段道有 27 条，投递单程长度 735.5 公里；乡邮投递段道有 53 条，投递单程长度 2506 公里。

【邮政业务】 2015 年，在业务发展面临巨大压力的形势下，及时调整策略，以收入为主线，强化金融总资产概念，积极扩大业务规模。以网点转型、客户大走访活动为基础，持续开展劳动竞赛、项目营销、网点理财沙龙，有效落实市分公司“双下双提”活动要求，全年代理金融业务累计实现收入 2691.32 万元，同比增长 7.2%。邮务类业务实现稳步发展　依托项目，开拓市场，积极开展各类营销活动，如六一青少年文艺会展、

“书香张垣，善行河北”校园读书节活动、“绿色军包”回家项目、车险产说会、积分兑奖项目、化肥营销活动、“百所支局”、“夏季约惠”、“生肖贺岁”、“申冬奥”等一系列主题营销活动，实现邮务类业务转型发展，全年累计实现收入1066万元。

【企业管理】 加强了标准化管理，促进了企业经济效益的不断提升。着力加强企业资金管理。认真开展清欠压库工作，并加强应收款项的管理力度。积极稳妥解决遗留问题。两年节省费用140多万元。积极开展资产盘活工作。指定专人管理，严格把控房屋资产租赁和盘活工作，逐步提升资产的经营收益。人力资源管理水平有了新的提升。通过盘活人力资源、规范用工、正向激励等措施，进一步优化人力资源配置。将盘活人才充实到高效专业岗位上来，为业务更好发展提供支撑。监督检查职能有效发挥。加强营业网点、储蓄网点、投递部门服务质量监督检查力度，加大服务规范标准的学习和培训工作，有效提升了网点的服务管理意识及服务能力，规范投诉管理，大大减少投诉率，提升客户满意度。安全防范能力进一步提高。通过定期不定期开展金融安全防范检查，对发现的问题及时采取措施，消除了各种安全隐患。对营业、服务、收寄环节做到严把关，勤检查，安全防范能力进一步提升。

【优化服务】 认真履行普遍服务义务，按照上级要求由专人负责，全力做好邮政局所空白乡镇的网点补建运营工作。便民服务范围更广。邮政便民服务站累计建设290个，其中132个遍布城区，158个布放农村。便民服务站叠加了代收移动话费、代收联通话费、代收电信话费、代收电费等业务，极大地方便了居民的日常缴费。以“扎根农村、贴近农村、服务农业”为宗旨，共建设10个邮政直营店，12个邮政加盟店，遍布农村，成为农村流通体系中规模最大、运转高效的农资配送体系，真正把邮政的便民服务送到了农民的家门口。

常霞被河北省邮政公司评为“金牌投递员”。

（王莉鑫）

通　信

中国联合网络通信有限公司宣化分公司

【概　况】 2015年，中国联通宣化分公司围绕“抓收入、堵漏洞、改环境、提形象”十二字方针，积极挖掘自身潜力，着力提升网络质量，提升业务收入，改善企业环境，各项工作趋势向好。

【业务发展】 把智慧沃家确定为主要业务抓手，通过连续开展全员体验营销、50天PK赛、21天PK赛等声势浩大的营销竞赛活动，各专业线全力发展智慧沃家产品，迅速带动了4G、联通电视业务的发展，智慧沃家发展量、发展占比均排名全市前列。实行施工—受理—光改—退铜一条龙作业，责任单位全部签订承诺书，领导包片，按日排产，保证了光改工作的进度和完成质量。交换机退网与融合业务发展相结合，公司低值客户占比大幅下降，客户价值和客户黏性得到明显提升。

【营销服务】 营业线全面落实积分制考核激励，以融合业务、终端拉动为抓手，加大对农村营业厅的指导帮扶力度，提高自有厅销售能力，营业员个体营销技能显著提升。固融线以光改为契机，着力推进智慧沃家业务发展的同时，加强宽带保有，拉动4G业务上规模。集客线进一步优化人员结构，强化培训，以金融行业、学校、部队大型企业等为突破口，深挖用户需求，先后签约中行、建行、工行、龙烟矿建、冀中能源、八中、县一中集团组网，军招、炮院及阁西街小学、66188部队等一批集客项目。渠道线对社会渠道进行了整体结构优化，实现连锁社会渠道全部以销售合约惠机为主，从而增强移网客户的黏性，确保发展质量，有效的提升社会渠道效能。

【网络竞争】 全年投资2283万元，完成71个小区、169个行政村的光纤化改造，快速有效地推进光纤化改造进程。累计改造局点152个，建设FTTH端口50088线，架设光缆1358皮长公里，皮线光缆22726条，同时下电ADSL设备218台，下电PSTN交换机163台，腾退机房104处，每年可为公司节约电费97万元。以打造移动宽带一体化精品网络建设为抓手，在完善3G主力承载网的同时，快速扩大4G覆盖广度，重点区域基本实现4G连续覆盖。全年共建设开通WCDMA3G基站109个，FDD-LTE4G基站108个，基站建设数量超过之前五年的总和。全面梳理优化FTTH、融合业务装移机等装机流程，加强对装移机施工规范管理培训和考核，提升装维人员服务技能和服务水平，强化工单全过程管控，提高了装移机效率。顺利完成申奥重保工作，获得申奥重保先进单位称号。

（张素峰）

中国移动通信集团河北有限公司宣化分公司

【概　况】 中国移动通信集团河北有限公司宣化分公司在宣化行政区域内承担着移动网络的语音、短彩信、数据、家庭宽带、移动办公及多媒体通信业务。2015年实现运营收入2.25亿元，移动用户达到42万户，2015年上缴税收1124万元。

【市场经营】 将4G先发优势扩大为竞争优势，紧紧抓住流量经营黄金期和集客经营机遇期，巩固4G市场优势，深化流量经营，推动集客经营，2015年，4G用户数量累计达到12万户，通过自办厅引商入店、卖场代理商招标等方式，扩大终端销售规模，全年销售4G终端6.31万部；深入落实“机卡套用”一体化营销工作，全力开展4G换卡工作；扩大流量规模，保持流量价值，提升流量收入贡献度，提高手机上网普及率，扩大10兆以上上网客户规模。8月1日起，全面取消京津冀长途和漫游费用，助推京津冀三地经济一体化的进一步发展。

【宽带战略】 稳步贯彻落实“宽带中国”2015专项行动战略部署，全面推进宽带覆盖，全年新建小区87个，新增覆盖用户55256户新建小区发展用户4112户，新建无线宽带小区17个，新增覆盖用户2148户。城区覆盖小区达90%。2015年发展9710户，较上年同期增加5138户，增幅154.66%。

【网络领先】 坚持以市场需求、客户感知为导向，加强网络支撑能力，做好工程建设、安全维护的深层优化工作。重点加强4G建设，全年新建4G基站188个，2015年4G基站达到302个，实现宣化城区、17个乡镇、宣化境内高速沿线4G网络信号无缝覆盖，359个行政村覆盖率达到50%。为消除由于网络拥塞对客户感知造成的影响，宣化移动公司加大了对出现投诉区域的网络信号测试力度，并对热点区域进行网络优化。通过持续对现网参数进行调整，网络投诉明显降低，取得了较好的效果。

【优化服务】 始终坚持诚信经营、消费透明的原则，以4G建设运营为契机，紧抓客户感知不放松，强化服务意识争先锋，始终坚持“以人文本、以客户为根”的理念，加强垃圾短信治理，配合工信部和公安部全面落实“实名制”，规范客户信息，严防电信诈骗行为，努力提升客户感知，切实维护消费者权益。同时加强各专业协同，举全公司之力提升服务能力，全方位塑造优秀企业形象，锻造服务领先优势，提升客户的满意度和忠诚度。加大服务宣传投入，打通各部门间电子流系统，加强投诉处理协同配合，优化投诉支撑手段，加强投诉预防，做好投诉量控制工作，提升投诉管控能力。全年投诉回访满意率达到85%，客户服务能力较去年有较大提升，成为服务领先、网络领先、技术领先、业务领先的电信系统领航企业。

（段凯华）

中国电信股份有限公司宣化分公司

【概　况】 2015年，张家口电信宣化分公司移动业务收入同比增长9.3%；固网业务收入同比增长1.8%。同时我们开展机制创新，在2015年继续进行片区支局承包制，完成宣化公司各划小单元网格化承包工作。在此期间，宣化分公司荣获“2015年度存量保有奖”“2015年度份额提升奖”等多项荣誉称号。

【光宽带提速】 2015年12月宣化分公司推出电信电视业务，并为老用户免费更换双口光猫，发放电视机顶盒，使广大用户足不出户就可以欣赏百套高清电视，多部免费大片。在资费上我们尽量做到最大优惠，最多优惠至0元观看。光纤宽带在以往基础上再次提速至100兆，推出提速不提价优惠活动。到年底，累计发展电信宽带用户近5.5万户。宣化区新开项目全部接入FTTH，保证高带宽业务的推广。对新覆盖区域，实现乡村化、简单化宣传。并对宣化区内现已使用电信普通AD宽带用户进行免费改光纤活动，使光纤用户占比99%。从政策制定、终端选型、佣金激励、考核评优、培训指导等多方面，促进融合产品由低端智能机向高端智能机融合转变，借助宽带本身优势，加上与智能机强强联合，宽带智能融合业务得到快速发展。

【网络建设】 扩大光纤入户覆盖面，截至年底，宽带FTTH布线城区覆盖近18万户，乡镇覆盖近8万户。

（张彩云）

文化·旅游·传媒·档案史志

文　化

文化工作

【概　况】 2015年，宣化区文广新局在区委、区政府领导下，着力推动文化事业、文化产业快速发展，以不断满足全区人民群众精神文化生活需要为宗旨，以建设文化强区为目标，唱响“京西第一府”文化品牌，争创国家级历史文化名城、国家级文化先进县（区）、宣化古城AAAA级景区，完成年初预定各项任务。

【主题文化特色】“中国梦·民族情·古城韵2015新春民族音乐会”在宣化区上演，将传统民族风格融入整场音乐会中，为家乡观众展现出过春节热闹景象和人们喜庆心情；“灵羊起舞古城韵2015乡艺比赛”拉开帷幕，王河湾挎鼓、威风锣鼓等极具民族特色和古城宣化特点乡艺轮番亮相，让观众领略非物质文化遗产深厚底蕴；在纪念抗战胜利70周年系列文化活动中，开展以“铭记历史·缅怀先烈·珍爱和平·开创未来”为主题全区巡演活动、组织策划“铭记历史·开创未来”群众歌咏大会、“纪念中国人民抗日战争胜利和世界人民反法西斯战争胜利70周年”书画展等活动，以其鲜明主题，独特内容引起全社会共鸣。

【文艺创作】 冯延军创作摄影作品《炼就青砂器》在第七届河北民俗摄影大赛中荣获一等奖，成钢创作歌曲《崇礼·我们滑雪去》在张家口市文广新局举办助力申奥主题征歌活动获银奖；声乐干部梁艺获得河北省第七届金钟奖流行音乐声乐比赛铜奖，这也是全市流行音乐演唱组中唯一奖项；白雪书法作品在河北省第八届妇女书法展中获得入选奖，在“天龙杯”宣化区第三届书法篆刻作品展中获一等奖，在2015年宣化区庆“七一”暨纪念中国人民抗日战争暨反法西斯胜利70周年美术、书法、摄影大赛中获三等奖，入展张家口市妇女书法展；樊元豹摄影作品《武家沟秋色》入选首届“三祖龙尊杯”涿鹿县武家沟镇摄影大赛；代继光2幅中国画作品，樊元豹1幅中国画作品，白雪2幅书法作品，无偿捐赠给张家口市群众艺术馆，作为全市首次永久性收藏。

【服务基层】 宣化区文化馆舞蹈干部到文化站对社会主义价值观广场舞进行辅导，为全面推开打下基础；声乐干部常年对基层两支合唱团进行声乐辅导，使得两支团队演唱水平进一步提高；非遗部工作人员深入周边乡村，为农民义务讲授非遗保护、挖掘整理相关课程，宣传非遗法，推动非遗工作向前迈进，开展文化下乡。开展以“共建新农村、共圆中国梦”为主题文艺演出，文化志愿者自编自演文艺节目与村民自发演出形成互动，为村民发放益智图书1000册，受到村民欢迎；开展“古城欢乐颂·百姓一家亲”2015年文化惠民城乡行活动，演出10余场，为农民朋友送去精神文化大餐；宣化博物馆走进下八里中心小学开展“弘扬古城文明、爱心图书捐赠”大型社会公益活动，为同学们带去2000册有益课外读书，受到师生们热烈欢迎。农村公益电影放映工程正式启动，在三乡一镇54个行政村放映648场电影，旨在通过为城乡群众免费露天放映电影，让政府工程惠及农村百姓。

【普及文化传承】 非物质文化遗产收集保护工作进一步开展。将《戳脚》《宣化柳川戏》《宣化方言》《揣骨》《宣化晋剧》《神奇的宣化牛奶葡萄》公布为区级非遗项目，申报市级项目；做好图书馆藏普查建设工作。宣化区图书馆参加河北省图书馆承办《全国古籍普查登记目录》审校人员培训，再次对本馆数据进行严格认真审校，审校完成本馆数据263条。馆藏珍贵古籍《齐乘》参加河北省图书馆举办“河北省珍贵古籍特展”；争取馆藏图书。8月，与中国光华科技基金会取得联系，做为全省唯一一家图书馆接受该基金会捐赠10万元码洋图书，受捐图书到馆，在一定程度上缓解新馆资源不足问题；开展阅读推广工作。在全区中小学生范围内开展“走进诗词天地，感悟经典之美”2015年度燕赵少年读书系列活动。加强农家书屋建设。再次对农家书屋书籍进行更新和补充，为全区57个村农家书屋分别配送新图书。

【服务企业】 筛选宣化区符合申报要求优质贷款贴息项目，选送张家口缔绎唯美动漫文化传媒有限公司参加“2015年度文化金融合作项目库”申报工作，确保全市文化产业融资项目在国家“文化金融扶持计划”中支持力度；以文化产业“三个十”评选活动为契机，认真编制《宣化区文化艺术中心项目书》，为全省十大产业项目候选项目提交申报材料；选送张家口缔绎唯美动漫文化传媒有限公司创作《葡萄小精灵》动画片参加《文化部文化产业创业创意人才扶持计划》，将优秀文化创意作品及创意人才推向全国，协助企业完成主题曲《葡萄小精灵》《智慧在哪里》创作；深入横店影视城、国玉陶瓷等企业一起探索文化产业发展方向和运作模式，开拓全区特色文化产业新思路。通过与企业积极沟通，完成固定资产投资2.9亿元，比原计划目标任务超出近1亿元。

【科学市场管理】 按照全省文化系统统一部署，对全区文化市场经营业主进行培训，对文化市场信息进行网上集中录入，对文化市场高效服务和管理奠定基础，文化市场审批手续逐步实现网上审批、查询和监督；做好上级部门下放审批权限衔接工作，经过梳理，宣化区文化市场行政审批权限有27项。全年受理审批审核事项13项，均按时办结，在受理过程中对行政审批咨询均能直接给予答复，没有发生一起申请人投诉情况；对全区129家文化市场经营单位和90家新闻出版经营单位进行年审；强化文化市场稽查力度，开展过节期间安全生产大检查、大排查行动，狠抓安全生产宣传教育、隐患排查和整治，重点检查网吧接纳未成年人现象及人员密集场所安全工作，确保市场安全与稳定。全年检查网吧550家次，歌厅72家次，图书55家次，音像制品30家次，印刷厂45家次，演出市场6家次，出动车辆160台次，出动人员650余人次。

文物保护工作

【考古发掘新发现】 全年争取国家专项资金6200万元用于北城墙保护修复。目前，修复完成高11.5米，长3000米北城墙砖体砌筑，同步完成修复还有炮台、铺宇台及部分城墙内侧灰土，重新复建东北角楼，及东北角楼内侧辅助用房，完成高远门、水门遗址发掘和修复。今年5月5日—6日，北城墙一期修复工程（405米城墙及东北角楼）顺利通过河北省文物局验收。由政府投资对西城墙内侧进行修复，并完成北城垣公园前期设计；聘请具有相应资质国文琰文物保护发展有限公司进行《宣化古城保护规划》编制工作，这将成为指导宣化区今后文物保护工作一部地方法规；积极启动《壁画实验性保护项目》和《宣化下八里辽墓群保护规划》工作，通过招标确定施工和编制单位，签订相关协议；时恩寺抢救性保护措施——防雷、安防两项工程、马宅抢修工作及九龙壁修缮工程均完工；全年勘探文物调查面积约10万平方米，其中在侯家庙宣钢水泥厂院内发现1座唐代墓葬，经过现场发掘，出土陶器、瓷器等文物10件，其中灰陶鹰首执壶，造型奇特优美，具有较高考古价值。

【古城墙申遗宣传】 宣化区确定宣化古城墙参与南京等城市以“明清古城墙”名义联合申报世界文化遗产,《宣化城墙管理办法》经张家口市人民政府同意，正式公布实施。6月赴湖北荆州参加“中国明清城墙联合申遗工作推进会第三次会议”，10月参加在南京召开中国明城墙申遗文本补充材料工作会；围绕“5·18”国际博物馆日、“中国文化遗产节”等活动，悬挂条幅、摆设宣传栏、向群众发放宣传资料，义务讲解，部分景点免费或半价为群众开放；宣化博物馆继续走进学校、社区、敬老院开展宣化传统历史知识讲座。

【可移动文物科学保护】《宣化区文物保管所库藏青铜器保护修复方案》和《宣化区文物保管所库藏铁器保护修复方案》顺利通过国家文物局评审，目前部分国家专项补助资金到位；继续开展“全国第一次可移动文物普查”相关工作。对2642件库藏文物进行拍摄、定名、数据测量和数据上传以及复核等工作；结合“一普”工作，开展文物库房整理工作，对4000多件文物藏品进行拆箱，逐一核对整理，根据藏品质地和文物价值分别上架、装匣，并为每件藏品制作方位卡，便于今后科学管理。

旅　游

旅游工作

【品牌国际形象】 以“全球重要农业文化遗产”为契机，注入文化元素，与旅游相结合，打造“宣化古葡萄文化主题公园”，塑造全区国际旅游品牌；为葡萄藤设立“百年葡萄老藤”标示牌，积极争取旅游专项资金，为观后村修建旅游厕所3座。在宣化博物馆院内建设“宣化葡萄博物馆”，完成布展并对外开放；参加福建召开第二届“全球重要农业文化遗产（中国）工作交流会”以及在日本召开“第二届东亚地区农业文化遗产学术研讨会”，商农业文化遗产保护大计，开展国际合作与交流，促进区域旅游经济发展。

【招商引资项目建设】 积极推进文化旅游项目，包装规划《圣恩寺佛教文化景区》项目，积极与河北旭龙集团接洽，完成项目前期调研、协助公司制定“一寺二街三学苑”规划方案，与相关部门对接，为项目顺利进展打下坚实基础；推进文化艺术中心项目和钟鼓楼仿古文化商业区项目建设，对观后村古葡萄园主题文化公园项目进行积极规划、招商；向上级部门申报《关于申请宣化区葡萄园旅游厕所2015年省级旅游发展专项资金请示》《关于申请宣化区辽墓旅游厕所2015年省级旅游发展专项资金的请示》。

【旅游知名度美誉度】 与北京《东方之旅》杂志社合作，刊登关于“宣化明代古城墙”“察哈尔省民主政府旧址”“宣化古寺庙”三期宣传彩页，在高铁、飞机等高端交通出行工具上免费投送；“宣化牛奶葡萄”登上《别叫我兄弟》热播影视剧，勾起家乡人的葡萄情结；面向社会公开征集“第一届全国旅游厕所设计大赛”设计方案，收到设计方案10余件，最终河北兴烨工程技术有限公司设计2套方案入围，代表宣化区参加本次大赛。

【旅游惠民】 两节、重阳节期间，为丰富全区群众节日文化生活，实施旅游惠民活动，对清远楼、镇朔楼等景点半价开放，大新门等景点实行免费开放，期间接待游客2万多人。五一、十一假期期间，积极扩大本地市场、努力拓展京津市场，全区接待游客5万余人次，旅游收入约500

万元；“中国旅游日”当天，全区旅行社举行“新旅游 · 新常态——5 · 19 中国旅游日”宣传活动。此次活动设置展牌 15 个，发放宣传资料 2000 多份。

【规范旅游市场】 在春节、“两会”、五一、十一等旅游旺季期间，对全区所有旅行社、星级饭店和旅游定点餐饮单位等涉旅企业进行旅游安全生产大检查，严厉查处违法经营行为，强化各单位安全生产责任意识，遏制各类事故发生。保障 24 小时旅游投诉电话畅通，认真维护旅游者和旅游经营者合法权益；抓好景区安全工作。小长假期间，对区内景区点进行拉网式检查，加强景区野外作业区火源管理，严禁游客在景区森林防火区燃放鞭炮、野炊等随意用火行为，坚决落实 24 小时带班值班制度，确保信息畅通传达，确保火情早发现、早响应、早扑救。

（刘　乐）

传　媒

广播电视

【概　况】 2015 年，在区委区政府高度重视和区委宣传部、市电视台正确领导下，全台上下围绕中心，服务大局，敬业爱岗，积极努力，工作绩效、新闻质量、外宣工作、工作作风等得到明显改进和提升，各项工作都取得较好成绩，被评为全市广播电视工作先进集体、全市对外宣传工作先进集体和全区宣传思想工作先进集体。

【新闻内宣工作】 在 2015 年新闻宣传报道中，着重加强对时政新闻纵深延续性报道，重点专题专栏报道和系列报道。全年播出《宣化新闻》260 期，新闻报道 1300 条，《要闻回顾》49 期，新闻报道 268 条。其中时政要闻 422 条，自采新闻 878 条，自采新闻比例 68%。《直播民生》栏目，自 2014 年 10 月 20 开播至 2015 年年底播出 118 期播发千余条新闻。根据宣化区重点工作、重要时间节点，策划专栏 32 个，为百姓解决疑难问题 210 余件，引起广泛影响，得到市民和观众赞誉与好评。

【新闻外宣工作】 全年在市台《新闻联播》《民生 630》《县区新闻》，发稿 511 条，市电台发稿 240 条，省台播发 52 条、央视 5 条。为全区经济社会又好又快发展奠定坚实舆论基础。

【加强频道建设】 各档节目在编辑形式上力求特色鲜明，时尚、新颖、接地气。一是下功夫选送好《县区新闻》。全年选送《县区新闻》52 期。二是加大资讯服务类栏目建设，资讯类栏目有《棒棒堂》《美食地图》，服务类栏目有《名医名院》《有事您说话》等。三是活动组织方面力求形式创新，做到老百姓喜闻乐见，完成“新春音乐会”“文化惠民城乡行”“三严三实集中宣讲”“征兵宣传汇演”“纪念抗战胜利 70 周年大合唱”等多项活动全程录制。策划、组织、录制“宣化区首届网络春晚”、举办“车展”、“宣化好声音”、“校园歌手大赛”、“首届微电影大赛”、“首届张垣全民健身达人大赛”等活动。

【审查安全播出】 宣化区广播电视台安全播出工作总体情况平稳，全台干部职工安全防范意识强，切实做到守土有责、守土尽责，坚决防止出现偏差，从源头上杜绝安全事故，确保广播电视节目安全播出。

（王雅晶）

有线广播电视网络传输

【概　况】 河北广电网络集团宣广有限公司（原名为宣化有线广播电视信息网络有限公司），是宣化区唯一经营有线电视网络公司。内设综合管理部、资产财务部、技术规划部、工程部、用户部、市场产品部、客服部、项目开发部 8 个管理部门。它为宣化区广大用户提供丰富电视节目资源，担负着传输优质电视信号和保障各个重要时期安全播出任务。2015 年，宣广有限公司以“强基、固本、转型、创新”为工作思路，经过全体员工共同努力，完成经营收入4234万元；实现利润816万元；年末用户数128748户；宽带总用户5443户。

【基础建设】 合理安排各分前端建设，铺设完成全城双向网改造四条主线路。城区双向网改造完成，利用EPON+EOC技术，实现90%用户基本具备双向业务开通条件。新建小区全部实现光纤入户。

【新业务】 公司将宽带业务纳入基础业务，成为用户部主推业务。率先承办“药安食美”工程，全年安装500个点位。

【多举措创新】 利用强大网络资源优势，向“智慧城市”靠拢，谋划“智慧小区”方案即全业务智慧方案，包括电视、宽带、增值及智能安防等一体化项目，和两个筹建百万平方米小区达成意向性协议。

河北网络集团宣广有限公司董事长白小平，经理李浩。

（宋翠玉）

档案史志

【档案规范化管理】 制定宣化区档案事业“十三五”发展规划。建立健全档案管理机制，确保档案管理制度化、规范化。大力推动网络化档案管理，争取政府资金完成全区电子档案管理系统，尽早建成数字化档案馆，使之成为全区档案资源数据中心。推行档案升级达标活动，进一步规范档案管理工作。完成河北张家口宣泰农村商业银行档案工作目标管理认定AAA级进行考评验收。开展档案业务指导工作。对区属单位进行126（人次）档案业务指导，要求档案人员整理规范、收集齐全、管理科学。其中针对全区办事处多年来存在归档不及时、整理不规范问题进行多次上门指导，为最终实现七个办事处档案全部进入区国家档案馆奠定基础。集中时间对民政系统档案、行政许可档案、城建系统档案进行专门指导，不断规范该系统档案管理。10月14日，市档案局法规科到宣化对社区档案进行执法检查，对天泰寺办事处档案管理存在问题提出整改意见，并开具限期整改通知书。开展区属单位档案催缴工作。对区属单位年满30年档案进行摸底调查，要求区属单位按照档案移交要求及时向区国家档案馆移交档案。

认真做好进馆档案接收工作。全年接收档案1655件、110卷。向社会各界提供档案资料，接待查阅人员896人（次），提供档案资料3456卷（册）。将9月6日国际档案日确定为宣化区国家档案馆开放日，并在宣化档案网上对外公布，欢迎社会各界来馆参观。加强电子档案接收工作。2015年年底，目录12119条，各类原文（照片）104507个，总容量为341GB。《宣化档案网》上线以来有近4000位访客上网阅览，充分发挥政务公开、业务法规、档案查阅服务等九大模块作用。充分发挥展室内存的：历史沿革、经济发展、特色产品、抗日战争等七个专题展区44个展板1000多张图片教育作用，提高对外服务和爱国主义教育作用。4月22日，由北京市门头沟区委宣传部组织平西抗日根据地考察组到宣化区国家档案馆考察访问。永定河文化博物馆馆长、北京博物馆学会常务理事谭勇带领一行5人考察组成员与宣化区国家档案馆就平西抗日情况进行交流。宣化区国家档案馆为客人详细介绍宣化地区抗日情况，为“平西抗战烽火”展览提供素材。

【加强党史、方志教育和利用】 加强党史研究工作。一是参加全省及全市党史学界纪念中国人民抗日战争胜利暨世界反法西斯战争胜利70周年学术征文活动，组织撰写并上报题为《抗日战争时期日本侵略者奴役迫害张家口宣化龙烟铁矿劳工罪行研究》论文1篇。1人获省党史研究室抗战征文奖。二是完成2014年度大事记征集和2015年度上半年大事记基础资料收集工作。三是认真按照市委党史研究室要求审核修改宣化区抗日战争时期人口伤亡和财产损失专题资料并完成报送任务。四是修改和完善《宣化区革命遗址普查报告和普查表》。

档案编研、地方志编修及年鉴编纂。一是组织动员局科级领导干部参加省档案局“档案——与你相伴”征文活动，其中上报《谈县区档案与史志业务的双向互动服务》论文1篇。二是编纂并校对完成《宣化区年鉴（2014）》，总字数约68万字，图片约30余幅。三是征集并编纂《宣化区年鉴（2015）（初稿）》，预计总字数约70万字，图片约30余幅。四是启动宣化区加入“中国名镇志文化工程”。组织召开全区乡镇编修名镇志培训会，区档案史志局、三乡一镇主管领导及编辑业务人员参加会议。各乡镇均成立编纂委员会和编辑部，保证资金人员、办公场所、设施材料到位。此次乡、名镇志编辑工作从2015年6月上旬正式启动。五是向市地方志办公室上报《全国地方志系统统计工作表（宣化区部分）》。六是完成河北省志·方志志（张家口市宣化区部分）上报任务，9个部分2.5万多字。七是张家口市宣化区档案局（馆）荣获2014年度档案开发利用实绩突出单位。

【提高干部队伍整体素质】 加强学习型党组织建设。认真开展“三严三实”与“三学三提”专题教育活动。开展党内组织生活规范年活动。对党组织建设、党员教育管理、党内组织生活、党组织工作机制等四大方面进行对照检查。认真做好党建基础工作。召开了党建部署会，开展“三会一课”、“每月四日”、“党员电教”、“党建品牌创建”、“共产党员先锋岗创建”、“文明窗口创建”、党员志愿服务等活动。

开展推进星级党组织创建活动。一是加强党建阵地建设。按照区委要求标准，建立了一间面积为50平方米党员活动室，建立党建基础墙（包括党旗、入党誓词、党员权利、党员义务、“三会一课”制度、发展党员程序）、党建活动墙（包括学习园地、党务公示、政务公开、基本制度、主题活动、影像资料）；重点开展2015年党建档案规范工作，分文件资料、班子建设、队伍建设、党员管理和发展党员、学习教育、主题活动、党风廉政、评先评优和表彰奖励、志愿服务和帮扶共建、特色党建、其他方面等11大类档案盒，将收集和整理党建档案资料全部入盒编纂归档检索目录。

（何保同）

个体民营经济管理

【概　况】 企业设立登记526户，变更登记708户，注销登记156户。新设个体户1307户，注销个体户509户。共有民营市场主体15195户，其中企业3782户，个体工商户11348户。农民专业合作社65户。2015年，工商局仍以服务全区经济发展为中心，坚持推进商事制度改革工作，将促进市场主体增量作为服务全区经济发展的着力点，充分发挥工商职能作用，深入贯彻落实国务院批准的商事制度改革方案、《注册资本登记制度改革方案》《关于做好工商登记前置审批事项改为后置审批后的登记注册工作的通知》和工商总局关于落实《国务院关于"先照后证"改革后加强事中事后监管的意见》做好"双告知"工作的通知以及省政府出台的《关于推进注册资本登记制革的实施意见》《河北省放宽市场主体住所（经营场所）登记条件的规定》《河北省人民政府办公厅关于推进一照一码登记制度改革的实施意见》，完善市场准入服务体系，营造公平、公正的市场竞争秩序，为市场主体健康发展和构建社会主义和谐社会创造良好的市场环境。

【换发"一照一码"及电子营业执照工作】 按照省局、市局的统一安排，已换发完毕453户。推行电子营业执照是深化商事制度改革的重要内容，是提高市场主体登记管理信息化、便利化、规范化水平，提升服务与监管效能的重要手段，对促进社会信用体系建有重要推动作用。同时结合"一照一码"制度实行，为广大创业者提供了更为便捷、高效的注册登记服务，对激发大众创业、万众创新活力具有积极的推动作用。

【双告知工作】 认真贯彻落实《国务院关于"先照后证"改革后加强事中事后监管的意见》及工商总局关于落实《国务院关于"先照后证"改革后加强事中事后监管的意见》做好"双告知"工作的通知，工商局切实履行"双告知"职责，进一步提升登记服务效能，实现部门协同监管。在宣化区行政服务中心网站尚不能投入使用的情况下，为了将市场主体登记注册信息及时告知同级相关审批部门，积极想办法协调各部门单位，取得宣化区行政服务中心配合，将市场主体登记注册信息公示于公共邮箱：xhqsgz@yeah.net，以便于相关审批部门、行业主管部门及时查询。2015年，工商局办理先照后证企业196户；以上企业目录均已公示到公共邮箱，供相关审批部门、行业主管部门及时查询。

【融资工作】 工商局积极向企业宣传《工商行政管理机关股权出质登记办法》等规定，引导企业办理股权出质登记。指派专人负责办理相关事项，多次为张家口市科海电气有限公司等企业办理了股权出质登记。2015年办理股权出质4笔，使企业成功融资2000万元。

教　育

综　述

【概　况】 2015年，宣化区教育局全面贯彻《国家中长期教育改革和发展规划纲要（2010—2020年）》精神，深化教育改革，实现义务教育高位均衡，全面推进素质教育，促进教育公平，继续打造教育品牌，建设教育强区，全面提升全区教育工作水平。

【高中教育及高考】 2015年，宣化区文化一本上线652人，文化二本上线1488人，全市文科前十名3人、理科前十名4人。在参考人数大幅下降的情况下，各批次上线率在2014年基础上均有提高。宣化一中继续巩固新课程改革成果，2015年保持高考成绩稳中有进；宣化四中对标衡水二中，保持快速发展态势，2015年一本上线人数19人，成绩又翻一番；宣化二中以打造全国冬奥会滑雪后备人才培养基地为抓手，坚持走特色办学之路，二本上线人数实现了零突破，三本上线人数大幅提高；宣化十中大力发掘培养体育艺术人才，艺体提前批上线人数大幅提高。高中学校自主招聘的顶岗待编教师73名正式入编。新招聘高中教师38人，补充到教学一线。

【义务教育】 2015年，教育均衡重点放在落实制度连续性和标准化建设上，形成了稳定的社会影响。一是继续严控择校，保障生源均衡。完成中小学学籍全国联网注册工作，高中统招生指标全部分配到初中学校，初中严格执行对口招生政策，城区“小升初”抽签分校涉及10所小学，占比50%。小学全部实现就近入学。二是加快标准化建设，实现办学条件均衡。宣化四中、财神庙街小学等十个“校安工程”续建项目全部竣工投入使用，朝阳街小学9月迁入新址；投入资金2300万元用于中小学校舍改造工程，完成了胜利路小学、河子西中学教学楼工程、宣化六中综合楼工程；启动了宣化七中和胜利路幼儿园教学楼工程，全区学校标准化建设进一步提升。

【教学研究】 多年来教学研究工作形成了“三模四线”教学管理模式，2015年围绕课程改革，组织人员参加了“全国数学教学观摩活动”“全国综合实践活动第十三届研讨会”“全国特色实践课程开发与实践创新能力培养研修班”等培训项目；开展了专家教育思想报告会、全市小学“有效课堂教学”展示、小学各学科“微课”评比、中学名师教育教学经验交流等教研活动。宣化二中马玉娟老师参加第九届全国初中英语教师教学基本功大赛荣获二等奖。小学教师在各级各类作课活动中，获国家级一等奖2名，二等奖1名，省级一等奖6名。目前，特级教师和省市区级骨干教师占全体教师人数36%。

【特色办学】 在创办特色、创建品牌上坚持“一校一品”。积极创建办学特色，提高学生综合素质。2015年，宣化二中正式启动“张家口市冬奥冰雪训练基地”项目。鼓楼小学和工业街小学均以高分通过河北省素质教育示范校评估，宣化四中代表本区迎接河北省心理健康特色学校的验收。宣化二中、工业街小学、胜利路小学被推荐为全国校园文化建设研究基地。积极创建品牌化的文化活动载体，提高文体艺术教育水平。在全市青少年校园足球联赛中，获小学、初中、高中男子组第一名。宣化四中获河北省中小学生汉字大比拼初中城市组团体总冠军。宣化六中航模队荣获全国青少年建筑模型教育竞赛个人一、二、三等奖。承办了全省青少年健康活力大赛，组织了区运会、首届校园歌星大赛等一系列文体艺术活动，建立全国青少年足球特色学校17所，全区首次遴选三名学生参加国家级足球冬训。

（薛存娥）

基础教育

【概　况】 2015年，基础教育科认真落实教育局2015年工作要点，规范办学行为，圆满完成了工作任务。

【落实收费政策】 严格执行张家口市物价局、财政局、教育局下发的《关于进一步加强中小学教育收费管理的通知》文件精神，区教育局与各学校、幼儿园签订了《二〇一五年宣化区教育局治理教育乱收费责任书》，建立了教育局、学校责任体系，并与年终考核、评优评先等挂钩。

9月制定并下发了《中共张家口市宣化区教育局委员会关于治理教育乱收费和有偿家教实施方案》，要求基层各单位在9月至12月期间于每月的28日上报本月的《宣化区教育局治理教育乱收费和有偿家教上报情况表》。暑假对17所小学专项检查收取择校费情况。

2015年上半年，为义务教育阶段36805名学生减免学杂费。下半年为义务教育阶段37487名学生减免学杂费。

【规范管理】 严格执行《河北省教育厅关于进一步规范义务教育阶段学校办学行为切实减轻中小学过重课业负担的意见》中的八项规定。印发《宣化区教育局关于进一步规范中小学办学行为的若干规定》的通知、转发《张家口市教育局关于印发〈张家口市教育局关于在职教师有偿家教的处理意见〉的通知》，严格落实《宣化区教育局关于切实加强和改进小学教育工作的意见》。

【学籍管理】 做好中小学电子学籍信息的维护工作和数据质量核查工作，进行网上日常业务处理。进行小学一年级新生注册、毕业升级和招生入学的全国学籍网操作。

严把入、转、休、复、留等政策关。加强学籍管理，制定下发了宣化区教育局关于转发《张家口市教育局关于转发〈河北省教育厅关于做好中小学学籍信息管理系统建设工作的通知〉的通知》。做好“控辍保学”，确保学籍档案和“普九”档案规范、完整。

【规范招生】 根据《中华人民共和国义务教育法》相关规定，制定2015年中小学招生工作方案，小学一年级招生仍按照学区范围、免试、相对就近入学的原则。确保全区适龄儿童按时按片入学。鉴于朝阳街小学10月已搬迁到新校址，12月深入调研拟对朝阳街小学学区及东片学校学区调整。

初中一年级招生实行对口分配。确保全区中小学入学率达100%。2015年实际招生，小学100个班，4178人；初中85个班，4197人；普通高中52个班，2864人。

【初高中教育改革】 执行《宣化区初中学生综合素质评价实施指导意见》《宣化区2011年初中毕业升学考试和普通高中招生制度改革实施方案》，将学生综合素质评价结果作为普通高中学校招生录取的重要依据。制定并下发了宣化区教育局关于《宣化区2015年初中毕业与升学考试和普通高中招生制度改革的意见》的通知。普通高中学校严格按照招生计划进行招生。

【群众来访】 做好群众来电、来访接待、解释工作，2015年共接待478人次，其中书面答复37件，答复率100%，办结率100%。答复人大代表提案5件、政协委员提案4件，满意率100%。

【幼儿、民办、特殊教育】 6月，联合财务基建科对17所民办幼儿园2012年、2013年国家奖补资金使用情况进行检查，对存在问题予以纠正、指导。大力推进学前教育教研活动，围绕学前教育课程游戏化，制定全区学前教育教研实施方案。

11月，开展“全区国办幼儿园青年教师集体教育活动观摩活动”。共有43名青年教师参加。14名青年教师荣获教学一等奖，其中区幼李晓静老师、鼓幼张丽健老师荣获骨干教师称号，10名教师荣获教学新秀称号；17名教师荣获二等奖；14名青年教师荣获三等奖。随后挑选出8节优质课在全区进行观摩，同时观摩了学习南京的5节翻版课。

按照《宣化区民办幼儿园建园标准》，严把审批关。4月，教育局牵头联合卫生局、食药局、公安局、消防队、物价局、乡镇街道办事处对5所民办幼儿园进行检查验收。联合体卫艺科和思政科等相关科室，对民办教育机构进行检查。9月，通过宣化区电视台及宣化区教育局网将全区注册的学前教育机构、早教机构、短期培训机构向社会予以公告。

普及特殊教育、突出残疾儿童教育，六一儿童节，区委领导到“培智班”进行慰问，给予儿童更多的关怀和关爱。

【校园文化建设】 进一步落实教育部《关于中小学开展书法教育的意见》和《中小学书法教育指导纲要》的要求，提高学生汉字识记能力、书写能力和汉语言能力。5月5日下午组织全区中小学参加省教育厅联合河北电视台组织开展的《脑力冲击波第三季——河北省中小学生汉字大比拼》竞赛活动。宣化二中、阁西街小学、米市街小学三所学校的学生听写过程进行了全省现场直播，其中宣化二中高中师生还参与了省电视台的现场互动。炸子市街小学、阁西街小学、工业街小学、建国街小学、侯家庙中心小学、宣化四中（初中）、宣化七中、宣化九中、宣化一中、宣化四中（高中）10支代表队将参与全市中小学生汉字大比拼复赛。

6月2日、3日，代表队在张家口市第七中学参加省教育厅联合河北电视台组织开展的《脑力冲击波第三季—河北省中小学生汉字大比拼》张家口赛区复赛。工业街小学代表队夺得全市小学城市组第一名；宣化四中初中代表队夺得全市初中城市组第一名；宣化四中高中代表队夺得全市高中组第二名。工业街小学、宣化四中初中两支代表队进入全省决赛，宣化四中初中代表队荣获城市组2015年度团体总冠军。

7月7日，选送了54幅优秀的作品参加全省“弘扬中华优秀传统文化　推进篆刻艺术进校园”主题实践活动作品大赛。

（薛存娥）

职业成人教育

【概　况】 2015年，职业成人教育工作深入贯彻落实省、市教育工作会议和职业教育工作会议精神，以十八大重要思想为指导，抓住机遇，深化改革，积极推进职业与成人教育现代化建设。职业与成人教育事业持续、健康、快速地向前发展。

【职业教育】 2015年，继续抓好中职学校的学籍等各项管理工作，使其良性健康发展；并在区属14所中学中继续加大招生工作的宣传力度，力争在招生工作中取得良好成绩。认真落实《张家口市教育局关于继续组织全市中等职业学校学籍管理检查的通知》。2015年5月，到宣化职业技术学校、张家口正大新能源中等职业学校进行学籍现场注册，通过逐班逐人点名，把学籍工作落到了实处，保障国家助学政策的顺利实施。2015年8月，深入到张家口正大新能源中等职业学校进行调研、督导。在学校和学生之间做了几次有效的疏导和沟通工作，稳定了学生情绪。同时对学校的管理工作提出了建设性的意见和建议。2015年9月，组织并参加了张家口市委、市政府就全市职业教育的调研，对宣化区中等职业教育的现状和存在的问题进行梳理，撰写汇报材料，为领导谋划张家口市中等职业教育的未来，提供了准确、有价值的第一手资料。2015年11月，督查中职学校日常管理工作。对本年度新生入学的学籍进行核2015年12月，做好期末回头看，查漏补缺。

【成人教育】 认真开展全区成人教育，对三乡一镇和七个办事处的成人教育情况进行摸底调研。10月，按照上级的文件要求，组织了以“全民终身学习，为奥运助力添彩”为主题的全民终身学习活动周的活动。在宣化区钟楼东社区开展了科普知识宣传展。在新兴街举办了丰富多彩读书会、书画展、歌唱比赛。在建北社区举办了“邻里文化节”，增强邻里间沟通交流，促进和谐社区建设。

（薛存娥）

宣化科技职业学院

【概　况】 2015年，宣化科技职业学院共设51个专业，9个教学系部和一所附属中等职业学校。学院在籍全日制学生5196人（其中全日制大专学生4638人，全日制中专学生758）人，成人教育学生1100人，外籍留学生42人。

学院共有教职工483名，其中正高级职称22人、副高级职称123人，硕士研究生76人。2015年新引进3名“211”工程硕士研究生和4名专业急需本科生。外聘河北师大、石家庄经济学院、河北建筑工程学院知名教师10名。

2015年，高招计划1700人，实际报到1506人，报到率超过88.5%。学院学生的就业去向主要集中在京津冀地区，2015年就业率达到92%，学院已与京津冀很多单位形成良好的人才供求关系。

【教学管理】 2015年，学院组织各教学系部积极推进以任务驱动、项目导向为内容的课堂教学模式改革，已经取得显著成效，课堂教学全部向模块化的方向转变。学院组织教师说课过关活动，75名教师参加，63名教师说课过关。学院对教学管理工作进行了进一步规范，重新修订了《课堂教学常规》《课堂十不准》等规章制度，制定了《系部教学工作量化考核方案》，建立起了上午课、下午课、晚课三个时段的值班制度，形成了教学管理量化考核评价体系。

【教育科研】 2015年开发校本教材4部，申请在研省市级以上项目50项，发表国家级论文40篇。有29人次获得国家、省、市教学科研奖励，一人获得张家口市“三三三”人才称号。学院积极参与社会群团组织活动，付兰老师当选为张家口市舞蹈家协会主席，尹立云老师当选张家口市美术家协会副主席。学院组织教授和相关专家开展各类学术讲座15次，形成了浓厚的学术氛围。

【学生管理】 2015年，学院认真贯彻落实《中共中央、国务院关于进一步加强和改进大学生思想政治教育的意见》文件精神，把立德树人作为教育好学生的最根本任务，积极实践、不断创新高职学生德育工作的新思路、新方法，对思政课授课模式进行了全面的改革创新，使其真正发挥出了思想政治工作主阵地的强大作用。学院在加强系（院）二级管理的同时，开展了全院学生德育量化考核工作，从实施方案和评分细则的制定，到重点推进、全面铺开，构建起一个全方位、立体的德育管理体系，增强了管理的科学化、实效性。学院组织参加河北省高校大学生辅导员大赛，荣获集体二等奖，张翀老师在单项比赛中更是取得了全省第三名的好成绩。

【特色办学】“一系一品，一人一艺”综合培养工程是学院多年探索形成的特色办学工程。2015年，特色办学工程结出了丰硕的成果，一方面，学生在专业技能培养方面得到长足进步，毕业生职业技能证书考取率从2014年的35%提升到2015年的65%；另一方面，学生的综合才艺培养上也收获颇丰：在全国第四届大学生艺术展演活动中，我院的学生话剧作品获二等奖，舞蹈作品获三等奖和最佳网络节目奖，学院获全国高校优秀组织奖。在河北省第三、四届大学生艺术展演中，该院学生的舞蹈节目分获一、二等奖；6首合唱作品获二等奖，管乐团获器乐二等奖，学生书画作品2件获一等奖，12件获二等奖。1件平面设计作品获二等奖，2部微电影获三等奖。

2015年是学院确定的“开放办学年”和“法治安全年”，年内，先后与30多家省内外知名企业建立了深度合作关系；以中高职贯通为核心内容，与全省20多所中职院校建立起校校合作关系；以国际交流为核心，先后招收外籍学生42名，还与泰国、韩国、日本以及我国台湾地区的几所大学合作，联合招收的本硕连读留学生项目也步入了实质性操作阶段。先后承办了张家口市大中专院校思想政治研究会第15届年会、张家口市旅游系统年会、张家口市舞蹈家协会换届大会会。中国科协张家口市流动科技馆在学院新图书馆举办了长达两个月的展览，市区全部中小学生及部分老师和家长5多万人次到校观展。

（杨汝明）

河钢宣钢职工教育中心

【概　况】 2015年，河钢宣钢职教中心面对极为困难的公司生产经营形势及社会办学形势，围绕提高育人质量、增强生存发展能力的工作目标，深化教改、规范管理，挖潜增效、积极创收，全体教职工凝心聚力、拼搏进取，教育教学等各项工作任务圆满完成。

【师资队伍及科研】 加强专业建设，2015年完成76门课程的课程标准制定工作，为进一步开展精品课建设和研究奠定了基础。加强教学科研工作，坚持“因材施教”，以教研促教学，推进了课堂教学模式改革，进一步加强了学生实践技能培养。通过严格执行专业人才培养方案，加强专业教学计划管理，强化教学运行、教学考核管理，确保了人才培养过程的有效控制和培养质量的有效提升。

幼教系统坚持走正规化、专业化办园道路，以“关爱幼儿、幼儿第一”为理念，以《3—6岁幼儿发展指南》为指导，遵循幼儿教育发展规律，通过开展规范幼儿家庭作业和考试、体智能亲子游戏、家园共育等一系列活动，创新教育内容和手段，强化各项安全管理，圆满完成了保教工作，有效促进了幼儿的健康成长，幼教成果得到职工家长的认可和好评。

【管理工作】 细严结合，切实做好对学生的日常管理、安全、卫生防疫工作。根据省劳动厅资助办的通知精神，认真做好技校学生资助工作的自查。办理了2015年秋季学期技校学生免学费和助学金资金审批及发放的相关手续，今年享受免学费的学生4人，享受助学金的学生4人。严格落实制度，做好2014—2015年度各项评优及贫困生资助的审定和发放工作，2015年共有141人享受到奖学金，奖励金额2.14万元。根据宣化区武装部的安排部署，对在校学生进行了兵役登记，最终从本院应征入伍学生4人。完成了本院各层次应、往届毕业生和在校生参军的政审及大专生学费补偿的签字确认和上报工作。

做好集中供暖改造工作，供暖锅炉拆除。落实了食堂明厨亮灶工程要求。

【招生及就业】 坚持“全员招生、全年招生、招生激励”方针，采取了全体教职工全面参与的招生工作模式。加强学院网站建设，充分利用微信等网络新媒体等手段进行招生宣传。以就业促招生，在充分利用总院就业招聘资源基础上，积极建立、巩固和拓展了自身就业网络。2015 届学生就业质量继续保持良好，主体专业毕业生应聘录用率达到 90% 以上。

（张丽丽）

河北宣工机械发展有限责任公司技工学校

【概　况】 2015 年河北宣工机械发展有限责任公司技工学校招生人数为 51 人，其中三年制机械制造和电工电子专业分别为 28 人和 23 人。同时 2015 年技校生毕业人数为 78 人。分别就业于河北宣工机械制造股份有限公司、（宣化）福田雷萨泵送公司、（北京）福田戴姆勒公司，以及宣化开发区钻机工业园区等企业，就业率 100%。2015 年沈阳工大宣化函授站招生人数为 54 人，其中高起专 46 人、专升本 8 人。同年大专毕业 56 人、专升本毕业 20，其中专升本中有 2 人获取学士学位。2015 年职业技能鉴定所和安全培训机构，共鉴定和培训、考核 1500 多人次有效地服务本地企业和社会。

（张　华）

宣化各中学、部分小学

宣化第一中学

【概　况】 2015 年，张家口市宣化第一中学现有 70 个教学班，3500 余名在校生，教职工 361 人。2015 年高考，在考生减少 315 人的情况下，全校纯文化上本科一批 633 人，纯文化上本科二批 1357 人，本科一批、二批上线率分别提高 2 个百分点，600 分以上有 161 人，获得全市理科第二名和文科第二名，4 人进入全市理科前十名，3 人进入全市文科前十名。深入教育科研，广泛开展课题研究和综合实践活动，耿玮老师获得全国综合实践活动第十三届研讨会现场说课一等奖，薛桂凤老师获得全国实验教学创新一等奖，还有 123 人获得省活动案例、教学设计、学术论文奖励。

【教学管理】 教学管理，规范化、科学化、制度化。完善领导集体听课制度，开展骨干教师网上晒课，骨干教师网上录课。本学年有 3 人获得省骨干教师，22 人获得区四个一称号；2 人获得市优秀班主任，34 人获得市优秀教师，10 人获得市教学标兵。注重学生思想道德建设，修订《德育工作指导意见》，进一步规范德育工作。坚持活动育人，重视心理教育。3 人获得全国“中国梦”读书教育活动奖励，1 人获得省级优秀德育工作者称号，学校获得区德育工作示范单位。

团委坚持定期开展主题团日、主题团会活动，组织多种活动，3 人获全国“中国梦”读书教育活动奖励，学校团委获区五四红旗团委称号。心理中心开设不同的心理课程，高一年级主要进行绘本阅读，高二年级开设《职业生涯规划》课程，毕业班主要开展小型团体辅导活动、考前放松训练、拓展训练。开展教师心理疏导、茶会、绘画、书法等活动，缓解教师压力。

紧抓体艺课堂教学管理，完成学生体质健康测试，组织春秋两次田径运动会；加强特长生培养力度，有 49 人进入西安体院等体艺院校。田径队获得市中学生运动会男子团体第三名。健美操队获得省中小学活力健康大赛爵士舞蹈组第一名；在全国健美操联赛中，7 人取得国家冠军赛资格，1 人最终获得国家一级运动员称号。足球队获得首届张家口市校园足球赛冠军。舞蹈队表演的节目选送到河北省中小学艺术节展演。

2015 年 3 月，被中华全国妇女联合会授予全国巾帼文明岗；5 月，被张家口市科学技术协会评为张家口市教育科研先进集体；8 月，被张家口市教育局评为市师德建设先进集体；9 月，被张家口市教育局授予张家口市普通高中教育教学成果特等奖；10月，被河北省教育科学研究所评为河北省高中生涯规划教育实验学校；4月，成为河北建筑工程学院的优质生源基地；5月，成为李阳疯狂英语实验学校。

（白 薇）

宣化第二中学

【概　况】 2015年，张家口市宣化第二中学有初、高中教学班52个，在校生2833人，教职工240人。

2015年高考二中本科上线总人数30人，其中文科本二上线人数1人；本三上线人数15人，比去年增加650%，艺术类考生30人，本科上线14人（含提前批），比去年增加5人，增长率为125%。2015年中考二中有94人考上宣化一中。被张家口市政府评为“张家口市教学先进学校”，获“宣化区教育系统党建帮扶工作先进单位”称号，被张家口市教育局评为“张家口市教育科研先进集体”。

【教育教学】 根据自身特点和现实环境，明确打造三中心一基地的战略发展目标。深化“班级文化建设”和“高效课堂建设”，河北省汉字书写大赛，二中是唯一直播高中，冰雪教育活动被张家口日报头版刊登，邀请到瑞典十杰李娜、瑞士国家滑雪队、意大利法比奥、“疯狂英语”创始人李阳、全国十大少儿作家薛涛等到校讲学，丰富学生的德育活动。承办张家口市有效课堂展示大会，获物理、英语、政治、综合实践优质课省级一等奖，物理英语获全国二等奖，多名老师获得市优质课、班主任大赛等市级活动一等奖。经市政府批准备案，成立“河北省青少年冬季奥林匹克运动学校”，从来自全国各地和全市近300多名学生中招生50名优秀学生，外聘全国高山滑雪冠军索契冬奥会中国选手张雨欣教练等四名优秀教练全程督训。成立课程研发中心，出版《宣化二中寒假之旅》及各学科衔接教材等。

2015年，二中有21名教师被宣化区政府授予“教学工作先进教师”称号。教师马玉娟以张家口市、河北省第一名成绩代表河北省参加“全国英语基本功大赛”作课获二等奖；教师王佳燕在河北省中小学学科教学评比活动中获二等奖。

（唐正荣）

宣化第三中学

【概　况】 2015年，张家口市宣化第三中学有教学班22个，学校学生总人数有1066人，教职工92名，其中高级教师20名。学校落实岗位制度，德育智育一起抓，不断促进教育管理规范化。实行教学领导推门听课制度、“日清周结”制度，科学抓好毕业班工作。2015年改造教学楼的用电线路，更换教学楼供暖管道的所有截门，为师生购买纯净水饮水机，实现集中供暖。

在4月组织的区网络艺术节舞蹈获一等奖。9月参加区运会太极拳表演获得好评。10月篮球赛获市第一名，11月网络春晚节目排练获区一等奖。12月首届校歌评选大赛获银奖。12月中学男子、女子组国际象棋团体总分都获区第一名。

12月，王秀珍、温书华、张智艳被评为中学高级教师。

（白玉清）

宣化第四中学

【概　况】 2015年，宣化四中有62个教学班，其中高中三个年级14轨，43个教学班，2465名学生。初中6至9轨，现有三个年级，22个教学班，1247名学生。

【教育教学】 高考本科上线566人，其中文化一本上线19人，较2014年增长90%；文化二本上线129人，较2014年增长46.5%；艺术体育类提前批上线93人。中考成绩创历史新高，稳居全区第一。中考状元花落四中，总分636分。全区前十名四中占十位（含分数并列）。学校415名学生参加中考，600分以上人数为39人，555分以上共有189人，均达宣化一中录取分数线。

被宣化区委、宣化区人民政府评为宣化区文明单位。荣获第三届“中国汉字听写大会”张家口市赛集体二等奖。荣获张家口市教育局颁发的张家口市教育科研先进集体称号。教育局委员会授予先进基层党组织。在河北人民广播电台科教频道《小梦想大舞台》节目“好故事我来讲”第四赛季暨第二届河北省中学生作文朗读大赛中获优秀组织奖。张家口市教育局授予艺术类高考先进单位称号；张家口市普通高中教育教学成果三等奖。河北省教育厅、河北电视台举办的脑力冲击波第三季——河北省中小学生汉字大比拼，宣化四中代表队获得2015年度初中城市组团体总冠军。获得张家口市教育局颁发张家口市教学工作先进集体奖牌。

（刘晓红）

宣化第五中学

【概　况】 2015年，宣化第五中学拥有教职工87人，在校生近千人，共有21个教学班。

成功举办“32届教学质量月”活动，重点加强青年教师的培养，组织开展了“说、讲、评、辩、研”的系列活动，使青年教师快速成长，实现青年教师一年打“基础”，三年挑“重担”，五年成“骨干”的目标。2015年落实校安工程一期工程竣工。

刘元峰获张家口市教学工作先进个人，张丽君、许颖两位教师获张家口市教育科研工作先进个人，陈建莉获张家口市学科带头人，张丽芳获张家口市师德先进个人，李秀文获张家口市青少年科技教育活动优秀教育组织工作者，郭志坚获张家口市青少年科技教育活动优秀科技辅导员，陈建莉获张家口市中小学幼儿园骨干班主任称号。

（任丽梅）

宣化第六中学

【概　况】 2015年，张家口市宣化第六中有24个教学班，学生1354人，教职工104人。

随着新建综合教学楼的投入使用，新装备全新音乐教室、美术教室，学校图书馆、阅览室，64座的新微机教室等，全年用于维修和购置的资金达到86万多元，满足学校教育教学工作的需要。对教学楼内10个教室的坑洼地面及体育办公室地面新铺了瓷砖，更换教学楼内地面以上的暖气管道。

【德育工作】 充分发挥学校德育领导集体作用，把握德育工作这一思想教育主阵地，开展一系列教育活动。开展“规范月”和“安全教育月”；根据各班实际情况，开展“班班有班规，人人有事做”班级管理活动；以“天天看今日说法、周周为班级争光”为主题普法教育。初三毕业班开展“立志成才、回报母校”系列活动，召开了初三毕业生的百日宣誓大会；孙春莲老师参加了宣化区班主任基本功大赛获得初中组一等奖和教育故事演讲第一名。“6·26”世界禁毒日之际，学校举办了“珍爱生命、远离毒品”禁毒图片展。开展了首届《希望杯》校园足球对抗赛。11月下旬组织开展了第四届《汉字成语听写大赛》，开展第三届《实物模型和手工制作作品展》。12月中旬，组织三年级开展第四届《“启智杯”综合知识能力竞赛》。

【教育教学】 狠抓教学中心工作不动摇，召开初中教学分析会、初三各班学情分析会、骨干教师示范课展示、青年教师汇报课等，通过做课交流查找问题，明确目标，理清思路。组织学生参加“共筑家园全国青少年建筑模型总决赛”荣获一等奖3名，二等奖5名，三等奖3名。注重对教育教学的观察和思考，关注问题的解决，为教学成绩的稳步提高指明了方向。初三年级学生参加一模考试有14名学生被提前录取，有60名学生一中统招录取。

（南永宏）

宣化第七中学

【概　况】 2015 年，宣化第七中学有教学班 18 个，在校学生 900 人。在职教职工 89 人。

2015 年，学校新建教学楼建设进入主体封顶。学校风雨操场和新大门项目建设手续正在继续跑办之中。

保障正常教育教学秩序和师生安全前提下，历时三个月，完成学校集中供暖工程，保障学校按时供暖。

【教师培养】 开展两次青年教师读书活动，于 9 月开展青年教师评优课活动，做汇报课 26 节。踏实的专业研修提升了学校教师的专业化水平，李连荣、田素兰老师被评为区教学能手教师，班秀丽等四名教师被评为区学科带头人，田建杰等三名教师被评为区希望之星，学校骨干教师队伍正在逐步壮大。

【规范办学】 严格执行省市区关于规范办学的若干规定，严格控制学生在校时间和家庭作业量，严格规范收费行为，执行困难生教科书免费政策。在招生工作中认真落实义务教育阶段“划片入学”“就近入学”政策，努力解决农民工随迁子女入学问题，圆满完成招生任务，初一新生无一流失。

【教育教学】 继续贯彻“一体两翼”教学总思路。定期对教师的备课笔记、听课笔记、学生作业、集体备课记录等进行认真检查并反馈结果。市级课题三项，区级课题十四项，正在进行中。被评为市级教育科研先进学校，栗永来老师被评为市级教育科研先进教师。2015 年中考初三提前批 9 人，43 人超过一中公助生录取分数线。

初一二年级分别进行以行为习惯养成和做规范中学生为主题的主题班会评比，进修学校霍庆主任两次到现场予以指导。保障学生每天一小时体育活动时间。参与了“千名教师进万家”家访活动，受到了家长、学生的欢迎。米志强、刘晶老师参加了区班主任素质大赛，取得较好成绩。

（张志喜）

宣化第八中学

【概　况】 2015 年，宣化八中现有教学班 25 个，在校生 1380 余人、教工 101 人。

2015 年中考，取得一中提前录取 26 人，公费录取 70 人的优异成绩；学校又荣获区政府颁发的 2015 年教学工作进步奖；武志彪副校长荣获市教学工作及教科研先进个人称号。

（王　蕾）

宣化第九中学

【概　况】 宣化第九中学为 9 轨制初中校，在校学生 1642 人，教职工 123 人。

【特色办学】 荣获 2015 年全国第一批学校体育工作示范学校，荣获“宣化区校园足球特色学校”；在 2015 年中考中，我校被宣化一中正式录取的学生有 88 名，其中 31 人达“清北班”录取线，杨羿同学以纯文化分 623 名列全区第二，唐艳玲以 622 分名列全区第三，同时被评为“2015 年度教学工作先进单位”。学校还积极组织同学们参加各级各类学生活动，参加河北省第五届青少年健康活动大赛，获四级有氧舞蹈第一名，五级有氧舞蹈第一名，六级有氧舞蹈第一名，四级有氧轻器械第一名，并获“优秀健康活力团队风彩奖。”在张家口市第三届香江杯传统文化大赛中，我校代表队，从初赛、复赛到决赛一路披荆斩棘，勇夺本次市级大赛第一名的佳绩。在 2015 年宣化区中小幼田径运动会中，获得男子团体第一名，女子团体第一名，并获得“体育道德风尚奖”。2015 年 7 月，在第三届宣化区全民健美操大赛暨中小幼健美操比赛中，我校健美操队获得大众 4 级有氧健身操（8 人）第一名，大众 4 级有氧舞蹈（10 人）第一名，大众基本步法（8 人）第一名，大众竞技混合双人操（2 人）第二名；参加2015 年 12 月举行的宣化区“宣化棋院杯”中小幼学生智力运动会获得围棋获男子团体第一，女子团体第一；中国象棋获男子团体第二，女子团体第一；国际象棋获男子团体第二，女子团体第二的优异成绩。参加宣化区篮球联赛获第一名。

（赵力峰）

宣化第十中学

【概　况】 2015 年，学校现有高中教学班 15 个，6 轨制，在校生 599 名，教职员工 93 人。

【教育教学】 2015 年，学校与河北武邑中学合作办学，武邑中学五位领导来宣化十中进行了办学教学的交流。10 月，教育局副局长唐岩峰、主任李海鸥及十中校长吕维栋又到武邑中学参观交流。

体卫艺比赛中，2015 年在区中学生运动会上取得男子团体总分第二名，高考田径联考，6 人报考，5 人上本科线。获市中学生篮球赛亚军，11 月 13 日—15 日举行的河北省第五届青少年健康活力大赛获得 3 个第一名。

音乐教育学习人数逐年增加。2015 高考上本科线达到 7 人，其中朱碧君考上了东北大学。

2015 年高考取得了优异的成绩。参加高考140 人，本科提前批上线 29 人，比 2014 年增加 11 人；本科三批上线 31 人，合计本科上线 60 人，本科上线率为 42.86% 考上艺术名校的人数增加，谢雨晨被北京服装学院录取、朱碧君被东北大学录取。

（张　力）

宣化第十一中学

【概　况】 宣化第十一中学，前身为“宣化钢铁公司第一中学”，始建于 1969 年。2003 年年底，由于企业分离办社会，回归地方教育行政部门管理，同时更名为“张家口市宣化第十一中学”。

2015 年，学校有教职员工 52 人。其中中学高级教师 15 人。

【学校工作】 开展了学《党章》和习总书记讲话精神和党的群众路线教育实践活动；开展了党内组织生活规范年活动；开展了师德建设月活动，文明礼仪教育活动月；每两周召开一次校园安全暨保卫工作分析诊断会，定期进行安全隐患排查和学生紧急疏散演练；召开了庆“七一”暨2015 届学生毕业典礼；在教学活动中，按照“快节奏、多反馈、勤思考、蛮高效”的课堂教学模式，开展了教学质量活动月；与老干部局联合举办了“迎国庆书画展”；举办了 2015 年秋季田径运动会。

2015 年 6 月获宣化区教育局关心下一代工作先进单位。

（黄文纲）

宣化区相国庙街小学

【概　况】 2015 年，张家口市宣化区相国庙街小学，在校生总数 974 人，有教学班 21 个，幼儿园班 1 个，一二五年级为四轨，三四年级和六年级均为三轨。

【教育教学】 继续加强科技教学楼的各项设施的管理，积极使用各类功能教室。其中实验室、仪器室、微机室、书法教室、美术教室、录播教室、电化教室、多功能演播厅的经常使用提高了学生的综合素质。一楼超大型开放式图书阅览室完善了电子借阅管理，全面向学生开放，每周各班的阅读课孩子们都在图书馆阅读，孩子们或站或坐，津津有味的读着自己喜欢的图书，充满了乐趣。在装备管理上，学校共有各类用途计算机几十台，21 个班都安装了“班班通”多媒体教学设备，并接入张家口市教育城域网。

2015 年 10 月，学校承担的河北省规划办重点数学课题《小学数学个性化作业的设计研究》顺利通过河北省教育科学规划办公室专家论证，予以结题。

【素质教育】 开展了丰富多彩的文体及社会实践活动。以经典诵读为主的校本课程，是最受学生欢迎的课程之一。组织的社团——“木目社”，下设器乐小组、科学实验小组、种植小组，书画小组等使同学们拓宽了眼界，增长了技能，为孩子们一生的健康成长打下坚实的基础。“木目雨”合唱团不仅在河北省获奖，还参加了宣化区春晚的演出录制；四至六年级学生利用校园资源开辟了劳动基地，春种秋收，在实践劳动中品尝到了快乐，同时在体验中磨炼了意志，锻炼能力。加强课间活动的管理，冬季长跑、踢毽子、跳绳、打乒乓球，器械操等丰富多彩的课间活动，确保学生每天一个半小时活动时间。学校组建有田径队，足球队，篮球队，健美操队和棋类小组。围棋、国际象棋课，小提琴课也深受学生的喜爱。

完善德育工作管理机制，通过新颖、活泼、行之有效的传统文化教育活动，将传统节日的文化元素引入校园生活中，使其成为弘扬民族文化的载体。一至六年级开展了跳小绳比赛、长跑比赛、合唱比赛；四到六年级开展了乒乓球比赛、足球比赛、棋类比赛、跳大绳比赛。活动中涌现出许多运动健将。10月下旬学校组织了一到六年级学生“走进经典”大型诗词朗诵会活动。10月19日，全体学生为五一班武新锐弟弟（白血病）捐款10517.5元。12月11日上午，全体师生到科技职业学院进行大型合唱比赛。

2015年度，获张家口市德育工作先进集体，在学校“十二五”科研课题中，市级“信息技术与小学数学学科整合的研究”课题已结题，并获三等奖。省级重点课题《小学数学个性化作业设计研究》已结题。

（郑　敏）

宣化区新兴街小学

【概　况】 新兴街小学前身是宣化钢铁公司第一子弟小学。占地8.23亩，建筑面积3600平方米，有12个教学班，530名学生。学校秉承“一切为了师生发展”办学宗旨，以打造充满人文情怀阳光新小为目标，全面实施以课堂教学为突破口“生本教育”改革，素质教育扎实推进，品牌学校初见端倪。

【“以生为本”构建办学理念体系】 在理念建构方面，以“实施生本教育，为学生终身发展奠基”为核心，确立构建自我教育、自我管理德育模式、自主学习自主发展教学模式、促进师生共同发展管理模式三方面实施策略，培养自尊、自信、自律、自立、自强阳光少年。

【“以生为本”打造绿色生态课堂】 开展以“生本课堂”为主题一系列课堂教学研究活动。“聊书会”、“教学经验分享”、“心得体会交流”等活动实现自主研修与同伴互助有机融合。“教改大课堂”，以点带面，搭建实践研讨平台。片区教研、区域教研展示生本研究成果，语文、数学、英语、科学、品社、音乐等学科的区级中心教研组活动在新兴街小学举办。5月，学校承办张家口市数学学科高效课堂现场会。周晓嫚、景昂老师到张家口市、承德市、康保县、沽源县送课。12月初，市教科所到学校调研，学校生本教育改革阶段性成果得到教科所领导与专家一致认可，学校课改成功经验刊登于《河北教育》。

【“以生为本”开发多彩校本课程】 基于学生发展需要，新小开发“习惯”和“诵读”两项校本课程，校本教材《我的好习惯》获省一等奖，《我爱诵读》获市特等奖。开设沙画、机器人、剪纸、泥塑、围棋、快板、播音主持等十余项社团课程。各类课程相互补充、相得益彰，形成三级课程整体框架。

【“以生为本”开展特色教育活动】 构建“以生为本”班级自主管理模式。探索以学生为主体班队会模式，开展生本中队会展示活动。开展“新兴悦读”校园书市活动构建校园社会化实践场。到敬老院、博物馆、部队参加各种社会实践活动。组织开展校园科技节、读书节、体育节、艺术节。一年来，学校先后荣获张家口市现代教育技术实验校工作先进集体、张家口市电化教育先进单位、张家口市科技教育先进集体、宣化区教学工作先进学校等荣誉称号。

（王晓玲）

宣化区工业街小学

【概　况】 2015 年，张家口市宣化区工业街小学有教学班 25 个，学生 1345 人，教职工 62 人。

【突出示范作用】 继续以课程建设为核心，创造学生成长的平台，探索优质学校办学之路，圆满完成 2015 年的各项教育教学目标任务，在创建一流学校的道路上不断探索、思考和实践。2015 年，接待了省政协领导以及北京市教委、省教育厅领导的考察指导，学校师生的精神风貌和办学成果受到领导们的高度评价。

【教师队伍建设】 严格落实区委“三严三实”和“正风肃纪”要求，创建一支风清气正、业绩优秀的干部教师队伍。根据局党委要求，学校领导班子和党员干部坚持不懈纠正“四风”，不折不扣贯彻落实中央关于改进工作作风、密切联系群众、严格执行党的纪律要求。在广大党员干部的带动下，全体教师以更高的政治热情、更加振奋的精神状态、更加扎实的工作举措，稳步推进学校各项工作取得优异成绩。

【课程建设】 在探索“三课结合、科学育人”模式的实践和研究的办学过程中，集中了每一位教师的智慧和汗水，一年来，成果丰硕。不断优化社团课程，开设了“书声琅琅”“习字整理”“静读课程”等主题微课程，依托师资和社区条件，尝试开设主题德育课程和主题研究课程。学科基础课程、主题课程和社团课程“三课结合”的课程结构初步形成。

【常规工作】 做好各项教务工作及教学管理工作，顺利通过区教研室教学评估视导工作。德育和少先队落实领导带班、教师值周制度，积极开展未成年人思想道德建设工作，体育艺术节、学生才艺展示的活动相继开办。总务处充分发挥服务功能，圆满完成后勤保障工作。

（王万东）

宣化区鼓楼小学

【概　况】 2015 年，张家口市宣化区鼓楼小学学校现有教职工 72 人，学生 1950 人，教学班 37 个。

【教学工作】 以课程改革为中心，以构建高效课堂为阵地，立足学校教育发展实际，围绕学校工作目标和教学计划扎实开展工作。坚持把“以人为本”作为赖以生存发展的基础，重视班子建设，增强班子凝聚力、领导力和执行力；重视教师德能培养，以校本研修为依托，提高教师队伍整体素质，为学校发展奠定基础。教学工作追求精细化管理过程，努力促进“优质高效课堂教学”的形成和教师专业化成长，实现教学管理水平和教学质量的提升。

2015 年，学校顺利通过河北省素质教育师范学校的评估，荣获第二十八届《双龙杯》全国少年儿童书画大赛优秀集体奖，被评为全国青少年校园足球学校，评为张家口市教育系统先进基层党组织，荣获河北省德育创新案例二等奖、市思想政治工作先进学校。

（康雅玉）

宣化区东升路小学

【概　况】 2015 年，宣化区东升路小学有学生 1000 人，教职工 35 人。

【德育工作】 坚持“突出重点，注重实效”地开展德育工作，以小学生日常行为规范教育为抓手，继续开展了“养成良好习惯，成就精彩未来”的深化阶段，即“让规范成为习惯，让习惯更加规范”的习惯养成教育；举行了教育系统安全疏散演练现场观摩会，为各学校进行安全教育提供示范；进行“开学第一课、法在我身边”主题班队会，对学生进行新学期的课前教育；为营造申奥氛围，举行“激情冰雪、助力申奥”绘画展、“庆六一、助力申奥”文艺汇演；举行“中国梦”主题的报告会、读书演讲、家乡文化大搜索——参观宣化区博物馆、家乡的英雄故事比赛、小手绘家乡；参加区中小幼健美操比赛，获得三项第一名；参加区中小学生运动会，获得男女团体第三名；为身患难治性癫痫重症疾病的二年级同学张继业在全校开展“伸出我们温暖的双手，献出我们美好的真情”募捐活动，共筹集捐款19752.5元；邀请宣化区名师赵华老师做“以班级建设促生命成长”的班级管理主题讲座；开通“东升路小学德育”公众微信号，宣传学校的各方面工作，受到社会关注，反映良好。

【教育教学】 2015年，深入贯彻生本教学理念，实现课堂“五个要让”,“三讲三到位”。扎实开展以“汇集体智慧，研高效课堂”为主题的校本教研活动。注重对教师现代教育技术手段的运用培训，录播系统、电子白板、校园网络、微信平台等网络信息化教学在学校全面普及。2人获得宣化区学科微课比赛一等奖，2人获二等奖，2人获得三等奖；2人获得宣化区学科说课比赛一等奖，1人获得市语文优质课评比一等奖。1人获得市品德与生活说课评比一等奖，1人获得市师生规范汉字书法比赛教师组二等奖。承担了综合实践区级中心教研任务，将首届校园风筝节“美丽的风筝　多彩的童年”综合实践活动成果进行展示，并做经验介绍，反响强烈。使用“好宝贝　好习惯　笑脸相伴”习惯养成卡，培养一年级新生的行为习惯。邀请宣化九中领导到我校进行沟通、参观、交流，积极探索符合双方特点的小初衔接工作。成立以名师李辉为首的教师发展中心，初步完成省、市、区、校四级骨干教师的梯队建设，主任李辉带领刘颖、田秀璐两位年轻教师分赴承德丰宁等六县做观摩课、讲座。充分发挥教科研力量，以科研促教研，五项市级课题，有三项获阶段性成果一等奖、两项二等奖，一项区级课题申报成功。开展了“旭日伴我成长　东升载我起航”为主题的多彩课堂，共开设围棋、羽毛球、乒乓球等16门校本课程，创建了校园文化建设新特色。

（孙雅玲）

宣化区属部分幼儿园

宣化区幼儿园

【概　况】 2015年，宣化区幼儿园现有教职工121人，幼儿790余人，22个班。年内先后获北京爱.公益组织“爱心企业”，河北省青少年科技创新大赛优秀组织奖，张家口市科技教育工作先进集体、宣化区先进基层党组织、教育系统帮扶工作先进集体、德育课题研究先进单位、师德建设工作先进集体、优秀校报先进单位。5位教师分别荣获优秀班主任、优秀德育课教师，2位教师获省优质课、25位教师获市优质课、9月代表教育局参加了宣化区纪念抗战胜利70周年百人大合唱。

【科研工作】 深入贯彻《3—6岁儿童学习与发展指南》。18人赴银川、北京学习“学习故事”，开展行动研究，科研结题材料在北京与专家和全国同行交流。25名教师参与“河北省省编教材”健康领域的修订。语言文字工作代表教育系统高标准通过省级验收。“美慧树”课题组成为华东师大出版社美慧树课题华北地区唯一教研基地，教师有机会与江浙沪教师同台竞技，共同成长。

【教学工作】 10月，8名教师参加宣化区教育局举办的“全区青年教师基本功大赛”全部晋级决赛，5人获一等奖。4月，组建了“中心教研组”、“名师工作坊”，每周三进行“大教研”，教学反思，发现工作亮点，12位骨干教师组成“中心教研组”通过集体教研，“手拉手”等形式激发教师活力，实现专业化成长。

【安全工作】 健全完善安全管理机制、规章制度和岗位责任，修订各类安全工作应急预案及管理网络图，层层签订安全责任状，形成条块结合、齐抓共管的网络式安全管理体系；严格接送制度，持卡接送，定时清园、夜间巡逻检查。强化安全课，增强广大师生对突发事件的应变能力和处理能力。4月，消防队宣传员进行了消防安全现场培训，为全体师生展示了消防水袋使用，全体教师演练干粉灭火器操作。每月，对教学楼、消防设施、大型玩具、仪器、电器等进行地毯式检查，发现问题及时解决，消除了安全隐患。

（何晓健）

宣化区鼓楼幼儿园

【概　况】 2015年，张家口市宣化区鼓楼幼儿园有15个教学班，在园幼儿515人，教职工94人。

【教育教学】 以《3—6岁儿童学习与发展指南》为指导，推进课程改革，夯实教育教学，注重幼儿能力培养，发掘幼儿内在潜能，科学保教，保障幼儿快乐健康成长。成立专门“园本课程”教研组，从转变观念入手，以教研为手段，积极探索园本课程新思路、新方法、新途径，充分发挥骨干教师传、帮、带作用，全面提高教师素质和整体办园水平。

以“区域活动”“大带小混龄活动”“亲子阅读吧”为教育特色，本年度新增“学习故事”教研活动，旨在探索学习故事过程中，紧密联系园所发展实际情况，以点带面，确定进行“学习故事”研究三个实验班——大一班、中一班和小三班，为幼儿建立成长档案，在活动当中真正赋予幼儿游戏自由，满足幼儿内心需求，支持幼儿进一步学习，使自主自发游戏逐步成为幼儿园常态课程，达到教师和幼儿在互动中实现身心共同成长真谛。

河北省教育学会课题“幼儿交往能力培养研究”和张家口市教科所“十二五”重点课题“幼儿早期阅读”正在研究进程；张家口市青年专项课题“幼儿自信心的培养”顺利结题。

【设施设备】 2015年，充分发挥学前教育奖补资金作用，投资50万元，更新设备、优化环境。

（田朝霞）

宣化区胜利路幼儿园

【概　况】 2015年，宣化区胜利路幼儿园现有小中大10个教学班，在园幼儿358人。教职员工62人。

【教育教学】 2015年，幼儿园加大教科研，结合《3—6岁儿童学习与发展指南》实施，“学习故事”“安吉游戏”“区域活动”大力提倡低结构材料在幼儿园落地生根。教师们通过“走出去，请进来”组织研讨，以多种形式提升教师对学习故事和《指南》精神的解读与理解。

【基础建设】 2015年11月，政府投资资金1032万元的4层教学楼主体完工。2015年11月荣获河北省第五届青少年活力大赛优秀健康活力团队风采奖，2015年8月荣获市级师德建设先进集体。

（刘丽娜）

科学技术

【概　况】 2015年，区委区政府强力推进“项目攻坚、创新驱动、城市建设、三农发展、文化提升、民生改善”六项重点工作，坚持“稳中求进”，以“促进经济提质增效”为全区科技工作指导方针。通过加强院企合作、技改研发、成果转化、科技惠民等有效手段，及大地提高科技工作在区域经济发展中支撑作用。

【科研管理和科研活动】 抓住京津冀协同发展和全省经济转型有利时机，结合省、市科技计划指导目录，组织企业做好2015年项目申报工作。申报省、市项目5项，争取上级资金255万元，其中冶金环保“湿法除尘技术”项目被列为省重大科技成果转化项目。科技局组织人员深入企业、大创园进行走访、调研、现场培训，帮助有条件企业进行申报，全年新认定科技型中小企业27家，超额完成市政府下达77家目标任务。全区科技型中小企业80家。

围绕宣化区“3+3+4”产业体系发展和宣化区各企业实际需求，主动加强与武汉黑旗网络传媒有限公司等各类科技中介机构全面合作，充分利用其人力资源、创新平台，实现信息互动，扩大服务层面，改被动服务为主动服务。提高宣化本地科技中介服务机构创新能力和服务水平，为企业提供科技创新、成果转让、项目包装和技术咨询等服务。帮助宣化区大学生创业园入选省新型创业服务平台推荐申报工作。

宣化区有省级工程技术研究中心2个（宣钢、冶金环保）、市级工程技术研究中心2个（葡萄研究所、凯世德）。高新技术企业4家（宣工、冶金环保、华泰、新烨）。冶金环保高新技术企业、工业烟气除尘工程技术中心顺利通过省科技厅复审确认，天隆公司申报新青年众创空间被认定为首批市级众创空间（全市6家）。

苏普曼、泰达分别获得2014年河北省知识产权冠标企业并获得10万元奖励资金。2015年科技局重点是结合“科技活动周”进一步加强知识产权宣传，为提升企业专利意识，聘请国家知识产权局专家为企业举行专题讲座，并对企业业务骨干进行培训。协助张家口市科技局完成对宣化区知识产权贯标企业验收工作。2015年申报专利148项，其中：发明专利26项、实用新型专利102项、外观设计专利20项。完成2015年度科普工作调查表下发、整理、统计、上报工作和生产力促进中心和岩土工程机械装备特色产业基地年报统计和总结工作。

【科普宣传】 以全市科技活动周为契机，以“走科学发展快速路、建社会和谐新宣化”为主线，以加快新农村建设步伐为目标，采取多种形式，开展系列贴近实际、贴近生活、贴近群众、内容丰富群众性科技活动，提高广大群众科技文化素质，促进社会和谐发展。结合科技活动周，知识产权培训等活动。为农民发放农村实用技术知识、科技辅导资料等科技书籍和杂志600余册，光盘100余张，宣传资料2000余份，解答疑难问题110多人次。

【地震工作】 2015年对4项建设工程进行抗震设防要求确认，同时按照同行业标准，严格规范审批档案，及时进行信息公开。充分利用“5 · 12”全国防震减灾日、“7 · 28”唐山地震纪念日等时间节点，深入乡村和所包社区，开展防震减灾知识宣传，展出展板十余块，发放地震应急知识手册500余份，地震科普知识宣传资料、地震报2000余份，宣传民众1000多人次。及时对全区“三网一员”信息进行分类汇总，对人员变更情况进行及时更新。

（李　丹）

社会科学

【概　况】2015年，宣化区坚持以中共十八大，十八届三中、四中精神为指导，围绕全区工作大局，活化载体，创新形式，探索建设新智库，不折不扣地完成了省、市社科联交办的各项任务，为区委、区政府的决策提供服务。

【以活动为载体，加强社科理论知识普及】 以党的群众路线为契机，举办“正确处理不出事与敢干事的关系”、“让我感动最深的一句话”等为主题的征文活动；开展“赶考日”集中学习暨“书记讲党课活动”；组织、上报邓小平110周年诞辰理论研讨征文2篇。为推动张家口市经济社会科学健康发展，区委宣传部牵头组织政府办、统计局、人社局等12家单位，撰写了“区域经济发展报告”。围绕中央、省、市、区全会精神，在全区开展了多层面的宣讲80余场次。为坚定党员干部走中国特色社会主义道路的信心，邀请市讲师团成员、北方学院教授孟涕清为全区理论骨干举办了“社会主义五百年”专题讲座。为增强党员干部的“赶考”意识，组织开展“中国梦·赶考行”百姓故事会巡回宣讲9场；开展“中国梦·赶考行”万人大宣讲68场次。围绕十八届四中全会精神，邀请《求是》杂志社社长李捷为全区两级党委中心成员做了“学习贯彻习总书记重要讲话精神、全面依法治国”专题讲座。

【以研究课题为抓手，强化社科应用理论研究】 按照省委讲师团的要求，结合宣化区实际，认真筛选科研课题，申报省委讲师团2014年科研课题14项，4项被立为省级课题；截至12月底，结题2项，并荣获全省二等奖；2项课题申请延期。圆满完成市社科联2013年度12项课题的结项工作，6项评为良好，6项评为合格；开展了2014年社科课题申报、推荐工作，18项课题被确立为市级研究课题。申报第九届社科优秀成果奖3项，其中一项获论文三等奖，区委宣传部获“优秀组织奖”。

【搭建交流平台，加强成果展示】 以党的群众路线教育实践活动为契机，为区委中心组成员汇编群众路线学习资料5册；为基层群众编发了党的路线教育实践活动“群众明白卡”《农村党员干部“三字经”》；编辑出版了《宣化区党员干部简明学习读本》两册——《党的群众路线先进事迹荟萃篇》《让我感悟最深的一句话集粹篇》；编发《宣化区推进学习型党组织简报》12期。在《宣化时政》开辟“党的群众路线”、“学习焦裕禄精神”、“让我感悟最深的一句话”等为主题的理论专版，编发区委领导体会8篇，基层领导体会文章17篇，学习感悟41篇。

（李林飞）

卫 生

综 述

【概 况】 2015年，宣化区卫计系统以保障民生为目标，坚持计划生育基本国策，深化医药卫生体制改革，紧抓京津冀协同发展机遇，不断提升医疗和计生服务水平，群众就医满意度明显提高。2015年度卫生和计生年度考核中名列前茅，圆满地完成卫生局和计生局机构改革。

【疾病预防与控制】 疾控中心是全市第一家以消除疟疾为工作重点的试点单位，年内完成疟疾血检200人次，无阳性结果。两次赴看守所开展羁押人员艾滋病防治知识宣传和艾滋病病毒筛查工作。2015年报告各类传染病1035例，其中乙类传染病502例，丙类400例，其他133例，无甲类传染病报告和突发公共卫生事件。落实“三位一体”结核病防治新体系，选定宣钢医院为肺结核定点治疗医院，实现优势互补，提高管制效能。建宣化区公交公司、按院村社区、天泰寺街社区服务中心、万柳公园四家为慢病防控省级支持性环境建设机构。

【公共卫生服务】 为提高公共卫生服务水平，宣化区在全市率先启动支付方式改革试点工作，合理调整考核小组、改变资金分配方式，把每年2次绩效考核提高到4次，把之前按服务人口核拨经费变为按服务项目的数量和质量拨付经费，杜绝虚假档案和空壳档案，电话随访的真实性、群众基本满意率90%以上，真正实现“谁干工作谁得经费、谁干得好谁得的多”的工作思路。制订完善《实施方案》和《绩效考核资金定量补助实施办法》，让项目实施有据可依，职责分工明确到人。2015年，全区建立居民健康档案327974份，为65岁以上老年人体检16189人次，高血压管理36998人，糖尿病管理16473人。组织专家深入赤城、崇礼等15个县区筛查白内障病人，免费实施白内障手术327例；免费为1464名儿童实施口腔窝沟封闭；发放农村孕产妇住院分娩补助234人，补助金额7.02万元；免费发放叶酸2441人次，免费实施孕产期艾滋病、梅毒、乙肝表面抗原检测2763人，检测率97%，为乙肝表面抗原检测阳性孕妇所生的新生儿免费注射高效价乙肝免疫球蛋白44人次，接种率100%。

【职业病检测及健康体检】 2015年首次开展工作就完成对30家医院58台设备的监测，创收10.6万元。职业健康检查全年对47家企业2678名职工中检出疑似噪声耳聋2人，可疑尘肺61人，职业禁忌58人。规范全区15家预防接诊门诊和7所产科医院预防接种室建设。免疫规划单苗免疫接种率90%以上，麻疹类疫苗常规免疫接种率95%以上、及时接种率90%以上。配合教育部门完成14326名新入托入学儿童查验接种工作，开展2次疫苗查漏补种工作，补种率分别95.4%和96.1%。

【地方病防治】 连续五年对盐业公司食用盐进行碘盐监测，合格率100%。完成儿童尿碘，孕妇尿碘检测监测和儿童氟斑牙检测工作，通过市级“十二五”规划地方病验收。

（郝 芳）

妇幼卫生

【“两个系统”管理工作】 根据政府购买服务的“两个系统”管理要求在宣化区取得明显效果。在运行过程中，之前确定免费项目与群众日益增长就医需求有了差距，与日益完善的公共卫生工作基本要求也不相适应。2014年11月1日起，宣化区按照管理规范和临床需求重新确定孕产妇保健和儿童保健管理中免费项目。把孕妇建卡、体检、产前检查、健康宣教、产后42天检查、血糖、血型、血尿常规、肝功、肾功、乙肝四项、丙肝等化验项目全部纳入免费检测，对重大公共卫生项目中的艾滋病、梅毒、乙肝开展免费检测。原来孕妇首检需要上千元的化验项目，现在全部免费，百姓受益程度明显提高。2015年，沧州黄骅市、秦皇岛北戴河区、崇礼、蔚县、下花园区等市县兄弟单位先后到宣化区学习经验。全年为孕产妇免费建卡3055人，提供免费产前检查4986人次，免费化验2310人，孕产妇系统管理率为90.92%，儿童系统管理率为90.7%。免费办理“出生医学证明”3082份，宣化区共出生本地活产婴儿2434人，5岁以下儿童死亡17人，死亡率6.98‰，出生缺陷19人，发生率7.81‰，新法消毒接生率100%，发生1例孕产妇死亡，未发生新生儿破伤风。

【红十字会工作】 开展中国红十字会普法宣传，增强红十字工作的知名度，积极募捐，提高红十字会备灾、救灾、救助实力。积极开展全区“博爱一日捐”活动，宣化区各单位干部积极捐款。开展“博爱送万家”活动，救助98人，其中，救助特困群众76人；救助因病致贫群众8人；救助特困党员14人。

（王 洋）

区直医院及卫生院

宣化区医院

【概 况】 张家口市宣化区医院是一所集医疗救护、预防保健、科研教学为一体的二级甲等综合性医院，是张家口市第二急救中心、张家口市工伤保险定点医院、医疗保险定点医院、宣化区新农合定点医院、离休干部首诊定点医院、北大首钢医院血管医学中心宣化分中心、北京中日友好医院肛肠技术合作单位。医院先后荣获市文明服务“示范医院”“百佳医院”“诚信医院”等光荣称号，被区卫生局命名为“温馨医院”。

医院占地面积约5534平方米，建筑面积11792平方米，编制床位200张，在编职工258人，专业技术人员234人，中级以上职称106人。2015年门诊量61459人次，收治住院患者4537人次，急救中心接诊患者4218人，业务收入4060万元，同比增长205万元。

医院设有120急救中心和内、外、妇、儿、肿瘤、肛肠9个住院病区和口腔科、体检科等24个医疗医技科室。在街道办事处分别设有两个社区卫生服务中心、三个社区卫生服务站和区政府机关门诊部、热电厂门诊部。配备有16排螺旋CT、全自动生化分析仪、四维彩超、C型臂、高频X光机、乳腺钼靶、DR、数字胃肠镜、胆道镜、膀胱镜、骨密度仪、口腔全景及呼吸机、中央监护系统等医疗设备。数字胃肠镜是目前张宣地区最先进的胃肠检查设备，管径细、清晰度高。

【医疗对接合作】 血管医学中心与北大首钢医院血管医学中心合作，开展血管病早期检测、健康终身管理、临床诊疗和康复；肛肠科与中日友好医院合作，引进先进的微创改良型肛肠技术，开展各种痔疮及肛漏、肛裂等肛肠手术；肿瘤科与中科院北京肿瘤医院合作，开展肿瘤微创介入治疗，有效延长患者生存期。皮肤科聘请原天津祥云皮肤病专科医院的李海兵医师、原宣钢医院须增娟主任坐诊。口腔科引进北大口腔医院技术，在口腔种植、牙周病治疗方面填补了宣化区空白。在京津冀协同发展战略指导下，区医院先后与北京和平里医院、北京航空总医院进行医疗合作对接，在人才培养、医疗技术、转诊等多方面开展进一步合作，使区医院业务技术水平得到较大提高。

【继续教育】 继续实施科教兴院和人才战略，采取派出去请进来的方式不断提高医院的服务水平，2015年选派15名医护人员到北京各大医院进修学习；并把2015年定位为“学习年”，共组织各类业务知识学习53次、技能考核15次，中层以上干部外出参加医院管理培训班16期。

（宗　莉）

宣化区中医院

【概　况】 宣化区中医院是一所以中西医结合为特色综合医院，被区委、区政府认定为老干部定点医院、惠民医院、助残医院，还被认定为城镇职工医保、新农合一级定点医院被指定为宣化司法医学鉴定中心。医院占地面积4000余平米，科室设置齐全，职能科室7个、业务科室27个，其中门诊科室11个，包括急诊、内、外、妇、儿、脑病科、疼痛科、肾病科、治未病科、老干部门诊、特病门诊；住院处设内科、外科、老年病科3个病区；医技科室3个，包括CT放射科、检验科、功能科；其他如中、西药房、院外社区及门诊部、司法医学鉴定中心等科室10个。建有富含中医药文化特色的“名中医工作室”2个。医院拥有双排螺旋CT、CR、彩超、全自动生化分析仪、德国费森尤斯血液透析机、中医体质辨识仪、经络检测仪、疼痛专科系列治疗仪器、脑中风康复器材、手术室设备等诊疗设施。技术队伍过硬，其中中级职称人员28人，高级职称人员8人，每年陆续派往北京、天津、石家庄等三级甲等医院进修学习，使医院诊疗水平得到逐年提高。

医院专科特色明显，其中省级重点专科1个，市级重点专科2个。脑病科为省级重点专科。成立于2007年，引进电动起立床、多功能体位训练床、蜡疗箱等30余种运动及作业疗法康复器材，运用“醒脑开窍针刺法”结合“偏瘫康复运动法”及各种中医适宜技术，对脑梗塞、脑出血后遗症，进行针对性康复训练，能显著降低脑中风患者的致残率；疼痛专科为市级重点专科。

【联盟发展】 2015年8月18日正式加入以首都医科大学宣武医院为联盟发起单位和理事长单位的中国疼痛康复产业技术创新战略联盟，并成为理事单位，联盟示范基地。中日友好医院针灸科主任医师李石良、首都医科大学宣武医院疼痛诊疗中心倪家骧主任定期应诊、手术，指导开展低温等离子消融、电磁波消融、针刀等微创手术，结合传统中医中药、针灸、推拿及现代先进的疼痛治疗仪器，治疗颈源性头痛、足跟痛、肩周炎、各部位腱鞘炎及腱鞘囊肿、腰椎间盘突出症等疾病；肾病专科为市级重点专科，运用中医药治疗各类肾小球、肾盂、前列腺疾病，可达到早期治愈，中晚期延缓病变进程，终末期推迟血透时间效果。目前血液透析中心拥有血液透析机12台，血滤机1台，开展血液透析、血液灌流、血液透析滤过等技术，年透析量8000余人次。

【新设立专科】 中医治未病科配置了中医体质辨识仪、经络诊断仪等设备，主要开展冬病夏治“三伏”贴敷疗法辅以服用“益气温阳补肺汤”治疗慢性支气管炎、肺气肿等疾病，夏病冬治“三九”贴服治疗季节性过敏性鼻炎，耳穴贴敷治疗失眠的疗法，2015年自行研制10余种贴敷秘方，用以辅助治疗失眠、心悸、高血压、便秘等疾病，现已诊疗700余人次，临床疗效较好；肿瘤中医康复专科运用中西医结合治疗手段，针对各类恶性肿瘤手术及放化疗后期，可缓解肿瘤放化疗并发症、副反应，恢复机体免疫力、预防复发、提高患者生活质量。

（郭建敏）

宣化区眼科医院

【概　况】 宣化区眼科医院是一所以眼科特色为主、兼有耳鼻喉、口腔等科室的专科医院，至今已有29年历史。医院有正式职工68人，在职卫生技术人员63人，其中高级职称7人，中级职称15人。2015年在区委、区政府和区卫生局的大力支持下，医院继续开展改扩建工程的收尾工作，投资7万元在医院门诊大厅安装了高清LED显示屏，在医院眼科门诊安装分诊叫号排队系统，该系统启用，可以按挂号顺序呼叫病人到相应诊室就诊，有效解决病人就诊时排队无序、医生工作量不平衡、候诊环境嘈杂等问题，优化医院就诊流程和就医环境。继续加强眼科专业建设，投资90多万元引进眼底照相机和眼科电生理仪，进一步提高眼科疾病的诊断水平。增设小儿眼科，引进角膜塑形镜验配项目。该项目被世界卫生组织公认为最有效的近视眼控制手段和光学矫正方法。医院投资20多万元引进角膜地形图等多种专业设备，并定期邀请全国著名眼视光专家张伟医生亲临医院指导验配技术。医院2015年新成立医疗美容科，引进了美国产BBL多波长超脉冲光子治疗仪、超脉冲二氧化碳点阵激光治疗仪、调QND：YAG双波长激光治疗仪、荷兰B520皮肤检测分析仪等先进医疗设备，设备完成调试，正式投入临床使用。加强新技术研究与临床应用。眼科医院眼二科在工作中积极探索新技术应用及研发，顺利完成10例玻璃体内注射雷珠单抗药物（康柏西普）临床运用。

（张素慧）

宣化区疾病预防控制中心

【概　况】 宣化区疾控中心是实施政府卫生防病职能的专业机构，是在政府卫生行政部门领导下的公益性事业单位，设传染病、免疫规划、艾滋病、慢性病、结核病、检验科、健教科、职卫科、体检门诊部9个专业科室，2个行政科室（办公室、财务科）和1个社区卫生服务站。现有职工63人，专业技术人员占90%，其中硕士学位1人，大学本科学历15人，大专学历30人；高级职称6人，中级职称22人，初级职称27人，技术人员8人。

【业务工作】 2015年宣化区疾控中心传染病报告与2014年同期相比下降20.74%，单苗接种率90%以上，麻疹类疫苗常规接种率95%以上，配合教育部门完成14326名新入托入学儿童查验接种证工作，多次开展各类应急演练和大练兵活动，并在全市疾控系统应急大练兵中取得优异成绩。在“预防接种服务落实年”活动中，对全区15家预防接种门诊和7所产科医院预防接种室进行了规范化建设。中心作为张家口市第一家消除疟疾工作试点单位，年内完成疟疾血检200人次，无阳性。两次赴看守所开展羁押人员进行艾防知识宣传和艾滋病病毒筛查工作并在职业学院、宣化二中等院校开展艾滋病知识竞赛和五次健康巡讲，艾防知识宣传。建立的结核病防治新体系，选定宣钢医院为肺结核定点治疗医院优势互补，提高管制效能。建宣化区公交公司、按院村社区、天泰寺街社区服务中心、万柳公园四家为慢病防控省级支持性环境建设机构。对社区卫生工作人员，服务场所从业人员、社区居民、学生四类人群进行健康行为干预和卫生防病知识知晓率调查，健康知识知晓率76%以上，行为形成率到74%以上，均达标。

【新闻宣传】 2014年12月中心取得由河北省卫生和计划生育委员会颁发的放射卫生技术服务资质证书，成为张家口市首家具备放射卫生技术服务检测资质的机构，自年初开展工作以来完成30家医院58台设备的监测。作为“十二五”防治规划收官之年，中心连续五年对盐业公司食用盐进行碘盐监测，合格率100%。年内完成儿童尿碘，孕妇尿碘检测监测和儿童氟斑牙检测，通过市级“十二五”规划地方病验收。开展适龄儿童口腔健康检查即窝沟封闭项目完成3000余儿童12000多颗牙齿矫正。2015年中心在原有网站、博客等通讯平台基础上申请微信公众账号，转载各类信息2000余篇，深受广大群众好评。中心新闻《张家口举行职业中毒演练》获得“宣化好新闻奖”摄影类新闻一等奖，区政府政务信息刊登量在同级别单位中获得第一，并被区委宣传部评定为新闻报送优秀单位。协同宣化区中医院举办“中医文化月”大型宣传活动，使广大人民群众了解中医药，信赖中医药。

【队伍建设】 在公共卫生信息网络建设基础上，全面推进中心信息化建设。加强基础设施建设，充分利用人才和设备，开发新项目、引进新技术，切实满足公共卫生检验检测技术需求。加强人才队伍建设，围绕培养、吸引和使用三个环节，引进高学历人才，培养现有人才，合理使用各类人才，造就一支适应疾控事业快速发展疾控专业技术队伍。

（李志斌）

宣化区卫生监督所

【概　况】 卫生监督所是一所实施政府卫生监督职能专业机构，负责全区公共场所卫生以及全区医疗市场净化。

2015年，新办卫生许可证45户，从业人员体检3640人，经常性卫生监督网上录入772户次，受理投诉举报1户。公共用具消毒效果抽检样品合格率分别为95.3%、99%。同时对辖区内一级以上医院12家，乡镇卫生院3家，村卫生室57家，社区卫生服务中心（站）16家，开展传染病防治专项检查。并对未按规定处置医疗废弃物5户诊所进行行政处罚，罚款11500元。打造以钟楼东街至宣赤路为宣化区首条“公共场所卫生示范街”，商户做到证照齐全、制度上墙、布局合理、设施完善、环境整洁、消毒合格、操作规范。

2015年，检查个体诊所325户，经常性卫生监督录入423户；行政处罚14户，查处取缔无证行医1户、查处未变更执业地点开展诊疗活动2户、聘用非卫生技术人员行医3户、超出登记范围开展诊疗活动3户，共计罚款7500元，受理投诉举报3户。

（赵清彪　白　洁）

宣化区妇幼保健站

【概　况】 2015年，宣化区妇幼保健站遵循“以保健为中心，以保障生殖健康为目的，保健与临床相结合，面向群体、面向基层和预防为主”的妇幼卫生工作方针，以卫生惠民、便民、利民为出发点，扎实推进各项工作，有效提升了妇幼保健机构能力建设，全面提高妇女儿童的保障水平。

【妇幼健康优质服务示范工程】 根据冀卫办妇幼〔2015〕12号文件规定，按照优质示范区的标准，加强服务体系建设，健全完善规章制度，强化日常监督管理，切实维护妇女儿童健康权益。省卫计委考核组于9月22日到宣化区检查创建工作落实情况。9月23日，市卫计局副局长吕云、区政府副区长治秀芳、区卫计局班子成员、区编办、区妇联、区发改委、区财政局、区残联等有关人员召开会议，将全区妇幼健康优质服务示范工程的创建工作向考核组进行展示汇报，考核组一行还进行了会议座谈、实地参观、查阅相关资料，对宣化区开展创建工作给予高度评价，经专家组评估，省卫计委于2016年1月29日下发文件，确认公布2015年度省级妇幼健康优质服务示范市区名单，宣化区成为河北省首批通过示范区验收的县区。

【重大公共卫生妇幼卫生项目工作】 做好重大公共卫生妇幼卫生项目，是开展“三严三实”专题教育的重要举措，也是为民、务实的具体体现，是妇幼卫生的核心工作。妇幼保健站于4月26日举办了2015年全区妇幼健康工作会，对年内项目工作进行了专门安排部署。5月5日，召开了为期四天的重大公共卫生妇幼卫生项目培训会。深入产科医院进行项目督导，重点对艾滋病、梅毒、乙肝母婴传播项目流程进行改进与规范。全年共发放农村孕产妇住院分娩补助234人，补助金额7.02万元；免费发放叶酸2441人次，7163瓶；孕产期艾滋病、梅毒检测2763人、检测率97%，乙肝表面抗原检测2763人，检测率97%。新生儿免费注射高效价乙肝免疫球蛋白44人次，接种率100%。“两病”（先天性甲状腺、苯丙酮尿疹）筛查2821人，筛查率99%，筛查出甲状腺功能低下患儿1人。产前筛查1301人，未发现阳性病例，筛查率居全市第一。

【开展免费孕前优生健康检查项目】 4—9月，保健站为全区703对计划怀孕夫妇进行了免费孕前优生健康检查服务。该项目的实施可以让计划怀孕的夫妇享受到免费孕前优生健康检查服务，通过询问病史，收集夫妇基本信息和病史信息后到站进行体格检查、实验室检查、病毒筛查、妇科超声波常规检查等服务，并开展风险评估和咨询指导，提出医学建议，区分高风险人群和一般人群，建立孕前优生健康档案，进行早孕和妊娠结局随访服务，从而降低新生儿出生缺陷发生的风险，逐步提高出生人口素质。

【托幼机构卫生保健工作】 为预防传染病在集体儿童中传播，提高儿童健康水平，妇幼保健站对40余所托幼机构进行卫生保健指导。5月26日，组织专业医护人员深入到鼓楼幼儿园对200余名幼儿进行了全面的体格检查，针对体检中发现的情况及时进行了指导，口腔医生同时对儿童进行了口腔保健知识的宣传及正确刷牙方法的讲解。全年儿童入园体检率达到了100%，在园儿童年度体检率80%。完成入托儿童体检3870人，托幼机构工作人员体检633人，在园儿童肝功、血色素检测3938人，未发现贫血、肝功异常患儿。

宣化区新型农村合作医疗管理中心

【概　况】 2015年，全区有55057人参加了新型农村合作医疗，参合率96.68%。全年累计受益人数149560人次，补偿金额2426.056042万元。全区住院总次均费用6932.53元，转诊率51%，乡镇卫生院住院人次比例为23%。2015年，总基金使用率94%。历年累计结余787.5万元，结余率29%，住院率为10.5%，住院实际补偿比46%，政策范围内补偿比66%。

（张文佳）

宣化区河子西乡卫生院

【概　况】 河子西乡卫生院是一所非营利性公立卫生院，属新型农村合作医疗定点医疗机构。位于宣化城西的河子西村，卫生院所辖区域由本乡12个行政村组成，覆盖范围6400多户，全乡16000余人。

卫生院建设面积900余平方米，现有职工15人，具有执业医师资格10人（其中主治医师5人），执业护士资格3人，执业助理医师资格2人。其中本科学历3人，其余均为大专学历。具备大型B超、X线光机等设备，开放床位12张，能对内、外、儿、妇等各科常见病、多发病进行诊治；设有糖尿病、高血压等病的监测与诊治咨询服务。辖区内设立有12个村级卫生室，并对各卫生室实行乡村卫生服务一体化管理，并进行经常性的监督指导。

（崔海龙）

宣化区春光乡卫生院

【概　况】 春光乡卫生院地址位于北门外大街3

号，担负着全乡1.3万人的日常医疗及基本公共卫生服务工作。经过30多年的发展，现4500平方米门诊住院综合楼投入使用，开放床位50张，为新型农村合作医疗乡级，居民、职工医疗保险一级定点医疗机构。

【人员及科室设置】 全院在编职工21人，其中中级以上职称7人，本科学历14人，大专学历5人，中专学历2人。设有全科诊室、中医科、康复理疗针灸科、肛肠科、公共卫生科、药剂科、健康教育室、手术室、健康档案信息科、检验科、放射科、B超心电图等科室。全院拥有螺旋CT机、300MA放射机、透视机、B超、心电图机、半自动生化分析仪、全自动血球分析仪、尿分析仪、康复理疗设备、心电监护仪、除颤仪等多种仪器设备。

（谷冬云）

宣化区侯家庙乡卫生院

【概　况】 侯家庙乡卫生院位于侯家庙乡侯家庙村中156号，是一所集医疗，疾病预防，妇幼保健，新农合服务为一体的非营利性公立医疗机构。

卫生院占地3400余平方米，业务用房面积，1470平方米。共有住院床位20张，观察床位3张；职工12人（中级职称4人，初级职称8人）。负责对全乡13个行政村的13个卫生室的医务人员，进行业务培训和指导。本院拥有B超，心电图，X光机，全自动生化分析仪，全自动尿液分析仪，血糖仪等医疗设备，能够进行较全面的检查及治疗，开设有内科、外科、妇科、儿科、中医科、检验科、预防保健科等临床和医技科室。

（刘德民）

庞家堡镇卫生院

【概　况】 庞家堡镇卫生院是一所公办、非营利性的基层医疗卫生服务机构，位于庞家堡镇八区四街路南，占地面积1200平方米。现有在编职工14人，床位30张，固定资产111.2万元。于2014年7月划归为张家口市卫生局直接分管。

卫生院是城镇职工医保、新型农村合作医疗和医疗救助“一站式”服务定点医疗机构。主要开展基本医疗、疾病防控、妇幼保健、计划免疫等多项公共卫生服务。开设内、外、妇、儿科，检验、B超、心电图、X光等主要科室，技术服务值得信赖。

（李志彬）

宣化区民营医疗机构

张家口红十字医院

【概　况】 宣化皇城医院（原张家口红十字医院）前身为宣化四方台铁合金厂医院，位于宣化大西街与炮院十字路口。2015年，全年门诊人数49902人次，住院人数2435人次，完成大小手术572例，总收入1535万元。

（吴文玉）

宣化现代妇产医院

【概　况】 宣化现代妇产医院是一所民营医院，位于宣化区鼓楼前街5号，是城镇职工、城镇居民、新农合定点综合医院，占地面积2500平方米，病床数120张。

医院现有职工108人，其中专业人员66，高级职称3人，中级职称14人。科室有：内科、外科、妇产科、手麻科、检验科、功能科、计划生育科、门诊综合科、财务科、总务科。大型医疗设备有：DR影像系统、乳腺影像系统、全自动生化分析仪、彩色四维B超、糖化血红蛋白、腹腔镜。普通医疗设备：婴儿培养箱、压力蒸汽灭菌器、电解质分析仪、血细胞分析仪、心电监护仪、血凝仪、多功能麻醉机、三维彩超、全数字B超机、心电图机、母婴监护仪、新生儿抢救台、蓝光治疗仪、多功能手术床、多功能产床、内窥式流产吸引系统、全数字超声实时引导可视人流宫腔诊疗系统、数码电子阴道镜、尿液分析仪、不孕症诊断仪、超声波清洗、漂洗机、烘干箱、救护车。

（韩玉华）

宣化平安医院

【概　况】张家口宣化平安医院坐落在美丽的古城宣化，位于阁北街1号，是一所综合性民营医院。担负着宣化及周边区县约70万人的医疗救治、预防保健、健康体检任务，是张家口市职工、居民医保及新农合定点医院。

医院建筑面积约10000平方米，编制床位99张，开放床位110张。现有职工152人，其中高、中级职称人员36人。

医院设有内科、外科、妇产科、儿科、中医、眼科、口腔科、耳鼻喉科、理疗、检验科、放射科、功能科、体检等科室。其中体检中心、内科、妇产科是医院的特色科室。

医院拥有德国宫腔镜，数码电子阴道镜，美国螺旋CT、四维彩超、12导动态心电图仪、日本超声骨密度测量仪，全自动生化仪、酶标仪、血细胞分析仪，DR、乳腺钼靶X光机，自动麻醉机、心电监护仪、经颅多普勒分析仪等。医疗设备先进，居本地区前列。

2015年医院收到患者锦旗10面，表扬信6封，获得张家口市文明单位、消费维权先进单位等荣誉称号。2015年门诊量约4万人次，住院患者人数2025人次，婴儿出生总数位于宣化区各医院第二名。

（胡瑞林）

驻宣医院选介

河北北方学院附属第二医院

【概　况】河北北方学院附属第二医院坐落在古城宣化，占地面积约3.7万平方米，建筑面积4.8万平方米。该院始建于1951年，是一所集医疗、教学、科研、预防保健为一体的省级综合性三级医院。编制床位500张，设有临床科室25个，医技科室15个。高级职称人员112人。

【医院管理】根据省卫计委关于《进一步改善医疗服务行动计划》的要求，加强医院内部管理，重新调整了门诊各专业诊室，完善了急诊绿色通道，规划了入、出、转院（科）流程。为广大患者创造安全、便捷、整洁的就医环境，不断提升了医疗综合服务能力。2015年医院各项工作以三级医院等级评审为目标，继续做好医院评审评价工作。积极开展诊疗合理性评价，认真落实医疗质量核心制度，持续提高医疗质量水平，科学预防和化解医疗纠纷，保障了医疗质量安全。进一步推进京津冀卫生行业协同发展，与北京大医院开展医疗协助合作。普外科与北京第二炮兵总医院胃食管反流中心建立协作关系，邀请汪忠镐院士等知名教授莅临指导、授课、手术。胸外科与海军总医院、北京肿瘤医院联合开展胃癌、食管癌、贲门癌、肺癌的手术治疗。另外阜外医院心血管专家与海军总医院专家定期来院会诊、查房、出诊。

【医疗工作】以提高医疗质量为目标，加强检查力度，扩大检查范围。制定了《河北北方学院附属第二医院关于加强医疗质量检查的通知》以此主管院长定期带领各职能科室主任，对医疗工作进行全面、细致的检查。认真开展了抗菌药物临床应用专项整治工作。对医务人员进行了《抗菌药物临床应用管理办法》《处方管理办法》《抗菌药物临床应用指导原则》等制度的强化培训。组成感染管理委员会、感染管理科和临床科室感染管理小组三级医院感染管理监控网络。感染管理科每季度对医院二、三类环境的空气、物体表面、器械等进行生物监测，重点对医护人员的手进行检测，感染率控制在4%左右。同时加强了医疗废物管理，规范了收集、转运及处置各个环节。

【护理工作】 重新调整了护理质量管理委员会成员，修订了护理质量管理委员会的职责及工作制度，健全完善了护理工作制度及工作规范。定期对供应室、手术室、急诊科、ICU、血透室等特殊科室进行质量检查，对存在的隐患及时整改，同时加强反馈和跟踪。根据患者安全风险评估要求使用压疮、导管脱落、跌倒/坠床、自理能力评估单对住院患者进行风险评估，对有安全风险患者给予对应护理措施。

【对口支援】 按照河北省委的要求，医院扶贫工作队于2015年1月5日入驻沽源县白土窑乡，制定了详细的帮扶计划，出资解决了马神良村自来水的入户问题，完成村内道路水泥硬化工程，清理垃圾900立方米。医院利用自身医疗优势帮助村委完善村卫生室的建设，免费为卫生室提供常用药物，对村医进行业务培训。2015年3月至9月派出内、外、妇、儿、麻醉、检验、超声、皮肤科等专业10名医务人员，分别支援河北省沽源县医院、怀安县医院。诊疗患者7800人次，举办学术讲座17个学时，手术示范例数129例。2015年，医院继续支援6家乡镇卫生院，免费接收进修人员，组织专家下乡义诊、发放各种健康宣传资料。

【惠民工作】 继续为城乡"低保"居民、农村五保户和退伍军人、特困患者等优抚对象提供就医优惠；实行先抢救后付费和同级医疗机构检查互认制度，对危急重症患者提供绿色通道。

【信息化建设】 2015年，投资30.3万元用于信息化建设。补充配齐各诊疗单元所需电子设备。经过反复调试、运行，现已建成集住院医生站、护士站、电子病历、门诊医生站、检验科条码等一体化的医疗管理系统。为下一步信息化建设打下基础。

【科研工作】 2015年申报河北省科技厅课题7项，河北省卫生厅课题7项。组织召开2013、2014年度立项的科研项目结题验收及阶段检查专家评审会。按照《政府资助临床医学优秀人才培养和基础课题研究项目资金管理办法（试行）》的规定，积极争取省财政厅资金支持，其中心内科研究课题《miR-499对猪心肌梗死模型的治疗作用》先后获得经费60万元，有力保证科研工作顺利进行。2015年全院发表学术论文57篇。骨科护士张磊获得医疗车发明专利1项，接到中国知识产权局"实用新型专利证书"。

【医保、新农合工作】 作为张家口市社保局指定的糖尿病、帕金森、乙肝丙肝门诊特殊病鉴定定点医院，共为582人办理了特病鉴定。为特病患者开药5000余人次。医院一直把农合工作作为民心工程来抓，严格执行政策，提高目录内药品和目录内诊疗项目使用率，努力降低自付比例，确保参合农民利益。

【药械工作】 药剂科严格执行医院药品采购制度，把好药品供应和质量关，及时调配临床所需药品，保证临床用药的顺利进行。继续实行每月药品用量、金额双公示制度，通过开展医嘱、处方点评活动，促进了临床的合理用药，有效遏制滥用药、开单提成、大处方等不良行为。处方合格率95%以上。开展药品不良反应知识讲座，提高临床医生、护士对药品不良反应的认知度。器械科严格执行医疗器械临床使用安全管理准入制度，对医疗器械临床使用安全相关制度进行完善，本年度医疗器械不良事件监测中，无不良事件发生。

【医院文化建设】 秉承"厚德、仁爱、博学、精医"的办院理念，不断完善医院文化建设，弘扬医德医风。每周五在《张家口晚报》开设《名医名家》专栏，共刊登39期。"5·12"护士节，在《张家口日报》以"进一步改善医疗服务"为主题，对医院提高患者满意度开展的各项活动予以报道。为院歌《情系你和我》拍摄MTV，正式开通医院微信服务业务。通过各种举措很好的扩大医院整体影响力，树立形象。组织迎新春文艺汇演、篮球赛、趣味运动会等各种文娱体育活动，不断增强职工凝聚力。

（狄巨海　李　丽）

宣化区爱卫办

【概　况】 2015年，通过深入开展爱国卫生运动和城乡环境卫生整洁行动，积极倡导健康文明的生活方式，有效治理影响健康的主要环境危害因素，营造有利于健康的社会环境，城乡居民健康水平明显提高。

【全面实施城乡环境卫生整洁行动】 按照《全国城乡环境卫生整洁行动方案（2015—2020年）》要求，结合宣化区新农村和美丽乡村建设，以及开展农村面貌改造提升行动，以改善人居环境、防控各种传染病为目标，以解决群众反映强烈的环境卫生热点问题为重点，全面实施城乡环境卫生整洁行动，打造全面小康、富裕殷实、山清水秀的古城风貌。

广泛开展“爱国卫生月”活动。2015年4月是全国第27个“爱国卫生月”，主题是“全民参与爱国卫生，共建共享健康中国”。在全区统一开展环境卫生集中综合整治活动，城区内重点清理城乡接合部、城中村、背街小巷、集贸市场、建筑工地、车站和景区等重点地区和场所的环境卫生死角，解决群众反映强烈的环境卫生热点问题；各乡镇结合农村面貌改造提升行动，重点清理村镇入口、房前屋后、庭院内外以及公路、沟渠沿线堆放的生活垃圾，解决垃圾围院、围村等问题，着力改善人居生活环境。同时，充分利用电视报纸、网络等各类媒体，通过设立专版、专栏、专题等多种形式，广泛宣传环境卫生整治和卫生防病知识，宣传农村卫生厕所改造的好处和好的典型，全面普及健康素养基本知识与技能，进一步提高群众对开展爱国卫生运动重要性和必要性的认识，调动广大干部群众主动参与环境卫生综合治理的积极性，培养公民的文明卫生意识和良好的生活习惯。

加强卫生乡（镇）、卫生村的创建工作。按照国家卫生城镇、河北省卫生村创建标准，组织各乡镇、城建、卫生、环保等相关部门扎实开展卫生创建活动，提高乡（镇）、村的卫生基础设施建设水平，建立卫生管理长效机制，不断提高城乡环境卫生质量，逐步引导村民形成良好的健康理念、卫生意识。真正实现全社会广泛参与卫生创建活动的浓厚氛围。

【市容环境综合整治】 为强势助力申办2022年冬季奥运会，进一步提高宣化区环境卫生管理水平，改善城乡环境卫生面貌，全面落实市委、市政府关于打造“清洁张家口”的工作部署，创造优美舒适的人居环境，在全区统筹安排、周密部署、深入开展春季“清洁宣化”突击月活动，集中力量对城区、城乡接合部、乡村等区域的环境卫生进行综合整治。

公共场所整治。深入推进环卫市场化改革，对“四横四纵”八条主干道的清扫保洁实施市场化作业，作业标准由以前的一扫两保提高至现在的两扫全保，全区机械化清扫率达到54%。同时，全面提高公园广场、游园绿地、河道水系等公共场所的清扫保洁和设施维护力度，全部实现“一扫两保”，保洁时间达到16小时。对街道两侧、公园广场的公交站亭、公共厕所、交通护栏、灯杆等附属设施及“城市家具”进行全面整修清洁，清除表面粘贴物，保持整洁美观。

居民小区整治。积极动员驻宣部队、企事业单位以及小区物业和社区居民，开展庭院小区环境卫生大清理，分别于3月13日和4月11日，组织两次集中清理活动，330余家部队和企事业单位，670余个居民小区、社区的上万民群众参与到集中整治行动中，累计清理各类积存垃圾

1800余吨，清除卫生死角570余处。

背街小巷整治。在对公共场所开展环境容貌集中整治工作的同时，全面提高城市次干道和小街巷的清扫保洁标准，实现每天一扫两保，基本达到“六净六无一美观”的标准，集中力量对城乡接合部、城中村、背街小巷内的各类积存垃圾进行集中清理，累计清理积存垃圾2200余吨，清除油污积水20余处，清除白色污染3000余处。

违章占道整治。按照“主干道严禁、次干道严控、小街巷规范”的原则，全面整治马路市场秩序，对违章占道、违规促销等行为坚决做到发现一处取缔一处，累计规范取缔占道经营665处。

广告牌匾整治。按照“整洁规范、美观大方”的标准，对城区街道及国省干道沿线的广告牌匾，进行集中清理规范，累计拆除空置、破损牌匾98块。

非法广告整治。组织专业清理队伍，对全区范围内建筑、围墙、灯杆、栏杆以及沿街店铺橱窗、卷闸门上的非法广告进行彻底清理，累计清理2.3万处。

施工环境整治。采取前置管理的办法，对各类施工工地现场及周边的环境卫生进行综合整治，累计清理施工现场18个，全区12个符合开工条件的建筑工地全部设置了实体围墙围档和降尘措施，工地出入口硬化率达到100%。

经营场所整治。与全区6000余家商业店铺、超市饭店、宾馆酒店、农贸市场等商业经营场所签订“门前五包”责任书，严格落实卫生、秩序、绿化、设施、清障“门前五包”责任制，确保各经营场所门店干净、环境整洁。

市政设施维护。在全区开展整修清洁城市公用设施活动和城市道路所有管线设施安全隐患排查清除工作，全面清洁整修城市公用设施，集中力量对城市主次干道的破损路面、破损便道、破损井盖以及故障照明设施等进行维修更换，对沿街栏杆灯杆、报亭报栏、环卫设施以及游园广场的桌椅板凳等进行清洁维护，累计维修更换公用设施709处、清洗公用设施5445个。

园林绿化设施维护。在做好春季绿化工作的基础上，大力提高园林绿化的养护水平，累计修剪、补植苗木5904株，整理绿化带150万平方米，清理树坑墙角2329处。

【舆论宣传】 重视舆论宣传，营造全民参与的浓厚氛围。在宣化区电视台、宣化区政府网、《张家口晚报·宣化时政》等媒体，同步开设“清洁宣化”专栏，广泛宣传报道开展“清洁”宣化的重要意义和工作动态，引起良好社会反响；各乡、街道办事处，充分发挥宣传动员的主体作用，通过书写板报、张贴标语、播放广播等形式，动员广大人民群众支持参与“清洁宣化”活动，通过层层发动，全区干部群众思想高度统一，纷纷自觉投入到全区环境卫生大清理整治活动中，确保按时圆满完成“清洁宣化”各项目标任务。

世界无烟日舆论宣传。5月31日是世界卫生组织发起的第28个世界无烟日。全区各中小学校广泛开展以《烟草控制框架公约》为指导思想，以“拒绝烟草毒害，享受健康生活”为主题的宣传活动，充分利用宣传栏、板报、校园广播、校园网、电子屏、校报和宣传橱窗等宣传阵地，宣传烟草的危害以及卫生部实施的《公共场所卫生管理条例实施细则》和《烟草控制框架公约》。

【防病、灭病】 病媒生物预防控制工作。为进一步科学防控鼠疫及传染病的发生和流行，切断传染源，切实保障人民群众身体健康和生命安全，努力创造良好的生产和生活环境。开展春、秋灭鼠除“四害”活动。各部门、单位依据“谁受益，谁承担”的原则，积极筹措资金购买高效低毒诱敌隆饵，本着“科学投药、灭鼠高效、重点不漏、保证安全”的原则，在全区集中投放鼠药，并认真做好投药记录和禁示标识，定期对投放点进行观察，确保灭鼠工作安全、有序地开展。积极购置灭蟑及外环境消杀药品，在春、夏、秋三季对公共场所及平房聚集区街道、厕所、垃圾点等重点部位积极开展灭蟑及外环境消杀工作，有效控制“鼠、蟑、蚊、蝇”密度，确保“四害”密度控制在国家标准之内。

【农村环境综合治理】 2015年，为认真贯彻落实省委省政府《关于实施农村面貌改造提升行动的意见》文件精神，将河子西乡样台村和沙圪垯村确定为2015年农村面貌改造提升重点村。同时，按照《河北省2015年农村面貌改造提升行动农村改厕工作实施方案》《张家口市2015年农村面貌改造提升行动农村改厕工作实施方案》的工作要求，紧紧围绕农村面貌改造提升行动，按照因地制宜、整体推进的工作思路，精心组织、科学管理，在河子西乡样台村和沙圪垯村开展1188座农村厕所改造工作。宣化区本着科学指导、严格督查，提高农村卫生厕所建设质量和效益的工作原则，根据气候条件、民俗生活习惯及农民意愿，在改厕类型上选择粪尿分集式和防冻分体式。在施工过程中严格执行《河北省实施农村面貌改造提升行动农村厕所改建技术规程》，确保全部达到省级技术要求。宣化区农村面貌改造提升行动农村改厕工作已保质保量全部完成。同时，对全村所有农户厕所改造进行登记造册，并在全村开展厕所建设及维护群众满意度测评工作。

【城市防汛】 切实做好城市防汛工作，确保全区广大群众的生命财产安全，宣化区按照“安全第一，常备不懈，以防为主，全力抢险”的工作方针，进一步明确防汛任务，强化防范措施，对全区范围内的泄洪河道、排水管网、防汛物资、市政工程、人防设施进行了全面检查，为安全度汛做好各项工作。

健全防汛指挥体系，完善应急抢险工作机制。为加强全区防汛抢险工作的组织领导，宣化区按照实际情况，对全区防汛抗旱指挥部进行了调整，进一步明确了职责分工，重新修订了《宣化区2015年城市防汛应急抢险预案》，将全区的低洼区域和低洼地段明确划分为重点险区（北外环、北城墙根街、春园路、万丰路西巷等建设工程）和一般险区（胜利桥、昌平桥、低洼平房、低洼路段、柳川河），并针对重点防汛对象，严格落实以行政首长防汛责任制为核心的分级、分部门责任制，明确了各类防汛任务的责任主体，确保责任细化到单位和个人。

储备防汛物资，加强应急抢险队伍建设。为加强应对突发险情的处置能力，宣化区重点部位的抢险物资已全部储备到位，确保一旦出现汛情，能立即调得出、用得上。目前，宣化区已储备钢材20吨、水泵25台、发电机2台、编织袋1万余条、工具2000余把，调配各单位车辆100余台。同时，对易损耗防汛物资进行了补充。重新编组了由专业人员、部队官兵以及普通群众组成的防汛抢险队伍，从各城市防汛责任单位挑选1400人，充实到防汛抢险队伍中，做到组织到位、人员到位，招之即来，来之能战，战之能胜。

做好汛期检查工作，落实汛期值班工作制度。加大防汛工作检查力度，做好预警工作。安排专人对全区低洼区域、重要部位等9个重点区域进行细致的检查，对排水设施和防汛设施进行了全面检修。已在北城墙道路铺设排水主干管线2.7公里，有效缓解路面积水问题，确保汛期排水畅通。疏通排水管网147公里，清理排水管线10.2公里，清掏雨水井4500座，维修危旧房屋40余处。宣化区严格落实汛期值班制度，要求各城市防汛责任单位不分节假日，做到24小时值班，主要领导带班，保证信息畅通，发现险情后立即向有关领导和上级城市防汛部门报告，险情排除后半小时内向主管领导和上级主管部门做出详细报告。并根据降雨量划分预警等级，由指挥部提前发出预警命令，抢险人员提前到岗到位，做好防汛抢险准备工作。

（王　琳　康东霞）

体 育

体育工作

【概 况】 2015年，宣化区体育工作紧紧围绕区中心工作，以建设体育强区为目标，大力推进体育改革创新和规范化建设，广泛开展全民健身活动，努力提高竞技体育水平，不断加强体育产业发展，推进体育设施建设，促进体育工作又好又快发展。

【宣化区自办的各种体育比赛】 宣化区2015年1月31—2月1日，"迎新春"机关羽毛球比赛区体育局、区体育总会在开发区羽毛球馆举行宣化区2015年"迎新春"机关羽毛球比赛。来自30多个机关工会200余名男女运动员参加比赛，经过两天激烈角逐，最终残联代表队、体育局队、建设局队、教育局队取得比赛前四名。

2015年4月24—26日，宣化区"集中供热杯"乒乓球锦标赛由宣化区体育局、宣化区总工会、宣化区教育局联合举办2015年宣化区"集中供热杯"乒乓球锦标赛在宣化区训练馆隆重举行。来自宣化区机关、企事业单位、学校及社会团体39个单位、80支男女代表队324名男女运动员参加比赛。经过3天8个组别385场比赛激烈角逐，红十字医院代表队、包容世界代表队获得社会组男、女团队冠军；区教育局代表队获得机关男子团体冠军；宣化区阁西街小学男子代表队、区财神庙街小学女子代表队获得小学组男、女团体冠军；宣化鑫光大二队囊括中学组男、女团体冠军；刘小川、陶红梅获得社会组男女单打第一名；张建忠获得机关男子组单打第一名；孔凡武、刘馨忆获得小学组男女单打第一名；姜峰、张悦宁分别获得中学组男、女单打第一名。

2015年6月6—14日，宣化区"体彩杯"中小学生篮球比赛由宣化区教育局、宣化区体育局主办2015年宣化区"体彩杯"中小学生篮球比赛在宣化训练馆举行。宣化区12支中小学代表队，156名运动员参赛，经高中、初中、小学3个组别21场比赛激烈角逐，宣化十中、宣化四中、宣化二中分别获得高中组前三名；宣化九中、宣化三中、宣化六中、宣化二中分别获得初中组前四名；胜利路小学、新华路小学、工业街小学分别获得小学组前三名。

2015年9月5日，宣化区首届男子篮球联赛由宣化区体育局、宣化区体育总会主办，宣化区篮球协会承办2015年宣化区首届男子篮球联赛在区体育局训练馆圆满闭幕。本次比赛于8月14日开幕，9月5日闭幕，历时23天（周五、六、日比赛），来自张宣地区12支代表队212名运动员参赛，历经11轮、66场比赛激烈角逐，尚客优代表队、广迪物流萃华金店代表队、利民健身代表队获得前三名。

2015年8月4日，宣化区第三届跆拳道邀请赛由宣化区体育局、宣化区体育总会主办，宣化区跆拳道协会承办“2015年宣化区第三届跆拳道邀请赛”，在宣化一中体育馆拉开帷幕。来自张家口、定州、唐山、秦皇岛、廊坊、山西、石家庄等7个省市的14支代表队，325名运动员参赛。比赛分为竞技比赛和品势比赛，按年龄和体重分为幼儿组，儿童组，少儿组和少年组，46个级别，参赛队员最小年仅五岁。经过两天激烈角逐，宣化中韩跆拳道馆代表队获得团体第一名，张家口爱华艺术学校代表队获得团体第二名，张家口桥东少年宫代表队获得团体第三名。

2015年9月12—13日，宣化区“塞北文武学校杯”武术锦标赛在区体育局训练馆举行，来自怀来、涿鹿、蔚县、张北、万全、宣化、张家口、北京市西城区等8个地区、31支单位代表队385名运动员参加。比赛分为男女儿童组、少年组、青年组、成年组、老年组10个组别。决出冠军35个，亚军34个，季军29个。

2015年10月17—18日，宣化区羽毛球锦标赛在区体育局全民健身活动中心举行，来自机关、企事业单位、社会团体10支代表队，93名男女运动员参赛，经45场团体赛激烈角逐，区体育局、阿迪达斯代表队分别获得邀请组、社会组第一名。

2015年12月25日—26日，宣化区“朋友杯”羽毛球邀请赛在宣化区一中体育馆举行。有来自全区机关、企事业单位25支代表队参赛。朋友队、天意兄弟、百信一队分获社会组前三名，政府队、朋友二队、公安队分获邀请组前三名。

【参加各级体育比赛】 10月9日上午，宣化区区直机关工会组织第六届拔河比赛在宣化区体育场举行，来自机关系统内21支代表队252名男女运动员参加本次比赛。宣化区体育局成功卫冕，国土资源局宣化分局获得第二名，区财政局、区统计局并列第三名。

6月5日，由张家口市体育局、张家口市体育总会联合举办2015年“体彩杯”体育系统职工羽毛球赛在市全民健身中心拉开帷幕。比赛有全市14个县区代表队140人报名参赛，经过一天激烈拼搏，市体育局代表队获得团体第一名，宣化区体育局代表队获得团体第二名。

【等级裁判员审批】 2015年体育局依托各项比赛，组织国家三级裁判员培训。在保证公开、公正和公平前提下，严格按照国家体育总局、市体育局等相关部门规定进行审批，最终11人取得三级羽毛球裁判员、2人取得三级健美操裁判员、1人取得三级篮球裁判员、1人取得三级武术裁判员。

【各类体育比赛活动】 7月18—25日，2015年河北省青少年羽毛球锦标赛在宣化区一中体育馆隆重举行。本次比赛有来自全省各市23支代表队419名男女运动员参赛，是河北省青少年羽毛球最高水平的体育赛事，也是宣化区首次接待省级最高规格正式比赛。本次赛事参赛人多创历史之最。

承办2015年7月17日晚，宣化—天津羽毛球对抗赛，来自天津青年羽毛球队与宣化区羽毛球爱好者在羽场上切磋球技、以球会友，共筑友谊。本次天津青年羽毛球队到宣化与宣化羽毛球队交流，是继2014年宣化参加羽毛球国际邀请赛之后一次交流活动，不仅推动宣化区群众性体育活动和青少年羽毛球运动健康发展，也为全区人民与全国各地朋友交流合作、共谋发展搭建桥梁和纽带。

2015年11月13—14日，第五届河北省青少年健康活力大赛在宣化一中体育馆隆重举行，此次大赛由河北省大学体育协会、河北省中学生体育协会、全国全民健身操舞推广委员会河北分会主办，由宣化区教育局、体育局承办，由中国健美操联盟网、宣化一中、宣化广播电视台协办。来自石家庄、邯郸、唐山、秦皇岛、保定、承德、衡水、张家口及宣化区大中小学、幼儿园61支代表队、1200多名领队、教练、运动员参加此次大赛，是河北省健美操、啦啦操项目组建以来规模最大、人数最多一次大赛。在两天角逐中，宣化区25支代表队参加60个项目比赛，获得54个冠军。本次比赛在宣化区成功举办，推动健美操运动在宣化区普及开展，增进各市、各学校交流。

2015年，三次较大型体育赛事举办是宣化区继中国乒超联赛、中加、中希国际女篮对抗赛、中丹国际羽毛球邀请赛、中美国际男子篮球对抗赛等大型国际国内赛事后，又一次成功承办大型体育赛事。以上大型体育赛事成功承办，进一步推动宣化区体育事业快速发展，丰富群众文化生活，促进和谐宣化建设，提升宣化区知名度和美誉度，对全区经济社会发展产生而深远影响。

在协助办赛方面，7月协助区残联举办区轮椅太极拳比赛，9月协助区级机关工会举办系统拔河比赛、机关篮球赛。特别是10月协助宣化县国土资源局举办国土系统职工运动会，有三人制篮球、五人制足球、乒乓球、羽毛球、趣味四项、4×100米接力、200米跑等19项次比赛，565人次参加。

【群众性体育活动】 2月11日，2015年宣化冰世界体育乐园欢乐冰雪季启动仪式暨第一届宣化冰世界体育乐园冰雪嘉年华启动仪式在宣化体育场冰世界体育乐园举行，市冬奥申委体育部部长、市体育局局长马维山，区委副书记武爱军、区人大常委会主任陈一诚、区政协主席王玉济，区委常委、宣传部长张晓燕、区政府副区长张国庆，张家口晚报、区体育局、北京冰世界公司负责人以及各体育协会、冬季项目爱好者500余人出席启动仪式。现场LED大屏幕播放北京张家口联合申冬奥宣传片，青少年冰球爱好者宣读倡议书并做冰上项目表演。

宣化区冰世界体育乐园是北京冰世界体育文化发展有限公司在全国落户第二家冰雪场，设有8000平方米成人初级滑雪体验及儿童戏雪乐园，1500平方米四季真冰滑冰场，S型趣味滑冰滑道，碰碰车等冰上娱乐项目。它落户开幕，不仅会吸引更多市民走上冰场，投身冰雪运动，带动宣化区体育产业发展，为申冬奥营造良好氛围。

8月8日是第七个全国“全民健身日”，宣化区于7月18日至8月8日举办宣化区第三届全民健身大赛。本次“全民健身日”系列活动，开展健身操、跳绳、踢毽子、武术等丰富多彩健身表演，参加健身活动人数近3000人。

根据“在全区开展全民健身活动月活动通知”安排，体育局认真部署宣化区春节期间全民健身活动，开展深受群众喜爱健身操、健美操、长跑、拔河、球类、棋类、武术等体育项目，将秧歌、踩高跷等文艺活动穿插到体育活动中，特别倡导开展具有地方特色文化体育活动，进一步丰富全民健身内容。

【社会体育指导员培训】 6月25—26日，宣化区第九套广播体操培训在区体育局训练馆举行，本次培训针对宣化区三乡文化站，有54名基层体育骨干参加，培训分理论学习、结业考试两个环节，经过2天培训，19人拿到三级社会体育指导员证书。

7月9日，在宣化区炮院游泳馆举办全区业余体校骨干教练员及区级传统项目学校教练游泳培训班。本次培训班聘请张家口市体校专业游泳教练员针对游泳基础知识、蛙泳、自由泳等内容进行为期4天培训课，来自全区业余体校教练员、传统项目学校教练员等37人参与此次培训，其中20人获得国家三级社会体育指导员证书。

【三下乡】 5月20—22日在区委宣传部组织“三下乡”活动中，对春光乡姚家坟村、侯家庙乡乔家湾村、河子西乡陈家庄村实施全民健身进农村活动。体育局“三下乡”慰问队深入乡村中，宣传《全民健身条例》，将科学健身送到农民手中。对各村村民进行体质测试，测试内容包括形态指标、素质指标和机能指标三个方面。具体到身高、体重、握力、背力等测试。每项测试完毕后被测人员当即可得测试结果，工作人员根据测试数据开出“运动处方”以及“建议与评价”，有助于被测试者进行科学体育健身活动；并现场教授《第九套广播体操》。本次活动是体育六进活动之一，为推动全民健身活动在农村开展收集到第一手资料。还向村民们推广体育彩票相关知识，宣传体育彩票活动意义，为宣化区体育彩票事业开展奠定基础。

【体育器材捐助】 为加大社区及农村健身场所建设力度，体育局克服资金短缺困难，为66188部队、皇城街道办事处等十余处社区及个别村先后配备15万元80余套健身器材，对发展基层体育事业和全民健身起到促进作用。

业余体校工作

【冬季冰雪项目培训】 为助力京张2022年冬奥会，推动宣化区冬季冰上体育项目开展，培养选拔优秀冬季项目运动人才，备战2018年省运会和2022年冬奥会储备冰雪人才。宣化区在宣化万柳公园人工湖建设面积4000平方米室外滑冰场，开展冬季项目培训，带动冰雪项目在宣化区普及与推广。12月21—24日体育局、教育局联合举办冬季项目教师培训班，全区14所小学28名体育教师参加培训。培训班特邀黑龙江省飞扬冰上运动中心速滑（冰球）教练佟戈到宣化为各校教师授课。佟教练从理论知识到实际演练、从战术安排到现场实战都给予详细阐述，参训教师在理论和实践上都有不同程度提高。体育局、教育局联合举办2015—2016年冬季滑冰、冰球学生训练班。冰上项目集中训练第一期有阁西街小学、炸子市街小学、河子西小学、回民小学、相国庙街小学、炮院小学6所学校参加，每校挑选15名学生，每周在学校上两节训练课，周六日集中到冰场，由专业教练指导集中训练。通过一个假期训练，队员们慢慢找到如何驾驭冰刀感觉，对各个技术动作完成逐渐成形。不仅逐渐了解滑冰各种技巧，也体会到冰球装备带来乐趣，增加对冬季项目兴趣。

【集训与比赛】 9月，宣化区体校13名武术运动员在区武术套路比赛中，获得金牌5枚、银牌3枚、铜牌2枚；8月篮球队12名队员赴山西大同体校进行集训，9月和宣化第二中学签订篮球训练合作意向书，并带领二中篮球队参加张家口市中学生篮球赛，获得初中组第二名；8月乒乓球队在石家庄黄壁庄参加河北省县级市青少年乒乓球锦标赛，9人获得道德风尚奖。

体彩工作

【概　况】 2015年宣化区终端机台数有所增加，10月底宣化区终端机台数为134台，净增14台。体彩总销量比去年同期有所下降，但即开销量有小幅度提升。12月底总销量51399119元，比上年同期减少3.92%；其中电彩销量完成47192819元，比去年同期减少5.59%；即开销量完成4206300元，比去年同期增加19.78%。

为回馈喜欢大乐透彩民，6月体彩超级大乐透举行“3.6亿促销大派奖，不中也有奖”促销活动；7月份超级大乐透举行“买大乐透6+3复式，送大乐透5+3复式”促销活动；即开型体育彩票开展“顶呱刮寻宝大挑战”微信营销活动；以上活动都取得一定效果。为提高顶呱刮品牌市场知名度，吸引更多新用户投身体彩公益事业，7—8月在微信平台上进行体彩顶呱刮“幸运大转盘”营销活动，通过活动吸引一批微信用户。为回馈微信用户，10月即开型体育彩票在微信平台上又开展微信第二期体彩顶呱刮“幸运大转盘”营销活动。10月26日，在宣化区举行全国知名讲师“赵三刀”赵明福老师关于超级大乐透和高频11选5玩法和选号技巧培训。

（张庭兴）

社会生活

社会保障

【概　况】 2015年，宣化区人力资源和社会保障局大力推进各项社会保险扩面征缴，并积极向省、市争取资金调剂，确保各项保险待遇按时足额发放，进一步完善覆盖城乡居民社会保险体系建设，圆满完成社会保险各项目标任务。

【下岗失业人员生活保障】 为符合政策下岗失业人员安排到街道、社区等公益性岗位。2015年发放公益性岗人员岗位补贴976.13万元，公益性岗位社保补贴620.29万元，灵活就业社保补贴309.94。

【社保扩面】 2015年，宣化区参保单位796户，参统人员80436人，净增2773人，圆满完成扩面任务。

【企业养老保险】 2015年，申报核定额2.05亿元；累计征缴养老保险费2.36亿元，转移收入500.5万元，支出7.9亿元。

【机关事业单位养老保险】 宣化区基金收入6217.09万元，基金支出6188.34万元；在职参保2780人，离退休人员1295人。

【城乡居民社会养老保险】 宣化区城乡居民社会养老保险参保人数36007人，综合参保率99%；累计征缴养老保险费383万元，发放养老金1490万元。

【医疗保险】 全区城镇职工基本医疗保险参保单位600个，参保人数4.35万人；征缴基金1.3亿元（其中包括生育保险基金420.75万元）；审核报销转外就医药费1073份1348.5万元

城镇居民基本医疗保险参保人数5.7万人（其中，居民2.8万人，学生2.9万人）。

全区离休干部183人；收缴离休干部统筹金68.5万元，中华人民共和国成立前老工人统筹金4.4万元，支付离休干部药费597.36万元。

【失业保险】 2015年，享受失业保险金495人，新接收失业人员512人。失业保险费收入1231.59万元，支出907.7万元。

【工伤保险】 全区409个企事业单位参保，参保人数2.6万人；工伤认定150人，工伤鉴定81人；征缴工伤保险基金931万元；支出工伤保险费712万元。工伤保险省级统筹信息化系统于2015年1月底正式上线，实现工伤保险实名制参保。

【生育保险】 2015年，生育保险基金420.75万元。

【退休、调待工作】 为228户用工单位28455名退休人员调整退休养老金，人均月增加219.17元。

【社会化管理工作】 2015年，完成全年两次离退休人员领取待遇资格认证工作。

（张　杰）

社会救助

【概　况】 2015年，宣化区共计发放城乡低保资金3736万元，城乡享保近7313户、13210人；发放农村低保资金492.6万元，供养对象3016户、4511人；城乡低保、农村五保群众的基本生活得到了有效保障。

从1月起，民政和民族宗教事务局对在册城乡低保家庭进行了全面的审核认定，做到家家审核、户户过关，特别是实行与劳动保障部门的信息衔接，核查清退了2437人（其中城乡低保清退1918人，农村低保清退519人），有效维护社会的公平、公正。

宣化区全年共发放临时救助资金18.13万元，救助困难家庭236户；资助城镇困难职工、农村新农合资金308.4万元，资助人数6.17万人；并为4名精神病患者办理了入院手续。

宣化区共有农村五保供养对象105户，105人，其中集中供养19人，分散供养19人，全年共发放五保供养金31.87万元。

春节期间，开展了向城乡困难群众送温暖、献爱心活动，1559户城镇低保家庭、288户农村低保家庭、94名农村五保户接受了救助，共发放节日慰问金等共计188万元，惠及困难群众近2655人。

（滕化璋　张宏艳　郭玉霞）

双拥优抚安置

【双拥优抚工作】 元旦、春节，协调驻宣部队与区四套班子、对口帮扶单位组织开展团拜活动和“光荣工程”建设。

春节和“八一”期间，对宣化区重点优抚对象进行了慰问，并为他们送去价值10万元的慰问品。

3月5日，驻宣部队出动官兵500余人次，开展电器修理、医疗咨询、卫生清洁等多项便民服务，受到人民普遍欢迎。

发挥烈士陵园爱国主义教育基地作用，组织开展好“清明”和“革命烈士纪念日”的祭扫工作，两个节日共接待社会团体、部队、单位30余批次，2万多人。

助力京张申冬奥活动，协调驻宣部队出动官兵800余人次，车辆30台次，开展集中清理整治环境卫生活动，助力京张申冬奥。做出突出贡献。

3—6月，对91名2014年冬季退役士兵进行职业技能培训。

9月，对2012年冬季220名退役士兵实现妥善安置；办理退役士兵自谋职业14人，发放自谋职业补助金85.2万元；全年发放各类各项优抚资金926.5万元。

【军休干部安置管理】 宣化区干休所位于宣化区马王庙街，主要负责移交地方的军队离退休干部的管理，落实军休干部的两个待遇（政治待遇和生活待遇）。

始终以老干部满意为标准，牢固树立为老干部服务的思想，不断加强服务保障和行政管理工作。把定期走访慰问作为一项长期工作，始终做到节日上门慰问，生日上门祝贺，生病上门探望，有困难上门解决，闹矛盾上门调解，闹情绪上门疏导，有疑惑上门解答，红白事上门帮忙，并义务为休干办理各种转院转诊手续、代交水电费、电话费、数字电视费、代买生活用品，通过经常性的走访慰问，把温暖送进每个老干部的心里，使军休干部时时刻刻感受到党和政府的关怀和温暖。

（滕化璋　张宏艳　任宏英　李文霞）

社会福利事业

【社会福利事业单位建设】 5月，社会福利院购置了指纹考勤机，制定了上下班录指纹考勤制度，这一制度的建立，标志着福利院日常考勤管理的强化，并为考勤制度迈上标准化管理轨道，奠定了坚实的基础。

为了让老人的营养摄入更加全面，2015年食堂新添加了发糕、金银卷、蛋糕、麻将卷、摊黄、黑米面馒头、鱼柳、面片、糊糊等新品。

2015年，为了给老人们营造安居的生活环境，在资金非常紧缺的情况下，投资62.31万元进一步完善了硬件设施建设：针对老人房间电视老化的情况，新购置81台平板液晶电视；为确保老人能及时洗浴，更换了五楼楼顶的太阳能管道，并在四楼洗澡间新安装太阳能一组；对全院的排水设施进行了全面的检查，对2个化粪池、15个污水井，进行清掏工作，为确保汛期福利院防汛工作安全；针对房间消防告知书缺失的情况，对缺失的房间进行填补。更换楼梯及个别区域的提醒地贴30个。应急疏散标志灯具10套，另外还更换了一、二楼洗衣房烟感器4个；更换了全楼123个纱窗和密封条；购置消防器材：防毒面具14件，灭火毯4件，消防应急包2套，更换了灭火器86个，其中灌粉加压的70个，淘汰换新的16个；对公寓楼内消防喷淋设施进行安装，截至3月已全部竣工完成。全院有10名孤儿，26名孤老，191名托老人员。

【社会福利企业稳步发展】 区民政局联合区国税、地税部门对辖区内6家福利企业的进行了年检。为所代管的区福利总厂和纸箱厂143名退休职工按国家政策规定调整了基本养老金。2015年宣化区社会福利企业职工总数1489人，残疾职工414人，残疾职工占企业职工总数的28%。

（滕化璋　张宏艳　汪宏宇）

社会行政管理

【民间组织管理】 2015年新登记成立民办非企业单位3家，社会团体2家，变更登记社会组织3家。组织2014年度民间组织年检工作，撤销3家民办非企业。

宣化区现有各类社会团体36家，民办非企业单位14家。

根据《养老机构设立许可办法》，成立宣化区宣德养老院和泽达鑫老年公寓。宣化区有民办养老机构6家，床位达965张。

【地名工作】 为各房屋开发单位办理地名手续32项，为工商业主和个人开具房屋使用证明356份，为居民办理门牌号码使用手续92份；对街巷标牌进行了2次保洁，维修各类标牌148块，做到早发现、早维护，基本保证地名标志的正常使用。

【婚姻及收养登记】 2015年1月1日取消婚姻登记工本费。办理结婚登记2467对、离婚登记1035对，补办结婚登记753对，预约登记49对，出具婚姻证明3383份，补录信息3800份，合格率、归档率100%。宣化区享受孤儿养育政策人数24人。其中散居孤儿13人，机构养育孤儿11人。2015年严格按照散居孤儿最低养育费700元/月，机构供养孤儿最低养育费1150元/月标准，发放2015年孤儿养育费23.045万元。

【殡葬管理】 深入开展殡改工作，与三乡七个办事处继续签订《2015年殡葬改革目标责任状》。全年火化遗体1976具，火化率100%。宣化区农村五保对象、城乡低保对象275人享受殡葬惠民政策，免除丧葬基本费用约29.97万元，减轻城乡低收入群众殡葬消费压力，促进社会的和谐进步。在清明节、中元节、寒衣节期间，精心组织，周密安排，为祭祀群众免费提供鲜花换冥币、饮用水、应急药品、告别胸花、便民伞、打气筒，协调交警部门配合疏通道路，使祭祀群众既节省时间，又保障安全。推进殡葬基础设施建设，投资98万元购置新型火化设施于5月中旬正式启用，6月，投资25.5万元购置高配别克遗体接尸车一辆。

【救助管理】 为确保露宿街头游浪乞讨人员能够安全温暖过冬，严防冻死、冻伤现象发生2015年

12 月宣化区民政部门启动“寒冬送温暖”专项救助活动，加大街面主动救助力度，特别做好夜间和降雪期间巡查救助工作，24 小时不间断轮流在城区主要街道、火车站、汽车站、桥梁涵洞、城墙墙洞、拆迁闲置房及繁华路段等区域进行拦网式搜救排查，保证“发现一个，救助一个”不留死角。2015 年年底，接待和劝导救助流浪乞讨人员 1586 人次。

（滕化璋　张宏艳　侯秀军）

老龄工作

【老龄工作】 2015 年继续按照每人每月 50 元的标准（百岁老人每月 100 元的标准）通过财政按季度发放 90 岁以上老人高龄生活补贴合计 29.775 万元。宣化区的大北街办事处、南关办事处、建国街办事处、庞家堡被抽中为第四次中国城乡老年人生活状况调查样本。于 8 月 1 日开展了第四次全国城乡老年人生活状况抽样调查。

（滕化璋　张宏艳）

住房制度改革

【概　况】 2015 年，住房保障和房产管理局为 10 个单位办理了房改售房手续，涉及 107 户，建筑面积 5985.2 平方米。

【住房保障】 2015 年，住房保障和房产管理局全面推进保障性安居工程建设，全年建成保障性安居住房 672 套，市下达本年度新开工 130 套保障性住房任务全面落实。

全速推进保障性住房接转工程建设。年内胜利北路东侧六期廉租住房工程项目（含廉租住房 180 套，公共租赁住房 260 套，限价商品住房 320 套）主体及室内外装修工程已完成，进入室外配套工程施工；七期廉租住房工程项目（廉租住房 100 套，公共租赁住房 330 套，限价商品住房 200 套）正在进行主体施工。做好区四期、五期廉租住房 900 余户申请家庭的档案审核，认真细致地做好分配前的准备工作。根据市房改办和住房保障科的要求，继续对全区人均 15 平方米以下（含 15 平方米）的低保家庭发放住房租赁补贴，全年共发放租赁补贴 214.1 万元；为 582 户低保户、优抚户核减公房租金 36.2 万元。抓好农村危旧房改造工作。全年农村危旧房改造任务为 300 户，包括 60 户节能示范户，年内改造任务已全面完成。

【房产交易及确权】 2015 年，办理各类房产交易手续 7407 户，成交房屋建筑面积 68.1 万平方米，成交额 15.8 亿元。全年完成各类房产权属登记 13532 件、278.5 万平方米；加强商品房预售管理，净化商品房市场。全年发放预售许可证 33 个，批准预售房屋 3708 套、26.1 万平方米，办理商品房合同备案 6953 户。

【城区住宅建设】 2015 年年末，宣化区城区住宅总建筑面积升至 903.94 万平方米，同比增加 41.72 万平方米，增幅 4.8%。

【住房专项维修资金的征收】 2015 年年末，累计归集 44991 户、2.37 亿元，本年归集维修资金 9834 户、6256.6 万元；全年共办理维修资金审核 775 件，现场勘查 117 处，使用维修资金 546.8 万元，累计使用维修资金 1168.4 万元。

（王明君　张宝平）

消费者权益保护

【“3・15”国际消费者权益日纪念活动】 以“携手共治，畅享消费”主题通过用设置宣传展板、发放宣传材料、现场咨询等形式，向消费者普及消费者权益保护知识，引导消费者健康、合理消费，同时还就真假产品鉴别常识等内容进行了详细讲解。当天共发放宣传资料 7000 余份，现场受理投诉 10 余起。维护消费者合法权益。全年受理消费者立案投诉咨询382起，解决率99%，为消费者挽回经济损失61.5万元。加强12315行政执法体系建设。全年受理消费者各类投诉举报信息158件，解决率98.6%，为消费者挽回经济损失19.5万元。

【拓宽维权渠道】 通过《张家口晚报 · 今日宣化》及消协网站对本区消费维权工作开展情况及时进行信息反馈，扩大消协维权工作的社会影响。同时，加强消费者协会网站及微信公众号的建设工作，加大维权法律法规宣传力度，达到提高经营者自觉维护消费者权益、提高消费者自我保护能力的目的，进一步引导消费者科学、合理、适度消费。

（马继荣）

乡镇·街道办事处

春光乡

【概　况】春光乡辖16个行政村；总面积36.78平方公里，耕地面积7545亩；总户数5826户，常住人口15437人，户籍人口14462人。2015年，全乡农业总产值完成7161万元，工业总产值67325万元；农民人均纯收入15933元，增长12%；固定资产投资完成3.13亿元，招商引资完成1440万元。春光乡坚持做优特色精品农业，充分发掘“全球重要农业文化遗产”品牌效应，投入160万元对观后村牌坊、杨公祠街等进行整修，新建葡萄博物馆，观后农家乐被授予“中国乡村旅游金牌农家乐”，全年接待宾客3万余人次。与中景恒基、韩华集团等中外企业对接，强化葡萄主题公园项目外宣与推介。2015年，乡内设机构有：党政办公室、社会事务办公室、经济发展办公室、农业综合服务中心、计划生育综合服务中心、文化综合服务中心、财政所、社保所。

【农业工作】以发展优特蔬菜为主导产业，推广温室高效栽培技术，蔬菜种植面积4686亩，总产量16857吨，在种植品种上，引导种植户以多样化、精品化蔬菜来丰富市场，带动农民调优结构，提高收入。做优特色精品农业，发掘“全球重要农业文化遗产”品牌效应。农业保障不断完善。粮食播种面积3645亩，总产2513吨。发放玉米良种补贴31021.5元，3102.15亩。组织发放粮食直补、农资综合直补资金40.11万元，惠及全乡13个行政村，2392户农民，补贴面积6633.58亩；为全乡养殖户补贴母猪2296头，资金22.96万元，涉及养殖户158户。推动姚家坟土地整理项目落地，大力调整王河湾、四方台、姚家坟北三村农业产业结构，引导农民发展大棚、林果等精品农业。“三防”工作全面落实。防火工作：进入防火期后，春光乡及时召开森林防火会，建立“网格化”管理制度，乡领导亲自挂帅，班子成员对重点防范区域包片，一般干部包村，村干部包山、包地块，对防火工作做重要部署，周密安排；在草帽山设置2个固定瞭望点、1个路口火种检查站，配备人员15人，24小时轮岗执勤，悬挂进山宣传标语30余条，在各村及各重点林区张贴宣传布条，组织防火队员对四方台、草帽山等重点林区烧隔离带1万余米；完善值班制度，组建6名队员专业扑火队进行全天候值班巡视，遇有火情迅速出动。2015年，全区降雨频繁，防汛形势十分严峻。春光乡对重点防汛单位做细致安排，检查防汛隐患5处，排除防汛险情4处。全乡成立16个抢险分队，抢险队员200人，配备指挥车11辆，推土机一台，抽水泵2台，铁锹300，纤维袋1800条，确保安全度汛。增强春季防疫工作责任制落实，对防疫任务、免疫质量、登记建档、安全问题等都做具体要求，严格按照新动物免疫标识办法操作，强制免疫耳标佩带率和免疫卡发放率100%。禽流感疫苗免疫率96%，口蹄疫免疫率100%，猪蓝耳病免疫率99%。9月底，猪存栏6218头，鸡存栏2.7万只，羊存栏1535头，产蛋280吨，肉类总产量1360吨。

【项目建设】 全力配合区重点项目建设，高质量完成北外环观后、西城和盆窑三村征地218.2亩，青啤、通校征地82亩，完成曹家庄村征迁17户，拆迁征地工作稳步进行。支持壮大盆窑正昊、万字会万丰为主机械制造，教场建材城和西城阳光建材城为主家具建材市场，万字会喜缘楼、按院村按院大酒店、教场村景泰商务会馆为主商贸服务和大北农贸市场、南关水果市场为主市场，物流为龙头二、三行业。充分发挥春光乡区位优势，抢抓发展机遇，以区重点项目为依托，辐射带动春光乡传统产业升级和新兴产业发展，形成“以工促农、以城带乡、工农互惠、城乡一体”发展格局。

始终把安全稳定放在全乡各项事业发展的重要环节，最大限度保证人民群众生命财产安全。在“9·3”大阅兵期间，春光乡成立安全隐患大排查大整治专项行动领导小组，集中10天时间，发动40余名干部，分成2组对全乡范围内9家规模以下企业、3处建筑工地和1家事业单位进行地毯式排查，发现安全隐患2处，全部现场整改完毕，确保阅兵期间没有发生安全生产事故。2015年全乡排查出各类民间矛盾纠纷15件，调处14件，调处率90%以上。年底全乡接收社区矫正人员23名，解除矫正14名，在矫9名，均为缓刑，无托管、漏管现象发生。全年受理来信来访210多件、接待群众950余人次，做到小事不出乡、大事不出区；特别是在全国两会、“9·3”大阅兵、五中全会等重大节点期间安保工作，全乡上下齐心协力、排除万难，最终实现“零非访”；狠抓司法调解工作，变来访为下访，全年调解案件33件。

【社会事业】 发放各类救灾救助款项190余万元；各村为55岁以上3400多老人，发放养老补助金1800余万元。13972人参加新农合，参合率97.5%。推动残联事业进步。全乡有残疾人281名，其中一、二级重度残疾人92名，享受生活最低保障47名，慰问特困残疾人30余户。为全乡38名重度残疾人发放“重度贫困残疾人生活补贴”，为37名重度残疾人发放“重度贫困残疾人护理补贴”。新办残疾证8个，变更残疾等级4人。

计划生育服务工作。利用“10·28”男性健康日、“12·1”世界艾滋病日、“5·29”协会活动日、“7·11”世界人口日、“9·25”公开信发表35周年等日子开展形式多样宣传活动，不定期进村入户开展婚育新风进万家等宣传活动。春光乡成立由乡计生工作人员和村计生专干组成志愿小组，组织帮助计划生育家庭空巢老人、计划生育家庭进城务工人员、计划生育家庭农村留守儿童、计划生育家庭奖励扶助对象及诚信计生困难户等；悬挂横幅标语30条，制作横幔8条，制作宣传板报两块；发放人口计生政策宣传资料12000份。8月10日，在全乡开展“孕前优生健康检查”活动，有70对已婚夫妇在妇幼保健站进行检查，建立孕前优生健康检查档案和登记表，超出额定人数高质量完成此项工作。

圆满完成全民参保登记，制定具体计划，规范登记流程，讲解相关政策知识，登记人数16350人。采集农村劳动力个人基本信息和就业信息等数据，整理归档，建立农村劳动力信息库，实现对1875名农村劳动力实名制动态管理。春光乡城乡居民社会养老保险参保总人数为7132人，其中新参保123人。发展文化事业。新建图书阅览室，现有图书达1400余册，各村完成“农家书屋”建设工作，总藏书量1500册。南关村农家书屋利用此平台开展各种文化活动，申报2015年省级基层图书服务农民先进单位。参加宣传部组织“元宵节”乡艺表演、“三下乡”活动以及纪念抗战胜利70周年歌咏大会，取得优异成绩，满足农民群众文化生活需求。2015年乡武装部征兵7人，圆满完成征兵任务。8名预备役人员参加市高炮旅组织军事训练活动，取得较好训练成绩。举办“迎七一、展风采”手工、书法、美术作品展，参赛作品200件，丰富职工文化生活，营造团结奋进良好氛围。按院村女职工委员会被评为区级先进女职工委会。

【村两委换届】 2015年1月7日，春光乡16个村级党支部完成换届，新选新任村书记、村主任10人，其中2名为女性。村书记、村主任连任18人，除书记主任外新选新任村两委干部24人，村两委交叉任职26人。重点对春光乡2个后进村集中进行治理整顿，加强后进村“两委”班子建设，强化村级组织执行力和凝聚力。制定《宣化区春光乡大学生村官管理办法》，制作“大学生村官工作室”标示、“大学生村官”工作牌以及“大学生村官”考勤记录，充分发挥大学生村官优势，提高为民办事能力。

【人大工作】 2015年5月召开乡第十六届人民代表大会第四次会议，会上代表们听取和审议政府、财政和人大工作报告。全年召集主持四次乡人大主席团会议，听取和审议乡政府森林防火、农业防汛、文教卫生、计划生育、社会事务、劳动保障等专项工作报告。把代表在人代会上提出议案和建议、批评、意见及时分类整理、汇总，在主席团会上以文件形式转交政府限期办理，定期组织代表跟踪督查，将办理结果及时答复代表，征求代表意见，直到代表满意为止。做好乡便民服务站管理工作，完善办公设施。该站按照“便民、高效、廉洁、规范”原则运作，实行开放式办公，一个窗口受理，一条龙服务，一站式办结，一次性收费运行机制。实行公开办事，将办理事项、办理程序、法规依据、许可条件、申报材料、承诺时限、申请书格式文件全部公开，方便群众办事，接受群众监督。设立16个村级便民服务室，各村便民服务室主任由村书记担任，代办员由一名大学生村官和一名业务熟练村干部担任，为广大群众提供各种事项代办和咨询服务。从设立便民服务站和村级便民服务室以来，乡便民服务站为民全程代办事项25833件，村级便民服务室为民全程代办事项34395件。

（闫　雪）

河子西乡

【概　况】 河子西乡隶属张家口市宣化区，辖12个行政村，位于宣化西郊，东临柳川河，南邻洋河与宣化县江家屯镇为界，西与宣化县沙岭子镇相邻，北与宣化县大仓盖镇为界。辖行政村12个，总面积49平方公里，耕地面积19084亩，乡村户数6437户，人口16621人，劳动力9666人，全乡流入人口1618人，乡、村级道路长22.5公里。辖区境内有两条主要河流，南部为洋河，东部为柳川河，地形南低北高，主要山峰有老汉山、英望山等；境内有京张铁路、张宣公路东西穿越，丹拉高速公路与京张公路并行东西走向。2015年，河子西乡实现农村经济总收入4.7亿元，同比增长6%；农民人均纯收入12571元，同比增长12%，完成固定资产投资2.67亿元。乡直部门有党政办、组织员办、企业办、宣传办、农业办、社会事务办、监察室、文化站、财政所、人口与计划生育办公室、劳动就业社会保障服务所、村镇建设管理所、土地流转中心、信访办、统计站、食安办、司法所。驻乡单位有：宣化公安分局河子西派出所，河子西信用社，宣化区供电营业部河子西供电所，宣化联通公司河子西营业部。

【党委工作】 抓班子带队伍。从适应新常态，塑造硬作风入手，用制度管人管事，组强配好村“两委”班子，选举产生村“两委”干部64名，出台《乡机关纪律制度汇编》《村委会公章管理办法》等文件。便民服务中心、服务室和大学生村官作用得到充分发挥，党员活动室进行全面规范化建设。全年1000余人次参加各级各类培训；全年发展党员24名，对5名培养对象延迟1年发展，9人应征入伍。后进支部宋家庄、上八里村实现成功转化。

【政府工作】 投资120多万元，新打、更新、配套机井84眼，新增变压器4台，铺设防渗渠6000米。注重发展特色现代农业。落实精品蔬菜1.29万亩，特色林果450亩。上八里薰衣草风情园、下八里铭阳草莓种植合作社，陈家庄食用菌栽培合作社社会和经济效益明显。美丽乡村建设。全乡基础条件最差的样台、沙圪垯两村投资680万元，修建2.5公里柏油路3条，硬化街道2万平方米。对1.83万米自来水管网进行改造，新打及配套饮水机井2眼。样台村被评为市级精品示范村。中心村建设。河子西村新民居336户村民喜迁新居成功申报省级中心村建设续建项目。规范土地管理，强力拆除违建，制止违法占地80余宗，强制拆除7处。对外环路约2000平方米三层违建进行强拆，起到极大震慑作用。完成河北医药物流分中心等3个项目后续工作，修建北外环至物流园1000米入园道路；完成水晶坊珠宝文化产业园、柳川西路旧李宅段项目征迁任务。巩固稳定局面，安全保卫、廊道整治及大气污染防治工作。采取网格化管理，组织志愿者700多人，完成"申奥迎检""抗战胜利70周年庆祝活动"期间安全保卫及大气污染防治工作。高标准完成廊道两侧环境整治工作，对乡域内企业、店铺等进行3次安全摸排，整治11个安全隐患，全年未发生森林火灾和生产安全、食品安全事故。维护稳定。充分发挥河子西法庭和网上信访作用，全年排调处各类矛盾100多起，调解成功率90%。落实各项惠农政策。粮食直补、农村低保等实行动态管理，发放各类资金890多万元，取消低保79户166人。城乡居民养老保险、新农合医疗参保率97%和96%。

（杜　宁）

侯家庙乡

【概　况】 侯家庙乡位于宣化区东郊，距主城区3.5公里，面积40平方公里，耕地面积16557亩。总人口11620人。辖11个行政村，托管2个行政村（原属宣化县贾家营镇大慢岭村、姚家沟村）。大慢岭村耕地面积2876亩，1223人；姚家沟村耕地面积1793亩，453人。2015年，全年农业总产值、增加值分别完成1.58亿元、9843万元，农民人均纯收入10240元；民营经济总产值完成1.46亿元，增加值5394万元；工业总产值完成4209万元，增加值完成1779万元；招商引资完成1.08亿元，同比增长20%；固定资产投资完成12.1亿元。内设机构3个：党政办公室（负责组织、宣传、纪检、武装部、人民防空、工会、共青团、妇联、政法、社会治安综合治理等工作）、社会事务办公室（负责教育、民政、科技、人口与计划生育、劳动和社会保障、统计、村镇建设规划、安全生产、农村合作医疗、突发性事件应急救援等工作）、经济发展办公室（侯家庙乡财政所）（负责乡村两级财务管理，农村、林业、水利、畜牧、扶贫开发等工作。研究制定经济发展规划，加强农业产业化示范引导，推进产业结构调整；负责项目建设和招商引资协调和指导，抓好地方特色产业等。负责协调乡镇企业、环境保护、土地管理、税收、信用社、粮食流通、供销社、邮政、电力、电信及地方道路等工作）。

【农业发展】 2015年，该乡圆满完成各项农业经济指标。全乡完成粮食播种面积13651亩，产量9010吨，蔬菜播种面积7095亩，产量29860吨，瓜果作物播种面积1934亩，产量6376吨，全乡猪饲养量7630头，羊饲养量7350只，蛋鸡存栏

11.33万只，蛋产量285吨，肉产量230吨。农民人均纯收入10240元；全乡农业总产值15806万元、农业增加值9483万元，分别同比增长6%。2015年，全乡按时足额发放粮食直补和农资综合直补资金110余万元、水库移民补贴资金3.66万元。对全乡3577户、17927亩玉米办理种植业保险，切实保护农民权益，提高农民耕种积极性，推动农业生产现代化。投资约42万元为刘家窑村新建防渗渠1500米，为大慢岭村打机井1眼；投入资金26.6万元，为赵家梁村、泥河子村、乔家湾村硬化道路6440平方米；投入资金14万元，为姚家沟村、二台子村安装太阳能路灯50盏，方便村民出行。2015年，种植树木7260株，种植四旁树635株，廊道幼林抚育作业面积4621亩。美化村庄环境。邀请专家针对设施农业种植、管理等技术在乔家湾、小慢岭等村开展“阳光培训”6天，培训农户900多人次。充分利用农技推广站等平台，培育农业专业人才，提高农民生产技术水平。

【项目建设】 该乡全力配合区委区政府做好冬奥迎宾“廊道绿化”工作，从434户农户中流转土地695.716亩，确保正常施工，顺利解决一期工程遗留问题5件。做好区中小企业创辅基地、外环路征地、光伏发电项目等全区重点项目前期服务工作，确保区重点项目顺利落地。建设总投资500万元姚家沟农民合作社项目，该项目流转土地510亩，发展肉羊养殖、枣树种植等产业，通过改良养殖、种植品种，扩大生产规模等措施，提高农民生产积极性，增加农民收入，养殖肉羊近千只。建设昊天农业示范园转型项目。改变单一草莓种植结构，发展温室大棚11个，吸引市民体验种植乐趣和丰收喜悦，根据情况，适度扩大家庭农场规模。

【社会事业】 2015年，春季“清洁宣化”突击月活动开展以来，该乡出动铲车15辆、翻斗车10辆、拖拉机5辆，清理卫生死角120处，清理积存垃圾650吨，清除残垣断壁75处，清理道路沿线卫生8.9公里，村庄绿化植树1301株，维修路灯75盏，各村建立长效机制，参加清理活动人数900人次，通过卫生集中整治，贯穿全乡高速（国、省）公路沿线等区域环境卫生得到全面清理，村庄面貌焕然一新。完善城乡低保申请、入户调查、民主评议、审核、审批等工作环节，实现动态管理下应保尽保。全年变更54户低保信息，对户主死亡变更户主、户内享保人口减少及销户等情况做出及时变更。2015年，新增符合农村低保74户119人，取消违规享保17户39人。开展农村救灾、救济工作。全年为257户农村低保户、五保户、困难群众发放农村取暖补贴11.57万元；为99户农村低保户、五保户发放春节慰问金29700元；开展“博爱一日捐”活动，捐款4000元；全乡危房改造任务125户。全乡265名残疾人基本情况登记表全部输入残疾信息平台软件，全乡有23人享受护理补贴，补贴费每人每年260元；42人享受生活补贴，每人每年600元。全乡优抚对象75人，优抚金按标准每月发放；春节期间为优抚对象15人发放慰问票；为涉核人员13人每年免费体验一次；为4名伤残军人更换新版伤残军人证；为1名烈士直系遗属更换新版烈士证。为2名优抚对象实施医疗救助。全乡参合户数4815户，12520人，参合率96%，其中五保、低保户优抚对象参合率100%。新型农村养老保险办理工作。2015年，全乡参保人员7772人，其中新增参保登记人员97人，续保5384人，缴费额62.12万元，到龄人员养老金发放率100%。2015年，该乡在市级以上媒体刊发新闻稿件54篇。全乡13个村基本完成“一屋一室一广场”工作，全部完成农家书屋建设工作，各村书屋藏书量2000本，全部按照上级要求开放书屋，让村民各取所需，有专人负责管理；为小慢岭村新建文化广场一处，为二台子等村新增健身器材130余套。大力发展公益文化事业，普及推广多种文艺形式，组织“三下乡”服务活动、举办“彩色周末”文艺演出、庆祝“反法西斯战争胜利70周年”活动等丰富多彩文艺活动。

2015年，投入森林防火资金30多万元，完善乡级半专业扑火队装备设施，配备护林员32人、增加临时防火队员20名、生物喷洒除草剂300亩，秸秆还田1万亩，与各村、各企业、护林员、退耕还林户等签订责任状192份。防火期内乡应急队全天候巡逻并向各检查站派驻人员进行24小时监控。完善325人乡、村两级防汛抢险队，全乡下设防汛小分队13支。汛前，投入资金15万元，出动钩机、铲车20个台班，对大泡沙河刘家窑段，后慢岭段、泥河子段内陈年垃圾进行清理。储备草袋7600余条，铁锹220多把，两部防汛专用车辆。2015年全年注射免疫率100%，免疫证发放率、防疫档案建档率100%，免疫密度100%，做到“全年无大疫、有疫不扩散”。协助公安部门全面抓好禁毒铲毒工作，通过近一周走访，走访村民3383户，做好检查记录。在全乡行政村、中小学、网吧等人员密集场所安装摄像头290个，覆盖率100%。结合“法律八进”活动，深入各村、各学校，加强法制宣传教育，广播20次，出板报5期，印发宣传资料2000余份。2015年调解民事纠纷28件，调解成功24件。为全乡3名社区矫正对象办理社区矫正定位手机。2015年接待群众来访245余人次，受理案件35起，处理28起，群众来信3件，其中网上信访交办6件。2015年9月，该乡被评为“宣化区9.3安保先进集体”，受到区领导高度评价。2015年，全乡13个行政村2545名已婚妇女提供免费健康检查服务，查出疾病260人，治疗236人，转诊24人，上站率85%；2015年，人口出生率为9.29‰，符合政策生育率为96.85%；为中考、高考农村独生子女学生办理优惠政策手续29人。2015年，该乡总计发放农村独生子女父母奖金59680元，全乡计划生育特殊家庭救助9户。2015年，该乡计生活动被《张家口晚报刊》专访刊登4次。2015年，与全乡13个行政村、驻乡10户企业签订《侯家庙乡安全生产目标管理责任状》。“安全生产月宣传活动”，发放各类宣传资料500余份，悬挂安全宣传挂图5幅，书写标语40条，接受现场咨询300人次。安排排查隐患36次，开展安全生产检查61次，确保企业生产安全。针对危险化学品领域和烟花爆竹行业领域，全乡排查企业及个体工商户60余户，排查隐患30余处。全乡张贴发放防火宣传挂图和宣传单800余份，开展消防安全大检查10次。“6·5”世界环境日发放各类资料400余份，书写标语25条，接受群众现场咨询96次；对辖区内6个企业锅炉、10个茶浴炉等燃煤设施进行摸底排查，工业锅炉全部停用，3家企业进行改建，茶炉全部改建为电炉，减少燃煤使用量，在全乡推广节能采暖炉200台。成立土地规划乡村建设管理所，建立区、乡、村三级联合巡查长效机制，做好辖区内土地资源、乡村规划、乡村环境容貌日常管理。全年制止违法占地行为6起。完成北外环工程涉及该乡范围内刘家窑村、大慢岭村193亩征地工作任务。完成涉及该乡范围区创业辅导基地130亩征地任务，长平北路60亩征地任务以及北山工业园区扩建项目20亩征地任务。完成该乡刘家窑村、后慢岭村、大慢岭村3256亩土地租赁任务，确保区光伏发电项目顺利落地、开工建设。

（郭福利　王火天）

庞家堡镇

【概　况】 庞家堡镇位于原宣化县、赤城县、下花园区交界处，属冀北山间平地，由西向东从低到高倾斜，海拔在780米至1979米之间，年均气温7.8℃左右，年降水量200毫米，无霜期为100—140天。庞家堡镇原为张家口市辖区，2015年10月重新划归宣化区管理。全镇总面积

128.0197平方公里，下辖16个行政村、2个社区，总户数10887户，总人口25237人。其中：城市户5592户，11744人；农村户数5295户，13493口人。在总人口中男性13406人，女性11831人。全镇林地面积11万亩，耕地面积4.3万亩，其中退耕还林1.7万亩。

2015年，全镇农业总产值完成5990万元，同比增长5.0%；农业增加值完成2560万元，同比增长5.0%；全镇完成农业种植面积23534亩，其中粮食种植面积20436亩，产量5828吨，同比增长13.1%；蔬菜瓜果种植1205亩，产量5742.5吨，同比增长9.3%；油料种植1993亩，产量213.68吨，同比增长10.7%。农民人均年收入4805元。全镇养殖产业健康有序发展，其中猪存栏5200头，出栏2350头；羊存栏8500只，出栏2300只；大牲畜存栏593头，其中牛存栏220头；鸡存栏18000只，出栏8000只；肉产量完成230吨；蛋产量115吨，奶产量30吨。

庞家堡镇铁矿，受国内外钢铁市场影响，2015年乡镇企业增加值完成3548万元，同比下降18.8%；乡镇企业总产值完成7854万元，同比下降11.4%；乡镇企业营业收入完成4198万元，同比下降40.2%；乡镇企业利润完成568万元，同比下降53.6%。全镇财政收入完成1063万元。

【农业发展】 规模化种植张杂谷4900亩，其中地膜张杂谷2500亩，亩产500公斤。推广良种优质旱作小杂粮3000亩，脱毒马铃薯2060亩，蔬菜1932亩，逐步实现规模化、专业化种植。以东方富民种畜繁育中心等企业为龙头，大力发展小吴营林下特禽、野禽养殖，发展培强山区舍饲养殖产业，打造特色养殖基地。新建4眼机井，完成春汇地2600亩；年内完成投资14万元饮水项目，解决申太庄260人饮水问题，完成杨家营、汤池口、碾儿沟、大段地、小吴营村7400人总投资370万元饮水安全工程申报、审批工作。

【工业发展】 签订总投资110亿元、装机规模1100兆瓦光伏发电项目落地建设，项目选址、土地证明、电网接入意见、地形测绘完成，由于土地指标问题，项目后续建设进展缓慢。庞家堡镇加大招商引资力度，转变庞家堡镇产业结构，扶持和壮大民营企业，支持企业加快技术改造，打造镇域经济发展绿色新引擎。加大安全生产监管力度，开展安全生产月活动，加强对企业宣传教育，与各村、社区、单位、企业签订安全生产责任状。加强对加油点、尾矿库等重点区域监管，开展尾矿库汛期排查，对镇域范围内实心黏土砖瓦窑全部取缔拆除。

【社会事业】 庞家堡镇加大投入力度，完善社会管理机制，为群众提供更多更好公共服务。2015年新增参保人员121人，全镇参加保人数7403人，其中3176人按时足额领取到养老金，基本完成区政府下达养老保险扩面任务。办理城镇居民医疗保险1068人，为辖区内11家困难企业458名退休职工补交大额医疗保险，全年发放医保一卡通315张。持续推进"阳光低保行动"，加大低保动态管理力度，发放城市低保1354人357.93万元，发放农村低保金3334人502.94万元。发放各类救济金107.28万元，发放救灾款1.78万元。开展疾病预防宣讲活动，免费为65岁以上老年人开展健康体检1220人次；全镇门诊统筹补偿32021人次，补偿金额44.32万元；住院补偿1053人次，补偿金额316.52万元；健康档案纸质建档数量13004份，建档率为81%，电子档案录入13004份，录入率100%。开展"民心工程"，免费为2110名妇女提供生殖健康服务，服务率80%。计划生育符合政策率100%。发放种粮补贴等惠民资金444.79万元（其中退耕还林补贴资金137.82万元，粮食直补资金81.82万元，宣化区2013年巩固退耕还林成果专项规划生态移民工程款136.5万元，宣化区2013年京津风沙源治理二期工程异地搬迁项目款88.65万元）。文化教育发展，投资35万元修建白庙中心校多功能领操台进行围墙改建；投资21万元整修庞家堡中学食堂和宿舍；投资11万元对东风路小学校舍进行维修、对中心幼儿园进行场地硬化；投资近22万元对三所学校部分暖气管道进行改造。组织秧歌比赛、焰火晚会及广场舞比赛、“三下乡”等活动，不断丰富人民群众精神文化生活。

（宋春莹）

大北街街道办事处

【概　况】 大北街街道办事处地处宣化区城区北部，辖区东起胜利北路，与建国街街道办事处辖区接壤；南至钟楼大街，与天泰寺街街道辖区隔路相望；西至清远路、皇城桥北路，与皇城街道毗邻；北至四方台，与春光乡接壤，辖区面积12.35平方公里，现有居民1.9万户、4.7万人。辖区有5个社区，分别为钟楼东、钟楼北、大北、北门外、宣赤路北社区，其中4个社区办公用房面积300平方米。辖区驻街单位主要包括总参通信训练基地、河北工业职业技术学院宣钢分院、二炮士官训练大队、中国昊华化工集团、张家口医学院第二附属医院等。街道机关现有干部职工48人，其中科级领导8名，专职社区工作者28人，协管员24人。大北街街道所属科室、站、所：街道办事处武装部、司法所、综合办公室、街道人大工委办公室、纪检监察室、综合治理办公室、信访办公室、社会事务办公室、社区服务办公室、食品药品监督管理办公室、计划生育工作站、文化站、统计工作站、安监站、城建管理所、劳动就业社会保障服务所、社区管理中心、街道妇女联合会、街道组织员办公室、街道团工委、街道总工会、残疾人联合会。

【政务管理】 人口计生工作，大北街街道辖区出生212人，符合政策生育率93.87%；全年办理第一个子女生育卡137人，办理独生子女光荣证81个，新生儿上户证明2个；发独生子女父母奖励金107人，12470元。2017年在“金秋八月”助学活动中，市计生协在辖区内对困难应届女大学生进行助学救助。辖区内2名大学生，每人受资助2000元；在“9·25”来临之际，为2户特困家庭送去米、面、油等生活用品。计生宣传工作，“7·11”世界人口日到来之际，对辖区育龄人群入户走访，发放宣传资料及婴儿用品，向辖区青少年进行宣传。发放宣传资料2000余份，悬挂横幅30余条，接受咨询50余人。推行流动人口“双居工程”。流动人口动态监测中，抽查大北社区、钟楼东社区流动人口40户，进行入户调查，核对家庭基本信息。流动人口出生52人，流动人口总人数1336人。社会事务工作，现大北街辖区有享保户923户，新批低保55户，取消低保93户。5月补充录入《全国最低生活保障信息系统》并详细核对数据，现辖区所有在册低保户输入系统。8月对62户名下有机动车、房屋、企业违规享保户进行报取。春节对208户低保户进行慰问，每户300元；永辉超市爱心卡10户，每户1000元，全年为30户遇到突发疾病或灾害居民提供临时性救助；为4人办理市重特大疾病医疗救助；为辖区27名90岁以上老人办理高龄补贴；社区成立调查小组，进行老年人基本状况抽样调查，社区30位老年人填写抽样调查问卷；辖区死亡90人，火化89人（其中1人为回民），火化率100%。9月进行四期、五期廉租房申报、审核工作，为辖区100户符合条件居民上报申请廉租房材料。劳动保障工作，2017年为符合返还条件138人发放2014年度返还补贴585597.1元；对符合2015年灵活就业人员返还条件标准88人进行申报；全年办理各类医保人员3758人，其中新增参保人员560人；居民养老保险办理246人；其中新增参保人员12人；续保214人；异地转入2人；发放待遇领取18人；申报符合条件2015年就业困难认定人员25人，登记领取失业金5人，安置城镇下岗失业人员99人。统计工作，新增法人单位55家，产业活动单位19家，核实注销单位14家。2015年住户调查8户，2016年更换4户，新增1户。完成企事业单位劳资年报、服务业年报、商贸年报工作；完成2015年1%人口调查抽样框社区基本情况表网上填报工作及2014年城镇私营单位劳动工资半年报工作。安全生产工作，实行每周检查并形成自查报告，对含有危险源企业重点检查。社区负责每季度对各自辖区大小门店进行底数核实，规范排查台账，安监站负责汇总后将发现隐患及排查内容及时上报上级职能部门，与辖区457家大小门店和10家生产单位签署安全生产责任状。开展新《中华人民共和国国家安全法》宣贯活动，组织办事处主要负责人员及工作人员、社区信息联络员、企业安全主管开展新《中华人民共和国国家安全法》知识竞赛，制定安全教育培训计划组织落实，进行培训5次，发放宣传资料200余份。为扎实做好办事处安全生产工作，在辖区集中开展隐患大排查4次，排查450余家生产经营单位。城市管理与环保工作，4月和7月，街道和社区工作人员响应区政府号召，发动辖区居民，对辖区内卫生死角展开清理工作。两次清理活动出动工作人员300余人，清理生活垃圾20多车。做好防汛工作，组织机关、社区干部对辖区内危、旧住房开展摸排工作，建立台账，对出现漏雨渗水3个家庭进行帮助。司法工作，全年排查各类矛盾纠纷33件，调处25件，涉及102人，其中重大疑难纠纷2件，调解率100%。抓好社区矫正和帮教安置工作，安置帮教人员22名，其中正帮14名，期满8名；社区矫正人员新接收4名，接收25名，解除矫正15名，正在矫正10名。

（胡　强）

皇城街道办事处

【概　况】 皇城街道办事处是宣化区人民政府派出机构，地处宣化城区西北部，驻地在钟楼大街40号院。辖区东以钟楼北街中心线为界，北至观后街、马王庙街、宣园小区北、炮兵指挥学院北城墙；南至钟楼西街中心线；西至柳川河东岸；张家口发电厂家属区也属皇城街道辖区。全境40条街巷，面积4.67平方公里。辖区总户数为25288户，总人口63616人。党工委下设1个机关党支部、1个老干部党支部、1个社区党委、2个社区党总支、2个社区党支部、2个非公企业党支部和1个社会团体党支部（书法家协会党支部），直管党员810人，在职党员1110人。街道下设22个部门，综合办公室、组织员办公室（总工会办公室）、纪检监察室、社会事务办公室、社区服务办公室、综合治理办公室、人大工委办公室、团工委、行政服务中心代办站、武装部、司法所、计划生育工作站、劳动保障事务站、统计工作站、文化站、社区管理中心、安全生产工作站、食品药品安全监管办公室、残疾人联合委员会、人防工作站、妇联、信访办公室。

【党委工作】 组织建设。将辖区1113名在职党员，按照行业、岗位、特长担任网格员、楼院片长，拉近党员与群众距离。165名无职党员认领“文艺宣传岗、治安巡逻岗”等公益岗位。加强基础设施建设。辖区全部社区建立一站式服务大厅、党员活动中心、“两代表一委员”工作室等。2015年炮院社区入驻1000平方米办公用房。2015年应征青年参加报名入伍。

【政务管理】 社会事务工作。新增低保23户，辖区享保户821户1522人，月发放金额39.55万元，取消不符合条件低保户107户。每月按时为辖区9户遗属发放遗属补。配合区房管局做好廉租房及公租房登记管理工作，申请廉租房91户。最低生活家庭享受住房补贴有112户，223人，月发放住房补贴金19950元。做好90岁以上老年人高龄补贴季度上报、老年证办理等工作，2017年办理老年证103余本，办理社区90岁以上老年人补贴33人。各社区对80岁老年人口进行摸底登记工作，上报350人。劳动保障工作。对辖区230名符合灵活就业人员养老保险补贴条件“4050人员”发放补贴45余万元，办理退休人员认证7872人次，对10余名行动不便老人进行上门服务。完成养老保险扩面25人，为辖区100多名符合条件困难认定人员办理养老保险补贴手续。完成全民参保登记工作，社区工作人员对居民逐一登记37872人。计划生育工作。依法审核再生育27例，办理生育第一个子女登记证130个，办理、补办独生子女光荣证85个，低保户享受独生子女费86人，涉金额10110元。特扶人员有23人，比去年新增1人，涉金额约8.5万元。组织社区计生人员学习参与PIS、流动人口信息平台录入，核查双独信息5000余户，单独信息5600人，计生系统纠错3200多条。食品安全工作。组织召开食品安全工作会议8次，制定《创建食品药品安全街道工作方案》和《网格化食品药品监管体系流程》。集中开展食品安全宣传周活动，对无证生产、经营食品、小摊小贩进行专项整治，利用微信平台宣传四期食品知识并且用街头LED屏广告大力宣传食品知识，各社区在主要路段、物业小区内悬挂标语横幅进行宣传，发放宣传资料500余份。安全生产工作。建立社区居委会安全生产管理网络，设立社区安全员，对辖区驻街单位和538户经营单位安全生产工作进行监督、检查；在“安全生产月”活动期间，街道及各社区制定宣传教育培训工作计划，开展形式多样教育和培训活动，在辖区内展出展牌20余块，散发传单400多张，对辖区存在安全隐患部门进行安全隐患排查。大气污染防治工作。成立领导小组及领导小组办公室，定期巡查辖区内供暖燃煤锅炉和浴炉、茶炉，监控辖区内锅炉燃煤“黑烟”排放情况，随查随报，做好档案记录。供热工作。完成2014年改造小区供暖后续工作和2015年法院小区208户居民集中供热改造工作，其中对辖区未接入集中供热独体楼进行统计，对接入集中供热但未拆烟囱及因拆除烟囱有可能引发何种矛盾进行统计，完成发放年度供暖补贴系列工作。卫生整治工作。4月和8月，按要求开展“清洁宣化”突击月活动，组织近700人次参与劳动，清理垃圾及各类卫生死角60余处，清洁垃圾桶（箱）100多个，清除垃圾10多吨，白色垃圾80处，油污积水30处，清理树坑、墙角及楼道400多处，“牛皮癣”2000余张。无偿献血宣传及招募和红十字困难救助工作。年初开展无偿献血宣传及招募工作，上报自愿献血者40人，捐献成功8人，献血2600毫升。2月，配合红十字会完成辖区救助特困人员资料报送和救助金发放工作，辖区7人接受救助，救助金额3500元。9月，统计辖区内先天性心脏病和白血病儿童，上报5人，符合条件2人，接受救助。综治信访工作。建立健全街道维护稳定工作机制、治安防范责任机制、依法治街长效机制、特殊人群帮教管理机制等各项机制。与5个社区居委会签订社会管理综合治理工作目标责任书、防范邪教责任书。2015年，庙底街社区被张家口市科协评为“科普示范社区”。桥北社区。着力创建“绿色、科技、法制”社区，开展社区活动。

（崔改梅）

天泰寺街街道办事处

【概　况】 天泰寺街街道办事处是区政府派出机构，驻光大豪庭5号楼，地处宣化城区中心地带，东起东城墙，西至柳川河，南起宣府大街，北至钟楼大街，是全区经济、文化、商业和金融中心。面积3.6平方公里，总户数17973户，人口47370人，其中流动人口数1979人，下设7个社区居委会，分别是按院街社区居委会、大东街社区居委会、牌楼西街社区居委会、西城社区居委会、九天庙社区居委会、和平街社区居委会、桥西社区居委会。社区干部30人，平均年龄33岁。办事处设有：综合办公室、计划生育工作站、综合治理办公室、社会事务办公室、社区管理中心、人大办公室、武装部、司法所、统计工作站、文化站、劳动保障事务站、城管所、团工委、妇联、工会。

【政务管理】 开展救济救助活动，走访特困低保家庭254户，发放慰问金76200元。促进低保救助，有低保户1092户，新增6户，变更127户。接收新增房补申请材料21份，取消房补69户；接受审理廉租房申请材料157份。开展残联帮扶工作，慰问贫困残疾人30户，为2户残疾人家庭发放应急救助金10500元。为1名贫困残疾人家庭子女申请助学金，为13户贫困残疾人申请无障碍改造，为辖区4名残疾人申请2015年度彩票公益金项目就学就业残疾人辅助器具。为7名重病贫困居民申请红十字慰问金3500元。为残疾人专委发放补贴77580元。老龄工作，为103位60岁以上老年人办理“老年人证”，为11位90岁以上老年人办理高龄补贴。计生工作，统计已婚育龄妇女8349人，流动人口1798人，新出生250人，办理一胎准生证133个，受理二胎审批35个。完成特别扶助、城市特殊人群独生子女父母奖金及本单位退休3000元一次性奖励摸底、登记，新增特扶6人，26户，41人。做好流动人口全国性抽样调查工作，选取抽样调查对象20户。开展国家免费孕前优生项目体检，检查代孕夫妻63对。开展“关爱贫困大学生，金秋助学圆梦行动”，为西城社区刘伟申请计划生育困难家庭大学生救助公益金2000元。做好全民参保工作，集中两个月时间联合社区民警、物业公司通过入户、电话等方式对参保信息进行登记，确保不漏户、不漏人、不漏项，计划登记40023人，完成登记40928人，登记率102%，输入系统651人。做好养老保险扩面工作，办理65人；申报灵活就业人员养老保险补贴112人，581677元；完成就业困难认定27人。按月向劳动局申报工资、失业保险等情况，街道有公益性岗位17名，每月发放补贴17680元。统计工作，服务业企业30家，行政事业单位9家，服务业个体6家，商贸样本单位13家，企事业单位劳资报表24家，私营单位9家。进行统计单位名录库核实工作，本次名录库核实街道法人单位126家，产业活动单位42家。“城镇住户居民调查”，完成9户居民账本编码、录入、上报工作。“2015年1%人口劳动力调查”，绘制社区平面图，对抽中按院街社区005号小区、大东街社区012号小区开展入户工作。安全生产责任。成立安全生产领导小组，与各社区签订安全生产责任书，明确安全生产责任及安全生产任务，按照“谁主管、谁负责”原则落实责任，划分监管分责区域。不定期组织人员对各娱乐场所、网吧、健身房、台球厅、施工场所等人员密集场所进行检查，督促、引导其进行安全生产自查工作，排除安全隐患，确保将事故隐患消除在萌芽状态，排查个体门店1260家。开展安全月宣传活动，在七个社区分别设立宣传服务台，发放宣传单500余张，对辖区内各类无主管部门进行彻底安全大检查和隐患排查整治。综治维稳。街道及社区接待来访群众131余人次，反映问题87件，调解率97%。全年无重大集体上访及集体越级上访事件。城市管理。街道加大城市管理相关法律法规宣传，让辖区居民自觉融入城市管理工作中来。完善与相关部门协作机制、联动机制，建设数字化城管平台。为加强环境综合整治，街道成立市容市貌环境卫生整治活动工作领导小组，制订方案，召开全辖区驻街单位大会，及时沟通解决百姓生活密切相关道路、排水和环境突出问题；建立市容环境卫生长效管理机制，全年进行环境卫生整治2次，出动人员800余人，清理生活垃圾30余车，清理乱涂乱画、小广告2000余条，清理垃圾70余吨，为辖区居民营造健康和谐生活环境。文化活动。举办“全国科普日宣传活动”，开展科普知识宣传活动7场。开展秧歌贺新春拜年活动参加“灵羊起舞古城韵”宣化区2015乡艺比赛。利用“端午节”“七一”等节日开展“和谐社区同庆节日包粽子比赛”、“同创优美环境，共建和谐社区”纳凉晚会系列活动；组织带领11支踢毽子队伍和4支广场舞队伍参加宣化区第三届“助力申奥，律动古城”全民健身大赛；参加宣化区区乒乓球大赛，取得女子团体第一名优异成绩；成功组织“铭记历史，展望未来”暨纪念抗战胜利七十周年文化惠民城乡行专场演出活动，通过丰富多彩活动，提升街区文化内涵和档次，推进文化惠民力度，全力打造文化惠民品牌。

（王世超）

工业街街道办事处

【概　况】 办事处地处宣化区东南部，其机关驻府城南大街102号。辖区东至侯家庙乡，西至长平南路、小泡沙河，南至洋河，北至府城南大街、宣府大街，辖区面积10.2平方公里，有居民22064户，总人口56981人。辖9个社区，工业街东社区、采掘社区、圃园社区、幸福街第一社区、幸福街第二社区、红选路第一社区、红选路第二社区、朝阳街第一社区、朝阳街第二社区。办事处设科室10个，综合办公室、社会事务办公室、社会服务办公室、综合治理办公室、计划生育工作站、文化站、统计站、劳动保障事物站、城市管理所、食品安全办公室。辖区内驻街单位有河北钢铁集团工程机械公司、河北建投热电厂、金隅水泥、国玉陶瓷、新迪高压电瓷及宣钢集团所属12家骨干二级企业。

【党委工作】 街道党工委隶属中共宣化区委，有基层党组织25个，其中街道党工委1个，党委3个，党总支6个，机关党支部1个，机关离退休党支部1个，非公企业党支部1个，党支部16个，党员1157人。综合治理工作。实行综治网格化管理，建立综治维稳工作站点10个。排查调处矛盾纠纷12起。对街道干部进行法律法规集中培训，书写板报6期20余块，发放宣传资料300余份。全年未发生越级上访和群体性上访事件，发生个人上访事件4起，移交有关部门处理。完成2015年“两会”、抗战胜利70周年纪念活动、申冬奥期间大量安保任务。铁路护路工程，坚持每月4次矛盾纠纷排查调处和分析制度，2015年，排查各类矛盾纠纷135件，成功化解130件，化解率97%；组织开展各种形式宣传活动，全年制作各类标语20余幅、板报30余期，发放各类宣传资料2800余份。采取多种手段做好预防青少年犯罪和刑释解教人员安置帮教工作，辖区增加5名刑释解教人员，对刑释解教人员住址、生活现状进行逐一走访核实，及时了解其思想动态，掌握第一手资料。

【政务管理】 街道办事处下辖社区9个，下设行政科室4个：综合办公室、综合治理办公室、社会事务办公室、社会服务办公室。社会事务工作。全年上报低保52户，审批44户；接收转入低保12户，转出51户；上报43户低保变更金额人员，上报20户因退休、死亡取消低保人员。查出并取消名下有车低保户21户，查出取消低保户享保期间购房20户，取消名下有工商注册7户。报“慈善情暖万家”活动受助者10户。住房保障工作。2015年上报63户住房困难低保户，10月上报第四期和第五期廉租房申请160户。殡改工作，2015年发放殡改宣传材料2000余份，出宣传板报27期，1—9月死亡163人，火化率100%。老龄工作，为居民办理“老年证”178人，1—9月新报高龄补贴7人，取消1人。优抚工作。为退伍老军人办理享受国家相关政策补助手续，做好重大节日军、烈属慰问工作，6月进行优抚对象签字，9月对辖区抗战老军人杨玉林、孙智英进行慰问。残疾人联合会工作。上报600

元补助低保重度残疾56人；上报260元补助符合护理补贴残疾50人；上报2000元补助残疾人子女大学生5人，发放资金56600元。为1名贫困残疾人安装假肢；对3户贫困残疾人家庭进行无障碍设施改造；为1名贫困精神病患者住院进行4000元救助。为15人办理二代残疾证，13人办理残疾证等级变更。计划生育工作。一是规范生育审批和统计报表工作。把好生育审批和统计报表关口，规范生育审批秩序和统计报表责任制，审批229个一孩服务证，12个二孩准生证，办理独生子女父母光荣证85个。为外出人群办理“流动人口婚育证明”9本，为流入人口验证率98%。二是药具管理和技术服务工作。加强孕前管理和服务，使药具管理工作更加规范，发放避孕套7000余盒。三是及时发放各类补贴补助。对辖区41户独生子女伤残死亡家庭户特别扶助金发放进行摸底，涉及特别扶助金82200元。及时发放辖区特殊困难人群独生子女费22630元，组织辖区61对夫妇计划怀孕夫妇参加区计生局组织在妇幼保健站价值600多元免费孕前有生健康检查活动。四是强化“河北省人口和计划生育信息管理系统人口信息”校对和纠错工作。五是宣传工作和计生协会志愿者活动。充分利用春节、“5·29”计生协会成立纪念日、“7·11”世界人口日、“9·25”、“12·1”世界艾滋病宣传日和“12·8”男性健康日等有利时机，组织社区志愿者集中行动，广泛开展“一法三规一条例”等宣传活动，内容涉及医疗健康服务，生殖健康咨询、计生法律法规政策宣传以及发放计生宣传资料等多个方面，5月8日母亲节，在世纪广场组织关爱母亲宣传活动，展出横幅2条，发宣传资料200份，为群众测血压50人次。劳动保障工作。社会养老补贴和就业困难认定工作。发放2015年“4050人员”养老保险补贴126人，发放养老及医疗补贴494967元。办理非“4050人员”养老保险补贴1人，发放养老及医疗保险补贴1659元。新办灵活就业困难认定人员35人。养老保险扩面参保工作，9月底完成30人。就业培训。为支持自主创业，使更多劳动者成为创业者，街道与劳动局携手办理就业培训班两期，培训人数50人，为无业人员、待业大学生就业打好基础。面向辖区居民发放社会保障卡203张，为退休职工验证工资卡4367人，未认证683人。全民参保有序推进，计划登记42351人，实登记37063人。统计工作。完成2015年村（居）委会基本情况调查工作。每月按时完成城乡一体化住户调查工作，统计站和社区工作室统计员加班加点入户，对抽样记账户账本进行编码、录入、改错及上报工作。完成定期报表报送任务，对各项报表做到按时、按质、按量上报。每季度上报服务业季报单位35家，劳资单位11家，商贸业单位3家。9月中下旬至10月开展城乡一体化样本轮换工作，按照样本轮换工作细则要求，统计站和社区统计调查员加班加点入户，耐心细致给抽中住户讲解有关事宜，获得住户理解与支持。每季度对各社区统计人员进行统计业务培训工作，各社区统计人员素质和业务水平得到提高。城镇私营单位工资抽样统计工作。完成城镇个体工商户资产负债抽样调查工作；完成2015全国1%人口调查工作任务。文化工作。2015年以来组织参与各类文化活动8场。春节期间，组织秧歌队在街头展示喜庆秧歌舞蹈和推车、跑驴儿、丑角展演等秧歌表演，参加2015年宣化区助力申奥“集中供热杯”乒乓球锦标赛，组织参加“助力申奥·律动古城”宣化区第三届全民健身大赛等活动，向上级有关部门申请大量室外健身器械。组织辖区部分居民参观流动科技馆。盛夏举办彩色周末文艺演出公益文化汇演，为社区居民提供展示自己才艺机会，为创建“文明宣化”创造良好氛围。城管、卫生工作。城管工作以环境卫生、大气污染治理工作为主要任务。一是环境整治工作。开展“迎五一”环境卫生集中整治专项行动，清理垃圾200余立方米，清洗公厕16个，清理小广告2000余条。与辖区驻街单位及商铺重新签订“门前五包责任状”，明确职责并对负责人进行“门前五包”培训。二是落实大气污染防治。以网格化环境监管体系为平台，做好辖区日常环境防治工作，坚持周报。加快集中供热替代燃煤锅炉工作，对办事处9个社区辖区范围内采暖形式进行逐个统计和排查。整治取缔取暖锅炉11家、浴炉6家，燃煤茶炉全部取缔。“9·3”大阅兵期间，为保证首都空气质量，按照区政府要求，在9月28日至10月4日期间，对辖区内6家洗浴全部勒令停业。6月成功解决一起由宣钢动力处在居民生活区排污上访事件。三是配合集中供热改造。协助供热部门对236户、面积约11000余平方米泡沙河饭店楼、建行家属楼、县供电所家属楼进行分户改造，确保如期集中供热。食品药品安全生产工作。切实加强对食品药品监管工作领导，形成食品药品安全监管网络。食品安全协管员、信息员做好辖区内情况收集、登记、备案和报告管理工作，形成级级有人抓、层层有人管食品药品监管模式。2015年，印发各类宣传资料2000余份，开展宣传咨询活动2次。安全生产工作方面，先后与各社区签订《2015年安全生产目标管理责任状》、与东百超市、张家口市哈尔米莱服饰有限公司签订《2015年安全生产责任书》，推进企业安全生产标准化建设，健全完善“三项制度”，辖区安全事故发生率0。完成宣化区“五小”（小作坊、小食杂店、小餐饮店、小饭桌、小食品摊贩）。食品业态调查统计工作，填写“五小”食品业态摸底调查表70余份，录入“五小”店铺档案60余家。参加区食药局、市食药局组织食品药品安全培训4次。专项工作，专项治理。在“两会”、抗战胜利70周年纪念活动及申冬奥期间做好辖区安全生产排查整治工作，开展“危爆物品安全整治专项行动”“机械等行业小微企业安全生产标准化建设”“水泥制造和石材加工企业粉尘危害专项治理工作”等系列专项工作。搞好安全生产相关宣传。6月，开展以“安全生产人人抓、安全知识进万家”安全生产月集中宣传，现场接待咨询群众100余人，发放各类安全生产法律法规及安全常识等宣传资料800余份。2015年参军报名应征青年达62人，应征入伍9人，超标准完成市征兵办下达任务。

（刘海峰　蔺　燕）

建国街街道办事处

【概　况】 建国街街道位于宣化区永安街7号，辖区范围：东与侯家庙乡毗邻，西起东城墙，南至东升路，北至京藏高速，辖区面积8.9平方公里，有居民38941户，90554人。街道设党工委和办事处，党工委系区委派出机构，办事处系区政府派出机构。街道辖建国街北、建国东街、长春路、环保、新建街、中山大街6个社区。街道机关工作人员45名（其中科级领导8名），社区工作人员44名，各类协管员45名（含残疾人协管员6名）。设社区党委6个，街道机关党支部1个，非公企业党支部4个，楼院党支部79个，直管党员2176名。街道办事处设综合办公室、人大办公室、监察室、组织员办公室、总工会办公室、团工委、综合治理办公室、社会事务办公室、社区服务办公室、环境保护所、食品药品监管办公室、食品药品监管所、武装部、司法所、安监站、消防工作办公室、社区戒毒康复办公室、信访办公室、统计工作站、文化站、劳动保障事务站、计划生育工作站、妇联、残联、便民服务站、社区管理中心。

【政务管理】 建立综治联动机制。依托街道综治工作中心、社区综治工作站，凝聚派出所、综治、信访、司法等各方力量，形成多部门联勤联动调处格局，增强调处力度，有效控制事态发展，把社会影响降到最低程度。全年排查调处矛盾纠纷18起，全部调处成功。建立维稳防控机制。依据每周综治信访维稳工作会，研判辖区维稳形势，强化敏感期稳控措施，将不稳定因素消灭在初萌状态。稳控重点信访人20余次，接待群众来访46批次，400余人次，其中领导接访29批，260人，办理上级信访交办事项9件。来信、来访办结率均达95%以上。清理反宣标语300余处，收缴邪教反宣品50余份。纳入管理社区矫正和安置帮教对象72人。建立安全网络机制。排查生产经营单位310家，1250次，发现隐患50余处，并限期予以整改，组织消防演练一次。辖区运转和谐有序，安全生产形势平稳，没有发生重特大安全生产和食品安全事故。城市管理。一是落实网格化环境监管体系。制定网格化环境监管体系实施方案和网格化环境管理考核体系图，成立网格化环境监管体系组织机构，按时上报环境监管工作进展。在冬奥会申办及反法西斯抗战胜利70周年阅兵期间，出动200多人次对辖区内燃煤茶炉、浴炉及垃圾焚烧点进行监管。二是全力保障供暖改造。成立集中供暖改造领导小组，就改造方案、收费方法等问题，积极协调供热办与各待改造小区，与居民座谈7次，进行改造前动员和宣传活动70余次。组织供暖应急队抢修崩漏管网31处，清洗排气阀1700次，取得供暖攻坚最终胜利。三是开展爱国卫生运动。开展环境卫生大整治行动4次，出动24个小组300余人次，清理陈年垃圾50余吨，垃圾死角30多处，清除户外小广告600多处。四是统计工作。完成2014年统计年报和2015年定期报表工作。4月和7月，两次对辖区内新增和注销法人单位及产业活动单位进行填报调查。调查新增法人单位356家，新增产业活动单位67家，核实注销法人单位47家，注销产业活动单位13家。2015年1%人口调查工作，对264户家庭及其成员基本情况进行详细调查。社会服务。一是弱势群体保障工作。2015年办理低保58户，停保145户。为32户因病等无法支付医疗费困难家庭办理临时救助。为14名90岁以上老人办理补贴，办理“老年证”120本，“残疾证”68本。为贫困残疾人进行无障碍设施改造，提高贫困残疾人生活质量。配合民政，消防和食药局，对5家养老机构进行调查，为141户符合条件家庭进行廉租房评分和申请工作。二是开展劳动保障工作。完成养老保险扩面217人，完成总任务108%，办理职工养老保险130人，城乡居民养老保险156人。对17名就业困难人员进行认定，为175名灵活就业人员发放社保补贴70多万元，新办理灵活就业人员社保补贴70余人，涉及金额325088元。为7319位退休人员进行退休验证服务。完成全民参保登记51315人，完成信息录入42300人。三是踏实做好计生工作。严格生育审批手续，全年发放“一胎生育登记卡”112份，政策内二胎审批34例。对计生人口信息系统进行改错2403例，补录300余例。开展针对失独家庭“亲情关爱一结对连亲”活动。组织142对育龄夫妇到区妇幼保健院参加健康检查。文化建设。参加区里组织“灵羊起舞古城韵”乡艺比赛、“集中供热杯”乒乓球锦标赛、8月8日全民健身大赛、庆祝抗战胜利70周年群众歌咏大会、第四届全国康姿百德健身操比赛等各类文体比赛演出，均取得可喜成绩。街道组织举办“剪彩冰雪、热盼冬奥”艺术作品展、社区战友会、社区文体晚会等各类主题活动10余次，组织排练2016年宣化区网络春晚节目，打造“流动借书点”3个，为环保社区争取并安装室外健身器械10件，与辖区艺术幼儿学校合作，针对在家庭教育中容易出现一些问题开展教育培训。

（王彦华）

南大街街道办事处

【概　况】 南大街街道位于宣化区万字会街27号，东至东城墙南路马路中心线以西、南至东西马道马路中心线以北、西至柳川河以东、北至迎宾路与天泰寺街办事处相邻，总面积2.48平方公里。街道下辖6个社区，现有居民18978户，人口50233人。辖区驻街单位46个，个体门店商铺1268个。南大街街道党工委下设6个社区党委分别是：万字会社区党委、东马道社区党委、西马道社区党委、玉皇庙社区党委、吕祖庙社区党委和西草市社区党委；非公企业党支部三个，分别是电子商厦党支部、新东方家具城党支部和中医心理咨询学会党支部。党工委有党员1331人，双管党员822人，流动党员29人。2015年南大街街道办事处有在编职工46人，其中借调4人。在岗社区干部35人，其中在编干部25人。退休干部6人，辞职1人。

【社会事业】 新增低保户26户41人，停保78户。救助低保户199户，优抚对象3户，发放资金5.97万元。联合永辉超市，在“慈善情暖万家”活动中为10户家庭发放10000元购物卡。红十字会救助患重大疾病人员7人，3500元。死亡人员137人，火化率100%。办理“老年人证”120人证，高龄补贴23人。为18户低保家庭申请住房补贴。申请上报88户廉租房。为符合条件59人申报“河北省贫困重度残疾人护理补贴”，为1名残疾人机动车驾驶员办理燃油补贴。为4名白内障患者完成手术。为3名残疾人子女提供助学金11000元。办理“残疾人证”25人。为符合规定失业人员办理就业困难人员认定15份，为就业困难人员实施重点援助。为100名下岗失业人员办理2015年社保补贴申报手续，补贴518800元；12月31日有公益性岗位人员44名，发放公益性岗位津贴595920元，准确核算及上报公益性岗位人员养老保险253857.6元，医疗保险85691.54元，失业保险18059元，工伤保险6521.28元，确保工资待遇及时到位。对辖区内企业离退休人员养老金领取资格进行全面生存认证，认证退休人员5314人，其中市属验1419人，区属验3848人，其他区县验47人；养老保险扩面工作完成269人，完成率134%；全民参保登记工作利用3个月时间进行入户登记，争取做到广覆盖、无遗漏。登记44507人，电脑录入44510人，完成100%。对辖区内企业离退休人员养老金领取资格进行全面生存认证，认证退休人员5314人，其中市属验1419人，区属验3848人，其他区县验47人。2015年9月，出生167人，怀孕29人，婚育龄妇女7328人，领取独生子女父母光荣证67本，孕前优生优育检查30对夫妇，上站普查参检579人。在市级报刊中刊登《中秋送关爱——情暖特困家庭》和《排查“两非”行动确保性别比》等两篇工作文章。开展9次主题宣传活动，摆放宣传展板7块，悬挂标语条幅15余条，发放药具2400余盒，宣传资料5000份。“单独二胎”宣传工作。2015年1月召开年报定报专题会议，全面部署各专业各单位年报及城乡一体化入户核实工作。完成2015年统计定期报表342余次，完成78家新增法人、产业单位填表入库，核实45家法人、产业单位注销。统计专项调查12户。完成五年一次1%人口抽样工作。开展矛盾纠纷排查、重点人稳控、邪教防范、安全隐患排查、特殊人群管控工作，为“抗战胜利70周年纪念活动大阅兵”及十八届五中全会保驾护航。健全矛盾纠纷排查调处工作动态日常排查机制，排查矛盾纠纷12起，化解矛盾纠纷12起，化解率100%。与6个社区和16家驻辖区小微企业签订《南大街街道办事处安全生产目标管理责任书》。开展各项排查十余次，坚持不定期组织人员对各娱乐场所、网吧、健身房、台球厅、施工场所等人员密集场所进行检查，督促、引导其进行安全生产自查工作，排除安全隐患，确保将事故隐患消除在萌芽状态，特别对非法生产爆炸物品进行严厉查处，对违法犯罪活动保持高压态势。开展社区矫正执法检查活动，建立“一对一”矫正小组20对，开展集中学习5次、走访90次、随机抽查132次。先后构建司法所内、外网，建立管理平台，实现接收矫正、解除矫正、安置帮教系统化。与纵腾律师所签订法律服务协议，成立6个法律顾问点，对辖区内民事纠纷提供免费咨询、诉讼案件减免费用。开设12个社区法制宣传橱窗。开展社区法制学校活动5场，参与家庭31个，青少年62余人。辖区全年在册登记调解矛盾纠纷案件153起，调解率100%，调解成功率98.9%。召开研究维稳工作会议14次，召开各类信访维稳工作会议22次，上报信访苗头172条。接待群众来访46件次，其中：集体访14批次，涉及人数169人次。案件办结率为98.2%，满意率为98.7%。受理上级交办案件22件，直接答复20件，协助相关单位办理2件，避免群体性上访案件6件。领导干部接访、约访、下访案件24件，全部完成化解。对辖区11名信访重点人进行维稳，处置进京非访15次。根据上级要求成立网格化环境监管体系领导小组，制定工作方案，建立网格化管理制度、网格化管理运行机制和各项污染源排查台账。召开专题会议6次。在大气污染防止暨城乡环境整治百日攻坚行动中，排查出锅炉、茶炉、餐饮摊点、污染坑渠110处，对13家排放超标商户发放整改通知书。街道供暖任务占全区总任务40%以上，辖区内建21座换热站，涉及总面积200多万平方米近200个小区。

（寇俊英　杨雅静）

南关街道办事处

【概　况】 南关街道办事处地处宣化区城区南部，属城乡接合部。街道办事处机关驻南关桥西街4号。辖区东起泡沙河，西至柳川河，南至洋河，北至东西马道，面积约为6.65平方公里，下辖7个社区居委会（顺城街、东土关、桥北、新兴街、车站街、演武厅、造纸厂社区居委会），2010年第六次人口普查统计居民24021户、55879人。街道下设21个部门，分别是：综合办公室、纪检监察室、组织员办公室、总工会、社会事务办公室、社区服务办公室、综合治理办公室、信访办公室、人大办公室、团工委、武装部、司法所、人口与计划生育工作站、劳动保障事务站、文化站、社区管理中心、城建管理所、妇女联合会、统计工作站、安监站、食品药品安全监管办公室。

【社区工作】 南关街道投入120万元对演武厅社区750平方米新办公用房、桥北社区500平方米办公用房进行装修装饰及购置办公设施。大部分资金靠街道自筹，演武厅社区投入使用。南关街道全面推行“十个一”规范化建设（一个社区标志、一面社区荣誉墙、一套统一工作服、一个社区展示片、一个社区服务理念、一个社区服务品牌亮点、一套健全规章制度、一套工作规范化整理档案、一个图书角），自筹资金近10万元对各社区办公用房进行修缮改造，购置办公设备，营造坚强服务阵地。5月开展成果展示评比活动，对7个社区完成情况进行拉练展示，召开经验交流会，使社区从景观形象、服务理念、功能划分、精神面貌、档案资料、特色工作等方面，全面提高。社区“一居一特”党建品牌异彩纷呈。桥北社区“永强志愿者服务队”，打造“助残扶残”先进品牌；造纸厂“e路阳光驿站”丰富社区居民活动；顺城街“美华龄驿站”方便老人生活，提高幸福指数；车站“爱心小船”传递真情服务；新兴街“365志愿服务”；演武厅“1256服务”，均提升服务水平，把社区真正创建成“服务型社区”。全年排查各类矛盾纠纷和不稳定因素69起，解决61起，其中邻里纠纷10起，物业管理10起，环境卫生15起，市长热线13起，网上信访案件13起。两会期间，入户走访群众208户，发放护路宣传材料200余份，投入维稳人员101人，对6名重点人员进行24小时监控，保证会议期间辖区稳定。

【政务管理】 社会事务工作，2015年11月1日，辖区有低保家庭1213户，同期下降5.7%，享保人口2128人，同期下降6.8%，月享保金额557217元，同期下降6.5%，2015年新增低保64户，同期增加33.3%，取消83户，同期减少9.7%。临时救助。2015年12月为53名因病、因灾致贫家庭申请临时救助。透明公开住房保障工作。新报申请住房补贴低保家庭25户，因退休、死亡取消房补家庭26户；办理房屋租赁登记备案证明175户；上报申请宣化区第四、五期廉租住房家庭199户，办理廉租房转公租房10户。关心爱护残疾人工作。进行无障碍设施改造2户；救助贫困残疾大学生4人；发放贫困重残护理补贴63名；开展残疾人就业和职业培训信息管理系统摸底调查873人；上缴残疾人联络员养老、失业、医疗保险3人；为特困残疾人申请轮椅2台；推选3名残疾人参加区残疾智力运动会；报送16名残疾人进行"阳光家园居家托养"服务；为3名贫困精神病患者申请服药救助；为12名残疾人做白内障手术调查摸底体检；培训6名残疾人残疾轮椅太极拳比赛，取得优胜奖；为社区残疾人提供招聘岗位65个；办理残疾证27个。拥军优抚工作。完成对104位涉核、参战、伤残军人每年两次优抚金发放认证；为辖区10名烈士遗属统一发放新证明书；为31名涉核人员进行体检。民族宗教工作。建立同宗教界人士交往，了解信教人员风俗习惯，摸清辖区宗教信仰群众底数，及时准确了解动态，加大矛盾排查力度，遏制地下宗教、邪教分子在辖区一切活动，做好民族宗教工作，维护社会稳定。殡葬工作和老年工作及其他工作。在"三节"（清明节、中元节、寒衣节）。其间在社区发放殡葬改革宣传资料千余份，利用宣传栏对低保家庭殡葬惠民政策进行广泛宣传，大力推广花坛葬，2015年8月辖区内死亡177人，火化率100%。办理"老年优待证"160本，为8名老人办理高龄补贴，因去世取消4人。为做好第四次大中国城乡老年人生活状况抽样调查工作前期准备工作，抽样上报老年人6568名，完成全国老年生活状况抽样调查登记120人。统计工作，季度上报服务业季报单位36家，劳资单位26家，商贸业单位13家，规模以下工业企业单位3家。三季度新增小微企业和个体经营户跟踪调查3家。河北省1%人口抽样调查工作顺利开展最终顺城街上报住88户，东土关上报80户，新兴街上报108户。在9月全国科普日活动中，把新兴街社区与张家口市蓝天救援队联合开展"急救知识进社区"活动作为优秀特色活动推荐到区科协。文化工作，组织各类文艺演出。由辖区热爱文艺活动居民群众组成秧歌队分别于2月28日、3月4日和3月6日在世纪广场、人民公园及园中园小区内开展新年乡艺秧歌表演活动，一曲欢乐祥和中华全家福拉开整个活动序幕，吸引周围居民观看及行人驻足，整个广场锣鼓喧天，高潮迭起，一片欢乐景象。7月，组织带领队伍（其中7支踢毽子队伍和3支广场舞队伍）参加宣化区第三届"助力申奥　律动古城"全民健身大赛，其中南关徐晓琴代表队荣获广舞总决赛二等奖。8月7日，在春光乡按院村村委会举办"南关走进春光乡文化惠民城乡行"专场晚会。由文艺队自编自演扇子舞东方红，得到百姓一致好评。9月4日，带领文艺骨干参加红一师步兵第一九三旅几年抗日战争胜利70周年暨老兵退伍文艺会演。10月底，协助拍摄微电影《救赎》12月初上映。劳动保障工作，2015年12月31日办事处有公益性岗位人员29名，全年发放公益性岗位津贴442620元，准确核算及上报公益性岗位人员养老保险225281.28元，医疗保险54120.96元，失业保险14978.5元，工伤保险4256.88元，确保工资待遇及时到位。社会保险补贴工作延续去年政策，需返还补齐36个月。10月为65名下岗失业人员办理2015年社保补贴申报手续，补贴335850元。全年为符合规定失业人员办理就业困难人员认定

28份，为就业困难人员实施重点援助。推进离退休人员社会化管理工作。2015年上半年，认证退休人员6006人，其中市属已验1263人，未验158人，区属已验4159人，区属未验360人，其他区县已验60人，未验证6人，转出62人，转入14人，认定死亡人数60人。城镇居民养老保险。2015年新增城镇居民社会养老保险35人，其中60岁以上11人；60岁以下24人，重度残疾5人。8月，为234名参保人员续保；11月，对2012年至今参保60周岁以上居民进行生存认证工作，应认证人数681人，认证643人，未认证13人，认定死亡25人。全民参保工作。登记42353人，电脑录入31824人，完成75%。养老保险扩面工作。完成415人，创历年养老保险扩面工作之最，完成率207%。居民医疗保险工作。完成4789人，其中新参保720人，续保4069人。便民服务代办工作。4月，办事处举办一场招聘会，有31家用人单位到会，现场咨询登记2000余人。为10人进行职业介绍。8月，办事处联合团区委举办“奔跑吧，青春”庆八一军地青年交友联谊活动。男嘉宾有7支部队74名现役干部，女嘉宾全部由96名机关干部及教师组成。现场11对男女嘉宾签收成功。城管卫生工作，集中力量对辖区门店、庭院小区等区域环境卫生进行综合治理，组织机关人员对园中园小区和桥西街卫生和小广告清理和粉刷，各社区单位分别组织集中清理活动20余次，清理垃圾200多吨，垃圾死角50余处，粉刷小广告1200多条，清理白色污染物23处，对50多个单位庭院70多个楼院小区进行监督和检查，按时完成上级部署任务，使辖区环境卫生得到改善，为申奥助力。6月，在爱卫办安排下，组织社区落实门前五包责任制签发900余份。安全生产工作，5月消防隐患大排查活动中，发放宣传教育资料300余份。在6月“安全生产月”期间，在辖区开展安全生产咨询活动，组织安检人员发放家庭防火防灾资料200余份，市民公共安全应急指南100余份。对辖区内1100多家企事业单位进行摸底排查，各类经营企业单位、重点消防单位通过自查和督查都没有发现重大安全隐患。开展隐患排查治理专项行动，掌握903家商户，56家驻街单位，348栋居民楼，8处平房院落，3个幼儿园及15个仓库安全生产情况。发出整改通知书46份。掌握危险源以及隐患具体数量、分布情况和发展态势。供热工作，南关辖区2015年准接入集中供热150万平方米，涉及供热锅炉69台，任务最重，难度最大，街道120名干部全力以赴，推动工作进展，19个热力站有序建设，分户改造无暖户9个小区38800多平方米、有暖户12个小区80380平方米，协调中电寰慧及供热单位处理供热各类问题358起，在预定日期全线供暖。计划生育工作，登记独生子女父母奖励186人，发放独生子女费17010元。统计退休独生子女父母9人，发放退休奖励金5400元。新增特扶人员3人，发放扶助金12240元。顺利完成失独家庭“结对联亲”工作。入27户，提供结对志愿服务4户，联亲成功1户。孕前体检工作，通过广泛宣传，精心组织，5月顺利完成43对夫妻孕前体检工作。宣传工作，在辖区内为居民开展4次计划生育家庭意外伤害保险宣传活动，发放宣传单400多份，有4户家庭参加计划生育家庭保险。做好育龄妇女上站普查工作通过宣传发动，普查1183人次。2015年被评为国家计生协会办事处级先进单位。招商引资工作，完成招商引资2100万元。街道书记主任多次到省、市部门争取资金，使办事处社区服务中心项目列入国家项目并落实项目资金120万元。办事处争取到市财政局精品社区建设资金10万元，市组织部社区建设资金25万元。争取到省劳动厅公共基层建设平台达标建设资金12万元。各项资金支持使街道、社区硬件建设明显改善。

（于　洁）

人　物

领导干部

宣化区委领导成员

书记：燕旺林（4月任）
副书记：王小军（4月免）
　　费再宏（回族，4月任）
　　武爱军（4月免）
常委：燕旺林（4月任）
　　王小军（4月免）
　　费再宏（回族，4月任）
　　武爱军（4月免）
　　刘　杰
　　邢积功
　　席玉东
　　张晓燕（女）
　　徐忠贵
　　李　军
　　刘家利
　　林占勇
　　曾文涛（挂职，7月任）

宣化区第十五届人民代表大会常务委员会

主任：陈一诚（4月不再担任）
　　席玉东（4月当选）
副主任：郭振川
　　李海清
　　田锡滨
　　杜启才（4月当选，无党派）

宣化区政府领导成员

区长：王小军（5月免）
代区长：费再宏（回族，5月任）
副区长：席玉东（4月免）
　　李　军
　　孔庆范
　　治秀芳（女）
　　孙辉亮
　　张国庆（满族）
　　李建斌（5月任，挂职）
　　曾文涛（7月任，挂职）

政协宣化区第十二届委员会

主席：王玉济
副主席：薛宝林
　　李　祥
　　段玉华（女）
　　董文柱
秘书长：翟建民

河北宣化经济开发区

主任：张祥（兼）

副主任：杨磊（副处级）
董成江（副处级）
王学东（副处级）
李建林
王建国

宣化区纪律检查委员会

书记：徐忠贵
副书记：孙庆忠
陈旭

宣化区委工作机构主要负责人

区委办公室
主任：刘家利
常务副主任：边富超
区委组织部
部长：邢积功
常务副部长：刁玉坤
区委老干部局
局长：王晓义
区委宣传部
部长：张晓燕（女）
常务副部长：车宝明
区委统战部
部长：林占勇
常务副部长：徐向明
区委农工部
部长：邢积功
区农业委员会
主任：赵喜河
区机构编制委员会办公室
主任：王作云
防范办
主任：李兆国
机关党工委
书记：牛国英（女）
区信访局
局长：赵建彬
区委党校
校长：邢积功
常务副校长：王军强
区行政学校
校长：王小军（4月免）
费再宏（4月任）
常务副校长：王军强
区档案史志局
局长：韩　铁

宣化区第十五届人大常委会工作机构主要负责人

办公室主任：佘段兵
财经科科长：温　冬（女）
法制科科长：陈少敏（女）
代表文教科科长：肖丽萍（女）
城市建设科科长：杨卫平（女）
老干部科科长：李福林（11月取消老干部科编制，其职务自然免除）

宣化区人民政府工作机构主要负责人

区政府办公室
主任：左克平
区发展改革局
局长：吕爱武（女）
区物价局
局长：李成江
区监察局
局长：孙庆忠
区统计局
局长：荀　辉（女）
区教育局
局长：高振伟

区民政和民族宗教事务局
局长：滕化璋
区财政局
局长：魏剑钊
区国税局
局长：李俊生（5 月免）
俞国栋（5 月任）
区地税局
局长：王贵新（ 4 月免）
李朝辉（11 月任）
区人力资源和社会保障局
局长：赵建斌
市国土资源局宣化分局
局长：李汝军
区住房和城乡建设局
局长：刘志军
市规划局宣化区分局
局长：马旭峰
区文化旅游体育广电新闻出版局
局长：李宏君（满族）
区体育局
局长：赵春君
区广播电视台
台长：宋维忠
区卫生和计划生育局
局长：姚兴和
区食品药品监督管理局
局长：郭　斌
区工商行政管理局
局长：马俊明
宣化质量技术监督局
局长：张焕发
区审计局
局长：李爱民
区安全生产监督管理局
局长：于永斌
张家口市环境保护局宣化分局
局长：康少军
宣化区工业和信息化局
局长：高治宝
区科学技术和地震局
局长：戚　芳（女）
区商务局
局长：张　存
区粮食局
局长：朱德军
区交通运输局
局长：常仲君
区供销合作社联合社
主任：程万锋
区直机关事务管理局
局长：王永健
区行政审批管理办公室
主任：孙　柏
区公共资源交易中心
主任：于　涛

政协宣化区第十二届委员会
工作机构主要负责人

办公室主任：张林贵
提案科科长：范丽君（女）
宣教科科长：许鸿飞
联络科科长：黄远翥（女）
综合调研科科长（空缺）

河北宣化经济开发区工作机构主要负责人

综合办公室主任：黄　伟
规划建设局局长：史利新
经济发展局局长：李力田
财政局局长：杨化冰
招商局局长：王为民

宣化区政法、军事系统主要负责人

张家口市宣化区委政法委
书记：林占勇
副书记：孙辉亮
常务副书记：王轶杰
张家口市宣化区人民法院
院长：刘存海
张家口市宣化区人民检察院
检察长：葛阿刚
张家口市公安局宣化分局
局长：王守成
政委：周志祥
张家口市公安局庞家堡分局
局长：李玉军（副处）
张家口市公安局钢城分局
局长：王惠军
政委：马庆军（副处）
张家口市森林公安局宣化分局
局长：吕　平
张家口市宣化区司法局
局长：康　永
宣化区人民武装部
部长：严广林
政委：刘　杰
张家口市宣化区人民防空办公室
主任：梁向东
张家口市宣化区国防教育办公室
主任：何继武

张家口市宣化区各民主党派负责人

中国国民党革命委员会张家口市宣化区委员会
主任委员：段玉华（女）
中国民主同盟张家口市宣化区委员会
主任委员：杨　阳
中国民主建国会张家口市宣化区委员会
主任委员：霍树桃（女）
中国农工民主党张家口市宣化区委员会
主任委员：王韶华（女）
九三学社张家口市宣化区委员会
主委：梁利军
中国民主促进会张家口市宣化区委员会
主委：李金生

宣化区各人民体负责人

张家口市宣化区总工会
主席：田锡滨
常务副主席：齐和营
共青团张家口市宣化区委
书记：王　霞（女）
张家口市宣化区妇女联合会（女）
主席：李彩芸（女）
张家口市宣化区工商业联合会
主席：李　祥
常务副主席：牛为平（女）
张家口市宣化区文学艺术联合会
主席：冯小利
张家口市宣化区科学技术协会
主席：刘勇杰
张家口市宣化区残疾人联合会
理事长：翟　暄

宣化区乡镇、街道办事处主要负责人

庞家堡镇
书记：王晓霞（女）
镇长：赵喜冰
河子西乡
书记：易雪彬
乡长：张仲凯（回族）

春光乡
书记：张　栋
乡长：南迎军
侯家庙乡
书记：张志河
乡长：李晨光
大北街街道办事处
书记：武廷英
主任：苹英斌
皇城街道办事处
书记：刘建雄
主任：（缺职）
天泰寺街街道办事处
书记：王莉（女）
主任：杜启才（4月免）
工业街街道办事处
书记：王冀闽
主任：夏晓红（女）
建国街街道办事处
书记：韩建华（女）
主任：刘　强
南大街街道办事处
书记：周树伟
主任：朱素忠
南关街道办事处
书记：李素凡
主任：李进林

宣化区部分其他单位主要负责人

中国人民银行宣化支行
行长：张子荷
中国银行业监督管理委员会张家口监管分局宣化办事处
主任：王晓斌
中国工商银行股份有限公司张家口市宣化支行
行长：史向东
中国农业银行股份有限公司张家口宣化支行
行长：温志亮
中国银行股份有限公司宣化支行
行长：夏海文
中国建设银行股份有限公司宣化支行
行长：王继胜
中国农业发展银行张家口市宣化区支行
行长：杜桂合
中国邮政储蓄银行股份有限公司张家口市宣化支行
行长：侯　永
宣泰农村信用合作联社
董事长：王万礼
中国人民财产保险股份有限公司宣化区支公司
经理：王新利
中国人寿保险股份有限公司张家口市宣化支公司
经理：贾志元
广发证券股份有限公司张家口宣府大街证券营业部
主任：李少纯
中国邮政集团公司张家口市宣化区分公司
总经理：刘宝明
中国联合网络通信有限公司宣化分公司
总经理：连景波
中国移动通信集团河北有限公司宣化分公司
总经理：李春富
中国电信股份有限公司宣化分公司
总经理：庞丽红
区集中供热办公室
主任：孟晓苍
宣化供电客户服务中心
主任：段　杰
书记：丰　岩
烟草专卖宣下分局
局长：魏冠军

宣化宾馆

总经理：张春洪

张家口市宣化第一中学

校长：高春海

张家口市宣化第二中学

校长：孙永青

书记：唐正荣

张家口市宣化第四中学

校长：范清

书记：王瑞芬（女）

张家口市宣化第十中学

校长：吕维栋

书记：张力

张家口市宣化区医院

院长：王成东

书记：王　彦（女）

张家口市宣化区中医院

院长：姜　宁

书记：李　莹

张家口市宣化区眼科医院

院长：吴华萍（女）

书记：白翠霞（女）

宣化区葡萄研究所

所长：张　武

宣化金鸿燃气公司

总经理：李永红（女）

宣化区供水公司

总经理：冯晓洲

宣化区排水公司

总经理：王　军

驻宣化部分单位主要负责人

河北钢铁集团宣钢公司

董事长：谢海深

总经理：张丙生

大唐国际发电股份有限公司张家口发电厂

厂长：李建东

党委书记：刘志勇

河北建投宣化热电有限责任公司

总经理：丁国新

中电寰慧张家口热力有限公司

总经理：闫　勇

北汽福田汽车股份有限公司宣化福田雷萨泵送机械厂

厂长：卜季春

河北钢铁集团宣工公司

董事长：常战芳

总经理：周之胜

张家口金隅水泥有限公司

总经理：赵启刚

河北省煤田地质局第四地质队

队长：郭彦民

书记：周喜顺

中国冶金地质总局一局五一六队

队长：孟祥宁

张家口市宣化紫云化工有限公司

董事长：李岩峰

宣化科技职业学院

党委书记：贾学刚

院长：尹子平

河钢宣钢职工教育中心

主任、书记：韩明祥

河北宣工技工学校

校长：张　华

河北北方学院附属第二医院

院长：程　铮

党委书记：石玉宝

张家口铁路车务段宣化站

站长：袁　军

石油公司

经理：赵　威

有线网络

董事长：白小平

经理：李　浩

先进人物

田伟平　5月荣获共青团中央、中钢协联合颁发的全国钢铁行业“青安杯”竞赛最佳组织奖。

孙志炜　5月荣获共青团中央、中钢协联合颁发的全国钢铁行业“优秀共青团员”荣誉称号，共青团河北省委颁发的“河北省优秀共青团员”荣誉称号。

秦伟荣　5月荣获共青团河北省委颁发的“河北省青年岗位能手”荣誉称号。

王宇奇　5月荣获河北省国资委颁发的“新长征突击手”荣誉称号。

韩涛、宋岩松、施正军　11月在首届全国钢铁行业技能和知识网络竞赛中获得全国钢铁行业协会授予的“钢铁行业学知识标兵”荣誉称号。

张立君　11月在河北省模拟炼钢大赛中荣获河北省冶金行业协会授予的个人三等奖。

王　冠　12月在河北省工信局、河北省机械冶金工会组织的技能大赛中荣获一等奖，被河北省工信局、人力资源厅授予河北省技术能手称号。

李世海　被河北省人民政府授予“有突出贡献技师”荣誉称号。

李永红　被河北省委宣传部授予河北省宣传文化系统（政研会）先进个人。

贺武祥　被河北省住房和城乡建设厅、河北省人力资源和社会保障局授予“河北省住房和城乡建设局先进工作者”称号。

白俊平　荣获河北省工会授予的“河北省优秀工会工作者”称号。

李　明　荣获河北省建筑协会优秀管理者称号，优秀项目经理称号。

王树新　荣获河北省建筑协会优秀项目经理称号。

李永江　荣获北京市国资委系统“十佳宣传员”称号。

裴　霈　9月在广州举行的“百纳璐诗杯”首届全国听障演讲比赛决赛中，荣获“百纳璐诗杯”首届全国听障演讲比赛优秀奖。

马文涛　1月被团省委授予“河北省首届团干部能力成长竞赛全能十佳团干部、文章撰写十佳团干部、活动设计二十优团干部、PPT制作二十优团干部、演讲答辩十佳团干部”称号。

戈禄峰　被河北省建筑协会授予省优秀项目经理称号。

钱荣斌、田俊、肖敏　被河北省质量协会授予省优秀质量管理者称号。

于清霞、罗英果、张文广　荣获“中国大唐优秀技能选手”称号。

王海峰　荣获第三届“大唐国际十大杰出青年”称号。

王俊杰、侯广利　荣获国务院国资委授予的“中央企业技术能手”“中央企业青年岗位能手”称号。

贾　磊　被河北省电力行业协会授予“河北省电力行业QC小组活动优秀推进者”称号。

王翰伟　获得中国水利电力质量管理协会颁发的“质量管理小组活动优秀推进者”称号。

张晓杲　被河北省诚信企业评选委员会和河北省质量管理协会授予“2014年河北省诚信建设优秀工作者”和2014年度河北省“质量管理小组活动卓越领导者”称号。

李建东、房光辉　被河北省质量协会授予“2014年度河北省质量管理小组活动卓越领导者”称号。

刘莉莉　荣获河北省质量协会颁发的“2014年度河北省质量管理小组活动优秀推进者”、河北省“现场管理星级评价活动优秀推进者”、“电力标准化工作先进个人”称号。

模范人物

张秉文　被国务院评为全国劳动模范。

王海峰　荣获河北省人民政府颁发的“河北省劳动模范”称号。

高级知识分子

河北钢铁集团宣钢公司

正高级工程师：刘　东、闫小平、陈友、赵平江、李祥、王秀、闫卫兵、褚立东、宋振兴、门生会

高级工程师：李世成、张艳霞（女）、李建华、袁晓东、于昌水、袁亚利、崔继英、王翠琴（女）、夏进军、孙贵平、闫艳霞（女）、赵晓亮、王国栋、宋明、刘方华、郝胜涛、苏雅爱（女）、宋周利、杨巍、孙峰、刘占宝、郭永贵、钱彦霞（女）、阎翠（女）、南国华、任丽芳（女）、李学春、刘伟虹（女）、王金东、李锦龙、王春元、孙东胜、夏云龙、罗新发、陈彦、王慧艳（女）、王云丽（女）、王琦、李姝国、张志华、杜永刚、张海月、岳长虹、胡彦龙、冯德华、李蕾（女）、田建涛、李治国、耿兴广、高树博、杨素娟（女）、李彩丽（女）

高级会计师：王晓龙、张　丽（女）、康华霈（女）、李恩锦、袁　炜

高级经济师：章进宝、杨满红（女）、熊建新、焦占聪、褚利娟（女）、徐宁慧、武满栋、李进国、刘文通、靳龙、孙文敏（女）、郅海雁（女）、朱宏亮、孙雅琪、鲁宏光

主任医师：金旭东、刘锋

副主任医师：贠海霞（女）、安玉慧（女）、胡晓燕（女）、申远、王丽君、侯俊荣、李小强

主任护师：贺丽英（女）

副主任护师：蔡瑞艳（女）、何进香（女）

教授：耿丽霞（女）

副教授：魏艳玲（女）

正高级政工师：丁正顺、张俊、张峰崎（女）

高级政工师：李长庆（女）、吴冬梅（女）、安守江、孙芳（女）、韩志强、王志强、李文明、王海斌

高校讲师：杨冬伟、郑丽欧（女）、李学花（女）、赵亮、周晓静（女）、陈文波

小学高级教师：韩焕云（女）、葛淑丽（女）

河北钢铁集团宣工公司

高级工程师：冯嘉花

大唐国际发电股份有限公司张家口发电厂

高级工程师：郝晨亮、江波、梁亚园、孟庆刚、苏海涛、张晓杲、胡彦君

优秀人才

河北钢铁集团宣工公司

阎宝秋、卢演芝　被评为张家口市“333人才工程”第三层次人选。

统计资料

宣化区国民经济和社会发展统计公报

一、综　合

经济运行平稳增长。2015 年全区实现生产总值（GDP）128.03 亿元，按可比价格计算，比上年同期增长 1.7%。其中，第一产业实现增加值 2.68 亿元，同比增长 7.2%；第二产业实现增加值 71.64 亿元，同比增长 0.7%；第三产业实现增加值 53.71 亿元，同比增长 3.4%。人均生产总值达 32887 元，增长 1.7%。三次产业增加值占全区生产总值的比重分别为 2.1%、55.95%、41.95%。

二、农　业

农业生产下降。2015 年全区粮食产量完成 21066 吨，同比下降 2.9%，油料产量 221 吨，同比增长 6.3%，蔬菜产量 103608 吨，下降 3.4%。畜牧业生产稳定。2015 年，全区肉类总产量 3563 吨，同比增长 29.7%。全区猪肉产量达 3116 吨，增长 26.67%；牛肉产量达 33 吨，下降 29.79%；羊肉产量 150 吨，增长 76.47%，禽肉产量达 254 吨，下降 71.62%；禽蛋产量达 1775 吨，增长 16.78%。2015 年全区农、林、牧、渔业总产值完成 46358 万元，全区耕地面积 4775 公顷，农作物播种面积 5361 公顷，其中：粮食播种面积 3372 公顷，油料播种面积 187 公顷，蔬菜播种面积 1664 公顷。

主要农产品产量

表 9

产品名称	产量（吨）	比上年增长（%）
粮食	21066	−2.9
油料	221	6.3
蔬菜	103608	−3.4
水果	3523	−0.62
葡萄	3318	−1.51
肉类	3563	29.7
禽蛋	1775	16.78
牛奶	3439	−16.2

说明：葡萄是水果中一种，单列是因宣化牛奶葡萄全国闻名

三、工业和建筑业

工业生产低迷。2015 年，全区 43 家规模以上工业企业实现总产值 377.97 亿元，同比下降 16.1%，实现工业增加值 64.2 亿元，比上年同期增长 0.28%。从工业运行特点看：一是支柱产业一升两降。黑色金属冶炼及压延加工业实现增加值 28.5 亿元，同比增长 6.3%，高于全区平均水平 6.02 个百分点；装备制造业实现增加值 4.94 亿元，同比下降 12.2%；电力热力的生产供应业实现增加值 25.79 亿元，同比下降 14.6%。二是大、中、小型企业全面下降。从企业规模看，大型企业实现增加值 49.85 亿元，比上年同期下降 3%，中型企业、小型企业增加值分别比去年下降 2.1%、14.5%。三是主要工业产品产量有升有

降。从主要工业产品产量看，生铁、粗钢、啤酒与去年同期相比分别增长2.1%、2.2%、137.8%，钢材、发电量、挖掘铲土运输机械、改装汽车、水泥与去年同期相比，分别下降5.1%、16.8%、62.8%、24.4%、33.8%。

主要工业产品产量

表10

产品	单位	2015年	2014年
发电量	亿千瓦时	150.78	181.28
水泥	万吨	61	93
粗钢	万吨	672	658
钢材	万吨	597	630
生铁	万吨	694	680
挖掘、铲土运输机械	台	222	596
改装汽车	辆	3006	3977
饮料酒（啤酒）	万升	16830	7079

工业企业亏损面扩大。2015年，全区规模以上工业企业完成主营业务收入206.18亿元，同比下降28.7%。实现利税23.59亿元，其中利润完成17亿元，同比下降12.6%。亏损企业21家，亏损额达20469万元，与去年同期相比，下降4.73%。

资质建筑业下降。2015年，全社会建筑业完成增加值6.31亿元，比上年增长10.1%。年末拥有资质等级以上建筑企业12家，劳务分包企业3家，实现总产值18.1亿元，同比下降23.8%。

四、固定资产投资

固定资产投资规模继续扩大。2015年，全社会固定资产投资完成95.21亿元，增长10%，固定资产投资完成94.95亿元，比上年同期增长11.4%。从投资特点看：一是第二产业投资成为投资拉动主力。第二产业完成投资62亿元，增长6.9%；第三产业完成投资31.35亿元，增长23.5%。二是重点项目加快推进。2015年，全区亿元以上开工项目14个，累计完成投资46.65亿元。三是房地产开发投资规模增长。2015年房地产开发投资完成14.44亿元，比上年同期增长12.6%。

五、国内贸易

消费品市场销售平稳。2015年，全区社会消费品零售总额73.3亿元，比上年同期增长9.1%。其中37家限额以上企业单位实现零售额11.37亿元，下降8.7%。全区批发业实现销售额34.4亿元，比上年同期增长1%；零售业实现销售额51.4亿元，增长10.7%；住宿业实现营业额2.2亿元，增长12.6%；餐饮业实现营业额9.9亿元，增长17.8%。

六、对外经济

不断提升对外开放水平。全年新签约经济技术项目64项，引进市外资金34.75亿元。新增出口企业12家，实现出口总值3051万美元。

七、交通、邮电

公路运输保持稳步增长。年末全区营运车辆11672辆，其中：客车82辆、货车10406辆，出租车999辆，拖拉机50辆，其他载货机动车135辆。公共交通事业取得长足发展。至2015年全区共有公交车213辆，公交线路13条。移动通信及互联网迅猛发展。2015年互联网宽带接入用户达到10.89万户，固定电话用户达到7.87万户，移动电话用户达68.84万户。

八、财政、金融

财政收支平稳。2015年，全区全部财政收入完成209565万元，比上年同期增长5.2%；区本级全部财政收入完成149734万元，比上年同期增长1.5%，其中公共财政预算收入完成58842万元，同比增长2.4%。公共财政预算支出162979万元，比上年同期增长29.7%。从支出项目看，农林水务支出3163万元；教育支出35019万元；医疗卫生支出8067万元；科学技术支出419万元。

金融存贷款同步增长。截至12月末，全区金融机构存款余额288.25亿元，比年初增加9.26亿元；金融机构贷款余额217.37亿元，比年初增加18.18亿元。

保险业务平稳健康发展。中保财产实现保费收入3999万元，赔付费2513.77万元，赔付率67.53%；中保人寿实现保费收入1.4亿元，当年赔付费383万元。

九、教育、卫生、文化、体育

教育事业稳步发展。全区17所普通中学，校舍建筑面积达29.2万平方米。普通高中毕业生数达2218人，在校学生达7712人；普通初中毕业生人数达3709人，在校学生12146人。33所小学校舍建筑面积达18.1万平方米，小学招生4123人，在校学生达25160人。幼儿园33所，在园幼儿数6943人。初中毕业生升学率达98.57%，高中阶段学生毛入学率达90.75%。

卫生保健服务网络不断完善。全区共拥有卫生机构18所，其中：医院、卫生院14所，卫生防疫疾控中心1所，妇幼保健机构1所。各类卫生机构拥有床位2036张，卫生人员2848人，其中医院卫生专业技术人员2225人。在卫生专业技术人员中，执业医师865人，执业助理医师141人。

文化、体育事业蓬勃发展，全区公共图书馆藏书8万册。旅行社15家，博物馆1家，全区文物藏品达2795件。目前剧场影院达到3个。承办高规格的体育赛事。组织承办了2015年河北省青少年羽毛球锦标赛，宣化－天津羽毛球对抗赛。

十、城市建设

人居环境明显改善。柳川河西路南段道路、东升路道路等城市道路建设改造、修补、拓宽，宣府大街、炸子市街、皇城桥路等便道进行了铺装，增加停车位2350个。为切实改善城市环境、规范钟楼大街沿线马路市场、取缔占道经营、整治马路市场外溢等现象，实施建设大洪寺街、光华街两座蔬菜市场。天然气置换工程积极推进，完成府城南大街（区医院路段）、大东门至柳树巷、幸福街、长宁南路等道路煤气危网改造，铺设城区中低压煤气管线。新增供热面积600万平方米，累计集中供热面积达到1650万平方米。

重拳治理大气污染，节能降耗取得成效。全年综合能源消费量703.16万吨标准煤，同比下降6.49%，单位GDP能耗同比下降2.04%。二氧化硫、化学需氧量排放削减率分别达到22.5%和22.86%。

十一、民营经济

民营经济发展平稳。全区民营企业1554户，同比增长0.6%；个体户11661户，同比增长10.3%；民营经济从业人员达83313人，同比增长16.1%。民营经济实现增加值52.3亿元，同比增长2.5%，占GDP的比重达40.8%。民营经济实现利润8.53亿元，实缴税金13.12亿元。

十二、人民生活

2015年全区户籍总人口320757人，其中城镇人口达269560人，乡村人口达51197人。人口出生率为6.3‰，死亡率3.39‰，人口自然增长率2.91‰。2015年末全区常住人口达389310人，城镇人口达353844人，城镇化率达到90.89%。

城乡居民收入较快增长。2015年，全区城镇居民人均可支配收入25927元，比上年同期增长9.7%。农村居民人均可支配收入10492元，同比增长10.8%。城镇单位在岗人员（含劳务派遣）年平均工资达到49190元。

十三、劳动和社会保障

社会保障体系日益完善。城镇新增就业5045人，其中，下岗失业人员再就业2203人，城镇登记失业率4.3%。新农合参合率达到96.68%，全区城镇基本养老保险参保人数达116412人，失业保险参保人数23000人，城镇基本医疗保险参保人数90570人，其中城镇居民医疗保险参保人数57181人。农村养老保险达到2011人，新型农村社会养老保险达到35976人。

社会福利事业健康发展。年末养老服务机构9个，床位数1295张，在院人数588人。全区最低生活保障救助22531人，其中农村最低保障7945人。全年共发放低保资金6355万元，其中农村最低生活保障支出1287.6万元。

注：1. 公报中GDP总量、各产业增加值绝对值按现行价格计算，增长速度按可比价格计算。

2. 本公报2015年数字为快报数字。

3. 财政数据为决算数据。

2015年宣化区统计基本资料

宣化区基本情况表

表11

	单位	2015年	2014年
一、人口、劳动者和土地面积			
年末常住人口	人	389310	389265
其中：城镇人口	人	353844	349910
城市化率	%	90.89	89.89
年末总人口	人	320757	320726
其中：城镇人口	人	269560	272159
乡村人口	人	51197	48563
本年出生人口	人	2021	3382
本年死亡人口	人	1086	1295
人口出生率	‰	6.3	10.59
人口死亡率	‰	3.39	4.05
人口自然增长率	‰	2.91	6.54
年末总户数	户	127045	114196
城市土地面积	平方公里	276.39	276.39
其中：建成区	平方公里	38.61	38.61
城市人口密度	人/平方公里	1409	1408
街道办事处	个	7	7
居民委员会	个	47	47
乡（镇）政府	个	4	4
村民委员会	个	57	57
其中：代管村	个	3	3
二、农业			
农业总产值	万元	46358	45853
农业增加值（现价）	万元	28790	28479
年末耕地总资源	公顷	4775	5170
粮食产量	吨	21066	21699

续表 11

	单位	2015 年	2014 年
油料产量	吨	221	208
蔬菜产量	吨	103608	107300
水果产量	吨	3523	3545
其中：葡萄	吨	3318	3369
肉类总产量	吨	3563	2748
其中：猪牛羊肉产量	吨	3299	2592
牛奶产量	吨	3439	4104
禽蛋产量	吨	1775	1520
三、工业			
规模以上工业	个	43	42
其中：国有控股	个	10	9
规模以上工业总产值	万元	3779716	4502154
规模以上工业增加值（现价）	万元	641987	795223
其中：国有控股	万元	571537	748312
规模以上工业利润总额	万元	170135	192754
其中：国有控股	万元	171834	204110
规模以上主营业务收入	万元	2061769	2872374
资产总计	万元	6491121	6185154
负债总计	万元	5296644	4938129
年末所有者权益	万元	1194477	1247025
资产负债率	%	81.6	79.84
四、邮政、电信业			
本地电话用户	户	78727	98377
互联网用户	户	108902	118522
年末移动电话用户	户	688385	753189
五、全社会固定资产投资			
全社会固定资产投资	万元	952130	864804
其中：固定资产投资	万元	949457	852407
城乡建设项目	万元	805101	724209
房地产开发投资额	万元	144356	128198
农村农户	万元	2673	12397
六、对外经济			
实际利用外资	万美元	15	20
出口总值	万美元	3051.3	4437
引进市外资金	万元	347462	327630
七、市政公用事业			
年末实有营运车辆	辆	11672	12168
年末实有公交车	辆	213	191
年末实有公交线路	条	13	13

续表 11

	单位	2015 年	2014 年
自来水厂生产能力	万吨 / 日	12	12
年末供水管道总长度	公里	256.35	254.15
年末供水总量	万吨	4587.92	4545.53
其中：自来水供水总量	万吨	1887.92	1845.53
煤气管道总长度	公里	367.39	362.74
煤气售气总量	万立方米	3721.52	4157.94
用气户数	户	136335	129050
其中：居民户	户	136085	129033
液化石油气供气总量	吨	258.89	275.25
液化石油气供气人数	万人	1.26	1.58
天然气售气总量	万立方米	437.42	
年末铺装道路面积	万平方米	237.36	237.26
年末铺装道路总长度	公里	126.85	126.75
城市下水道总长度	公里	230.5	227.8
集中供热面积	万平方米	1650	1100
建成区绿地面积	公顷	646.24	628.24
污水处理总量	万立方米	3996.1	4035.25
生活垃圾无害化处理量	万吨	11.5	11.5
八、商业			
限额以上贸易业个数	个	37	42
社会消费品零售总额	万元	732985	668881
限额以上企业消费品零售总额	万元	113720	125139
九、财政、金融			
全部财政收入	万元	149734	147511
其中：公共财政预算收入	万元	58842	57472
公共财政预算支出	万元	162979	125621
全部金融机构各项存款年末余额	万元	2882483	2789907
其中：住户存款	万元	2264195	2078272
全部金融机构各项贷款年末余额	万元	2173733	1991915
保费	万元	17999	18221
赔付	万元	2897	2331
十、教育、文化、卫生			
教育			
学校数	个	50	50
中学	个	17	17
小学	个	33	33
在校学生数	人	45018	43991
中学	人	19858	18923

续表 11

	单位	2015年	2014年
小学	人	25160	25068
专任教师	人	3059	3124
中学	人	1657	1686
小学	人	1402	1438
初中结业生升学率	%	98.57	98.27
文化旅游			
旅行社	个	15	13
博物馆机构数	个	1	1
文物藏品	件	2795	2755
文化站机构数	个	11	10
剧场影剧院	个	3	3
卫生			
卫生机构数	个	18	17
其中：医院	个	10	11
医院床位数	张	1937	1753
卫生机构人员数	人	2848	2279
农村卫生厕所普及率	%	93	89
十一、劳动工资			
城镇单位从业人员	人	58808	62461
在岗职工年末人数（含劳务派遣）	人	55319	59206
城镇单位从业人员劳动报酬	万元	285640	269777
在岗职工工资总额（含劳务派遣）	万元	276110	260497
从业人员平均报酬	元	48050	42422
在岗职工平均工资（含劳务派遣）	元	49190	43245
十二、人民生活			
城镇居民人均可支配收入	元	25927	23634
农村居民人均可支配收入	元	10492	9469
十三、就业与劳动保障			
城镇新增就业人口	人	5045	5025
下岗失业人员实现再就业人数	人	2203	2221
城镇基本养老保险人数	人	116412	113133
城镇企业职工基本养老参保人数	人	80436	77663
城镇基本医疗保险参保人数	人	90570	59588
城镇职工医疗保险参保人数	人	33389	32958
城镇居民医疗保险参保人数	人	57181	56630
失业保险参保人数	人	23000	21800
工伤保险参保人数	人	26009	25368
生育保险参保人数	人	22316	21885

续表 11

	单位	2015 年	2014 年
参加农村社会养老保险参保人数（老农保）	人	2011	2011
城乡居民社会养老保险参保人数（新农保）	人	35976	35470
城镇登记失业率	%	4.3	4.29
城镇居民最低生活保障户数	户	8162	8599
城镇居民最低生活保障人数	人	14586	15789
城镇居民最低生活保障资金支出	万元	5067.4	5423.1
农村居民最低生活保障户数	户	4948	4611
农村居民最低生活保障人数	人	7945	7377
农村居民最低生活保障资金支出	万元	1287.6	1111.8
参加农村新型合作医疗人数	人	55057	55508
十四、综合			
地区生产总值（现价）	亿元	128.03	149
第一产业	亿元	2.68	2.34
第二产业	亿元	71.64	87.51
第三产业	亿元	53.71	59.15
地区生产总值增速	%	1.7	5.1
人均地区生产总值	元	32887	38297
十五、社会治安			
火灾起数	起	230	92
火灾死亡人数	人	0	3
交通事故件数	件	7801	6843
交通事故伤亡人员	人	28	24
其中：死亡人数	人	9	9
刑事案件收案数	件	119	141
民商事案件收案数	件	2219	1795
抓获犯罪嫌疑人数	人	217	202

2015 年地区生产总值表

表 12　　　　　　　　　　　　　　　　　　　　　　　　　　计量单位：万元

	机器汇总代号	按现行价格计算		按 2010 年不变价格计算		比上年同期增长（%）
		2015 年	2014 年	2015 年	2014 年	
		累计	累计	累计	累计	累计
甲	乙	2	4	6	8	10
地区生产总值	01	1280268	1389721	1557730	1531492	1.7
农林牧渔业	02	30029	28637	26740	25056	6.7
农、林、牧、渔服务业	03	3215	3528	4456	4263	4.5
工业	04	653264	781162	932317	930899	0.2
规模以上	05	641987	755181	1163253	1160005	0.3
规模以下	06	21277	25981	15684	16263	-3.6
# 开采辅助活动	07					
# 金属制品、机械和设备修理业	08	0		0		
建筑业	09	63100	59020	59724	54242	10.1
批发和零售业	10	57424	56800	56436	54887	2.8
批发	11	26731	26775	25933	25928	0.0
零售	12	30692	30025	30504	28959	5.3
交通运输、仓储和邮政业	13	76058	70811	78848	73409	7.4
住宿餐饮业	14	21220	19521	19532	18034	8.3
住宿	15	4048	3812	4062	3686	10.2
餐饮	16	17172	15709	15469	14348	7.8
金融业	17	159395	149342	167203	155639	7.4
房地产业	18	61741	68246	63926	68989	-7.3
房地产业（K 门类）	19	18330	24549	20494	27625	-25.8
自由房地产经营活动	20	43411	43697	43432	41364	5.0
其他服务业	21	158038	156182	153004	150337	1.8
营利性服务业	22	53392	55517	56739	59399	-4.5
非营利性服务业	23	104646	100665	96265	90938	5.9
第一产业	24	26814	25109	22284	20793	7.2
第二产业	25	716364	840182	992040	985141	0.7
第三产业	26	537090	524430	543406	525558	3.4

总户数、总人口表

表 13

	年末总户数（户）	年末总人口（人）					出生人口			死亡人口（人）	迁入（人）	迁出（人）				
		合计	男	女	城镇人口	乡村人口	合计	男	女							
总　计	127045	320757	162811	157946	269560	51197	2021	1031	990	1086	2091	1861	1308	783	750	1111
八区派出所	4114	7959	4186	3773	7959		39	20	19	46	40	33	26	14	18	15
白庙派出所	5364	13450	6669	6781		13450	69	33	36	40	27	54	24	3	48	6
城镇所	1280	3300	2185	1115	3300		12	2	10	27	2	16	2		8	8
春光派出所	3415	8560	4239	4321	3012	5548	46	26	20	18	38	43	28	10	33	10
大北派出所	10160	25245	12514	12731	25245		132	73	59	81	219	137	123	96	40	97
东升派出所	7660	23027	12222	10805	23027		68	33	35	129	36	102	14	22	22	80
河子西派出所	7897	19964	9828	10136	188	19776	163	80	83	47	56	64	35	21	21	43
侯家庙派出所	5434	15498	7391	8107	3075	12423	135	70	65	48	86	38	75	11	16	22
皇城派出所	11831	31007	15515	15492	31007		286	150	136	90	378	256	210	168	69	187
建国街派出所	20668	58566	29969	28597	58566		448	226	222	136	542	315	410	132	280	35
南大街派出所	11699	32365	16305	16060	32365		181	95	86	141	188	250	94	94	65	185
南关派出所	15287	30753	15678	15075	30753		113	54	59	123	136	161	75	61	45	116
市场街派出所	17376	38483	19320	19163	38483		282	144	138	107	267	360	135	132	73	287
铁路南派出所	4860	12580	6790	5790	12580		47	25	22	53	76	32	57	19	12	20

农村政社组织情况表

表 14

	村委会个数	乡村总户数	乡村总人口	乡村从业人员								按性别分	
				合计	农林牧渔业	工业	建筑业	交通运输仓储邮电业	住宿饮食业	批发零售业	其它从业人员	男	女
合计	57	22092	57210	31399	19017	3448	1843	1171	937	2733	2250	28056	29154
春光乡	16	5826	14462	7754	2537	1107	556	359	466	1615	1114	6688	7774
河子西乡	12	6474	16675	9857	7289	388	550	332	233	617	448	8355	8320
侯家庙乡	13	5023	13296	7375	5249	484	468	239	208	282	445	6312	6984
庞家堡镇	16	4769	12777	6413	3942	1469	269	241	30	219	243	6701	6076

农作物播种面积和产量（乡镇上报数）表

表 15 单位：亩、公斤 / 亩、吨

	合计			春光乡			河子西乡			侯家庙乡			庞家堡镇		
	播种面积	单产	总产量	播种面积	单产	总产量	播种面积	单产	总产量	播种面积	单产	总产量	播种面积	单产	总产量
农作物播种面积	80440			8525			25394			22953			23884		
一、粮食作物	50459		29706	3812	0	2562	13172	0	12099	13924	0	9220	19551	0	5825
1. 谷物	45627		25762	3645		2513	12466		10457	13651		9010	15865		3782
玉米	37201	642	23877	3478	710	2470	12466	839	10457	13257	673	8922	8000	254	2028
谷子	6121	261	1600	87	253	22				24	833	20	6010	259	1558
其它谷物	2255	126	285	80	263	21				320	213	68	1855	106	196
2. 豆类	1549		352	117		31	13		5	273		210	1146		106
大豆	1517	234	355	117	265	31	13	385	5	273	769	210	1114	98	109
3. 薯类	3283		3592	50		18	693		1637				2540		1937
马铃薯	3268	1090	3562	50	360	18	678	2370	1607				2540	763	1937
二、经济作物	29981		107546	4713		12222	12222		51284	9029		36236	4333		5838
1、油料	2802		224	27		3				56		8	2719		213
葵花籽	880	68	60	27	111	3				56	143	8	797	61	49
油菜籽	544	193	105										544	193	105
胡麻籽	1378	43	59										1378	43	59
其他油料	0	0	0												
2. 蔬菜（含菜用瓜）	27909		100829	4686		16966	12129	4208	51038	7095		29860	1410		5743
叶菜类	5025	4453	22374	2210	3582	7916	323	2731	882	2342	5477	12826	150	5000	750
白菜类	5635	3806	21448	447	3937	1760	3304	5587	18458	1693	222	375	191	4476	855
甘蓝	3921	2403	9421	128	4461	571	1363	4585	6250	1930	259	500	500	4200	2100
根茎类	707	4448	3145	116	4224	490	528	4646	2453	63	3206	202			
瓜菜类	1376	4246	5842	650	3235	2103	385	5509	2121	291	4873	1418	50	4000	200
豆类（菜用）	1245	2354	2931	167	1844	308	777	2695	2094	191	1759	336	110	1755	193
茄果菜类	3852	3815	14694	258	5043	1301	1434	4268	6120	1901	3197	6078	259	4614	1195
葱蒜类	1491	4280	6381	551	4568	2517	322	3068	988	618	4654	2876			
其他蔬菜	4657	3134	14593				3693	3152	11641	814	3074	2502	150	3000	450
3. 瓜果类	2072	3242	6717				93	2645	246	1934	3297	6376	45	2111	95
其他农作物	0														

林业生产情况表

表 16

	1. 荒山荒（沙）地造林面积（公顷）	其中：人工造林面积（公顷）	2. 当年四旁（零星）植树（万株）	3. 年末实有封山（沙）育林面积（公顷）	4. 幼林抚育作业面积（公顷）	5. 幼林抚育实际面积（公顷）	6. 当年苗木产量（万株）	7. 木材采伐（立方米）
农委上报数	800	800	36	2266			284	854

水果生产情况表

表 17

	园林水果						瓜果类			食用坚果		年末果园面积	
	小计	苹果	梨	葡萄	红枣	杏	其他	小计	西瓜	甜瓜	其他瓜果类	小计	杏扁	小计	葡萄园
市局反馈	3523	64	7	3318	63	57	10	6717	6326	391	0	30	30	261	147

主要畜禽存栏情况表

表 18

单位：百头、百只

	猪存栏		牛存栏				羊存栏			家禽存栏		
	合计	能繁育的母猪	合计	肉牛	奶牛	役用牛	合计	山羊	绵羊	合计	鸡	其他
三乡一镇汇总（市局反馈）	207	37	18	3	15		191	7	184	1279	1230	49

主要畜禽出栏情况表

表 19

单位：百头、百只

	猪出栏	牛出栏	羊出栏			家禽出栏		
			合计	山羊	绵羊	合计	鸡	其他
三乡一镇汇总（市局反馈）	389	5	106	2	104	1324	1324	0

主要畜禽产品及水产品产量情况表

表 20

单位：吨

	猪肉	牛肉	羊肉			禽肉			禽蛋			牛奶	水产品
			合计	山羊肉	绵羊肉	合计	鸡肉	其他	合计	鸡蛋	其他		
三乡一镇汇总（市局反馈）	3116	33	150	4	146	254	254	0	1775	1775	0	3439	160

农林牧渔业总产值表

表 21

单位：万元

指标名称	现价	可比价	指标名称	现价	可比价
农林牧渔业总产值	46358	46388	（2）造林	1120	960
一、农业总产值	24951	24707	（3）抚育和管理	432	360
（一）谷物及其它作物产品	4998	5268	（二）木材采伐	53	58
（1）谷物	4360	4558	三、畜牧业产值	12357	12924
（2）豆类	157	165	（一）牲畜的饲养	1248	1502
（3）薯类	385	437	其中：牛、羊的饲养	464	770
（4）油料	96	107	奶产品	777	725
（二）蔬菜	17342	16671	（二）猪的饲养	6462	5871
（三）水果	2612	2767	（三）家禽饲养	2756	3428
（1）园林水果	1900	1937	其中：禽蛋	2302	2864
（2）瓜果类	592	716	肉禽	454	564
二、林业产值	1605	1378	（四）其它畜牧业	1891	2123
（一）林木的培育和种植	1552	1320	四、渔业产值	171	170
（1）育苗育种	0	0	五、农林牧渔业服务业	7274	7209

农林牧渔业中间消耗、增加值和商品产值表

表 22　　　　单位：万元

指标名称	合计	农业	林业	畜牧业	渔业	服务业
一、总产值	46358	24951	1605	12357	171	7274
二、中间消耗	17568	7575	524	5446	92	3932
1. 物质消耗	14816	6704	424	5380	74	2234
2. 生产服务支出	2752	870	100	67	18	1697
三、增加值	28790	17376	1081	6911	79	3342
四、商品产值	37034	24812	1605	10446	171	

全部单位从业人员及工资总额情况（从业人员）表

表 23　　　　综合机关名称 2015 年计量单位：人

项目	代码	单位数	从业人员									
			从业人员期末人数						从业人员平均人数			
				其中：女性	其中：非全日制	在岗职工	劳务派遣人员	其他从业人员		在岗职工	劳务派遣人员	其他从业人员
甲	乙	1	2	3	4	5	6	7	8	9	10	11
总计	001	625	58808	18898	1200	52645	2674	3489	59447	53438	2693	3316
1. 企　业	002	377	46068	12257	1116	40756	2666	2646	46664	41497	2685	2482
2. 事　业	003	172	9503	5463	80	8831	8	664	9557	8894	8	655
3. 机　关	004	76	3237	1149	4	3058		179	3229	3050		179
（一）农、林、牧、渔业	007	2	9	2		6		3	9	6		3
（二）采矿业	013	2	1310	233		1310			1346	1346		
（三）制造业	021	63	26038	4897	7	24027	1986	25	26442	24457	1959	26
（四）电力、热力、燃气及水生产和供应业	053	9	4328	1389	46	3988	36	304	4369	4002	34	333
（五）建筑业	057	10	1828	277		1295	354	179	1854	1323	354	177
（六）批发和零售业	062	83	2568	1597	16	1951	23	594	2655	2091	22	542
（七）交通运输、仓储和邮政业	065	27	3000	597	1039	1667	175	1158	2757	1645	178	934
（八）住宿和餐饮业	074	11	519	296		497		22	568	546		22
（九）信息传输、软件和信息技术服务业	077	7	701	315		612	31	58	753	614	33	106
（十）金融业	081	41	1257	614	1	1193	22	42	1272	1198	26	48
（十一）房地产业	086	34	1686	539		1544		142	1767	1625		142
（十二）租赁和商务服务业	090	47	1092	582		1067	7	18	1123	1059	46	18
（十三）科学研究、技术服务业	093	30	1194	359		1036		158	1216	1058		158
（十四）水利、环境和公共设施管理业	097	14	1413	609		1256		157	1471	1293		178
（十五）居民服务、修理和其他服务业	101	9	300	136	5	241	40	19	297	237	41	19
（十六）教育	105	70	4598	3212	80	4396		202	4597	4396		201
（十七）卫生和社会工作	109	23	2248	1569	2	2033		215	2240	2024		216
（十八）文化、体育和娱乐业	112	30	341	178		336		5	341	336		5
（十九）公共管理、社会保障和社会组织	118	113	4378	1468	4	4190		188	4373	4185		188

全部单位从业人员及工资总额情况（工资）表

表 24　　　　综合机关名称 2015 年计量单位：千元

项目	代码	工资											
		从业人员工资总额								从业人员平均工资			
			在岗职工					劳务派遣人员	其他从业人员		在岗职工	劳务派遣人员	其他从业人员
				基本工资	绩效工资	工资性津贴和补贴	其他工资						
甲	乙	1	2	3	4	5	6	7	8	9	10	11	12
总计	001	2856401	2663509	1042898	1069013	319518	232080	97588	95304	48050	49843	36238	28741
1. 企　业	002	2128979	1952337	740194	833049	193698	185396	97467	79175	45624	47048	36301	31900
2. 事　业	003	541545	529689	223806	224030	45265	36588	121	11735	56665	59556	15125	17916
3. 机　关	004	185877	181483	78898	11934	80555	10096		4394	57565	59503		24547
（一）农、林、牧、渔业	007	105	95	95					10	11667	15833		3333
（二）采矿业	013	57365	57365	25366	21880	10119				42619	42619		
（三）制造业	021	1184836	1104439	360699	594407	143355	5978	79722	675	44809	45158	40695	25962
（四）电力、热力、燃气及水生产和供应业	053	386276	370111	73970	97039	26463	172639	594	15571	88413	92482	17471	46760
（五）建筑业	057	53634	43844	36640	5523	830	851	5520	4270	28929	33140	15593	24124
（六）批发和零售业	062	54630	44694	35249	8575	432	438	673	9263	20576	21374	30591	17090
（七）交通运输、仓储和邮政业	065	96562	53067	40135	10496	1981	455	7474	36021	35024	32260	41989	38566
（八）住宿和餐饮业	074	15142	14805	14452	243	110			337	26658	27115		15318
（九）信息传输、软件和信息技术服务业	077	36140	31869	14676	16276	851	66	889	3382	47995	51904	26939	31906
（十）金融业	081	128294	125814	55335	63299	5994	1186	433	2047	100860	105020	16654	42646
（十一）房地产业	086	48928	45859	39959	5889	11			3069	27690	28221		21613
（十二）租赁和商务服务业	090	28360	26606	20187	4036	772	1611	1323	431	25254	25124	28761	23944
（十三）科学研究、技术服务业	093	54053	48435	27128	18424	890	1993		5618	44451	45780		35557
（十四）水利、环境和公共设施管理业	097	36559	34434	18921	12914	43	2556		2125	24853	26631		11938
（十五）居民服务、修理和其他服务业	101	11146	9730	3966	3039	1462	1263	960	456	37529	41055	23415	24000
（十六）教育	105	304006	301366	114248	126313	33512	27293		2640	66131	68555		13134
（十七）卫生和社会工作	109	99172	94627	44005	46183	2468	1971		4545	44273	46752		21042
（十八）文化、体育和娱乐业	112	13106	13064	6633	4444	1563	424		42	38434	38881		8400
（十九）公共管理、社会保障和社会组织	118	248087	243285	111234	30033	88662	13356		4802	56732	58133		25543

全部单位从业人员和工资总额情况（在岗职工含劳务派遣）表

表 25　　综合机关名称 2015 年计量单位：千元、人、元

项目	代码	在岗职工（含劳务派遣）			
		期末人数	平均人数	工资总额	平均工资
甲	乙	1	2	3	4
总计	001	55319	56131	2761097	49190
1. 企　业	002	43422	44182	2049804	46395
2. 事　业	003	8839	8902	529810	59516
3. 机　关	004	3058	3050	181483	59503
（一）农、林、牧、渔业	007	6	6	95	15833
（二）采矿业	013	1310	1346	57365	42619
（三）制造业	021	26013	26416	1184161	44827
（四）电力、热力、燃气及水生产和供应业	053	4024	4036	370705	91850
（五）建筑业	057	1649	1677	49364	29436
（六）批发和零售业	062	1974	2113	45367	21470
（七）交通运输、仓储和邮政业	065	1842	1823	60541	33210
（八）住宿和餐饮业	074	497	546	14805	27115
（九）信息传输、软件和信息技术服务业	077	643	647	32758	50631
（十）金融业	081	1215	1224	126247	103143
（十一）房地产业	086	1544	1625	45859	28221
（十二）租赁和商务服务业	090	1074	1105	27929	25275
（十三）科学研究、技术服务业	093	1036	1058	48435	45780
（十四）水利、环境和公共设施管理业	097	1256	1293	34434	26631
（十五）居民服务、修理和其他服务业	101	281	278	10690	38453
（十六）教育	105	4396	4396	301366	68555
（十七）卫生和社会工作	109	2033	2024	94627	46752
（十八）文化、体育和娱乐业	112	336	336	13064	38881
（十九）公共管理、社会保障和社会组织	118	4190	4185	243285	58133

2015 年规模以上工业分行业增加值汇总表

表 26　　单位：千元，%

	增加值			工业总产值		
	2015 年	2014 年	累计增长	2015 年	2014 年	累计增长
总计	6419873	7626474	0.28	37797163	45035371	-16.07
主要工业产业	6419873	7626474	-3.37	37797163	45035371	-16.07
矿产品及精深加工产业	2978972	3580273	6.26	28405107	34540222	-17.76
装备制造产业	493645	575709	-12.18	2498490	2972482	-15.95
食品加工产业	113872	37838	199.55	578258	191418	202.09
新型能源产业	2578686	3142319	-14.61	5197292	6235056	-16.64
按工业行业大类分	6419873	7626474	0.28	37797163	45035371	-16.07
酒、饮料和精制茶制造业	113872	37838	199.55	578258	191418	202.09

续表 26

	增加值			工业总产值		
	2015 年	2014 年	累计增长	2015 年	2014 年	累计增长
电气机械及器材制造业	51744	30041	72.35	223995	122840	82.35
非金属矿物制品业	128903	118737	14.32	538166	497833	8.10
黑色金属冶炼及压延加工业	2850069	3450111	6.34	27866941	34009730	-18.06
化学原料及化学制品制造业	101398	109027	1.23	742549	642548	15.56
水的生产和供应业	62264	61577	1.09	121171	114582	5.75
金属制品业	21061	22204	-1.33	91963	96587	-4.79
专用设备制造业	276846	313594	-10.11	947596	1073137	-11.70
电力、热力的生产和供应业	2578686	3142319	-14.61	5197292	6235056	-16.64
汽车制造业	105808	135629	-18.85	1080882	1380268	-21.69
燃气生产和供应业	53562	66399	-21.07	121462	150000	-19.03
印刷和记录媒介复制业	21901	30268	-27.27	70251	96720	-27.37
皮革、毛皮、羽毛及其制品和制鞋业	15572	23064	-31.66	62583	92343	-32.23
通用设备制造业	38188	74242	-46.19	154054	299650	-48.59
黑色金属矿采选业	0	11425	-100.00	0	32659	-100.00

2015 年规模以上工业增加值汇总表

表 27

单位：千元，%

	增加值			工业总产值		
	2015 年	2014 年	累计增长	2015 年	2014 年	累计增长
总计	6419873	7626474	0.28	37797163	45035371	-16.07
按注册经济类型分组	0	0	0.00	0	0	0.00
集体企业	24878	23028	12.85	128000	121448	5.39
股份制企业	6345256	7545120	-3.34	37500127	44709589	-16.13
外商及港澳台商投资企业	49739	58327	-13.58	169036	204334	-17.27
按企业规模分组	0	0	0.00	0	0	0.00
大型企业	4985024	6072603	-2.98	32984878	40265992	-18.08
中型企业	1139923	1200932	-2.10	3715239	3475463	6.90
小型企业	294926	352938	-14.51	1097046	1293916	-15.22
按轻重工业分组	0	0	0.00	0	0	0.00
轻工业	259528	229112	14.58	1029308	767471	34.12
重工业	6160345	7397362	-3.93	36767855	44267900	-16.94
按控股情况分组	0	0	0.00	0	0	0.00
国有控股企业	5715368	6982045	-4.75	34699700	42386901	-18.14
集体控股企业	29597	28278	9.79	148303	143952	3.02
私人控股企业	484247	457251	6.70	1851021	1613112	14.75
港澳台商控股企业	19780	16011	24.01	56801	45803	24.01
外商控股企业	29959	42316	-27.80	112235	158531	-29.20
其他控股企业	140921	100574	48.84	929103	687072	35.23
在总计中：民营企业	704505	644429	11.57	3097463	2648470	16.95
在总计中：中省企业	5461689	6673420	-4.31	33177891	40518195	-18.12

2015年规模以上工业财务分析表

表28

单位：万元、人

	企业数	亏损企业	资产总计	主营业务收入	利润总额	亏损企业亏损额	从业人员平均人数
总计	43	21	6491121	2061769	170131	20469	33619
一、按注册经济类型分组							
国有企业							
集体企业	1	1	25624	11021	-257	257	312
股份合作企业							
股份制企业	39	39	18	2032491	172273	18209	32927
外商及港澳台商投资企业	3	2	42650	18258	-1886	2004	380
其它经济类型企业							
二、按企业规模分组							
大型企业	3	1	5397474	1666415	153578	5225	22343
中型企业	14	6	821342	291445	24066	6509	8240
小型企业	26	14	272305	103910	-7513	8736	3036
微型企业							
三、按轻重工业分组							
轻工业	9	3	155608	67618	9	1066	3503
重工业	34	18	6335514	1994152	170122	19403	30116
四、按控股情况分组							
国有控股企业	10	4	5958935	1839587	171834	11829	26399
集体控股企业	2	2	35871	13024	-357	357	550
私人控股企业	25	12	391718	125807	543	5686	4807
港澳台商控股企业	1	1	27711	3993	-1822	1822	41
外商控股企业	2	1	14939	14265	-63	181	339
其他控股企业	3	1	61948	65094	-4	593	1483
五、按工业行业大类分							
黑色金属矿采选业	1	0	9735	0	0	0	35
酒、饮料和精制茶制造业	1	0	51621	21910	720	0	1186
皮革、毛皮、羽毛及其制品和制鞋业	1	0	9109	9462	118	0	205
印刷和记录媒介复制业	1	0	9726	6460	96	0	80
化学原料及化学制品制造业	2	0	65805	51476	294	0	917
非金属矿物制品业	6	6	136264	40317	-7919	7919	1640
黑色金属冶炼及压延加工业	2	1	4887910	1227684	4869	147	19900
金属制品业	2	0	12266	10026	-639	639	612
通用设备制造业	6	2	46402	14004	-466	696	708
专用设备制造业	12	5	285503	89750	-171	1024	3168
汽车制造业	1	1	87831	52282	-5225	5225	487
电气机械及器材制造业	3	2	63828	14805	-1967	2289	693
电力、热力的生产和供应业	2	0	711645	502506	178546	0	2654
燃气生产和供应业	1	0	10656	10656	4405	0	613
水的生产和供应业	2	2	53331	10430	-2531	2531	721

规模以上工业企业主要能源消费情况表

表 29

名称	计量单位	消费量						同比 ±%
		本期	折标系数	吨标准煤	同期	折标系数	吨标准煤	
原煤	吨	8259499.04	0.7143	5899760.164	9507882.7	0.7143	6791480.613	-13.13
洗精煤	吨	2978207	0.9	2680386.3	2990691	0.9	2691621.9	-0.42
焦炭	吨	3054137.8	0.9321	2846761.843	3145481.2	0.9321	2931903.027	-2.90
焦炉煤气	万立方米	349.59	5.7	1992.663	83583.6	5.7	476426.52	-99.58
汽油	吨	3140.1	1.4714	4620.34314	335.2	1.4714	493.21328	836.78
柴油	吨	293990.81	1.4714	432578.0778	0.4	1.4714	0.58856	73497602.50
电力	万千瓦时	288473.5	1.229	354533.9315	288473.5	1.229	354533.9315	0.00
能源合计	吨标准煤			7031617.13			7516077.54	-6.45

城建项目投资（投资）表

表 30

项目名称	计划总投资（万元）	自开始建设至本年底累计完成投资（万元）	本年完成投资（万元）					本年施工房屋面积（平方米）
			合计	建筑工程	安装工程	设备工器具购置	其他费用	
总计	1284396	1383927	952130	423721	269328	214108	44973	895135
一、城镇建设项目固定资产投资	928749	999298	805101	298382	251132	211257	44330	216935
宣化区清远楼、镇朔楼、拱极楼夜景照明工程项目	2181	2181	2181		2181		0	0
宣化现代妇产医院改扩建项目	2100	2500	2500	1400	300	700	100	0
人防清远路地下商业街项目	7103	8000	8000	8000				0
宣化鑫鹏工矿机械配件市场三期扩建工程项目	3500	4200	4200	3400	500	0	300	14208
宣化恒通鑫钻具生产项目	4500	5400	5400	1300	200	3900		0
张家口市永达防腐管道有限公司扩产项目	7000	8400	8400	400	100	7900		0
新兴电磁采暖炉生产项目	8300	9960	9960	3690	1970	3910	390	3000
宣钢小方坯连铸机工程	9980	11500	11500	3000	3000	5500		0
宣钢 LF-180t 精炼炉工程	9450	11000	11000	3500	3000	4500		0
宣钢连铸车间主厂房改造工程	9700	11500	11500	5500	2000	4000		0
宣钢转炉车间起重设备升级改造	9752	11500	11500	1500	3500	6500		0
宣钢 150 吨转炉水处理系统改造工程	9965	11800	11800	2000	3800	6000		0
张家口市光伏林业绿化工程（宣化区段）	4500	4500	4500	4500				0
节能及产品转型升级技术改造项目	9500	11400	11400	1500	1000	8900		0
宣化北山生态公园一期建设工程	9835	11704	11704	11704				0
宣化区小泡沙河下游排水设施改造工程	6765	8051	8051	8051				
张家口市宣化区羊坊污水处理厂污泥处置工程	2162	2572	2572	2572			0	0
张家口朗泉纯净水有限公司纯净水生产项目	3000	3600	3600	1200	300	1142	958	3120
环保设备制造工程项目	7500	8900	8900	4539	1335	2759	267	623
张家口市北方穿越钻具制造有限公司新厂建设工程	8000	8000	8000	8000				1900
新北方装潢城南农贸市场项目	8500	8500	8500	8500				0

续表 30

项目名称	计划总投资（万元）	自开始建设至本年底累计完成投资（万元）	本年完成投资（万元）					本年施工房屋面积（平方米）
			合计	建筑工程	安装工程	设备工器具购置	其他费用	
宣钢 1#2# 焦炉干熄焦及发电工程	44500	52360	10271	1911	4000	4360	0	0
2#3# 烧结机技术改造工程	143000	170000	82000	19600	14750	38200	9450	0
阿特拉斯 QL200-300 冲击器及钎头生产项目	1800	1800	306	0	0	306	0	0
年产 960 台智能化装备项目	31000	36800	17000	0	4000	8000	5000	0
宣化胜利中路加油站及附属设施建设项目	913	913	113	113	0	0	0	0
迪蒙卡特数控机床产业基地项目	35000	38063	14019	14019	0	0	0	0
生猪养殖加工冷冻产业化项目	17638	20520	4500	2150	1122	1228	0	0
新建宣化区胜利路小学教学楼项目	923	1100	1100	1100				3681
张家口发电厂 1-8 号机组脱硫、除尘超低排放改造工程	41166	41166	41166		41166			0
宣府大街东延线道路建设工程	9042	10760	10760	10760				0
宣化古城西城墙修复二期工程	8500	9900	7950	7400	0		550	0
柳川河东路南延线道路建设工程项目	9838	11707	11707	11707				0
张家口市京张迎宾廊道生态光伏发电项目（宣化区）	94548	97928	97928		97928			0
宣化冰世界项目	11000	13000	13000	6000	3000	4000		0
宣化七中新建教学楼及风雨操场项目	4053	4863	4863	4863				14300
宣钢 150 吨转炉改造工程	9900	11500	11500	3500	2900	4800	300	0
宣化古城西城墙修复一期工程	9000	9000	9000	7000	1800	100	100	0
宣化泰业潜孔基建工程	7500	7500	7500	7500				0
宣化铭华幼儿园基建工程项目	3000	3000	3000	3000				5000
宣化新北方装潢扩能技改项目设备购置	2078	2078	2078			2078		
1-4 号机组脱硫增容提效改造	9970	9970	9970		9970			0
5-8 号机组脱硫增容提效改造	9980	9980	9980		9980			0
钟楼北综合市场改造工程	2021	2000	2000	2000	0	0		11329
宣钢转炉一次烟气净化与煤气回收系统改造项目	9568	11385	11385	1100	1920	7465	900	0
宣钢 150 吨转炉电气系统改造工程	9890	11770	11770	700	1500	8500	1070	0
宣钢 RH 真空精炼炉工程	8988	10695	10695	3300	1600	5048	747	0
国玉陶瓷文化旅游工业园项目	5976	5175	5175	3240	350	1175	410	
宣化区迎宾廊道绿化工程	5799	6500	6500	6500				0
宣化区雨水管网改造工程	5607	6696	6696	6696			0	0
张家口市前进机动车驾驶员培训学校新建项目	7807	9290	9290	2000	2000	3000	2290	0
宣化北区集中供热项目	65367	48000	48000	10000	8000	30000		0
河北水晶坊珠宝文化产业园项目	58000	61500	61500	16500	13000	19000	13000	50000
润佳电商物流园	20000	21500	21500	9400	2500	5600	4000	45000
年产 80 万吨水泥粉磨站升级改造项目	11241	13000	13000	5500	5500	1000	1000	0
河北建投宣化热电有限责任公司 1 号 2 号机组低氮燃烧及锅炉提效改造项目	3256	3256	3256	1310		1946		0

续表 30

项目名称	计划总投资（万元）	自开始建设至本年底累计完成投资（万元）	本年完成投资（万元）					本年施工房屋面积（平方米）
			合计	建筑工程	安装工程	设备工器具购置	其他费用	
宣化福田工艺优化升级技术改造项目	12596	15100	15100	4400	960	9740		0
羊坊路口村新民居二期工程	5000	5000	5000	5000				24000
宣化区锦绣大街道路建设工程	9991	11885	11885	11885				0
青岛啤酒整体规划 60 万千升（一期 20 万千升）新建项目	40000	27470	27470	23972	0	0	3498	40774
二、房地产开发项目投资	352974	381956	144356	124927	18196	590	643	675920
宣化静雅苑小区	950	951	115	80	35			6732
宣化区公共租赁住房三期工程	4194	3520	720	720				10800
宣化区廉租住房六期工程	2700	2530	630	630				7830
宣化区限价商品房二期工程	5119	4000	700	700				19980
宣化区公租房二期工程	1890	2250	1250	1250				6000
祥泰园一期工程	13566	15950	3300	3300				0
宣化佳和住宅小区二期工程	9617	11528	2828	2828				58249
宣化丽沁园住宅小区项目	23666	28396	14446	14446				98120
宣化钟楼大街 101 号院 1 号 2 号楼项目	2850	2850	240	240			0	14730
萄源居	28733	34183	16974	10262	6712			16048
光大新天地二期	32068	31077	23612	20267	3345			38892
中央康城	15000	20035	0					45253
宣化北岸花园小区	26529	27388						0
星宝花府商住小区一期	38000	37840	840	840				103708
星宝花府商住小区三期	7583	8704	1587	1587				45518
宣化宝盛苑小区	28000	30500	20400	18040	1770	590		45000
旭日嘉园小区	25000	29650	6950	6950				23690
正大东升住宅小区一期工程	25287	30046	5304	0	5304			0
正大东升住宅小区二期工程	11696	13900	13900	13900				
新北园小区	2558	2558	2558	1915			643	12415
诚品幸福城小区一期 B 区	7596	8963	8963	8763	200			60345
正大顺城街综合楼	7575	2600	2600	2600				1000
长宁小区	18000	17740	1642	812	830			61610
其他房地产投资	14797	14797	14797	14797				
三、农村农户固定资产投资和建房	2673	2673	2673	412		2261		2280

2015 年社会消费品零售总额表

表 31　　　　单位：万元

社会消费品零售总额	本年累计	同比增长
总计	732984.9	9.1
批发销售	344146.4	1
零售销售	514041.6	10.7
住宿营业	22085.9	12.6
餐饮营业	99016.2	17.8

限额以上批发零售贸易业企业商品销售情况表

表 32　　　　单位：万元

法人单位名称	销售总额	批发	零售
张家口宣化区中方钢材有限公司	222035	222035	
张家口市宣化天元贸易有限责任公司	8200	8200	
宣化亿达物资工贸有限责任公司	12757	12757	
张家口市海康医药有限公司	37576	37576	
张家口市糖酒副食有限责任公司	36528	36528	
宣化超市发有限责任公司	178462		178462
宣化世纪吉龙商城有限公司	90972		90972
张家口大恒数码商贸中心	8407		8407
张家口东马道大药房医药连锁有限公司	14708		14708
张家口国大电器有限公司	58821		58821
张家口市春光医药有限公司	845		845
张家口市光大新天地商贸有限公司	14709		14709
张家口市同济药房有限责任公司	4733		4733
张家口市同心堂药房有限公司	6100		6100
张家口市新日上移动通讯有限公司	972		972
张家口市鑫光大购物广场有限公司	33603		33603
张家口市鑫光大商厦有限公司	44466		44466
张家口市宣化百货大楼有限责任公司	10889		10889
张家口市宣化府宁汽车销售服务有限公司	102584		102584
张家口市宣化吉龙购物广场有限公司	120418		120418
张家口市宣化吉龙批发市场有限责任公司	39593		39593
张家口市宣化区吉龙商业有限责任公司	99704		99704
张家口市宣化区金店珠宝首饰有限公司	13657		13657
张家口物美商场有限公司	134461		134461
张家口宣化宏昇糖烟酒食品有限公司	9008		9008
张家口宣化区吉龙超市有限公司	79468		79468

星级住宿业和餐饮经营情况表

表 33 单位：万元

法人单位名称	营业收入合计	客房收入	餐费收入	商品销售收入	其他收入
张家口市宣化宾馆	25114	7756	17061	0	297
张家口市宣化区朝阳楼饭庄有限责任公司	2579	0	2579	0	0
张家口市宣化区北方明瑞食府	5222	0	5222	0	0
张家口市宣化义圣宫裕华大酒店	16766	0	16766	0	0
福成肥牛餐饮管理有限公司张家口宣化区分店	4262	0	4255	7	0
张家口市宣化区清远楼饭庄	7713	0	7713	0	0
张家口隆豪大酒店有限公司	6407	2028	4379	0	0
张家口市宣化世纪王朝酒店有限公司	10686	6245	2282	0	2159
宣化北方大酒店	3061	423	2460	151	27
张家口市宣化天泽苑餐饮文化有限公司	1457	0	1457	0	0
张家口市宣化区泽盛龙假日休闲酒店有限公司	3372	387	0	659	2326

2015 年度宣化区公共预算收支决算总表

表 34 单位：万元

预算科目	决算数	预算科目	决算数
一、税收收入	43737	一、一般公共服务	14948
增值税	3958	二、外交	
营业税	6173	三、国防	590
企业所得税	2886	四、公共安全	6832
企业所得税退税		五、教育	35019
个人所得税	784	六、科学技术	419
资源税		七、文化体育与传媒	7911
固定资产投资方向调节税		八、社会保障和就业	33720
城市维护建设税	8355	九、医疗卫生与计划生育	8067
房产税	6129	十、节能环保	14979
印花税		十一、城乡社区事务	18680
城镇土地使用税	9582	十二、农林水事务	3163
土地增值税	4072	十三、交通运输	4685
车船税	1493	十四、资源勘探电力信息等事务	9735
耕地占用税	305	十五、粮油物资储备	615
契税		十六、商业服务业等事务	196
烟叶税		十七、金融监管等事务支出	92
其他税收收入		十八、国土资源气象等事务	
二、非税收入	15105	十九、住房保障支出	3308
专项收入	4394	二十、其他支出	20
行政事业性收费收入	4105		
罚没收入	2803		
国有资本经营收入	94		
国有资源（资产）有偿使用收入	3068		
其他收入	641		
本年收入合计	58842	本年支出合计	162979

普通中学学生基本情况表

表 35　　　　单位：个、人

	学校数					在校学生数			毕业生数		
	合计	初中	高中	完中	九年一贯制学校	合计	初中	高中	合计	高中	初中
总计	17	12	3	2		19858	12146	7712	5927	2218	3709
其中：女学生						10057	5929	4128	3074	1235	1839
城区	13	8	3	2		18558	10846	7712	5639	2218	3421
镇区	1	1				243	243		30		30
乡村	3	3				1057	1057		258		258

中学学校教职工基本情况表

表 36　　　　单位：人

	合计	专任教师	行政人员	教辅人员	工勤人员	附：代课教师	安全保卫人员	心理健康教育教师
总计	1865	1657	74	96	38	10	52	16
其中：女职工	1219	1136	14	54	15	8		
城区	1670	1498	60	78	34	8	46	10
镇区	63	36	8	15	4	1	1	4
乡村	132	123	6	3		1	5	2

小学学生基本情况表

表 37　　　　单位：个、人

	学校数	在校学生数	毕业生数	招生数
总计	33	25160	4010	4123
其中：女学生数		12216	1942	1960
城区	22	21479	3340	3606
镇区	2	996	114	163
乡村	9	2685	556	354

小学教职工基本情况表

表 38　　　　单位：人

	教职职工					代课教师	安全保卫人员	心理健康教育教师
	合计	专任教师	行政人员	教辅人员	工勤人员			
总计	1473	1402	44	8	19	20	58	76
其中：女职工	1163	1131	20	4	8	19		
城区	1182	1140	28	5	9	18	38	50
镇区	84	77	5		2		3	6
乡村	207	185	11	3	8	2	17	20

普通中、小学办学条件情况表

表 39

	学校数（所）	占地面积（平方米）	校舍建筑面积（平方米）	计算机（台）	图书（册）	电子图书（GB）
普通中学	17	580020.33	292091.8	2857	838263	1147.8
城区	13	492663.05	274170.9	2644	779468	1030.18
镇区	1	29327.45	4583	35	12450	8.15
乡村	3	58029.86	13337.9	178	46345	109.47
小学	33	431137.83	181187.85	3581	723511	4351.41
城区	22	263718.25	143982.07	2851	590710	3722.43
镇区	2	33008.26	6048	132	30667	402.24
乡村	9	134411.32	31157.78	598	102134	226.74

幼儿园、学前班基本情况表

表 40

单位：个、人

	园数	班数（个）	在园幼儿数	教职工					代课教师	安全保卫人员	心理健康教育教师
				合计	其中						
					园长	专任教师	保育员	保健医			
总计	33	239	6943	819	61	440	90	25	54	61	
其中：女性			3426	738	58	438	83	21	36		
城区	25	195	5969	711	50	383	80	20	53	49	
其中：民办		100	2661	343	22	216	31	8			
镇区	2	17	351	7	2	5			1	3	
其中：民办										9	
乡村	6	27	623	101	9	52	10	5			
其中：民办		27	623	101	9	52	10	5			

幼儿园办学条件情况表

表 41

	占地面积（平方米）	绿化用地面积（平方米）	运动场地面积（平方米）	图书（册）	校舍建筑面积（平方米）
合计	112915.92	7438.83	46922.11	67385	56959
城区	92089.44	5292.08	35292.87	62716	48117
镇区	5288.48	1013.35	2944.64	301	2396
乡村	15538	1133.4	8684.6	4368	6446

卫生系统人员情况统计表

表 42

医院名称	机构（个）	床位数（张）	人员数（人）	卫生专业技术人员						其它专业技术人员数	管理和工勤人员数
				执业医师	执业助理医师	执业护士	执业药师	其它执业资格	无执业资质		
总计	18	2036	2848	865	141	982	44	189	188	274	287
其中：医院	10	1937	2603	810	120	927	43	154	171	236	236
卫生院	4	99	107	26	11	28	1	13	8	6	14
妇幼保健	1	0	40	8	7	12	0	8	0	5	5
疾控中心	1	0	63	11	1	10	0	14	4	23	23
其他	2	0	35	10	2	5	0	0	5	4	9
医院合计	10	1937	2603	810	120	927	43	154	171	142	236
二附医院		693	839	262	0	350	7	0	80	86	54
宣钢医院		498	536	195	4	196	14	70	8	29	20
龙烟医院		150	69	25	1	19	5	0	3	4	12
交通医院		0	14	2	0	0	0	0	4	0	8
区医院		187	477	140	84	133	4	35	42	6	33
区中医院		50	159	45	19	65	2	11	4	0	13
眼科医院		50	112	31	2	22	7	15	0	8	27
皇城医院（原红十字医院）		104	136	38	8	50	0	11	10	0	19
现代妇产医院（女子医院）		120	110	23	2	43	2	4	6	1	29
平安医院		85	151	49	0	49	2	8	14	8	21
卫生院合计	4	99	107	26	11	28	1	13	8	6	14
河子西卫生院		12	18	5	4	5	0	4	0	0	0
春光卫生院		37	46	12	1	13	1	2	5	6	6
侯家庙卫生院		20	19	3	2	5	0	5	0	0	4
庞家堡卫生院		30	24	6	4	5	0	2	3	0	4

注：5 岁以下儿童死亡率为 6.98‰

民政事业情况表

表 43

指标名称	计量单位	2015 年
革命伤残人员	人	180
其中：军人	人	
军属户数	户	253
三属人数	人	17
在乡复员军人	人	39
年末伤残抚恤人员	人	180
安置退役士兵、复员干部总人数	人	101
集体办敬老院	个	6

续表 43

指标名称	计量单位	2015 年
收养人员	人	329
社会福利工厂	个	6
福利总院	个	1
福利院在院人数	人	26
养老服务机构	个	9
养老服务机构床位数	张	1295
养老服务机构在院人数	人	588
准予结婚登记数	对	2421
准予离婚登记数	对	1014
救助站年末人数	人	
本年救助人数	人次	353
年末在站人数	人	
殡葬机构	个	1
年末职工人数	人	57
火化遗体数	具	1980
城市最低生活保障人数	人	14586
城市最低生活保障户数	户	8162
城市最低生活保障资金支出	万元	5067.4
年末实有社团机构数	个	34
农村最低生活保障人数	人	7945
农村最低生活保障户数	户	4948
农村最低生活保障资金支出	万元	1287.6
各种社会福利收养性单位	个	11
各种社会福利收养性单位床位	张	1295

2015 年民营经济综合主要指标表

表 44　　单位：万元

项目	个（户）数	营业（业务）收入	利润总额	劳动者报酬	从业人员	民营经济增加值	出口创汇	实缴税金
总计	13215	1458383	85320	150921	83313	522829	1719	131203
一、企业单位	1554	1221891	76325	106768	52247			
1. 工业	497	708836	13271	45512	20194			
规模以上	33	154743	–2144	17441	7198			
规模以下	464	554093	15415	28071	12996			
2. 建筑业	237	181134	2192	11120	4441			
具有资质等级	11	121456	700	4612	1729			
不具有资质等级	226	59678	1492	6508	2712			
3. 服务业	820	331921	60862	50136	27612			
其中：批发零售餐饮及住宿业	491	84582	361	5709	12254			
二、个体经济	11661	236492	8995	44153	31066			

服务业分行业主要经济完成指标情况表

表 45

	单位（个）	全部收入（万元）	从业人员薪酬（万元）	全部税金（万元）	利润总额（万元）	期末全部从业人员（人）
合　计	9876	601821	152077	17193	67679	39910
交通运输、仓储和邮政业	6930	71355	20863	3350	−975	12377
信息传输、软件和信息技术服务业	29	23677	3814	1874	6554	427
金融业	26	187767	17743	8592	65594	1334
租赁和商务服务业	175	34697	15484	1267	−2352	4023
科学研究和技术服务业	86	23251	6542	716	−535	1262
水利、环境和公共设施管理业	17	14028	4940	636	−354	2006
居民服务、修理和其他服务业	1452	12433	2481	601	−20	3304
教育	270	63466	32138	35	−170	5679
卫生和社会工作	331	64460	15523	99	−155	3319
文化、体育和娱乐业	356	10001	1175	23	92	932
公共管理、社会保障和社会组织	204	96686	31374	0	0	5247

		单位个数	全部收入	报酬	全部税金	利润	固定原价	从业人员
	5200	8	17836	3469.6	653.5	−1507.1	20266.5	860
	5300	4	1608.6	440	58.1	−7.1	4215.6	427
	5700	6	2197.8	236.5	75.2	−318	17383.4	220
	5800	5	2865.9	197.7	36.4	59	1631.4	92
	5900	1	2093.5	488.4	18.5	269.3	1905.6	222
	事业 5200	6	5012.1	811.1			1263	268
	个体	5213	43469	5514	1058		114092	8853
交通、邮政业		5243	75082.9	11157.3	1899.7	−1503.9	160757.5	10942
	6000	2	26114	2108.6	737.3	8116.5	51683.6	446
	6100	26	484.6	86.3	45.1	56.1	608.1	106
信息、计算机业		28	26598.6	2194.9	782.4	8172.6	52291.7	552
	6800	1	125168.3	11017	5087.5	49332.4	19916.7	975
	6900	1	1438.1	256	79.2	793.9	310.6	22
	7000	2	26075.6	686.7	447.8	5667.6	311.9	98
	7100	8	3451.6	218.2	202.5	1381.5	2638.5	89
	事业 6800	1	0.5	264.7			786.3	52
金融业		13	156134.1	12442.6	5817	57175.4	23964	1236
	7300	2	0.9	114	160	−555.8	671.7	25
商务服务	7400	49	30695.4	12653.3	941	180.1	9518.8	3016
	事业 7400	4	145.1	67.3			180.1	36
	个体	182	554	237	54		1046	469
租赁商务服务业		237	31395.4	13071.6	1155	−375.7	11416.6	3546
	7500	1		7.1		−55.4	891.2	5
	7600	11	2886.6	893.4	166.4	51.8	802	241

续表 45

		单位个数	全部收入	报酬	全部税金	利润	固定原价	从业人员
	7700	2	303.3	439.8	1.5	-735.8	1395.9	86
	事业 7600	4	375.9	285.2			118.2	84
	事业 7700	4	247.5	187.8			259.1	52
	7800	2	4942.1	2296.1			2872	367
6		24	8755.4	4109.4	167.9	-739.4	6338.4	835
		单位个数	全部收入	报酬	全部税金	利润	固定原价	从业人员
	8000	2	985	852.4	23.6	-894.7	7824.1	576
	事业 7900	6	511.8	140.7			2911.2	70
	8000	3	2925.7	1672.6			2781.5	1074
	8100	3	4894.7	1251			2082.8	311
水利、环境、公共		14	9317.2	3916.7	23.6	-894.7	15599.6	2031
	8200	6	1794.9	257.3	110.1	-628.2	3206.8	148
	8300	8	214.7	65.2	4.2	-268.7	418.8	76
	事业 8200	1	532.4	396.2			484.7	51
	个体	1392	7117	714	251		6186	3632
居民、其他服务业		1407	9659	1432.7	365.3	-896.9	10296.3	3907
	8400	9	3817.3	1933.6	3.1	-325.8	3454.1	500
	事业 8400	66	33904.8	14531.3			44917.6	4553
	个体	92	956	286	2		2062	463
教育		167	38678.1	16750.9	5.1	-325.8	50433.7	5516
	8500	2	14527.5	4421.1		-922.1	15103.9	475
	8700	1	193	120.6		0.7	39.6	78
	事业 8500	16	23655.7	5751.3			13685.4	1504
	8600	4	207.5	132			193.2	45
	8700	5	1274.8	268.9			597.7	114
	个体	331	736		22		123	720
卫生、保障、福利		359	40594.5	10693.9	22	-921.4	29742.8	2936
	8900	1	125.6	51.5	7	-111.2	501.6	29
	9100	2	80.4	58	2.7	-53.6	1213.5	35
	事业 8900	2	1298.2	292.9			1576.4	52
	9000	5	627.3	252.4			489.2	70
	个体	264	1323	147	45		2269	679
文化、体育、娱乐		274	3454.5	801.8	54.7	-164.8	6049.7	865
	9300	5	1032.9	456.5			233.1	97
	9400	73	37315.3	12866.8			21894.7	3151
	9500	1	196.5	83.1			101.3	16
	9600	7	486.6	87.6			460.9	25
	9700	100	6470.8	1876.1			12005.9	1053
公共管理		186	45502.1	15370.1	0		34695.9	4342

节能减排情况表

表 46

指标名称	单位	2014 年	2015 年
工业企业数	个	30	26
工业锅炉数	台	52	47
二氧化硫排放量	吨	37114.59	28775.7
二氧化硫削减率	%	5.29	22.5
化学需氧量排量	吨	2131.89	1644.61
化学需氧量排放削减率	%	1.53	22.86
氮氧化物排放量	吨	58313.34	45437.36
烟（粉）尘排放量	吨	12514.99	22501.1
污水处理厂	座	1	1
污水处理厂集中处理率	%	100	100
垃圾处理站数	个	1	1
工业废水治理设施数	套	12	34
工业废气治理设施数	套	135	203
其中脱硫设施数	套	70	17
单位 GDP 能耗本年上升（+）或下降（-）	%	-5.50	-2.04

人口自然变动情况表

表 47

单位	期末总人口	期初总人口	出生人数			一孩				二孩				多孩			
						人数			其中政策内	人数			其中政策内	人数			计内
			合计	男	女	合计	男	女		合计	男	女		计	男	女	
甲	1	2	3	4	5	6	7	8	9	10	11	12	13	14	15	16	17
宣化区	355197	351090	2393	1214	1179	1682	844	838	1680	679	351	328	616	32	19	13	11
天泰寺街道办事处	42295	41700	256	132	124	178	94	84	178	73	35	38	67	5	3	2	
皇城街道办事处	33512	32809	350	181	169	286	145	141	286	60	33	27	55	4	3	1	1
南关街道办事处	46183	46207	200	96	104	117	51	66	117	77	42	35	66	6	3	3	2
南大街街道办事处	40656	40497	176	85	91	123	55	68	123	51	30	21	36	2		2	1
大北街街道办事处	33118	32701	217	107	110	148	73	75	148	64	31	33	50	5	3	2	3
工业街街道办事处	36103	35150	336	177	159	248	128	120	248	84	46	38	80	4	3	1	3
建国街街道办事处	57184	56209	420	214	206	307	156	151	307	111	57	54	105	2	1	1	
庞家堡镇	16743	16536	108	54	54	68	35	33	68	39	18	21	39	1	1		
河子西乡	19871	19812	128	66	62	71	37	34	69	57	29	28	57	0			
春光乡	15842	15859	75	37	38	48	23	25	48	27	14	13	27	0			
侯家庙乡	13690	13610	127	65	62	88	47	41	88	36	16	20	34	3	2	1	1

续表 47

	符合政策生育率 %	出生率‰	死亡人数	死亡率‰	自增人数	自增率‰	往年出生未报人数
甲	18	19	20	21	22	23	24
宣化区	96.41	6.78	1416	4.01	977	2.77	26
天泰寺街道办事处	95.70	6.10	125	2.98	131	3.12	1
皇城街道办事处	97.71	10.55	158	4.76	192	5.79	
南关街道办事处	92.50	4.33	196	4.24	4	0.09	5
南大街街道办事处	90.91	4.34	176	4.34	0	0.00	1
大北街街道办事处	92.63	6.59	133	4.04	84	2.55	3
工业街街道办事处	98.51	9.43	231	6.48	105	2.95	
建国街街道办事处	98.10	7.41	125	2.20	295	5.20	
庞家堡镇	99.07	6.49	9	0.54	99	5.95	7
河子西乡	98.44	6.45	91	4.59	37	1.86	9
春光乡	100.00	4.73	85	5.36	−10	−0.63	
侯家庙乡	96.85	9.30	87	6.37	40	2.93	